사회적 상상력과 한국시

지은이 김응교(金應教)는 연세대 신학과를 졸업하고, 연세대학원 국문과 박사학위를 받았다. 1996년 도쿄외국어대학을 거쳐, 도쿄대학 대학원에서 비교문학 비교문화를 공부했고, 1998년 와세다대학 객원교수로 임용되어 10년간 한국학을 강의했고, 2009년에 귀국했다. 1987년 『분단시대』에 시를 발표하고, 1990년 『한길문학』 신인상을 받은 시인이다. 계간 『두레사상』 편집주간을 역임하고, 현재 『리얼리스트』 편집위원이다.
저서 『한국시와 사회적 상상력』(소명출판, 2002), 『박두진의 상상력 연구』(박이정, 2004), 『시인 신동엽』(현암사, 2005), 『이찬과 한국 근대문학』(소명출판, 2007), 『韓國現代詩の魅惑』(東京 : 新幹社, 2007), 편저 『치마저고리－재일조선인 〈종소리〉 시인회 대표시선집』(화남출판, 2008) 등을 냈다.
창작집에는 시집 『씨앗/통조림』(하늘연못, 1999), 예술문학기행 『천년 동안만』(문예마당, 1996), 시인론 『신동엽』(사계절, 1994), 장편실명소설 『조국』(풀빛, 1993), 문화예술론 『심장은 탄환을 동경한다』(노동은 공편, 민글, 1993) 등이 있다.
번역서는 『이십억 광년의 고독』(다니카와 슌타로, 문학과지성사, 2009), 『오스기 사카에 자서전』(오스기 사카에, 공역, 실천문학사, 2005), 윤건차 시집 『겨울숲』(화남, 2009), 윤건차 평론집 『교착된 사상의 현대사』(공역, 창비, 2009), 양석일 장편소설 『어둠의 아이들』(문학동네, 2010), 양석일 평론집 『아시아적 신체』(새, 2010), 엘던 라드 『부활을 믿는 사람들』(나눔사, 1990), 칼릴 지브란 『예언자의 동산』(당그레, 1990) 등과 일본어로 번역한 고은 시선집 『いま, 君に詩が來たのか』(東京 : 藤原書店, 2007)가 있다.

사회적 상상력과 한국시

초판 1쇄 발행 2002년 6월 10일
초판 2쇄 발행 2010년 3월 10일

지은이 김응교 **펴낸이** 박성모 **펴낸곳** 소명출판 **출판등록** 제13-522호
주소 서울시 서초구 서초동 1621-18 란빌딩 1층
전화 02-585-7840 **팩스** 02-585-7848 **전자우편** somyong@korea.com **홈페이지** www.somyong.co.kr

값 20,000원
ISBN 978-89-5626-001-3 93810

사회적 상상력과 한국시

김응교

소명출판

책머리에

매혹(魅惑)의 상상력

1.

일본문학이 메이지유신 이래 사소설(私小說)을 중심으로 한 흐름을 갖고 있다면, 한국문학은 지사(志士)적인 면이 강조되어 온 흐름의 문학이 있지 싶다. 전통적 유교문화권에서 이어져온 이른바 윤리의식(倫理意識)이 한국문학의 중심에 있어 온 것은 확실하다.

작가는 사회에 대한 나름의 태도를 자의든 타의든 결정할 수밖에 없는 처지에 있다. 작가가 사회에 대한 태도를 결정하려 할 때, 결정적으로 다양성(多樣性)보다는 이분법적(二分法的)인 태도 중에 한 가지를 선택해야 하는 판가르기의 곤혹한 처지에 놓여지는 경우 많다. 가령 봉건시대에 충효를 의식하며 글을 썼던 작가들은 현대에 이르러 식민지 시대에는 반일(反日)문학이나 친일문학, 해방기와 한국전쟁기에는 문명비판적인 문학이나 반공문학, 압제시대에 대해서는 참여(혹은 민중)문학이나 순수문학의 사이에서 윤리적 의미를 찾으려는 태도로 문학의 전통을 유지해 온 것이 한국문학의 한 흐름이 아닌가 생각해 본다. 특히 시의 경우는 이항대립에서 한 쪽을 선택해야 했으며, 양자를 아우르는 균형의 논리가 설자리는 비좁기만 했다. 이러한 의식에서 틈바구니를 비집고 가벼움을 추구하는 시가 생기기 시작한 것은 불과 얼마 전이 아니었던가. 그러나 실상, 사회를 외면하는 탐미주의자의 시라 하더라도 그의 시에는 어떠한 방법이든 사회에 대한 나름의 태도와 상상력을 통해 배어 나오기 마련이다. 이러한 관점에서 필자는 한국의 현대 시인들이 어떻게 사회를 보고, 어떻게 상상해 왔고, 어떻게 시로 기록해 왔는가에 대해 관심을 가져왔다.

작품을 사이에 두고 시인과 독자는 제각각의 '상상력'을 작동시킨다. 작품 안에서 자유로이 언어들이 부딪치며 상상력을 일으킨다. 시인이 사회와 역사를 작품에 담아내는 방법은 다양하다. 세계와 친하게 지낼 수 없는 작가는 낭만주의적인 상상력을 택한다. 이때 낭만주의란, 현실에 대한 이상화(理想化)의 특징이 두드러진다. 작가 자신의 염원이나 상상이 중시된다. 예컨대 멀리 떨어진 상상의 세계, 신비하고 불가사의한 분야 등을 시의 소재로 택하곤 한다. 이에 반해, 리얼리스트들은 현실을 직시하고 그 현실의 문제를 담아낸다. 리얼리즘적인 시인은 자기의 주관적인 감정보다는 삶을 규정하는 현실의 문제에 대하여 반향(反響)하고 일치하려는 노력을 한다. 낭만주의자나 리얼리스트들과는 다른 위치에 모더니스트들이 자리한다. 루카치(Georg Lukacs)의 말을 빌리면, 모더니스트들은 사회와 관계없는 개별적 인간이다. 리얼리스트들은 사회와 뗄 수 없는 인간을 생각하며 작품에 반영한다. 사회와 관계없는 개별적 인간의 태도를 취한다는 점에서 모더니스트들은 낭만주의자들의 한 갈래라고 할 수 있을지도 모르겠다. 어찌했든 사회와 역사를 도외시하여 종국에 개별성을 취하든, 사회와 역사를 중요시 여겨 객관적 총체성을 취하든, 작가는 사회 및 역사와 전혀 관계없다고 볼 수 없다. 이렇게 작가가 사회에 대하여 시를 쓰거나, 독자가 작품 속에 들어 있는 사회적 요소를 수용하려 할 때 촉발되는 모든 현상을 필자는 '사회적 상상력'이라고 부르고자 한다.

상상력에 대해 필자는 바슐라르(Gaston Bachlard)에게 많은 것을 배웠다. 그에게 문학 이미지란 상상력의 표출 그 자체이다. 그는 작품을 작가의 삶으로부터 독립시켜, 작품 내에서 자유롭게 활동하고 있는 여러 상상력 작용을 원형적 상상력 · 물질적 상상력 · 역동적 상상력 등의 말로 표현하고 있다. 이렇게 바슐라르의 현상학은 이미지의 울림과 이미지를 이루고 있는 단어에 대한 몽상을 포함하는 독자의 문학적 상상력에 대한 연구이다. 그는 독자의 영혼의 깊이를 드러내는 감동적인 독서체험을 '혼의 울림'으로 규정하고, 이를 통해 독자는 존재의 전환을 이룬다고 말한다. 요컨대 그에게 상상력이란, 지각작용에 의해 수용된 이미지들을 변형시키고 우리를 자유롭게 변화시키는 능력이다. 가령 촛불의 상상력이 어떤 도덕성의 중심을 나타내기도 하고, 물이 정화를 향한 역동적 상상력을 자극하듯이, 어떠한 이미지나 상징은 독자들의 상상력을 자극하는바, 그것은 독자들이 살아가는 실생활에 어떤 역동성을 자극하는 것이라는 것이다.

그런데 시인의 사회적 상상력을 판단한다는 것은 간단한 문제가 아니다. 그것은 두 겹 세 겹, 아니 셀 수 없는 울림의 층위와 단어의 엄밀함을 따지고 헤아리는 모색의 과정이다. 그 과정의 방법을 필자는 루카치와 바슐라르에게서 은연중 배우고 영향 받은 듯싶다. 그러면서도 그들에게서 벗어나 주체적인 감수성을 지닌 주체적인 독자가 되고 싶었다. 하지만 아직 옹글지 않은 입론(立論)이 허술하기만 하다.

2.

우선, 신동엽과 박두진, 그리고 리찬이라는 시인과 이들의 시적 궤적이 문제였다. 이 세 사람의 시인은 필자와 오랫동안 대화를 나누었던 이들이다. 1~3부는 각 시인의 상상력, 혹은 그 정신을 다뤄본 글이다. 신동엽은 한국의 현대사를 몸 자체로 살고 시로써 증언한 시인이다. 박두진은 기독교라는 이국의 코드를 한국의 현대시로 승화시켰으며 동시에 자연과 인간과 종교에 대해 늘 상상하는 시인이었다. 시인 리찬은 프롤레타리아문학으로부터 모더니즘문학, 그리고 북한 문단에서 중심적인 위치를 점하는 시인이었다. 이렇듯 한국문학의 중요한 상상력인, 민중적 상상력, 종교적 상상력, 현실적 상상력을 이들 세 시인에게서 볼 수 있다고 필자는 생각한다.

제4부는 사회적 상상력과 관련된 시인론과 작품론 등을 모았다. 이상화의 시는 비판적 낭만주의와 리얼리즘 지향성을 보여주고 있다. 문병란은 설화적이고 현실주의적 상상력으로 분단 문제를 시로 쓰고 있다. 정현종은 사물의 상상력에서 맨발의 상상력으로 사회적 문제를 시로 담아낸다. 아울러 김진경의 풍자시와 약자의 리얼리즘, 이성복의 해체적 상상력, 이산하의 전위(前衛)적 현실의식, 최승호의 명상적 상상력, 임동확의 비장한 묵시적 상상력, 그리고 이진명과 문부식의 상상력을 간단하게 살펴보았다.

제5부는 한국 현대시사의 정신적 흐름을 기차의 이미지, 독립군가, 통일을 염원하는 시사(詩史), 1980년대 시의 특징 등에 대해 산만하게 쓴 글들이다. 학부시절 공부의 흔적이 묻어있는 「독립군가 노랫말 분석」은 오래 묵은 애착보다는, 교과서 왜곡 문제가 일고 있는 섬나라에서 특별한 의미로 다가와 홀대할 수 없었다.

어떤 매혹의 힘에 끌려 써왔던 글들을 체계화하고 정리하여 『사회적 상상력과 한국시』라는 이름으로 세상에 내놓는다. 돌이켜 보니 1980년대는 사회적 상상력에 매혹되어 많은 시인들이 숱한 글과 시를 발표하고 또 발표했던 시대였다. 물론 시인이란 사회뿐만 아니라 자연이나 종교에 대해서도 나름대로의 상상력을 갖고 꿈꾸며, 상상 그 자체에 끝없이 매혹되는 존재가 아니던가. 그러니 상상력이란 얼마나 매혹(魅惑)스러운가.

이 책에서 낯선 용어가 눈에 뜨일지 모르겠다. 가령, 소설과 달리 보다 핵심적이고 개별적이고 내포적인 상징이나 이미지로 보편적인 것을 담아내는 시적인 총체성을 필자는 '내포적 총체성'이라는 말로 그 의미를 표현해왔다. 시인이 현실사회에 보다 직접적인 운동방식으로 호소하기 위해 시를 발표하는 경우, 그 시를 하나의 실천 곧 '시적 실천'이라고 했다. 이외에 '비관적 낭만주의' '구비적 상상력' '이미지 다발' '서정적 주인공' 등의 용어들이 나오곤 하는데, 그런 용어는 그것이 나오는 대목에서 설명하려 했다. 색인을 이용하면 필자가 쓰는 용어에 대한 설명을 보실 수 있겠다.

3.

여섯 해 섬나라 생활 동안 '큰 사람'의 모습을 보여주신 오오무라 마스오[大村益夫, 와세다대] 선생님께 존경을 표한다. 연구실이 없었을 때 선생님의 연구실을 1년 동안씩이나 쓰도록 해주셨다. 당신의 귀한 자료를 허물없이 보여주시고, 그릇된 연구 자세나 일본어 문체를 고쳐주셨다. 학자로서의 삶도 그렇거니와 인간됨의 자세에 대해 교수님과 사모님께 배운 것이 많아 그 은혜 갚을 길이 아득하다. 실례를 무릅 쓰고 감히 이 졸저(拙著)를 오오무라 마스오 선생님과 사모님 두 분께 바친다.

젊은 날부터 늘 깊은 시적 울림을 가르쳐 주신 정현종 선생님께 야문뼈 없이 물렁하기만 한 첫 연구서를 올린다. 호테이 토시히로[布袋敏博] 선생님과 심원섭·오성호·고운기 선배님의 지적이 이 책 여기저기에 스며 있다. 도쿄대에서 연구원으로 지낼 때, 오오자와 요시히로[大澤吉博, 도쿄대] 교수님은 필자에게 연구실 열쇠를 주시면서, 연구실 창쪽에 공간을 내주셨다. 선생님의 배려를 잊지 못할 것이다. 아울러 사이구사 토시카츠[三枝壽勝, 도쿄외대] 선생님, 김학렬(일본 조선대), 이성시(李成市, 와세다대 고대동아시아사) 선생님에게도 감사드린다. 매주 영혼의 토론을 나누었던 토오고 카츠아키[東後勝明, 와세다대 영문학] 선생님과 스캇 브르너(Scott Brunner, 와세다대 국제부) 선생, 그리고 20대 말의 스러진 영혼을 잉걸불로 일으켜 세워주신 김진홍 목사님과 일본두레공동체에 감사드린다.

유성호 선생님, 최현식 선생님은 오래 묵새겨진 원고를 일일이 다 읽어 주셨다. 두 선생님의 지적이 있었기에 그나마 모양을 갖출 수 있었다. 소명출판의 박성모 사장님과 편집부에서는 전문가적인 안목으로 원고의 방향을 잘 이끌어 주셨다. 두루 고맙기 짝이 없는 분들 덕분으로 이 책은 탄생했다. 그래도 남아 있는 결함은 필자의 책임이다.

한편, 이 책은 와세다대학의 어학교육연구소와 한국국제교류재단(Korea Foundation)의 지원으로 추스를 수 있었다. 와세다대학에서 가진 '조선문화연구회'의 학구적이고 협조적인 세미나도 큰 도움이 되었다. 짧지 않은 기간 동안, 섬나라와 고국에서 늘 믿고 후원해주신 모든 분들께 고개 숙인다. 그 누구보다, 아내 김은실 선생의 노고(勞苦)가 없었더라면 내가 무엇을 할 수 있었을까. 지친 아내에게 잠깐이라도 기쁨이 되었으면 한다.

2002년 봄날, 와세다에서

김응교

사회적 상상력과 한국시

차례

책머리에—매혹(魅惑)의 상상력 / 3
찾아보기 / 461

1부

신동엽과 전경인(全耕人) 정신

신동엽 시의 장르적 특성 ——— 17
1. 장르를 통한 연구 • 17
2. '전경인정신(全耕人精神)'의 형성과정 • 20
3. 쟁기꾼의식의 형상화 • 27
4. 신동엽 시의 총체적 특질 • 46

신동엽 시 「종로5가」·「껍데기는 가라」와 일본어역 ——— 48
1. 번역 • 48
2. 일본에 소개된 신동엽 • 50
3. 「종로5가(鐘路五街)」의 경우 • 52
4. 「껍데기는 가라」의 경우 • 59
5. 마무리 • 64

2부

박두진의 자연 · 현실 · 신앙

생명을 바라는 몇 가지 표정 ——— 69
:「묘지송」, 「해」와 박두진의 시세계
1. 죽음의 표정 • 70
2. 살림의 표정 • 73
3. 죽음과 살림 사이의 싸움 • 78
4. 살림을 표현하는 세 가지 의미상 • 81
5. 죽음 · 싸움 · 살림의 내적 소통 • 84

시적 현실주의의 강화 —— 86
: 1950년대 박두진 시
1. 자기 갱신이 주는 의미 • 86
2. 인간, 그리고 자연과 신 • 89
3. 1950년대 박두진 시의 시문학사적 위치 • 104

박두진과 빛의 상상력 —— 106
1. 자연(自然)과 물질적 상상력 • 106
2. 역동적 상상력의 시적 수용 • 110
3. 빛의 상징과 단순성 • 134

3부 리찬의 혁명적 낭만주의

혁명적 낭만시인, 리찬 —— 139
1. 분단문학사 속의 리찬 • 139
2. 주관적 감상주의–등단 무렵(1927~1929) • 142
3. 계급의식과 현실참여–일본 유학시절(1930~1932) • 146
4. 옥중체험과 시집 『대망』 • 151
5. 북방정서와 어촌문학 • 153
6. 모더니즘의 실험과 내면화 경향 • 160
7. '북조선 혁명시인'에 대한 평가문제 • 164

리찬의 개작시 연구 —— 167
: 『리찬 시선집』(1958)을 중심으로

1. 혁명시인 • 167
2. 민족해방의 서사에 '흡수'된 개작시 • 173
3. 내적 요구와 외적 요구 • 190

리찬 시와 수령형상문학 195
1. '이찬(李燦)'에서 '리찬'으로 • 195
2. 소련과 국제주의 • 197
3. 수령형상문학과 애국주의 • 203
4. 리찬의 혁명시와 서정서사시 • 212
5. 혁명시인의 자격 • 218

4부 한국 현대시인의 사회적 상상력

비판적 낭만주의 시인, 이상화 227
1. '동굴' 속의 비관적 낭만주의 : 1922~1924 • 229
2. 동굴 밖의 리얼리즘 지향성 : 1925~1928 • 234
3. 절망적인 고백시 : 1929~1941 • 246
4. 비판적 낭만주의 시인 • 250

만남을 향한 설화적 열망 252
: 문병란의 「직녀에게」
1. 이별의 아픔, 만남의 기쁨 • 253
2. 설화의 시적 변용 • 260
3. 가인(佳人)의 노래 • 263

길 찾기 나선 세 시인 ——— 265
: 정현종 · 이진명 · 문부식의 시편

약자의 리얼리즘, 풍자시 ——— 270
: 김진경 시집 『닭벼슬이 소똥구녕에게』
1. 풍자 • 270
2. 풍자시의 가능성 • 276
3. 약자의 리얼리즘 • 284

유린당한 누이의 역사 ——— 289
: 이성복, 「정든 유곽에서」
1. 유린당한 누이와 유곽(遊廓)의 나라 • 291
2. 정든 유곽 • 298

자잘한 생명이 삶의 기쁨으로 ——— 300
: 최승호 명상시집 『달맞이꽃에 대한 명상』
1. 세속도시는 '거대한 변기' • 301
2. 부질없는 욕망 • 304
3. 추억의 분실물 보관소 • 306

낮은 차원에서 높은 차원으로 ——— 309
: 이산하 장시 「한라산」
1. 분단의 생활화 증상 • 309

2. 제주도와 반제문학 • 311
3. 전위(前衛)적 현실인식 • 317

죽음의 상처와 묵시적 상상력 318
: 임동확의 시
1. 살아남은 자의 절망과 희망 • 319
2. 현실의 갈등과 고향회귀 • 323
3. 묵시적 상상력 • 328

5부 한국 현대시사의 사회역사성

한국 현대시의 '기차' 이미지 333
1. 배고픈 이민열차, 일제시대 • 334
2. 죄수처럼 개찰구로 • 336
3. 꿈 실은 귀향열차, 해방기 • 339
4. 피난열차 혹은 파괴된 열차, 1950년대 • 341
5. 이농의 밤열차, 1970년대 • 343
6. 강철기차, 1980년대 • 344
7. 1990년대를 넘어 • 345

독립군가 노랫말 분석 347
1. 살아 있는 정신 • 347
2. 독립군가의 시대적 배경 • 349
3. 독립군가 노랫말 • 354
4. 고함 • 369

분단극복과 시의 실천 — 371

1. 시의 실천 • 371
2. 반외세문학의 재건기(1945~1949) • 373
3. 반공문학(1950~1959) • 379
4. 반외세문학의 복원기(1960~1969) • 391
5. 참여적 분단문학의 확산기(1970~1979) • 401
6. 반외세 민족문학의 전성기(1980년대) • 405
7. 통일문학사의 모색 • 410

해체 혹은 구비적 상상력 — 412
: 1980년대의 시

1. 무크지와 동인지 • 414
2. 해체시와 도시시 • 422
3. 구비적 상상력 • 428
4. 노동시와 농민시 • 433
5. 1980년대, 시의 다양한 실험장 • 437

길 없는 길 — 441
: 1992년도 하반기 시단평

1. 중견 시인들의 세 가지 음성 • 442
2. 젊은 시인의 차분한 목소리 • 445
3. 노동시 • 448
4. 살림의 시 • 451

日文 要約 • 453 / Abstract • 457

1부

신동엽과 전경인(全耕人) 정신

신동엽 시의 장르적 특성 17

신동엽 시 「종로5가」·「껍데기는 가라」와 일본어역 48

신동엽 시의 장르적 특성

1. 장르를 통한 연구

신동엽(申東曄, 1930~1969) 시에 대한 연구는 아직 본격적인 단계에 도달했다고 볼 수 없다. 연구를 하기 위한 객관적인 시차가 너무 가까운 데에도 이유가 있겠으나, 그에 대한 대개의 평가가 그의 신념성을 지나치게 강조한 나머지 구체적인 작품 연구를 도외시한 데서도 비롯되었다. 그 결과, 신동엽 시인을 목울대만 높고 문학성이 없는 글쟁이로 잘못 판단하는 이들마저 생겼다.

그에 대한 연구에서 주요 학술적 성과라 여겨지는 것은 40여 편이 있다. 연구사 검토를 통하여 보이는 문제는, 첫째로 객관적 자료가 보충된 전기연구가 마련되어야 한다는 점이다. 둘째로 시인·작품론의 대부분이 내용문학사회학 입장에서만 다루어지다 보니 그의 문학성에 관한 연구가 부족하다는 것이다. 셋째로 그에 대한 연구들이 부분을 떼어 내어 전체로 확대 해석하는 오류를 보여주고 있다는 것이다. 그래서 이에 대한 대안으로 첫째 객관적 전기자료로 전기를 재구성하고, 둘째 내용뿐만 아니라 그 문학적 구조도 중요시하여 살펴보아야 하며, 셋째로 전체적인 연구가 있어야 할 것이다. 특히 전체적인 시각의 연구는 중요하다. 신동엽의 시는 다양한 장르에서 반복되는 이미지를 통해서 힘을 얻고 있기 때문이다.

신동엽의 문학을 논하는 필자가 생각하는 문학이란 '사회적 담론'이다. 이때에 '담론'이란 발화로 파악된 언어를 뜻하며, 말하고 쓰는 주체를 포함하고 있으며, 따라서 잠재적인 독자나 청자를 포함한다. 이러한 시각에서 보면 문학은 '반영'이 아니라 '생산'이다. 즉, 텍스트는 이데올로기의 복합적 산물을 단순히 '반영'하거나 '표현'하는 것이 아니라 생산과정에서 '변형'시키고 '굴절'시킨다. 그래서 텍스트와 역사 사이에는 이데올로기가 있고, 그들 사이의 중층적 결정에 따라 작품은 생산된다. 문학을 생산되는 사회적 담론으로 보는 것은 기계적 반영이론의 한계와 형식주의의 한계를 넘어선다. 이와 같은 관점은 말 나눔의 매체인 문학작품을, 내용과 형식의 본질적인 유기관계로 보는 올바른 형상화의 관점에서 분석하도록 도와준다.

문학을 사람 사이에 말 나눔을 위한 '사회적 담론'이라고 할 때, 발화자인 창작자가 수용자인 독자에게 발화자의 의식을 정확히 전달하기 위하여 어떠한 장르를 선택하느냐 하는 문제는 매우 중요하다. 한 작가가 특정 장르를 선택하여 작품화할 때, 그 장르의 특성은 중요하게 보아져야 한다.

그래서 신동엽의 작품을 장르의 시각에서 볼 때, 첫째로 진정한 예술작품은 내용과 형식이 완전히 일치될 때에 비로소 가능하다는 시각에서 작품이 분석되어야 한다. 그래서 장르의 특수성에 따른 구조적 분석은 중요하다. 둘째로 특정 장르를 선택하게 된 작가의 선택 동기를 보아야 한다. 작가의 장르 선택은 분명 그 시대의 독자의 요구와 작가의 요구 사이에서 이루어진다. 셋째로 장르를 고정된 시각으로 보는 관점에서 작품을 재단하는 노릇은 시정되어야 한다. 어떤 문학형식도 태어났다가 죽는 역사적 존재이지만 그 후에 발생하는 형식의 모태가 될 수 있다는 열려진 장르의 시각이 필요하다. 마지막으로 장르의 체계는 서구에서 수입된 것이라 하나, 그것은 전통적인 우리의 체계와 관련지어 살펴져야 한다. 그래서 우리 민족의 특성과 그 시대적 특성으로 인한 문학적 생산 양태를 고려해야 한다.

이러한 네 가지 시각에서 신동엽의 시를 볼 때, 문제가 되는 것은 장르 체계의 설정이다. 이에 대하여는 여러 논쟁이 있어 왔으나 바람직한 장르 설정은 역사적·관습적 장르들을 해체하지 않고 문학의 보편성에 바탕을 둔 분류항을 설정하는 시각이라 본다. 그렇다면 신동엽의 작품은 서정 장르, 희곡 장르로 나눌 수 있다. 그래서 그 형태적 특성에 따라 다시 분류하면 신동엽의 작품은 단시, 장시, 장편 서사시, 그리고 연희 양식으로 표현되는 시극과 오페레타로 나뉠 수 있겠다.

이같은 시각과 장르의 분류를 통하여, 이 연구는, 차례의 순위를 그의 핵심 시정신이자 '전경인정신(全耕人精神)'의 근거가 되는 전기적 사실과 평론 「시인정신론(詩人精神論)」을 집중적으로 살핀다(제2장). 이는 그의 시가 삶과 세계관에 밀접하게 관련되기에, 시 분석을 위한 예비적 자료가 될 것이다. 그리고 나서 '전경인정신'을 '쟁기꾼의식'으로 형상화한 작품들을 그 장르의 개별적 특성에 따라 분석하려 한다(제3장).

1960년대의 우리 시는 순수/참여의 이분법적 시각에서 재단되어 왔다. 더불어 극단적 시각으로만 판별된 신동엽 시에 관한 연구에 장르의 시각을 통하여 개별 작품의 안팎(내용과 형식)을 보고, 작품의 전체적 조망을 제시하려는 이와 같은 시도는 기존 연구의 보완적 시도가 되리라 생각한다.

2. '전경인정신(全耕人精神)'의 형성과정

문학(시) 연구의 관심사는 시인의 문학적 성과이지 삶 자체는 아니다. 그러므로 전기의 재구성은 객관적 거리를 두고 비판적 시각에서 시와 관계 있는 부분이 구성되어야 할 것이다. 전기의 재구성을 통하여 우리는 신동엽의 삶으로부터, 독서체험으로부터 그의 시정신과 문학적 생산물을 의미 규정하는 데에 도움을 얻게 될 것이다.

1) '전경인정신'

윔서트(W. K. Wimsatt)와 비어즐리(Monroe C. Beardsley)는 '의도론적 오류(Intentional fallacy)'를 말하면서, 시 분석은 작가의 의도 및 작품 이외의 참고사항을 완전히 격리한 상태에서 이루어져야 한다고 주장한다. 그러나 작가의 의도나 역사적 배경을 작품이해를 위한 참조사항으로 부정하는 것은 설득력이 없다.

신동엽은 스스로 "하나의 시가 완성될 때 무엇보다도 먼저 그것을 이야기해 놓은 그 시인의 인간정신도와 시인혼이 문제되어야" 한다는 명제를 내놓고 있다. 그의 시정신은 중요하다. 생전에 8편의 평론을 발표했고 유고평론 2편이 더 있다. 그의 평론을 검토하면 그의 시인의식은 첫 글인 「시인정신론(詩人精神論)」(1961)에서 전형화되었고, 후의 글은 그 논리의 적용임을 알 수 있다. 그는 자기의 논리를 원수성(原數性)・차수성(次數性)・귀수성(歸數性)과 전경인정신(全耕人精神)이란 개념으로 표현했다.

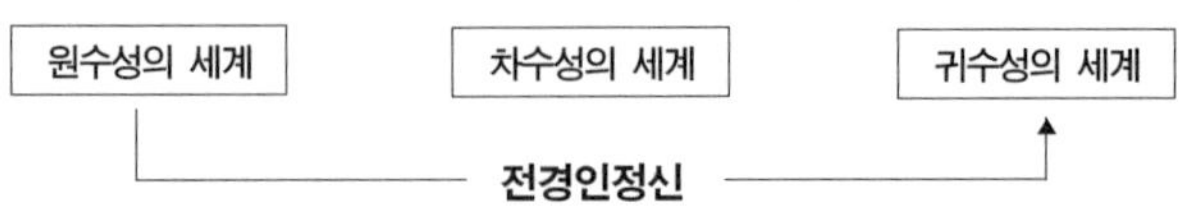

「시인정신론(詩人精神論)」은 현대는 "하나도 새로울 것이 없는 왕도원리" 속에서 인간이 맹목기술자로 인생에의 구심력을 상실한 채 살아가는 시대라 정의하면서 시작된다. 이어서, 잔잔한 해변, 누워 있는 씨앗 같은 생명의 대지는 '원수성세계(原數性世界)'이고, 유사 이후의 문명역사 전체가 인종계의 여름철 곧, '차수성세계(次數性世界)'라고 한다. 그런데 '차수성의 세계'는 '분업문화의 성과'이며 여기서 인간은 비인간화된다고 지적한다. 이러한 세계에서 시인은 시'인(人)'이 아니라 시'업가(業家)'로 전락하였다고 비판한다. 그리고 극분업화되어 인간성을 상실한 '차수성세계(次數性世界)'에서 '원수성세계(原數性世界)'의 생명을 회복하려는 사람, 또는 그러한 가치관의 세계는 '귀수성세계(歸數性世界)'라고 명명한다.

그는 "노래에 있어도 參與, 즉 자기와 자기 이웃에의 인간적 애정, 성실성"이 시인됨의 출발이라고 한다. 그래서 이제 시인은 원수성의 세계를 회복시키는 '전경인(全耕人)'이 되어야 한다는 것이다. 오늘날 이러한 전경인은 문명인들의 혐오와 멸시의 대상이 되고 있지만, 모든 사람은 생명의 대지인 원수적 가능성과 귀수적 가능성을 한몸에 지닌 전경인이 되어야 한다는 것이 신동엽의 견해이다. 그래서 시인은 전경인적 시인이 되어 인류의 선지자가 되어야 한다는 것이고, 인류는 전경인정신의 체득에 의해서만 비로소 구원받을 수 있다고 하였다.

이제 그의 전경인정신을 정리하여 보자. 첫째로 그것은 철저한 현실인식에서 출발하는 것이다. 그는 모순된 사회구조의 극복을 위해 그 사상을 제시한다. 둘째로 그것은 '미래적 원시주의'라 할 수 있다. 비교컨대 그의 '원수성세계(原數性世界)'는 신라를 탐구하는 서정주의 '시대적 원시주의'와는 차이가 있다. 미당의 그것이 추상적인 과거에로의 '회상'이라면, 신동엽의 그것은 미래 설정을 위해 과거를 '채용'하는 것이다. 리리시즘파와 모더니즘파의 존재론적 탐구가 풍미했던 1950년대 시문학 이후, 자유에 대한 문학논쟁(1968), 이른바 순수·참여 논쟁이 활발했던 1960년대 시인의식이 위상에서 신동엽의 '전경인정신(全耕人精神)'은 독특한 위치를 점한다.

2) 전경인정신과 시인의 생애

동엽의 생애는 세 시기로 나눌 수 있다. 첫째 기간은 성장 · 교육기(1930~1950)이고, 둘째는 분단체험과 문학습작기(1951~1959)이다. 그리고 셋째 시기는 문단활동기(1959~1969)이다.

동엽은 1930년 8월 18일 충남 부여군 부여읍에서 신연순 씨의 장남으로 태어났다. 1930년은 일본이 자국의 군국주의적 정치권력과 독점자본이 일체가 되는 '제국주의적 독점자본의 단계'에 들어서면서 값싼 노동력과 풍부한 원자원을 가진 식민지에서 초과이윤을 얻고 그것으로써 자국의 위기를 극복하려고 했던 시기이다. 그래서 식민지 조선의 경제는 모순의 파행성을 겪게 된다. 신동엽은 부여읍의 변두리에서 그 모순을 첨예하게 체험하며 자라났다. 그래서 해마다 보릿고개가 되면 "내 고향 사람들은 봄이 오면 새파란 풀을 씹는" 모습을 본다. 그의 어린 시절에 중요한 경험으로 보이는 것은 초등학교를 졸업하기 전인 1942년 4월, 일본으로 '내지성지참배(內地聖地參拜)'를 다녀온 일이다. 그것은 그의 아버지 신연순 옹의 기억에서 회상되고 있는데, 그 자료를 보면, 옹의 아들에 대한 신분상승의 기대와 아들을 대하는 가족의 분위기를 볼 수 있다. 이와 같은 자료를 볼 때, 그의 민족의식이 어린 시절부터 형성되었다고 보기는 어렵다. 신동엽에게 민족의식이 싹텄다면 일반적인 감정의 민족의식일 것이다. 1942년 부여국민학교를 졸업한 그는 학비가 제공되는 전주사범에 진학한다. 그리고 해방과 미군정을 거치는 동안 좌 · 우익 사이에서 고민하면서 엄청난 독서를 한다. 전주사범 동창인 소설가 하근찬 씨의 증언에 따르면, 신동엽이 엘리엇과 뚜르게네프와 무정부주의 도서를 탐독했음을 볼 수 있다. 이 중에 신동엽의 시 정신에 가장 크게 영향을 준 발신자는 무정부주의이다. 신동엽의 시나, 그의 이념은 "나는 파괴하고 건설한다"는 푸르동의 사회건설론에 호응한 일반적 무정부주의와는 달리, 진화론적이고 자연적인 사회개혁과정을 주장한 크로포트킨(P. kropotkin)의 아나르코 · 콤뮨이즘과 관계한다. 아나키즘은 그리스어 '아나르코스(anarchos)'에서 그 어원을 찾을 수 있다. 이는 '지배에 따르지 않다(unrulines)' 혹은 '지배를 받지 않겠다(being unruled)'라는 뜻과 통한다. 아나르코-콤뮨이즘(Anarco-Communism)이란 계급독재가 아니라 이원적인 콤뮨이 계속적으로 연합하는 자주인들의 망상조직(網狀組織)을 말한다. 이때에는 군주도 계급도 존재하지 않고, 자주인들만이 서로 돕는 공동체가 존재한다.

이런 점에서 신동엽의 '원수성(原數性)'으로 가는 '귀수적(歸數的)' 과정의 개념은 크로포트킨의 자연적이고 진화론적인 무정부주의의 영향을 받은 것이라 할 수 있다. 그리고 자주인의 의미와 '전경인(全耕人)'의 의미는 서로 의미가 통한다. 이제 신동엽의 성장 교육기를 정리하자면, 첫째는 식민지·반봉건의 모순구조에서 겪는 가난의 체험이다. 그런 가난을 서로 도움으로써 극복해 보려는 이웃들의 모습이 신동엽의 시 정신의 원형을 마련한다. 둘째로 일반적이고 고유한 감정의 민족의식을 볼 수 있다. 셋째는 전주사범 시절의 다양한 독서체험이고, 그 중 크로포트킨의 아나르코·콤뮨이즘이 가장 큰 영향을 주었다.

제2기는 분단체험과 문학습작기(1950~1959)이다. 미군정 주도하에, 세계경제의 일환으로 재편된 한국경제는 낡은 식민지경제를 온존한 채 취약한 재생산 기반 위에서 미군정의 원조정책 및 무역정책에 의해 대미의존을 계기화한다. 이러한 미군정 후의 독점자본화와 금융자본화의 이면에서는 민족자본의 토대를 이루는 토착 중소기업이 소멸되는 과정이 진행된다. 이러한 상황에서 신동엽은 1949년 단국대학교 사학과에 입학(자료 1)한다. 이때에 한국전쟁이 발생하고 신동엽은 전시연합대학에 소속되었다가 이어서 제2국민병으로 비극적인 '국민방위군 사건'을 경험한다. 이때에 대구수용소에서 집으로 돌아오는 길에 낙동강에서 날게를 먹고, 죽음의 원인이 된 간디스토마와 폐디스토마에 감염되었다. 다시 대학에 돌아와서는 법학과 원시종교, 사회과학을 중심으로 공부한다. 당시 중요한 독서체험으로는 『노자(老子)』의 영향을 볼 수 있다. 그의 산문을 보면 노자의 이상적

Ⅱ) 단국대 사학과 성적원부

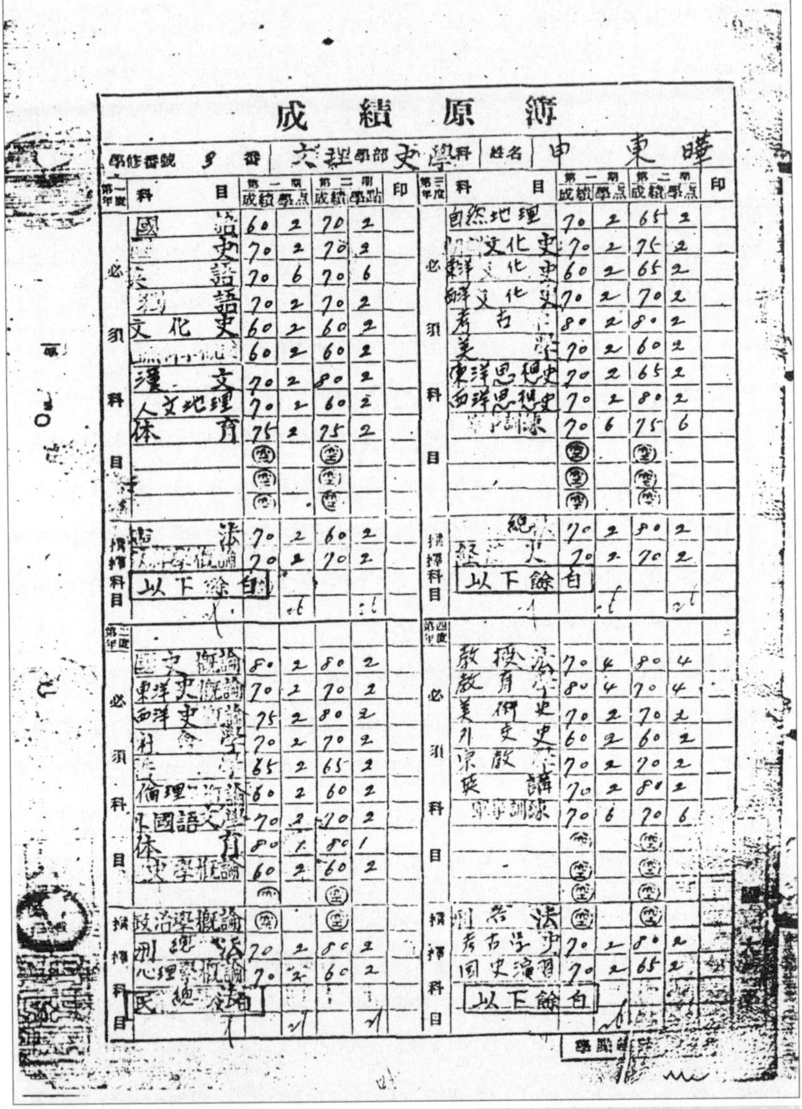

成績原簿

學修番號 9番 | 文理學部 史學科 | 姓名 申東曄

學年	科目	第一期 成績	第一期 學點	第二期 成績	第二期 學點
第一年度 必須科目	國語	60	2	70	2
	國史	70	2	70	2
	英語	70	6	70	6
	獨語	70	2	70	2
	文化史	60	2	60	2
	[illegible]	60	2	60	2
	漢文	70	2	80	2
	人文地理	70	2	60	2
	體育	75	2	75	2
選擇科目	憲法	70	2	60	2
	法學概論	70	2	70	2
	以下餘白				
第二年度 必須科目	國文學概論	80	2	80	2
	東洋史概論	70	2	70	2
	西洋史概論	75	2	80	2
	社會學	70	2	70	2
	[illegible]	65	2	65	2
	倫理學概論	60	2	60	2
	國語文學	70	2	70	2
	體育	80	1	80	1
	史學概論	60	2	60	2
選擇科目	政治學概論	空		空	
	刑法總論	70	2	80	2
	心理學概論	70	2	60	2
	民法總論 以下餘白				
第三年度 必須科目	自然地理	70	2	65	2
	[illegible]文化史	70	2	75	2
	朝鮮文化史	60	2	65	2
	朝鮮文化史	70	2	70	2
	考古學	80	2	80	2
	美學	70	2	60	2
	東洋思想史	70	2	65	2
	西洋思想史	70	2	80	2
	軍事訓練	70	6	75	6
選擇科目	[illegible]總論	70	2	80	2
	經濟史	70	2	70	2
	以下餘白				
第四年度 必須科目	教授法	70	4	80	4
	教育學	80	4	70	4
	美術史	70	2	70	2
	[illegible]史	60	2	60	2
	宗教[illegible]	70	2	70	2
	英講	70	2	80	2
	軍事訓練	70	6	70	6
選擇科目	刑法	空		空	
	考古學史	70	2	80	2
	國史演習	70	2	65	2
	以下餘白				

▲ 자료 1. 단국대 사학과 성적원부
신동엽의 단국대학교 成績原簿를 보면 그의 관심사를 볼 수 있다. '考古學'과 '考古學史'를 들었다. 선택과목으로 '헌법' '法律學槪論' '行政學' '經濟學' '政治學개론' '刑法' 등을 수강하고 있어 사회과학에 대한 그의 관심을 알 수 있다. 문학수업은 1학년 때 외에는 없다.

자연주의 사회관과 요·순 시대로 향하는 원시주의의 영향을 보게 된다. 그리고 그는 농업경제학자 인정식 씨의 장녀 인병선과 결혼한다. 1958년 충남 주산농고에서 교편을 잡은 신동엽은 디스토마가 재발되어 학교를 일단 휴직하고 그동안의 경험과 독서로 얻어진 체험을 정리하면서 「이야기하는 쟁기꾼의 대지(大地)」를 썼다. 이 시기를 요약하자면, 첫째로 분단체험과 동학기행으로 구체화된 민족주의이다. 둘째는 독서를 통하여 나름의 세계관을 체계화한 것이다. 사회과학 서적의 탐독과 노자와 그 외에 원시종교에 관한 연구가 그의 시의식을 체계화시켜 주었다.

제3기인 문학활동기(1959~1969)는 이 연구의 중심적 시기가 된다. 1959년 신동엽은 장시 「이야기하는 쟁기꾼의 대지(大地)」가 신춘문예에 입선되어 본격적인 창작활동을 시작한다. 1960년대에는 제2차 세계대전 후 일부 저개발국가가 그랬던 것처럼 매판적 자본과 봉건지주의 뿌리가 잘리지 않고 여러 가지의 변신으로 잔존하면서 신(新)중심부 국가인 미국의 정치·정보·문화 등을 도입하여 새로이 성장하는 테크노크라트나 군부 등의 신중간계층과 결탁하면서 반도 내의 여러 변혁요구와 정면으로 충돌하게 되었다. 그 모순에 첨예화된 것이 바로 4·19와 5·16이었다. 신동엽은 월간 교육평론사에 취직하였고, 건국대학교 대학원 국문과에 입학했다가 등록하지 않고 그만두었다(자료 2). 그리고 명성여자고등학교에서 작고할 때까지 재직했다. 한편, 5·16 쿠데타로 정권을 장악한 군부는 훌륭한 경제적 업적을 정통성 확보의 근거로 삼으려 하였다. 그들은 5·16 직후 부정축재 환수 및 은행주의 환수를 시발로 하여 국가독점자본주의 단계의 표현인 지도경제, 바로 '경제개발 5개년 계획'을 시작했다. 이 계획의 '선건설 후분배'라는 구호 아래 사회적 불균형은 심화되었다. 농촌은 점점 몰락해갔고, 몰락 농민들은 도시산업 노동자와 도시빈민 형성의 주된 공급원이 되었다. 이 시기에 신동엽은 근대화 과정에서 피해를 입은 자들의 아픔을 대변하고 그 모순의 근원을 억압적 정치체제와 신제국주의로 상정하고, 그것에 저항하는 작품을 생산한다. 그리고 그는 이 저항

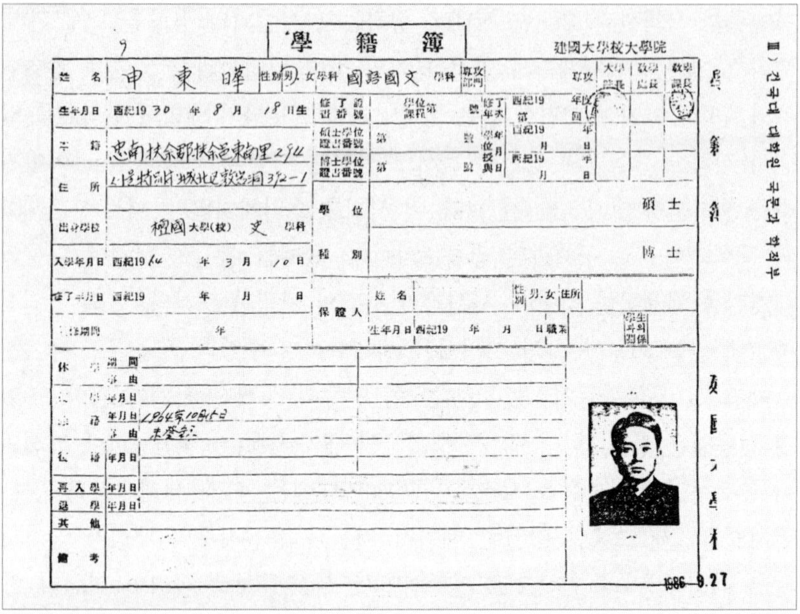

學籍簿

建國大學校大學院

姓名	申東曄
性別	男
學科	國語國文 學科
生年月日	西紀1930年 8月 18日生
本籍	忠南扶余郡扶余邑東南里294
住所	서울特別市城北区敦岩洞372-1
出身學校	檀國大學(校) 史 學科
入學年月日	西紀1964年 3月 10日
除籍 年月日	1964年10月15日
除籍 事由	未登錄

1986. 9. 27

▲ 자료 2. 건국대 대학원 국문과 학적부

건국대학교 대학원 국문과 학적부를 보면 신동엽이 1964년 3월 10일에 입학했다가 한 학기 수업만 듣고, 1964년 10월 15일 '미등록(未登錄)'으로 '제적(除籍)'된 것을 볼 수 있다. 『신동엽 전집』(창작과비평사, 1974)을 보면, 앞날개에 건국대 대학원 국문과 '졸업'이라고 써 있고, 또 '국문과 이수(履修)'(436면)라고 써 있는 것은 잘못된 소개이다. 전집의 잘못된 약력 소개 때문에, 중학교 자습서나 문학사전에 이르기까지 '졸업' '이수' '수료' 등으로 틀리게 소개되어 있다.

의 민족자주적 기반을 동학사상에서 검출한다. 『동경대전』의 「논학문(論學文)」에 "인간사회에는 팔괘(八卦)라는 변화발전의 원리가 있어 서로 대응하고 있다. 이리하여 인간사회에는 어김없이 움직일 때 움직이고, 그칠 때 그쳐야 하는 행위의 법칙이 있다"는 세계사적 인식태도가 그의 '전경인정신(全耕人精神)'의 귀수성(歸數性) 이론에 영향을 주고, 또한 그것을 체계화시켰을 것이다. 또한 「우음(偶吟)」에서 "영원한 봄이 온다"는 종말론적 인식은 "열매 여물어 땅에 쏟아져 돌아오는 씨앗의 마음"이라는 신동엽의 '귀수성세계(歸數性世界)'의 종말론적 유토피아니즘과 이어진다. 이같은 정신적 영향관계에서 그는 동학혁명이 '현재화(顯在化)'하는 서사시 『금강』(1967)을 창작한다. 그리고 분단극복을 주제로 한 다양한 작품을 생산하고 1969년 4월 17일 간암으로 자택에서 영면한다.

이제 신동엽 삶을 요약해 보자. 첫째로 그의 '원시주의'를 볼 수 있다. 백제문화의 분위기에 젖은 농촌에서 자라난 배경에서 그는 '원수성(原數性)'이라는 개념을 만들었고, 그것은 시에서는 모성적 이미지로 표현된다.

둘째는 비극적 역사의 체험이다. 1930년대 일제 식민지와 미군정기, 그리고 한국전쟁 이후 모순된 사회구조의 체험은 그로 하여금 민족주의를 자극시켰고, '차수성세계(次數性世界)'의 개념을 만들게 되었다. 셋째로 독서를 통해 체험을 정리한 것이고, 그 영향관계를 볼 수 있다. 특히, 무정부주의에 대한 탐구, 법학, 종교학, '노자'와 '동학'에 대한 탐구가 그의 '전경인정신(全耕人精神)'을 체계화시켜 주었다. 이같은 삶의 체험은 그로 하여금 나름의 사상체계를 지니게 하였다.

3. 쟁기꾼의식의 형상화

1) 전통적 서정성-서정단시

서정시의 전통에는 자연과 시인의식의 조화를 통해 현실을 반영하는 시가 하나의 흐름을 가진다. 시의 원시적 단계라 할 무가(巫歌)의 경우에도, 그것은 공동체의 현실에 대한 소망을 종합한다는 뜻이 있다. 고대 중국의 최고의 시가를 집성한 『시경(詩經)』도 위로는 조정종묘(朝庭宗廟)의 의식으로서의 악장(樂章)이나 아래로는 최하위 민중의 여항(閭巷) 속요(俗謠)까지 두루 그들의 사회적 총체성을 서정으로 반영하고 있다. 여기서 시의 기능이란 정치를 바르게 하고 모든 이가 평화롭게 살아가도록 하는 정서의 해소에까지 이르는 것이다.

또한 우리 문학에서도 시적 개성이 집단의 감정을 대표하고, 시인은 집단의 정서를 요약할 수 있어야 한다는 명제는 결코 새로운 것이 아니다. 정약용의 '사회시론'이나 단재 신채호의 '국시론(國詩論)'은 우리 문학의 자랑스러운 한 전통이다. 이러한 건강한 시 정신이 문학의 외곽지대로 밀려난 것은 일제 후부터이다. 이때부터 집단적 역사의식을 추구하는 서정시의 한 전통은 삭제되고 있었다. 또한 이와 같은 상황은 객관적 식민지의 상황과 무분별하게 수입된 이식(移植) 문예사조로 인하여 더욱 부채질되었다. 그래서 카프의 반발로 일어난 '시문학파'는 부분적인 순수시론을 전체인 양 군혀 놓았고, 그것의 한 부분인 애국주의적(또는 국수주의적)인 시는 일제 군국주의의 쇼비니즘적 봉사물로까지 변한다.

그래서 슈타이거(E. Staiger)가 말한 서정시의 특성인 '회감(回感)'의 의미도 우리에게는 삶이 없는 과거의 사실로의 관념적인 존재 근거의 탐구 또는 현실 도피적인 회감(回感)으로 이해된다. 그래서 대상인식의 한 방법으로 대상을 삶으로부터 힘껏 유리시켜 자기 관념에 몰입하여 장식하는 것만이 서정시를 쓰는 방법으로 고착되었다. 그러나 작품이 지닌 자기 완결성의 세계와 외부의 상황을 긴밀히 관계시키려는 시인의 노력은 계속 이어져 왔다. 우리는 이와 같은 전통에서 신동엽을 만난다.

시를 청자의 기대에 상응하는 '말건넴'으로 본다면 신동엽의 시를 어조(語調)와 시적 화자로 분석하는 시각은 중요하다. 여기서 필자는 신동엽 시에서 토착어의 사용과 다양한 화자, 특히 여성 화자를 중요하게 보고 분석한다. 그리고 그가 인식한 리얼리티를 어떻게 보고 시에 담지했는가도 중요하게 보려고 한다.

먼저 토착어와 그것을 이용한 언어의 말부림을 보자. 신동엽의 전작품을 읽어보면 그가 몇 개의 중요한 시어에 대하여 완강한 집착을 가지고 있음을 본다. 이처럼 몇 개의 중요한 시어를 중심으로 그의 시는 생산된다. 서정시는 단순히 이해되는 것이 아니라 체험되는 것이라 할 때, 한 편의 서정시는 독자가 스스로 주인공이 되어 체험하게 한다. 이러한 체험을 위해 신동엽의 시에서는 순수토착어의 사용이 중요하게 쓰인다. 예컨대 「향(香)아」에서 쓰이는 토끼몰이 · 씨름놀이 · 명절밤 · 비단치마 · 초례청 · 놋거울 · 상여집과 같은 순수토착어의 쓰임은 한국인의 원형적 이미지, 곧 그의 말에 의하면 '원수성세계(原數性世界)'를 체험하도록 도와준다. 또한 순수토착어와 어우러져 보이는 도시의 삶이 배인 언어(전신주, 마이크 등)는 극분업화된 '차수성세계(次數性世界)'를 이미지화한다.

> 도끼는 신기해도
> 손재주가 만든 것이며
> 비행기는 비싸도
> 땅에서 쓰는 것이다
>
> —「이야기하는 쟁기꾼의 대지(大地)」에서

손재주로 만들어진 신기한 '도끼'와 비싼 '비행기', 즉 토착어와 기계적 언어를 대비시키면서, 비행기도 땅에서 뜬다는 것을 강조한다. 그래서 대지에 뿌리박은 '원수성(原數性)'이 '차수성(次數性)'보다 우위에 있다는 자신의 사상을 표출해 보이는 것이다. 또한 이러한 말부림은 동일한 이미지를 가지고 되풀이되면서 동시에 음율적인 반복성을 통하여 독자에게 서정적 울림을 제공한다. 더불어 이러한 반복성은 음율적 울림을 형성하는 데에 끝나는 것이 아니라 일종의 힘을 형성한다. 그 힘의 원리는 비교적 단순한 이미지의 되풀이에서 발생되지만 또한 이념적 내용과 연결되어 있기에 더욱 힘을 지니게 된다. 그런데 그가 너무 시 언어의 단순화에 치중했을 때에는 추상적 · 관념적 한계를 보여 준다. 그래서 이에 대한 김수영의 지적은 타당하다 하겠다. 하지만 전시(全詩)에서 쓰이는 순수토착어의 사용은 보다 효율적인 통합의 단위로 작용한다. 그 이유는 순수토착어가 유서 깊은 역사를 가지고 있으며 공시적으로 많은 사람들의 공유 경험의 분담과 전달에 보다 많이 개입하고 있는 뿌리깊은 말들이기 때문이다.

두 번째로 보이는 점은 화자가 다양한 것이다. 서정시야말로 화자의 설정이 요청되는 장르로 파악된다. 서정시에서 '나'는 작품의 화자이자 시인 자신이며 또한 독자로 하여금 서정시의 주인공으로 참여하게 한다. 서정시의 유다른 위력은 이러한 동일화의 기능에서 발휘된다. 그런데 여기서 중요한 점은 시 속의 주인공이 어떤 탈(가면, Persona)을 쓰고 등장하느냐 하는 점이다. 탈, 즉 화자는 창조된 가상의 인물로, 이 화자가 가지는 태도와 어조는 시의 의미 전체에 영향을 끼치게 된다. 특히 우리 시의 경우에는 여성 화자의 중요성이 주목되어 왔다. 따라서 한국문학의 내용상 특질 중의 하나로 '여성 위주의 문학사상'을 드는 연구자(정병욱 · 전규태)도 있다. 여러 논자는 여성 화자의 원형을 고려가요 「가시리」로 보고 그 전통이 소월의 「진달래꽃」에 이어진다고 하였다. 그러나 이러한 소극적 체념주의와는 달리, 신동엽에게서 보이는 태도는 앙칼진 마음을 보여주는 「서경별곡(西京別曲)」의 전통을 발전적으로 계승한 한용운의 「님의 침묵」과 같은 적극적 현실주의이다.

> 해두 안되거든 어머니, 생각이 있어요
> 힘은 좀 들겠지만 地上에 있는 모든 숫돌의 씨
> 죄다 섞어 받아 보겠어요. 그 반편들 껄
> 욕하지 마세요. 받아 놓고 정성껏 조리해 보겠어요
> 문제 없어요, 튼튼하니까!
>
> —「주린 땅의 지도원리」에서

동엽의 시는 모순된 사회에 대하여 '지킴'의 속성을 지닌 여성 화자로 더욱 설득력 있게 이야기하는 것이다. 위 시에서처럼 그의 여성 화자는 봉건적 비애를 거부하고, '전경인(全耕人)'을 생산하고자 하는 '원수성세계(原數性世界)'의 이미지로 표현된다. 또한 그의 여성 화자는 만남의 바람을 보여주기도 한다. 그 예로 「달이 뜨거든」에서 "우리들은 헤어진 게 아녀요 / 우리들은 나뉘인 게 아녀요 / …… / 우리들은 한 우주 한 천지 한 바람 속에 같은 시간 먹으며 영원을 살아요"라고 하였는데, 여기서도 유약한 심성을 지닌 여성이 아니라 '만남의 장'을 호소하는 강한 현실주의의 여성 화자가 드러난다. 이것은 '귀수성세계(歸數性世界)'로 향하는 시인 자신의 목소리의 대변이다. 이러한 여성 화자의 특색을 김윤식은 'female-complex'라 한다. 그것은 사회가 위기에 놓이고 남성이 주체를 자기 확립하려고 할 때 그 주체를 한정하고 부정하는 타자로 여성 화자가 쓰인다는 견해이다. 그런데 신동엽에게는 여성의 속성으로 알려진 '기다림'·'지킴'·'생명력'의 의미가 소극적이라기보다 적극적인 속성으로 보여지는 것이다. 물론 그의 전체 작품이 모두 여성 화자를 채용하고 있는 것은 아니다. 「껍데기는 가라」처럼 웅혼하고 강건한 남성적 어조로 나타나는 시도 많이 있다. 또한 남성과 여성 화자의 엇갈린 사용으로 그의 시는 극적인 짜임을 지니게 된다. 또한 이러한 다양한 화자는 장시·서사시·시극·오페레타에서 더욱 극적으로 쓰여진다.

세 번째로 서정 단시의 특징으로 보이는 것은 정치적 세계인식을 담는 것이다. 이것은 '국소적(局所的) 소재'로 현실의 전체상을 표현하려는 산문적 리얼리즘의 선택적 오류를 극복하기 위해 '전형적(典型的) 소재'를 선택하는 시, 그리고 현실 구조의 본질적 모순을 인식하고 그것을 지적하는 시로 나누어 볼 수 있다. '전형적(典型的) 소재'를 통해 현실의 모습을 담은 대표적 시로는 「종로5가」가 있다.

이슬비 오는 말
종로5가 서시오판 옆에서
낯선 소년이 나를 붙들고 東大門을 물었다

밤 열한시 반,
통금에 쫓기는 群像 속에서 죄 없이
크고 맑기만 한 그 소년의 눈동자와
내 도시락 보자기가 비에 젖고 있었다

국민학교를 갓 나왔을까
새로 사 신은 운동화 벗어 품고
그 소년의 등허리선 먼 길 떠나온 고구마가
흙묻은 얼굴들을 맞부비며 저희끼리 비에 젖고 있었다

—「鍾路五街」, 1·2·3연

이 시는 초등학교를 갓나온 소년이 종로에 서서 비를 맞으며 화자에게 동대문이 어디냐고 묻는 질문에서 시작한다. 이 시에는 소년의 아버지일 듯한 허리 다쳐 쓰러진 노동자, 소년의 누이일 듯한 눈 부은 창녀가 등장한다. 이러한 등장인물을 통해 신동엽은 1950~60년대의 사회문제로 중요하게 지적된 도시빈민문제를 담고 있다. 여기서 그는 부자연스러운 이미지나 비유의 사용을 억제하면서, 산문적 리듬에 접근한다. 이 시에는 구체적인 사회적 규정들이 많이 제시되어 있다. 또한 등장인물들이 개성적이면서 전형적인 특징성에 많이 기여하고 있다. 때문에 이 서정시는 서사적 객관성을 토대로 운문성의 한계를 극복하고 현실 생활을 시적으로 반영하는 내포적 총체성을 지니고 있다.

두 번째 현실의 본질적인 리얼리티를 지적한 시로는 '자르기'의식을 보여주는 「껍데기는 가라」를 들 수 있다.

껍데기는 가라.
四月도 알맹이만 남고
껍데기는 가라.

껍데기는 가라.
東學年 곰나루의, 그 아우성만 살고
껍데기는 가라.

그리하여 다시
껍데기는 가라.
이곳에선, 두 가슴과 그곳까지 내논

아사달과 아사녀가
中立의 초례청 앞에 서서
부끄럼 빛내며
맞절할지니

껍데기는 가라
漢拏에서 白頭까지
향그러운 흙가슴만 남고
그, 모오든 쇠붙이는 가라

—「껍데기는 가라」 전문

이 시에서는 8번 연이어 반복되는, '가라'는 부정적 가치와 '남고', '살고', '맞절할지니'로 설명되는 긍정적 가치가 대립구도를 형성하고 있다. 그리고 부정과 긍정 사이에 어떠한 타협적 서술어도 배제함으로써 그 대립상황은 극단으로 치닫게 되고, 결국 껍데기와 알맹이의 타협이란 불가능해진다. 이러한 '자르기'의식은 시 「아니오」에서도 '그럴리 없어요'라는 강력한 부정서술어로 표현된다. 이러한 '자르기'의식 이면에는 동학혁명이나 4·19 '이후의 역사'를 비극적 역사, 즉 그것을 부정하는 세력에 의해 그 의미가 부정되는 비극적 역사를 파악하는 작가의 역사의식이 담겨 있다.

이렇게 신동엽의 서정 단시는 토착어 사용과 다양한 말부림 그리고 다양한 화자의 사용이 보이고 그것과 유기적 관계를 가지는 시인의 정치의식을 볼 수 있다. 이러한 그의 시는 1960년대 정치서정시의 한 전형을 보여준다.

2) '원수성(原數性)'에 대한 동경–장시(長詩)

장시의 특성을 단시와 비교하자면, 내용면에서 장시는 단시보다 월등하게 많은 '산문정신(散文精神)'을 용해시킬 수 있다. 이때에 산문정신이란 역사적 성격을 지닌 인간을 대상으로 하며 사회적인 여러 조건이 시에 미치는 영향 및 시인이 사회를 투시하는 비평안(批評眼)을 포함하는 개념이다. 이에 따라서 장시는 그 산문정신을 담을 구성원리도 중요하다. 짧은 서정시나 단일한 단위로 이루어진 관념시로는 다루기 어려운 포괄적인 문제가 가로놓인 경우에, 시인은 장시라는 '포괄적 구성원리'를 택하게 된다. 그래서 장시는 여러 단위로 해체할 수 있는 복합적 단위의 문학적 장치를 사용하여 길이를 유지시키는 나름의 구성원리를 갖춤으로써 우리 앞에 가로놓인 삶의 문제를 비교적 포괄적으로 형상화할 수 있다.

동엽은 두 편의 장시를 남겼다. 첫 번째는 그의 데뷔작인 「이야기하는 쟁기꾼의 대지(大地)」(1958, 이후로는 「쟁기꾼의 대지」로 약함)이고, 두 번째는 그가 죽기 수개월 전에 『여성동아』에 발표한 「여자의 삶」(1969)이다.

먼저 「쟁기꾼의 대지」를 보면, 이 장시는 당시 우리 시문학의 상황에 비추어 볼 때 독창성과 힘을 지닌 문제작이었음을 알 수 있다. 당시 신춘문예 심사위원으로 그 작품을 선정했던 양주동은 여러 가지 장점에도 불구하고 결말부는 "결정적인 목표 高地의 점령"을 이루지 못했다며, "완전히 무력하다"고 지적했다.

「쟁기꾼의 대지」는 서화·본화(제1화~제6화)·후화로 짜여져 있다. 서화에서는 대지(大地)와 쟁기꾼과의 운명적 관계가 여성 화자를 통하여 말하여진다. 본화에서는 이야기의 시작과 목적이 서술된 후, 학살자와 죽은 이를 위한 진혼(鎭魂)이 노래된다. 그리고 두만강변의 할아버지를 통해 민족비극은 증언된다. 그리고 비극을 극복하기 위해 몰아내야 할 것들이 제시되고 그 대신에 새로운 생산성에 대한 추구가 여성 화자를 통하여 말하여진다. 후화에서는 미래에 대해 시인이 질문을 던지면서 끝을 맺는다. 신동엽은 이렇게 많이 용해된 산문정신의 이야기를 독자에게 정확히 전달하기 위해 다양한 어조를 사용한다. 각 단위는 '~한다나요?', '~이시더라', '있었삽니다', 또는 때에 따라서 명령형을 쓰면서 독자를 작품 안에 끌어들이기도 하고, 대상과 멀찍이 떨어지게 하기도 한다. 특히 제4화에서는 두만강변의 할아버지의 말을 그대로 인용함으로써 사회적 사건에 대하여 객관적 증명을 시도한다. 어조란 보통 언어 외적 상황을 동시에 포괄하게 되는데, 그의 어조는 그 언어 외적인 시인의식과 더불어 단어에 변화를 주고 화자를 바꾸는 것뿐만 아니라, 간신히 산문시 형식을 도입하거나 연과 행의 갑작스러운 변화로 시에 재미와 속도가 붙게끔 장치된다.

그러면 「쟁기꾼의 대지」를 통하여 시인이 말하려는 것은 무엇인가. 그것은 "낙지의 발" 또는 "만주의(萬主義)"로 상징되는 제국주의 침략과 그 하수인들로 인하여 강요된 '고향상실의식'이다. 이것은 제국주의가 낯선 경험방식을 강요함으로 생기는 모순적 의식이기도 하다. 그래서 서화가 대지와 합일된 쟁기꾼의 '원수성세계(原數性世界)'에 대한 고백이라면, 본화는 '차수성세계(次數性世界)'의 비극적 내용을 담고 있다. 그래서 후화는 「시인정신론(詩人精神論)」에서 "세기는 다만 대기하고 있다"고 말했듯이 미래의 전망은 의문사항으로 끝나는 것이다. 그러나 이것은 시인이 불행의 원인을 인식하면서도 그것을 극복하기 위한 구체적인 전망을 결여하였다는 한계를 남긴다.

두 번째로 또 다른 장시 「여자의 삶」을 살펴보자. 이것은 「쟁기꾼의 대지」의 제6화에 보여진 새로운 모성과 그 생산성을 향한 시인의 열망을 표현한 것이다. 여기서 여자는 좋은 씨를 받아 좋은 신성(神性)을 가꿔보고 싶다고 고백한다. 물론 시인의 열망에 대한 표현이다. 그런데 시인은 이 여자를 확대하여 다시 표현한다. 그래서 여자는 인류의 영원한 집이며, 남자의 피묻은 마음과 탄도탄을 씻어내는 물이며, 껍데기만 벗으면 신(神)이고 평화(平和)라고 이야기한다. 그런데 이 이야기 역시 도입부 · 전개부 · 결말부의 3단계 짜임을 가진다. 그는 도입부를 한 여자로 보여주고, 전개부에서는 한 여자를 한국의 여인으로 확대시켜 자신의 '전경인정신(全耕人精神)'을 반영시킨다. 그리고 결말부에서는 다시 먼젓번 여인으로 돌아오도록 한다. 그런데 이 시에서 신동엽은 사회적 현안문제를 제기하고 도덕성을 강조하는 교훈적 속성을 지니는 교훈적 멜로드라마의 성격을 보여준다. 그래서 대중문학적 문체에 본격적 주제를 담으려는 시도가 드러난다. 또한 여기에서 담지되는 시정신은 역시 '원수성세계(原數性世界)'로 향하는 전경인을 생산하고자 하는 모성(母性)과 밀접히 연관되어 있다.

이와 같은 두 편의 장시에서 신동엽의 산문정신을 담아내는 구성 단위는 3단계 짜임으로 나타난다. 이는 '전경인정신(全耕人精神)'의 3단계 발전과정을 구조적으로 표현한 것이기도 하다. 그런데 3단계 짜임은 가장 보편적인만치 단순하다는 한계가 있다. 이를 극복하는 것은 다양한 어조와 이미지의 반복성에 있음을 보았지만, 특히 그가 사용한 '삽화적 짜임'도 중요하게 작용한다. 여기서 느슨하게 묶여진 삽화들을 통어(統御)하는 구심점은 화자 또는 작품의 주인공이다. 예컨대 「쟁기꾼의 대지」에서는 '원수성(原數性)'으로 향하는 화자들의 의식을 통하여 통어되고, 「여자의 삶」에서는 객관적 시점의 작가가 주인공인 한 여인을 확장시키고 다시 집중시키면서 시인 자신의 의식을 충격적으로 압축하여 전달하고 있다. 또한 자칫 잘못하면 산만해질 삽화들은 반복되는 이미지를 통하여 통일성을 보여준다.

이러한 3단계 짜임과 충격·압축의 효과를 지닌 삽화적 짜임은 서사시 『금강』에서 더욱 다층적인 삽화, 복합적인 짜임으로 보여진다.

3) 미래를 위한 사실(史實)—장편 서사시 『금강(錦江)』

잘 알려지지 않았고 더러는 쇼비니스트로, 때로는 멸시조차 받았던 신동엽이 문단의 주목을 받은 것은 서사시 『금강』을 발표하고 나서이다. 이에 대한 의견으로는 긍정적 시각(김우창·김영무·강형철)과 부정적 시각(김주연), 그리고 상반되는 시각의 변증법적 지양이 중요하다는 종합론적 시각(성민엽)이 있다. 이 중에 주목되는 성과를 이끌어 낸 글은 『금강』을 매우 객관적인 시각에서 그 장점과 단점을 논한 김우창과, 이제까지의 논의가 『금강』의 주인공 신하늬에 대한 작가의식의 개입을 부정적으로 본 데에 반하여 오히려 긍정적으로 평가한 강형철의 논의가 주목된다. 그러나 지금까지의 논의는 비판적으로 보아져야 한다. 첫째로 대부분의 논자들은 부분을 확대하여 침소봉대하는 오류를 보인다. 둘째 역사가 반영된 서사시는 허구적 인물이 허용될 수 없다는 측면에서만 주인공 신하늬를 비판한다. 셋째로 문학작품 내에 역사는 '사실(史實)'만으로 반영되어야 한다는 기계론적 역사주의의 편협한 틀에서 작품을 재단한다. 넷째로 장르판정에 있어서 우리 서사시론의 잣대가 아닌 서양 이론의 준거틀만을 사용한다. 이러한 잘못된 시각을 반박하면서 이 글은 마련되었다. 풀어 말하자면, 중요한 것은 서구적 시각에서 『금강』의 주인공과 역사성을 보고 그것이 서사시냐 아니냐를 판정하는 것이 아니라, 그 작품이 당대의 의식을 문학사적 질서 속에서 얼마나 잘 반영시켰는가 하는 문제이다.

『금강』은 세 부분으로 나누어져 있다. 즉 서화(1, 2)·본화(제1장~제6장), 그리고 후화(1, 2)로 나뉜다. 그런데 여기서 서화나 후화는 본화와 이질적인 요소가 아니라 본편의 내용을 현재 시점으로 물들이고 그 내용을 미래로 향하게 하는 피막(皮膜)이다.

작자의 유년기에 대한 회상, 갑오농민전쟁과 3·1 운동, 그리고 4·19를 '하늘'의 이미지와 연결시킨 이야기, 그리고 갑오농민전쟁의 발단과 주인공 신하늬의 활약, 그리고 사이사이에 끼여지는 6·25의 삽화들. 갑오농민전쟁의 전개와 외세로 인한 비극적 패배, 동학혁명과 3·1 운동, 그리고 4·19의 미완성된 역사들을 미래의 두레마을에 투영시키는 작가의식을 통하여 우리가 알게 되는 구조는, 그 짜임이 일종의 몽타지 수법으로 이루어졌다는 것이다. 우리는 왜 시인이 몽타지 수법을 썼는지, 그것을 통어하는 구심점은 무엇인지 물어보아야 한다.

먼저 눈에 돋보이는 점은 처음부터 "내가 지금부터 이야기하려는" 식으로 작가의 참여가 이루어지고 있다는 점이다. 그리고 서술 내용이 막상 과거의 사실(史實)인 갑오농민전쟁에 들어가면 작자는 과거를 과거로 보지 않고 현재의 사실과 더불어 개입하려고 한다. 그 개입은 바로 허구적 주인공 신하늬를 통하여 이루어진다. 허구적 인물 신하늬와 작가 신동엽의 부친관계, 교육과정, 시대적 모순의 체험, 그리고 좌절된 첫사랑이야기, 부인 인(印)진아와 인(印)병선, 시대의 질곡으로 인하여 희생당한 장인, 그리고 부여로 가는 길의 동일한 묘사들은 이 작품에 나오는 주인공 신하늬가 곧 신동엽 자신의 투영임을 증명한다. 또한 작품의 주인공 신하늬의 이름인 하늬가 "하늬바람이 불면 …… 발화해야 한다"(「詩人精神論」)는 혁명적 이미지를 지니고 있음을 볼 때, 신하늬는 곧 신동엽 자신의 혁명의지를 투영시킨 인물임이 분명해진다. 이러한 자아의 투영으로 작가는 과거/현재, 역사/허구라는 이분화된 짜임에 삽화를 끼어 놓고 그 삽화들을 자신의 의식을 투영한 주인공을 통하여 통어하는 것이다. 그러나 작품에 과도한 작가의 주관이 개입하게 됨으로써 이때에 미래에 대한 청사진은 주관적 도식성으로 그려질 위험성을 가지게 된다. 결국 『금강』에 대한 논의는 작가의 역사적 시각에 이르게 된다.

동엽이 지향하는 역사의식을 보기 위해서는, 작품 전체에 서사시간의 간극을 이어주는 '하늘'의 이미지를 보아야 한다.

> 우리들은 하늘을 봤다
> 1960년 4월
> 역사를 짓눌던, 검은 구름짱을 찢고
> 영원의 얼굴을 보았다.
>
> 잠깐 빛났던,
> 당신의 얼굴은
> 우리들의 깊은
> 가슴이었다.
>
> 하늘 물 한아름 떠다,
> 1919년 우리는
> 우리 얼굴 닦아놓았다.

1894년쯤엔,
돌에도 나무등걸에도
당신의 얼굴 전체가 하늘이었다

—「서화(序話)」, 『금강』

미완의 4·19 혁명에서 3·1 운동을 거쳐 갑오농민전쟁에까지 거슬러 올라가며 나타나는 하늘의 이미지는, 영원한 평화, 자유 등 궁극적이고 민중적인 이상을 뜻하고 있다. 그리고 그 '하늘'의 이미지가 현실 세상으로 재현된 것은 "앞마을 뒷마을은 / 한 식구, / 두레로 노동을 교환하고 / 쌀과 떡, 무명과 꽃밭 / 아침 저녁 나누었다"(제6장)는 두레마을임을 볼 수 있다. 이것은 단순한 과거에로의 회상이 아니다. 후화에서 "우리 두렛마을 심을, 아 / 찬란한 혁명의 날은 / 오리라"고 했듯이 긍정적 미래를 위한 과거의 차용인 것이다. 그런데 그곳으로 가는 역사의식의 표현은 너무 소박하게 드러난다. 『금강』에 반영된 역사주의의 한계는 작품에 표현된 역사, 신하늬의 혁명적 과정에서 보여진다.

첫째는 '갈등이 생략된 역사'다. 작가 자신의 풍부한 종교적 열정으로 인하여 전봉준 외(外) 남접 일파를 사문난적시한 동학지도부와의 갈등이 종교적 외피로 무마되어 있다. 갑오농민전쟁은 민란의 요소가 독립변수였고, 종교로서의 동학운동은 종속변수였다. 즉 그것은 혁명을 위해 종교적 외피를 두르고 있었다고 볼 수 있는데, 『금강』에서는 '갑오농민혁명(甲午農民革命)'이어야 할 것이 동학혁명으로 표현되어 있다. 이는 작가의 지나친 관념우월주의에서 비롯된 역사의 추상화이다.

둘째로 신하늬의 혁명적 과정에서의 도식성이다. 분명히 신하늬는 역사의 진행과정에서 중심 운동의 인자로서 긍정적 전망을 보여준다. 하지만 역사를 문학에 옮길 경우, 그 고정성을 뛰어 넘는 길은 개인의 생동성을 통해서 성취되는 법인데 하늬에게는 개인적 갈등이 적게 묘사되어 있다. 그래서 과정적·갈등적 디테일이 없는 하늬와 진아의 도식적인 행동반경은 『금강』에 도식적인 흐름을 두드러지게 하였다.

셋째로 과도한 서정적 문체에도 문제가 있다. 과도한 서정성은 아픔의 원인을 잊게 만든다. 마치 울다가 거울을 보면 자신을 이쁜이로 착각하는 것처럼 과도한 서정성은 현실을 현실로 남기지 않고 서정 속에 용해시켜 버린다. 그래서 『금강』은 문학성 안팎의 긴장된 복합적 구성에도 불구하고, 역사를 보는 시각의 부실은 『금강』의 한계로 남는다.

이제 마지막 논의는 『금강』에 대한 장르 규정의 문제이다. 서구적 개념의 서사시는 주지하는 바와 같이 고대 희랍 또는 고대 영웅에 대한 장문으로 된 운문을 가리킨다. 고대는 현대와 달리 '본질적 가치'에 의해 사회가 통일되었다고 말한다. 이때 본질적인 가치란 순수한 미질(美質)로서의 아름다움이나 용기를 말한다. 서사시는 이러한 본질적인 가치를 기반으로 해서 사회를 같은 신념으로 통일시켜야 한다고 생각했을 때 주인공을 영웅적 성격으로 그려야 한다는 결론이 나온다. 이렇게 영웅적 서사시에 대하여, 중세의 지배층문학으로서 그 가치를 논한 브왈로(J. Boileau)와 시민사회에 파괴된 서사시의 양식을 대서사 형식, 소서사 형식으로 나눈 루카치의 견해도 있으나, 우리의 서사시는 우리 문학사에 존재하는 우리 나름의 '친족적(親族的) 유사성(類似性)'의 체계에서 보아져야 한다. 우리 문학은 외국의 서사시론을 차용하여 도움을 얻기도 하였으나 오히려 혼란을 맞기도 하였다. 그런데 그 혼란의 이유는 각 나라마다 나름의 서사시론을 가지는 까닭이다. 예컨대 몽고·아프리카·터어키 등 각 나라마다 서사시론이 있고, 서양에서도 미국과 북유럽, 그리고 불란서와 영국이 각기 다른 서사시론을 가지고 있다(『꾸리에』, 1986년 12월호). 그러므로 각 나라의 서사시는 나름의 서사시론에서 분석되어져야 한다. 그렇지 않을 때에는, 이상섭이 미국식 서사시론으로 우리 영웅서사시의 전범인 「동명왕편」을 서사시가 아니라고 하였듯이, 범주의 오류를 범할 수 있다. 그래서 『금강』을 미국식 서사시관에서 "이야기시(narrative poem)"로 평가한 김우창이나, 북유럽의 서사시론에서 평가하는 염무웅은 자체의 한계를 지니는 것이다. 서구적 장르론의 틀 안에서 우리 서사시를 묻는 질문에, '우리의 서사시는 서구적 서사시가 아니다'라는 작가의 당연한 답변을 내세울 수 있을 뿐이다. 이렇게 혼동된 서사시론의 체계에 조동일의 연구는 긴요하다. 그의 의견에 따르면 "서사시는 산문이 아닌 율문, 그런 의미에서 이루어진 서사문학이다. …… 서사시에는 주인공에 따라 영웅서사시가 있고 범인서사시도 있다. 소설에서처럼 장편서사시가 있고, 단편서사시도 있다. 말로 전하는 구전서사시와 글로 전하는 기록서사시로도 나누어진다. 구전서사시는 구전자에 따라서 무당서사시이기도 하고, 광대서사시이기도 하다."(「서사시론과 비교문학」, 1987.5.20) 아직 이것은 시론적인 단계이지만 우리 서사문학의 준거틀을 제시하여 준다.

그러므로 김팔봉의 '단편서사시론'(1929.5)과 조동일의 서사시론의 도움을 받아 『금강』을 보면, 그것은 하늬를 중심으로 하는 범인서사시이고, 기록서사시이다. 또한 거의 낭송이 불가능하다는 단위구성으로 보아 장편서사시라 함이 옳다. 그렇다면 신동엽은 왜 서정적 장편서사시를 선택하게 되었을까.

> ① 그리하여 대지 위에 다시 全耕人의 모습은 돌아와 있는 것이고 인류정신의 창문을 우주밖으로 창문을 우주 밖으로 열어 두는 **敍事詩는 인종의 가을철에 의하여 결실되어 남겨질 것이며** ……
>
> —「시인정신론」에서

> ② 그리고는 먼 훗날 당신이 서 있을 대지를 쪼개고 솟아 나올 始生代 巖層 깊숙이 **우리의 大敍事詩를 새겨 넣기 위하여**
>
> —「쟁기꾼의 대지」, 제2화 3연(강조—인용자)

그에게 서사시란, '차수성(次數性)'의 비극적 한계를 넘어서서 '인종의 가을철'에 결실되어 남겨질 우주지(宇宙知)의 정신, 곧 귀수성세계의 씨알을 말한다. 그것은 '②'에서처럼 비극을 극복하며 '솟아나올' 것이며 미래로 향하는 것이다. 그것을 위해서 신동엽은 박물화된 사실(史實)을 현실과

병치시켜 미래의 '귀수성세계'로 나아가게 해야 했다. 그는 우리 역사의 모순된 상황을 담을 장르를 필요로 했는데, 그것은 순간적인 발화로 꽃피는 짧은 서정시로는 불가능했다. 단편서사시에 담기에는 사건이 너무 방대했다. 그래서 총체적인 역사관을 작품화하기 위해서 신동엽은 서정성과 서사성의 변증법적 종합을 시도한 장편서사시를 취하게 되었다.

'쓰여져 왔던' 문학적 관습도 중요하지만, '쓰여져야 할' 것을 당대의 문학적 질서 속에서 창조하는 작업은 더욱 중요하다고 본다. 작가의 과도한 관념성 · 주관성 · 서정성으로 말미암아 그 역사적 시각이 추상화되었지만, 『금강』은 전통적인 예술과 서구미학의 어설픈 절충 형태로 이어져 온 파행적인 우리 현대시에 새로운 가능성을 보여주었다. 그래서 1960년대 시문학사에 귀중한 양식 실험을 이루어냈다.

4) 비극적 결말—시극 「그 입술에 파인 그늘」

서구의 희곡은 '시극(詩劇)'으로부터 비롯되었다. 당시 희랍인은 관객석을 가리켜, '듣는 사람이 앉는 자리'라는 뜻으로 오디토리엄(auditorium)이라 하였다. 배우라는 말도 원래는 '답하는 사람'이란 뜻의 우뽀크리떼였다. 그들에게 극이란, 시로 된 대사를 들으며 영원성을 동경하는 '듣는' 구경거리였다. 이러한 시극은 원시종교부터 고대 그리이스극과 중세극을 거쳐 르네상스 때까지 이어져 왔다. 그리고 그것은 엘리자베드 시대와 17세기 프랑스 연극으로까지 이어져 왔다. 특히 세익스피어 작품에서는 주인공의 출신 또는 그 유식성에 따라 산문대사와 운문대사가 섞여서 쓰인다. 그러던 것이 서서히 시민사회가 형성되어 서민이 사회 각 분야에서 중요한 위치를 점하게 되면서, 극의 주인공도 '모자라는 사람'이 중요성을 지니게 되었다. 문학에도 철저하게 리얼리티를 표방할 수 있는 일상용어가 정착되면서 산문대사가 연극의 영역을 점하기 시작했다. 그런데 연극에서까지 일상회화를 지리하게 듣는 것은 별맛이 없기 때문에, 현대희곡은 산문정신의 리얼리티에 대한 반동을 시작했다. 그래서 부조리극(1950년대), 엘리엇 · 로르카 · 예이트 · 브레히트의 시도는 잃어버렸던 연극 본래의 시 정신을 되찾으려는 시도라고 할 수 있다.

그런데 우리 희곡사에서, 시극의 발자취를 정리하기란 쉽지 않다. 월탄의 「죽음보다 압흐다」(『白潮』 3호, 1923) 외에 오천석 · 이헌 · 유도순 · 박아지 등의 작품이 보이기는 하지만, 완전한 형상화를 갖추었다고 보기는 어렵다. 그래서 본격적으로 시극을 이땅에 정착시키려 했던 노력은 1961년 <시극동인회>로 보여진다. 이때 동인으로는 시인으로 고원 · 장호 · 홍윤숙 · 신동엽이 있고, 이외에 여러 극작가와 영화감독이 참여했다.

시극이 우리 문학사에 유입되는 이와 같은 과정을 보면서, 다시 정리해야 할 점은 시극은 극 구성을 위해 표현 형식으로 시어를 사용하지만, 본질적인 것은 극 자체가 시여야 한다는 점이다. 그것을 위해서 첫째로 시어로 된 대사는 관객에게 무의식적으로 들릴 만치 극적 구조에 용해되어야 한다. 둘째로 운문대사는 원초적이면서 그 시대에 보편적인 음악적 질서를 유지해야 한다. 셋째로 시극은 관중에게 형이상학적 본질, 또는 본질적 리얼리티를 전달할 수 있도록 시의 상징성을 최대로 유용해야 한다. 마지막으로 시극을 평가하는 잣대는 당대의 대중성이다. 바로 이와 같은 시각에서 「그 입술에 파인 그늘」(1966.2.26~27, 국립극장에서 상연, 이후로는 「파인 그늘」로 약함)을 분석해 보자.

첫째, 「파인 그늘」은 비극적 짜임을 지닌다. 그 내재적 짜임을 줄거리에 따라 요약해 보면, 'ㄱ'측 부상병 남자와 'ㄴ'측 부상병 여자가 전장터에서 유일한 생존자로 만난다(도입). 서로 적인 줄 알면서 같은 민족이라는 동포애에서 서로의 상처를 묻는다. 시대불명의 부상병과 전쟁으로 인하여 귀머거리가 된 노인이 등장했다가 퇴장한다(전개). 두 주인공은 분단의식 때문에 괴로워한다. 그리고 피식민자의 고통을 강조하기 위해 동학군이 갑자기 등장했다가 퇴장한다(위기). 두 주인공은 고통의 실체를 인식한 후 총으로 호미를 만들고 열 평 짜리 완충지대인 '동굴'에서 살기로 결정한다(절정). 길을 가려는 참에 갑자기 젯트기가 나타나 주인공들을 사살한다(대단원). 비극에 있어서 죽음은 모든 비극적 사건에 한정된 현재적이며 현실적인 것이다. 또한 죽음에 대한 비극적 인식은 곧 영혼의 의식에로의 깨어남, 즉 영혼 자체에 대한 '자기 인식'이다. 그래서 「파인 그늘」은, 첫째, 전개과정에서 무식(無識)에서 유식(有識)의 단계로 나가면서 관객에게 연민과 공포의 감정을 느끼게 한다는 점, 둘째, 작품의 내재적 세계관이 이원론적이며 주인공이 보이지 않는 거대한 운명과 대결하다가 죽음으로 자유의지를 찾는다는 점에서 비극적 짜임을 가졌다고 할 수 있다.

둘째로 「파인 그늘」은 집단적 시간과 전형적인 인물상을 보여 준다. 주인공을 'ㄱ', 'ㄴ'으로 기호화한 작자의 의도는 이데올로기로 인한 전쟁에는 어느 쪽이나 마찬가지로 진정한 인간성보다는 기호와 같은 물질적 존재로 남게 된다는 사실을 알리려는 데 있는 것이다. 또한 부상자·노인·유아·동학군·일군·청군은 조역인데, 그들은 두 인물 성격의 한 부분이기도 한 차위적(次位的) 인물이다. 작가는 '집단적인 시간'의 흐름에 차위적 인물을 등장시키면서 모두 나름의 '전형적 인물'로 상징화시키고 있다. 다만 동학군과 일·청군의 등장은 리얼리티를 확보하려는 작가의 의도에도 불구하고 오히려 거부감을 유발시킬 우려도 있다.

셋째로 신동엽은 짧은 대사로 빠른 전환을 시도하는데, 특히 전개부와 위기부에서는 웅변적 대사가 거의 없는 빠른 속도감이 느껴진다. 그리고 때로 이용되는 몸짓말(Mime)은 가장 좋은 시적 표현이 된다. 음향효과에서도 '「청산별곡(靑山別曲)」, 북소리, 새소리'와 '비행기 굉음, 포소리'를 대비시키면서 극의 흐름을 음악의 상태로 지향하게 하려고 한다. '껍데기와 철'에 반대되는 '그늘과 동굴'의 이미지는 극 전체에 무의식적으로 들릴 만치 극적 구조에 용해되면서 원초적이고 당대에 보편적이어야 하는데, 여성 화자나 남성 화자가 신동엽 특유의 형태적·음율적 매너리즘에 갇혀 있고, 그들의 대사가 신동엽 특유의 독특한 이미지를 사용하기 때문에, 작가에 대한 선(先)이해가 없는 관객은 청각적 효과를 제한 받을 수도 있다.

넷째로 「파인 그늘」에서는 이데올로기의 세계에 절대적 힘을 부여함으로써 절망과 체념이 극의 표면적 주제로 드러나게 된다. 그렇지만 패배 가운데 두 주인공이 이념 또는 그 밖의 그 무엇과도 화해하지 않고 '자기 자신과 화해'함으로써 인간에 대한 가치를 갈망하는 것이 이면적 주제로 보인다. 그러나 국가도 없는 숲에 있는 '동굴'로 가자는 무정부주의적 태도, 비애의 노래이며 체념의 노래인 「청산별곡(青山別曲)」을 민족의 동질성 회복을 위한 노래로 표상시킨 작가의 의도는 비과학적 감상주의, 또는 이상주의를 드러낸다. 정서적이며 관념적인 방법이 모든 문제를 해결할 수 없기 때문이다.

그런데 그는 통일에 대한 구체적 방법을 미발표 유고인 「전통정신(傳統精神) 속으로 결속(結束)하라」(1968)에 제시한다. 이 글은 당시 북한작가동맹 위원장이 남북한 문화교류를 제의해 온 것에 대하여 쓴 글이다. 여기서 그는 반도의 주인은 미・소 양 세력이 아니라 우리 자신이 주인임을 명시하고, 그리고 사람들끼리 판문점이나 임진강의 완충지대에 모여 아리랑을 합창해 보자고 제의한다. 여기서 보이는 정서적 통일을 위한 갈망은 「파인 그늘」에서 보이는 갈망과 동일하다.

다섯째로 보아야 할 점은 신동엽이 시극을 선택하게 된 동기와 그것이 문학적 질서 속에서 놓이는 위치를 평가하는 일이다. 장르 선택 동기로 그가 <시극동인회>에 참여했고, 자본주의의 상업적 메커니즘을 의식했을 것이라고 지적할 수 있겠으나, 더욱 근본적인 이유는 신동엽 자신이 자신의 정신내용을 시공간에 직접 현재화(現在化)하고 싶었던 작가적 욕구이다. 그러나 그는 당시 대중의 문화적 욕구를 가벼이 한 나머지 자신이 비방하던 '구미식민자본세력(歐美植民資本勢力)의 사치품문화'에 자신도 모르게 함몰되었다. 그는 문학의 선전성을 깊게 의도했는데도 불구하고 대중의 문화적 욕구와 단절된 오류를 오페레타 「석가탑」에서도 동일하게 보인다.

그렇지만 당대 문학적 질서와 불일치라는 한계는 1970년대 마당극이나 탈춤의 현실적 재창조로 극복된다는 점에서 「파인 그늘」은 실험적 성과로 평가된다.

4. 신동엽 시의 총체적 특질

동엽의 작품을 장르별로 나누고, 형식과 내용의 유기적 관계를 조명해 보았다. 먼저 개별 장르의 분석을 통하여 공통함수로 보이는 점은 작가정신과 작품에 내재된 시정신이 긴밀하게 관계한다는 것이다(단, 서정 단시는 다양한 분포를 보이지만 이해의 편의를 위해 「껍데기는 가라」를 예로 든다).

전경인정신 / 갈래	원수성세계 原數性世界	차수성세계 次數性世界	귀수성세계 歸數性世界
서정단시 「껍데기는 가라」	알맹이 東學年 곰나루	껍데기 모오든 쇠붙이	아사녀와 아사달과의 만남
장시 「…… 大地」 「여자의 삶」	대지와 합일된 인류(서화)와 全耕人을 생산하는 母性	상실된 고향	미래에 대한 질문 古宮 돌담길을 돌아오는 女人
장편서사시 『금강』	두렛마을(6장)	탐관오리와 외세에 의한 모순 구조	공동체 이미지 제시(후화 2)
시극 「그 입술에 파인 그늘」	하나인 민족	이데올로기로 인한 한국전쟁의 비극	중립지대인 '동굴'의 이미지

이런 도표가 도식화의 위험을 불러올 수도 있겠지만, 신동엽의 시는 이러한 구상 안에 모두 내재된다. 이것을 장르별로 정리해 보자.

서정 단시는 토착어 사용과 여성 화자의 사용 그리고 전통성을 보았고 또한 순수 토착어와 여성 화자는 모두 '원수성(原數性)'과 관계됨을 밝혔다. 더불어 시정신에 내재된 정치의식을 보았다.

장시에서는 '원수성(原數性)'에의 동경을 주된 시정신으로 하면서 3단계

단위구성과 삽화적 짜임을 가졌음을 보았다. 장르 선택 동기는 작가의 '산문정신', 즉 '전경인정신(全耕人精神)'과 그것에서 비롯된 여성관이다.

서사시 『금강』은 보편적 서술 양식으로 과거의 사실(史實)에 현재를 삽입한 짜임임을 보았다. 창작 동기는 비극적 역사를 담으려는 작가적 욕망과 미래로 향하는 자신의 서사시론에 의하여 복합적 짜임을 가지게 되었음을 보았다. 그러나 작가의 과잉된 관념성 · 도식성 · 서정성으로 말미암아 작품의 초점인 역사적 시각이 희석되었음을 아울러 밝혔다.

시극 「파인 그늘」은 주인공이 운명과 대결하면서 비극적 죽음으로 향하는 비극적 짜임을 지녔다. 장르 선택 동기는 작가의식을 청자에게 직접 현재화시키고 싶은 작가적 욕구에서 비롯되었다. 하지만 작가의식의 지향점인 '동굴'의 이미지가 오히려 그 전망을 불투명하게 했으며 시극이라는 장르가 당시 대중의 문학적 욕구와는 괴리를 지녔음을 밝혔다.

본고는 그의 오페레타 「석가탑」을 분석하지 못한 한계를 지닌다. 이후로는 그의 반복적인 이미지에 대한 심리학적 접근과 아울러 여성 화자 · 동굴과 대지의 이미지로 이어지는 그의 모성적(母性的) 이미지와 '원수성세계(原數性世界)'와의 관계도 분석되어야 한다. 이와 같은 논의 후에 그의 시사적 위치를 자리매김하는 것은 가능해질 것이다. 이것은 다음 과제로 넘긴다.

결론적으로 신동엽은 시대의 모순을 똑바로 보고 그 원인을 문학에 담아냈지만 그 구체적 극복을 위한 전망은 자신의 과잉된 관념성으로 인하여 희석되어 있다. 그렇지만 그는 당대의 문학적 과제를 올바로 인식했고 그 내용에 적합한 장르를 선택하여 시화한 1960년대의 실험적이고 성실한 시인이다. 우리는 그의 한계를 뛰어넘어야 하며 그것이 그의 의미를 계승하는 것이라고 생각한다.

신동엽 시 「종로5가」·「껍데기는 가라」와 일본어역[1)]

1. 번역

번역(飜譯)이란 무엇인가. 단순히 한 언어를 다른 언어로 바꾸는 작업일까. 요즘은 한글을 일본어로 번역하려 할 때, 혹은 그 반대의 경우에도 컴퓨터로 간단히 옮겨놓을 수 있는 시대이다. 가령, 신문 기사는 어느 정도 의미를 전달할 수 있는 기계적인 번역이 가능하다. 그러나 그것은 '문자 치환'의 단계일 뿐이다. 소설이나 시를 컴퓨터 번역 프로그램으로 완벽하게 번역할 수는 없다. 두 가지 언어의 커다란 차이점을 극복하기 위해서는, 간단치 않은

1) 이 글은 필자의 일본어 논문(「申東曄の詩「鍾路五街」「脫穀は立ち去れ」と日本語譯」, 『語硏フォーラム』 14號, 早稻田大學語學敎育硏究所, 2001.3)을 한국어로 번역한 글이다. 필자의 다른 일본어 논문도 그렇지만, 이 글도 일본어로 쓸 때 와세다대학의 오오무라 마스오[大村益夫] 교수께서 지적해주시고 교정해주셨다. 이 글에서, 일본어 원문에 원래 있던 "전경인정신"에 대해 소개한 대목은 바로 앞의 논문과 내용이 겹침으로 생략했고, 번역에 대한 내용과 몇 군데 설명을 보충했다.

배려와 조작이 필요하다. 정확히 번역하려면 글자를 번역하는 '문자 치환' 단계를 넘어, 그 작품이 나올 수 있었던 배경과 토양을 섬세하게 이해해야 제대로 된 번역을 할 수 있다. 그래서 소위 '문화의 번역'이라고 하는 과정을 포함해서, 넓은 의미에서 문화나 정신사를 이해하지 못하면 정확한 번역이란 애시당초 불가능하다. 따라서 "두 개의 언어와 문화가 정면 충돌하는 번역이란, 이문화접촉(異文化接觸)의 최전선"[2]이다. 그래서, 우리는 먼저 작품을 통해 작품을 생산해낸 문화와 만나고, 작가 정신과 만나게 되는 것이다. 중요한 것은, 여러 가지 번역 개념 중에, 도대체 어떠한 번역이 만들어져 어떠한 영향을 독자에게 주었는가를 아는 것이다. 그것을 위해서, 먼저 많은 언어문화에서 어떠한 번역의 기준이 있는가를 아는 것은 넓은 시야를 가진 이문화(異文化) 이해를 위해서 무엇보다도 필요한 자세이다.[3]

그 중에서도, 시를 번역한다는 것은 더더욱 간단한 문제가 아니다. 바른 번역이 문자의 치환이 아닌 '문화의 번역'이듯, 시를 번역하기 위해서는 한 시인의 사상을 정확히 이해해야 하는 '시 정신의 번역'이어야 할 때가 많다. 요즘 원시를 읽으려는 이들을 위해 대역시(對譯詩) 형태로 출판되는 경우가 많고, 따라서 소심한 직역을 지향하곤 한다. 그런데, 과연 시인의 깊은 사상을 이해하지 못하고 단순한 직역으로 시인의 뜻을 전할 수 있을는지, 필자는 의문부호를 달고 싶다. 물론 타국(他國)의 독자들에게 그들의 문화에 따라 이해할 수 있도록 하기 위해 '의도적 오역'을 하는 경우도 있으나, 그것도 한 시인의 깊은 사상을 충분히 체득한 뒤에 행해야 할 번역일 것이다.

이 글은 일본어로 번역된 신동엽 시에 대해 검토해 보면서, 아울러 시를 번역하려고 할 때, 먼저 무엇을 해야 하는가를 생각해 보려는 글이다. 먼저, 이 글에서 검토의 대상이 되는 시를 일본어로 번역한 역자에게 이

2) 川本皓嗣, 井上健一, 『翻譯の方法』, 東京大學出版會, 1997. '문화의 번역'에 대해서는 197~290면을 참조하기 바람.
3) 大澤吉博, 「正しい翻譯とは」, 위의 책, 141면.

해를 바란다. 우리의 문화 유산, 그것도 시를 외국에 소개하려고 하는 시도는 그것이 어느 나라말로 행해지든 대단한 노력이므로, 당연히 번역자에게 경의를 표해야 한다고 필자는 생각한다. 그러나 예의의 문제와 번역이 옳은가 그른가를 가늠하는 것은 또 다른 문제일 것이다. 신동엽의 시를 번역하려고 할 때는 특히 「시인정신론(詩人精神論)」을 제대로 이해하는 것이 무척 중요하다. 그것을 이해해야, 그의 중요한 상징이나 이미지를 이해할 수 있다고 필자는 생각하며, 또한 한 단어 한 단어 정확히 번역할 수 있다고 생각한다. 신동엽의 시를 일본어로 번역하신 번역자에게 깊은 이해를 바라면서, 일본에 소개된 신동엽의 시를 검토해 본다.

2. 일본에 소개된 신동엽

한국에서 신동엽(1930~1969)의 시에 관한 연구는, 조금씩 본격적인 연구단계에 접근해가고 있다. 다만, 아직 연구대상과의 시차가 짧은 것에도 이유가 있는 것도 이유일 수 있으나, 지금까지 그에 대한 평가가 대부분 그의 신념만 지나치게 강조하여, 그의 문학성을 평가하지 않거나 균형있고 구체적인 작품연구를 경시해 온 경향도 있다. 최근 한국에서 신동엽 시인 30주기를 기념하여 학술논문집 『민족시인 신동엽』(소명출판, 1999)이 출판되었지만, 일본에서의 신동엽에 관한 연구는 특별한 성과가 없는 상황이다.

1976년 김소운(金素雲)에 의해 몇 편의 신동엽 시가 번역되었다. 김소운은 「그 가을[その秋]」·「아니오[いいえ]」·「원추리[忘れ草]」(『現代韓國文學選集』 第五卷, 冬樹社, 1976)를 번역 소개했다. 이후, 시집으로 소개된 것은 『현대한국시선(現代韓國詩選)』이라는 시리즈 중 한 권으로 번역 출판된 『껍데기는 가라[脫殼は立ち去れ]』(姜舜 역, 梨花書房, 1979.7)가 처음이다. 시리즈 『현대한국시선』의

기획의 변(辯)을 보면, 이 시리즈가 겨냥하고 있는 바를 알 수 있다.

현대 한국 시인의식은, 민중의 의식을 반영하고 있다. 현대의 한국시를 앎으로써, 우리들은 한국 사회의 현실과 꿈을, 그 깊은 저류에서 응시할 수 있을 것이다.[4)]

이처럼 이 시리즈는 한국의 현대시 중에서 민중의식 혹은 "한국 사회의 현실과 꿈"을 반영하고 있는 시인의 중요한 시를 선정하여 한 권씩 출판했다. 이 시리즈에 포함된 시인 및 시집은, 신동엽 외에 신경림(申庚林)『농무(農舞)』, 김수영(金洙暎)『거대한 뿌리[巨大な根]』, 조태일(趙泰一)『국토(國土・他)』, 이성부(李盛夫)『우리들의 양식[われらの糧・他]』이다. 다섯 사람 모두 1970년대의 이른바 '참여문학(參與文學)'의 대표적인 시인들이었다. 이 시리즈가 출판된 당시, 전후 한국에 대한 일본인의 이미지는 독재체제국가 혹은 독재체제에 대항하는 민중운동이 활발한 곳으로 새겨져 있다. 이 즈음은 일본에 『김지하 작품집(金芝河作品集)』(Ⅰ・Ⅱ, 1976) 등 참여문학 작품이 집중적으로 소개된 시기였다. 생각해 보면, 위에 인용했던 기획의 변은 단순히 시리즈를 소개하는 머리말이 아니라, 당시 일본인이 한국문화를 보는 이미지의 일부분을 나타내고 있다.[5)] 이와 같은 분위기에서 신동엽이라고 하는 이미지도 앙가지망의 시인, 이른바 참여작가로서 강조되어 소개되었던 것이다. 일본에서 출판된 신동엽 시집 『껍데기는 가라[脫殼は立ち去れ]』

4) 申東曄詩集, 『脫殼は立ち去れ』, 梨花書房, 1979, 238면.

5) 1970년대 일본에서 한국문학은 '김지하의 시대'였다고들 한다. 하지만 김지하뿐만이 아니라, 한국문학에의 관심이 이전보다 대단히 높아져, 많은 책이 출판되었다. 중요한 책으로는 서울에서 출판된 일본어 잡지 『韓國文藝』(1976~80?), 그리고 『조선문학(朝鮮文學－紹介と硏究)』에 실린 작품 중에서 뽑아 2권의 단행본으로 정리된 『現代朝鮮文學選』(1973~1974), 중요한 번역으로는 오오무라 마스오[大村益夫]가 번역한 김윤식(金允植)의 『상처와 극복[傷痕と克服]』(원제목 『한일문학의 관련양상[韓日文學の關聯樣相]』, 1975)과, 임종국(林鍾國)의 『親日文學論』(1976) 등이 있다. 이처럼 김지하뿐만 아니라, 한국문학에 관한 단행본이 적지 않게 출판되어진 시기가 1970년대였다. 이에 관해서는 아래 논문을 참조바란다. 大村益夫, 「日本における朝鮮現代文學の硏究・紹介小史」(『青丘學術論集』 第2集, 1992.3.10, 308~309면).

에는 그의 중요한 시와 가장 중요한 평론 「시인정신론(詩人精神論)」(1961), 그리고 김수영 · 박두진의 평이 수록되어 있다.

다음으로, 신동엽에 관해 소개한 책은 변재수(卞宰洙)의 『남조선 시인군상[南朝鮮の詩人群像]』(三一書房, 1996)이다. 이 책에 소개된 시인의 이름을 들어보면, 신동엽 · 문익환 · 신경림 · 문병란 · 최하림 · 이성부 · 정희성 · 김남주 · 강은교 · 송기원 · 고정희 · 하종오 · 박노해 등이다. 이름만 보아도 알 수 있듯이, 이 평론집은 민주와 한반도의 통일에 대한 바람과 과제라고 하는 관점에서 한국의 참여시인을 소개하는 책이다. 이후, 오오무라 마스오[大村益夫]가 번역한 신동엽의 시 「서울[ソウル]」(『詩で學ぶ朝鮮の心』, 青丘文化社, 1998)이 있다.

한국에서 신동엽에 관한 학술적인 성과로 인정될 만한 것은 약 40편 정도가 있다. 신동엽 시인 30주기 학술논문집인 『민족시인 신동엽』(1999)에 중요한 논문이 실려 있다. 연구사를 검토해 볼 때, 아직 객관적인 자료를 정리한 전기연구가 부족한 점, 그리고 그에 관한 시인론과 작품론은 대부분 문학사회학의 입장에서 취급되어져 그의 문학성에 관한 연구가 부족한 점을 문제를 지적할 수 있을 것이다. 아쉽게도, 그에 관한 연구는 부분을 채택해 전체로 해석하는 오류(誤謬)를 범하고 있는 것이다. 번역의 경우는 더욱 심각한 경우도 있다. 직역(直譯)을 우선으로 할 때, 시인의 깊은 정신이 단순화될 수도 있는 것이다.

3. 「종로5가(鍾路五街)」의 경우

이제 신동엽(申東曄)의 시에서, 사회적인 세계인식을 시에 담아낸 예를 보도록 하자. 거칠지만 그의 시를 두 가지로 나누어 보도록 하자. 첫째는,

'극소적(極所的)인 소재'를 통해 현실의 전체상(全體像)과 동일시하는 오해를 극복하기 위해 전형적(典型的)인 소재를 선택한 서사시 혹은 장시이다. 둘째는, 현실구조의 본질적인 모순을 인식하여 그것을 상징적으로 지적한 상징시로서 나눌 수 있겠다. 전자처럼 전형적인 소재를 담고 현실의 모습을 담아낸 대표적인 시로는 「종로5가(鍾路五街)」가 있다.

이슬비 오는 날.
종로 5가 서시오판 옆에서
낯선 少年이 나를 붙들고 東大門을 물었다.

밤 열한시 반,
통금에 쫓기는 群像 속에서 죄 없이
크고 맑기만 한 그 소년의 눈동자와
내 도시락 보자기가 비에 젖고 있었다.

국민학교를 갓 나왔을까.
새로 사 신은 운동환 벗어 품고
그 소년의 등허리선 먼 길 떠나 온 고구마가
흙묻은 얼굴들을 맞부비며 저희끼리 비에 젖고 있었다.

충청북도 보은 俗離山, 아니면
전라남도 해남땅 漁村 말씨였을까.
나는 가로수 하나를 건다 되돌아섰다.
그러나 노동자의 홍수 속에 묻혀 그 소년은 보이지 않았다.

그렇지.
눈녹이 바람이 부는 질척질척한 겨울날.
宗廟 담을 끼고 돌다가 나는 보았어.

그의 누나였을까.
부은 한쪽 눈의 娼女가 양지쪽 기대 앉아

속내의 바람으로, 때 묻은 긴 편지 읽고 있었지.

그리고 언젠가 보았지.
세종로 고층건물 공사장,
자갈지게 등짐하던 勞動者 하나이
허리를 다쳐 쓰러져 있었지.
그 소년의 아버지였을까.
半島의 하늘 높이서 太陽이 쏟아지고,
싸늘한 땀방울 뿜어 낸 이마엔 세 줄기 강물,
대륙의 섬나라의
그리고 또 오늘 저 새로운 銀行國의
물결이 딩굴고 있었다.

남은 것이 없었다.
나날이 허물어져 가는 그나마 토방 한 칸.
봄이면 쑥, 여름이면 나무뿌리, 가을이면 타작마당을 휩쓰는 빈 바람.
변한 것은 없었다.
李朝 오백 년은 끝나지 않았다.

옛날 같으면 北間島라고 갔지.
기껏해야 뻬스길 삼백리 서울로 왔지.
고층건물 침대 속 누워 肥料廣告만 뿌리는 그머리 마을,
또 무슨 넉살 꾸미기 위해 짓는지도 모를 빌딩 공사장,
도시락 차고 왔지.

이슬비 오는 날,
낯선 소년이 나를 붙들고 東大門을 물었다.
그 소년의 죄없이 크고 맑기만한 눈동자엔 밤이 내리고
노동으로 지친 나의 가슴에선 도시락 보자기가
비에 젖고 있었다.

—「鍾路五街」 전문(『東西春秋』, 1967.6)

이 시는, 국민학교를 갓 나온 듯한 소년이 종로 5가에 서서 비에 젖어 있는 화자(話者)에게 동대문이 어디인가 묻는 질문에서 시작한다. 이 소년은 "봄이 가고 여름이 오면 부황 든 보리죽 툇마루 아래 빈 토끼집"에 "머리 쥐어뜯으며 쓰러져 있는"(「주린 땅의 지도원리」) 어린 동생일 수도 있고, "눈이 오는 날" "쓰레기 통을 뒤"지다 미군의 총에 맞아 죽은 어린 소년일 수도 있다. 중요한 것은 이 소년에게 "맑고 큰" 눈동자가 있고, 시인은 이 소년을 빌려 모순된 사회를 딛고 대두하는 민중세력의 씨앗을 제시하고 있다는 사실이다.

소년과 더불어 두 사람이 더 등장한다. 소년의 아버지일지 모르는 허리 다쳐 쓰러진 노동자, 소년의 누이일지 모를 부은 한쪽 눈의 창부(娼婦)가 등장한다. 이러한 등장인물을 통해서 신동엽은 1950~60년대의 사회문제로서 중요하게 지적되어 온 도시빈민 문제를 담아내고 있다. 그런데, 단지 거리를 방랑하는 가난한 자들의 묘사와 그들에 대한 연민만으로 리얼리즘이 가진 진실성의 높이에 도달하기는 어렵다. 이때 현실에 대한 열정 이상으로 시인이 시에 쏟아 붇는 시 언어에의 열성은 중요하다. 가령 "먼 길 떠나 온 고구마가 / 흙묻은 얼굴들을 맞부비며 저희끼리 비에 젖고 있었다[遠く旅立ってきたサツマ芋が / 土まみれの顔をもみ合いながら雨に濡れていた]"(3연)라고 하는 표현에서, 당시 이농현상(離農現象)이 도시빈민을 형성하고 있는 풍경이 상징적으로 재현되고 있다. 여기서 그는 부자연스러운 이미지나 비유의 사용을 억제하면서 산문적인 리듬을 사용하고 있다. 이 시는 구체적인 사회적 규정을 많이 제시하고, 아울러 등장인물의 개별적이며 동시에 전형적(典型的)인 특성을 잘 표현하고 있다. 이 서정시는 서사적(敍事的)인 객관성을 토대로 하여, 운문성(韻文性)이 갖고 있는 약점을 극복하고, 현실 세계를 정확하게 반영하는 미를 갖고 있는 것이다.

이제 이 시가 일본어로 어떻게 번역되었는가를 살펴보기로 하자. 여기서 인용하는 일본어 역은 강순(姜舜)의 역[6]을 기본으로 하여 인용한다. 먼저 제1연 "이슬비 오는 날 / 종로 5가 서시오판 옆에서 / 낯선 少年이 나를 붙들고 東大門을 물었다"로 되어 있다. 이 구절은 시가 시작되는 첫 풍경을 암시하는 부분이다. 이 부분에 대한 강순의 번역을 보도록 하자.

霧雨の降る日
鍾路五街　西市五班の横で
見慣れない少年が私をつかまえて東大門へ行くみちを聞いた。

1연의 번역에는 몇 가지 문제가 있다. 첫째, 오역(誤譯)의 문제이다. 1행에는 문제가 없다. 그러나, 2행의 원문을 보면 "서시오판 옆에서"라고 하는 구절이 있다. 이 부분을 강순은 "西市五班の横で"라고 번역하고 있지만, 무슨 의미인지 이해하기 어렵다. 서시(西市)의 5반(五班)이라는 주소가 있지 않은지 생각하게 한다. 사실 "서시오판"이라고 하는 표현에서, '서시오'의 의미는 '停まれ'이고, '판'의 의미는 '板'이기 때문에, 결국 "서시오판"이란, '서시오라고 써 있는 간판[停まれと書かれた看板]' 곧 버스 정류장 간판을 의미하는 것이다.

사실, 이 시에 등장하는 세 사람, 즉 소년・노동자・창녀가 '종로 5가'에서 만났다는 것도 무척 중요한 의미를 지닌다. 1960년대 종로 5가란, ① 청계천과 동대문 지역을 중심으로 한 미싱노동자와 ② 무교동이나 종로 2・3가 뒷골목을 중심으로 술집, 그리고 ③ 마장동이나 의정부 쪽에서 오는 시외버스 정류장 지역이 겹쳐 있는, 이른바 1960년대 한국자본주의의 쇼케이스와 같은 상징적인 장소인 것이다. 소년이 바로 그 상징적인 장소의 버스 정류장 옆에 서 있는 것이다. 이렇게 '버스 정류장'은 단순한 배경이 아니라, 1960년대의 이농현상을 상징적으로 담아내는 단어인 것이다. 그런데, "西市五班"라고 오역(誤譯)되어 있기에 독자는 그것이 무엇을 의미하는지 모를 뿐이다. 시의 중요한 배경이 되는 언어가 사라져 버린 것이다.

둘째, 시의 리듬과 시어가 지닌 응축성(凝縮性)이 번역과정에서 용해되어

---

6) 申東曄詩集, 姜舜 역, 『脫殼は立ち去れ』, 梨花書房, 1979.7, 131~135면.

산문적인 리듬과 산문적인 표현으로 변했다. 원문에서 "낯선 少年이 나를 붙들고 東大門을 물었다"라고 하는 표현은 "見慣れない少年が私をつかまえて東大門へ行くみちを聞いた"라고 번역되어 있다. 여기서 "東大門을 물었다"는 "東大門を聞いた"라고 번역해도 문제가 없을 터인데도 불구하고 "東大門へ行くみちを聞いた"라고 번역해서 시의 처음 부분이 보다 산문적으로 풀어버린 것이 아닌가 여겨진다. 따라서 보다 좋은 번역은,

霧雨の降る日
鍾路五街バスストップの横で
見知らぬ少年が私をつかまえて東大門を聞いた。

라고 번역해야 한다고 생각한다. 아울러, "見慣れない少年"보다 "見知らぬ少年"라고 쓰는 것은 시의 리듬을 위해서는 보다 좋다고 생각한다. 이것 이외에도 8연에서 세세한 부분을 고쳤다. 첫째, 마지막 연에 "도시락 보자기가 비에 젖고 있었다"의 부분도 "辯當箱が雨にぬれていた"라고 번역했지만, "辯當箱"가 아니라, "辯當の包み" 혹은 "辯當袋"이다. 그냥 도시락 곽이라고 번역했을 때, 독자는 "보자기"라는 단어가 주는 보다 토속적인 울림을 느끼지 못하게 되지는 않을까. 이와 같은 점을 수정하여, 다시 신동엽의 「종로5가」를 일본어역으로 소개해 본다.

霧雨の降る日
鍾路五街バスストップの横で
見知らぬ少年が私をつかまえて東大門を聞いた。

夜の十一時半、
通行禁止*に追われる群像の中で　罪もなく
大きな限りなく澄んだその少年の瞳と
私の辯當の包みが雨に濡れていた

国民学校を出たばかりだろうか。
あたらしく買って履いた運動靴は脱いで懐にし
その少年の背中からは遠く旅立ってきたサツマ芋が
土まみれの顔をもみ合いながら雨に濡れていた。

忠清北道の報恩の俗離山、でなければ
全羅南道の海南の地の、漁村の訛りだったろうか。
私は一本の街路樹まで歩き振り返った。
しかし勞働者たちの洪水の中に埋もれてその少年はみえなかった。

そうだった。
雪解けの風が吹き、じめじめした冬の日、
宗廟の塀に沿って曲がってから私はみた。

かれの姉であったろうか。
はれた片目の娼婦が日向にもたれて
肌着のまま垢じみた長い手紙を讀んでいた。

そしてまた　何時か私はみたのだ。
世宗路　ビル建築の工事場、
砂利を擔いでいた勞働者の一人が
腰を怪我して倒れていた。
その少年の親父だったろうか。
半島の空たかくから太陽が降りそそぎ、
冷とした汗の玉を吹き出した額には三本の川水。
大陸の島の國の、
そしてまた　今日のあの新しい銀行國の
波がうねっていた。

殘されたものはなかった。
日々に壊れゆく　そのうえ土間が一間。
春には蓬、夏には木の根、秋には打穀の庭をかっ淩う空っ風。

變ったところはなかった
李朝五百年は終っていなかった。

昔だったら北間島へも行けた。
バスでせいぜい三十里の道のりのソウルへきた。
高層ビルの寝臺に寝そべって肥料の廣告を撒くだけで事すむ蛭の村、
また厚かましさを見せつけるために建てるのかも知れないビルの工事場へ、
辯當をぶら下げてきたものだ。

霧雨の降る日、
見知らぬ少年が私をつかまえて東大門をきいた。

その少年の罪のない大きな限りなく澄んだ瞳には夜が降り
勞働に疲れ果てた私の胸では辯當袋が
雨に濡れていた。

―「鍾路五街」全文(*通禁―夜間通行禁止の時間)

4. 「껍데기는 가라」의 경우

신동엽의 서정단시는 토착어의 사용과 다양한 표현법, 그리고 다양한 화자의 사용과 아울러 시인의 정치의식을 보여주고 있다. 그의 시 중에 1967년 신구문화사에서 출판된 『52인 시집』에 실린 「껍데기는 가라」는 민족사의 비극과 그 원인을 통찰하는, 1960년대 정치서정시의 극치를 보여주고 있다. 알맹이가 아닌 것에 대한 본질적인 거부감을 드러내는 시 「껍데기는 가라」를 그 토착어의 의미를 생각해 보면서, 읽어보도록 하자.

껍데기는 가라.

四月도 알맹이만 남고
껍데기는 가라.

껍데기는 가라.
東學年 곰나루의, 그 아우성만 살고
껍데기는 가라.

그리하여, 다시
껍데기는 가라.
이곳에선, 두 가슴과 그곳까지 내논
아사달과 아사녀가
中立의 초례청 앞에 서서
부끄럼 빛내며
맞절할지니

껍데기는 가라.
漢拏에서 白頭까지
향그러운 흙가슴만 남고
그, 모오든 쇠붙이는 가라.

—「껍데기는 가라」 전문(『52人 詩集』, 1967)

이 시에 "동학년의 곰나루", "중립의 조례청" 그리고 "향그러운 흙가슴만"이라고 하는 표현은 무척 중요하다. 이 시 제2연의 2행 "東學年 곰나루의, 그 아우성만 살고"라는 시구에서 "곰나루"라고 하는 지명은, 갑오농민전쟁뿐만 한국전쟁 때도 흰 옷을 입은 농민군이나 피난민이 평화롭게 모여 있었던 장소였던 금강의 유역을 말한다. 제3연에서, 깨끗하기 이를 데 없는 아사달과 아사녀가 실오라기 한올 걸치지 않고, "中立의 초례청 앞에 서" 있는 상징적 풍경은 분단된 한반도를 생각할 때 무척 의미가 깊다. 제4연 3행의 "향그러운 흙가슴만 남고"라고 하는 표현도 신동엽의 '원수성(原數性)의 세계'를 상징하는 표현이다. 신동엽은 이 세 가지의 언어(곰나루·아사달 아사녀·향그러운 흙가슴)로 상징되어 있는 민족정신의 "알맹이" 이외에 비본질적인 모든 것에 대해 "가라"고 선포한다.

이 시에서 여덟 번 반복되고 있는 "가라"라고 하는 부정적 가치와, "남고", "살고", "맞절할지니"라고 하는 긍정적 가치는 대치되어 있다. 그래서 부정과 긍정의 사이에 타협적인 서술어가 배제되어, 대립상황이 보다 명확하게 표출되고 있다. 결국, 껍데기[脫殼]와 알맹이[中身]의 타협이란 불가능하다. 껍데기에 대한 불타협의 정신은, 시 「아니오」(1963)에서도 "~리 없어요"라고 하는 강력한 부정서술어로 표현되었다. "비본질적인 것들의 / 괴로움이여"(「살덩이」)라며, 그는 본질(알맹이)이 아닌 비본질(껍데기)적인 것은 참을 수 없는 괴로움이라고 호소하고 있다.

이 시가 일본어로 어떻게 번역되고 있는가를 보자. 전체적으로 직역되고 있는데, 마지막 행에서, 원문은 "그, 모오든 쇠붙이는 가라"이지만, 번역은 "かの、ありとあらゆる武器は立ち去れ"[7]로 되어 있다. 여기서 "그, 모오든"이 "かの、ありとあらゆる"라고 번역된 것은 리듬면에서도 볼 때 "모오든"을 강조하기 위해, "그"를 앞에 놓고 쉼표를 놓은 한국어를 그대로 충실하게 직역해 놓은 것이다. 그런데, 문제는 "쇠붙이[鐵塊, 金物の塊]"라고 하는 상징어가 "무기(武器)"라고 하는 구체적인 언어로 바뀌었다는 점이다. 이 문제는 변재수의 번역에서도 마찬가지이다.[8] 왜 단어 하나 갖고 문제를 삼느냐 할지 모르나, 동사 하나, 형용사 하나, 명사 하나의 위치나 차이 때문에 우주적 차이를 빚어내는 것이 시의 세계가 아닌가.

앞서 말한 것처럼, "향그러운 흙가슴"에 대치되는 "모오든 쇠붙이"는, '흙·가슴·대지' 등의 원수성(原數性)의 세계를 지향하는 단어와 뚜렷이 대치되는 부정적인 상징어이다. "쇠붙이"는, 예를 들면 외세의 횡포나 독재자의 욕망, 노동자를 탄압하는 자본가의 욕망이나, 정말로 "그, 모오든" '부정적인 것'을 가리키고 있는 부정적인 의미를 상상하게 하는 상징어인

7) 申東曄詩集, 姜舜 역, 『脫殼は立ち去れ』, 梨花書房, 1979.7, 125면.
8) 卞宰洙, 『南朝鮮の詩人群像』, 三一書房, 1996, 16면.

것이다. 가령, 다른 시에서 그 예를 보면,

水雲이 말하기를
한반도에 와 있는 쇠붙이는
한반도의 쇠붙이가 아니어라.
한반도에 와 있는 미움은
한반도의 미움이 아니어라
한반도에 와 있는 가시줄은
한반도의 가시줄이 아니어라

—「水雲이 말하기를」에서

전쟁이 끝나고 모든 장벽, 모든 쇠붙이, 모든 껍데기들이
이 강산에서 무너져 나간 다음다음 날

—시극 「그 입술에 파인 그늘」에서

한반도에 들어와 있는 쇠붙이나 미움과 가시줄에 묶여 인간다운 삶을 영위하지 못한다는 수운(水雲)의 괴로움은 시인의 괴로움이기도 하고, 민족의 괴로움이기도 하다. 여기서 "쇠붙이"를 단순히 무기로 생각할 수도 있다. 하지만 단순히 '무기'로 번역한다면 그 의미는 한정될 것이다. 우리는 "쇠붙이"를 통해 쇠로 된 동전이나 왜곡된 물질주의를 상상할 수도 있고, 쇠붙이 같은 인간의 욕망을 상상할 수도 있을 것이다. "쇠붙이"는 권력의 횡포, 위선적인 문화, 전쟁에의 욕망을 상징하는 말로, 본질적으로는 시인이 모든 노동이 분업화되고 그에 따라 인간성이 심하게 상실된 시대라는 뜻에서 사용한 '차수성(次數性)의 세계'를 상징하는 단어이다. "전쟁과 폭력과 압제를 쇠붙이로 은유"[9]했다고도 보거나, 쇠붙이의 배제를 "비무장"[10]으로 보는 견해처럼, "쇠붙이(鐵塊, 金物の塊)"를 단순히 '무기'로 번역하면, 보다 넓은 의미를 지시하는 언어가 하나의 물질어로 축소되는 것이 아닐까. 독자가

9) 김종철, 「4・19 정신과 우리의 시」, 『신동엽－그의 삶과 문학』, 온누리, 1983, 171면.
10) 윤재걸, 「한반도의 민족시인」, 위의 책, 276면.

자기 나름대로 자유롭게 상상할 수 있는 상징어가 단순한 물질어(物質語)로 번역됨으로써, 독자의 창조적인 상상력이 개입할 여백이 없어진 것은 아닐까. 풍부한 상징이 지시적인 직유로 변해버린 것은 아닐까.

근본적인 이유는 번역자가 시인의 사상을 깊이 이해하지 못했기 때문에 일어나는 문제가 아닌가 생각한다. 일본에 신동엽의 시를 소개했던 번역자의 뜻을 높이 사는 것은 물론이지만, 바른 번역을 위해 늘 비평작업은 행해져야 할 것이다. 번역자가 신동엽 사상의 핵심인 '전경인정신'에서 '원수성의 세계관'이나 '차수성의 세계관'을 이해하는 것은 무척 중요하다고 필자는 생각한다. "쇠붙이"라는 단어는 신동엽이 말하는 인간이 극분업화된 세계, 즉 '차수성의 세계'를 지적하는 상징어인 것이다. 그러므로 "쇠붙이"라는 단어를 단지 '무기'로 은유해 보면, 그 의미는 축소되는 것라고 생각한다. 이제 그 부분을 수정하여 다시 소개해 본다.

脫殼は立ち去れ。
四月も中身だけ殘り
脫殼は立ち去れ。

脫殼は立ち去れ。
東學年 熊津の、その雄叫びだけが生き殘り
脫殼は立ち去れ。

そして更に
脫殼は立ち去れ。

ここでは、二つの胸とそこまで露わにさらし
阿斯達 阿斯女が
中立の婚禮の式場に立ち
羞らいを輝かせ
契りの禮を交わせるであろうに

脱殻は立ち去れ。
漢拏から白頭に至るまで
香しい土まみれの胸だけが残り
かの、ありとあらゆる鐵塊は立ち去れ。

—『脱殻は立ち去れ』全文

(漢拏は濟州島にある`漢拏山'[한라산]のこと。白頭は白頭山[백두산]を指す。)

5. 마무리

이 논문에서는 첫째, 1970년대 일본에서의 신동엽에 관해 소개가 민족민중주의의 참여시인의 이미지로만 소개되어 있는 것을 검토했다. 이후 '신동엽과 일본'이라는 주제는, 좀더 총체적인 시각에서 연구될 필요가 있을 것이다. 가령, 신동엽은 이와나미쇼텐[岩波書店] 등의 일본어 서적을 읽으면서 자기의 사상을 형성해 나갔는데, 어떤 책을 읽으며 자기의 사상을 만들어나갔는가 하는 문제를 앞으로의 연구과제로 남겨둔다.

둘째, 두 개의 일본어역 시를 보고, 오역(誤譯), 지나친 의역(意譯), 설명적인 문장에 의해 보다 산문적으로 변한 것, '차수성(次數性)의 세계'를 상징하는 풍부한 상징어를 지시적인 물질어로 번역했을 때 어떠한 문제가 생기는가를 검토했다. 결론적으로 신동엽 선집을 번역한 강순 선생(姜舜)의 번역은, 지적한 몇 줄을 제외한다면 원작에 충실한 번역이며, 한마디 한마디 일탈에 주의하고 있는 번역이다. 그러나 앞서 지적했듯이 "서시오판"이나 "쇠붙이" 같은 핵심적인 단어를 잘못 번역할 때, 중요한 배경을 상징하는 단어 혹은 시 전체의 의미가 흔들릴 수 있음을 살펴보았다.

신동엽은 시대의 모순을 바르게 보고 그 원인을 작품에 담아낸 진보적인 시인이다. 아울러 그는 당시의 문학적인 과정을 정확히 인식했고, 그 내용에 맞는 적절한 장르를 선택했던 1960년대의 실험적이고 신중한 중요한 시인이다. 일본뿐만 아니라, 다른 나라에서 신동엽에 대한 더욱 깊은 소개와 연구가 이어지기를 기대해 본다.

2부

박두진의 자연 · 현실 · 신앙

생명을 바라는 몇 가지 표정 69
—「묘지송」, 「해」와 박두진의 시세계

시적 현실주의의 강화 86
— 1950년대 박두진 시

박두진과 빛의 상상력 106

생명을 바라는 몇 가지 표정

「묘지송」, 「해」와 박두진의 시세계

시인은 초월과 현실을 얘기한다. 초월을 말하는 시인은 순진의 미학을 말하고, 현실을 말하려는 시인은 정직한 경험을 중시한다. 이런 두 편향을 종합하여, 현실에 내재한 생명의 중요성을 초월적인 언어로 표현한 시인을 찾는다면 다른 누구보다 혜산을 먼저 떠올리게 된다. 혜산(兮山), '있는 그대로의 산'이라는 뜻의 호를 가진 시인 박두진(朴斗鎭), 청록파의 한 시인으로 널리 알려진 그는 1916년 경기도 안성의 가난한 집안에서 태어나 어려운 청소년 시절을 보냈다. 「향현」·「묘지송」(1939.6), 「낙엽송」(1939.9), 「의(蟻)」·「들국화」(1940.1) 등을 정지용의 추천으로 『문장』에 발표한 그는 등단작에서부터 자연에 대한 인간의 교감을 시세계로 삼았다.

그의 시를 생각하면 떠오르는 몇 편의 시 중에 「묘지송」과 「해」, 두 편의 초기 시를 주목해 보기로 한다. 그래서 그의 시세계에 담겨있는 몇 가지 의미망을 짚어보려 한다. 물론 천여 편에 달하는 그의 시 전체를 몇 편의 시로 비추어본다는 방법은 커다란 한계를 지닐지 모르나, 그래도 이런 점검이 그의 전모에 접근하는데 디딤돌이 될 수 있으리라고 여겨진다.

1. 죽음의 표정

북망(北邙)이래도 금잔디 기름진데 동그란 무덤들 외롭지 않어이,

무덤 속 어둠에 하이얀 촉루(髑髏)가 빛나리. 향기로운 주검읫 내도 풍기리.

살아서 설던 주검 죽었으매 이내 안 서럽고, 언제 무덤 속 화안히 비춰줄 그런 태양만이 그리우리.

금잔디 사이 할미꽃도 피었고, 삐이 삐이 배, 뱃종! 뱃종! 멧새들도 우는데, 봄볕 포근한 무덤에 주검들이 누웠네.

—「墓地頌」 전문

4행으로 이루어져 산문시적인 특성을 가진 이 시의 1행은 묘지를 바라보는 시인의 자아를 표현하고 있다.

북망(北邙, 北邙山川)의 사전적 의미는 '묘지가 있는 곳 혹은 사람이 죽어가는 곳'을 말한다. 그러니까 주검이 누워 있는 참담한 곳을 말한다. 그런 곳의 금잔디가 기름지다고 했는데 이것은 달빛이든 햇빛이든 빛이 반사되어 기름지게 보일 터이다. 쉽게 해석이 안되는 부분이기에, 이 지점에서 첫 시적 긴장이 일어난다. 또 '기름진데'에서 '~진데'라는 맺음꼴은 몇 가지로 해석될 수 있겠다. 만약 기름진데도 '불구하고' 동그란 무덤들이 외롭지 않다라고 읽으면, 의미상에서 모순을 낳는다. 때문에 '~진데'는 기름진데 '다가'라는 덧붙임의 의미로 봄이 좋겠다. 그래서 1행은 북망이지만 잔디도 기름지거니와 동그란 무덤들도 외롭지 않다는 풍경으로 풀이되고, 이는 시인의 내면풍경이기도 하다.

2행에서 시인은 무덤 내부로 들어가 하얀 해골(=촉루)이 빛나고, 주검의

냄새도 향기롭다고 한다. '주검의 냄새'라는 말에 분명한 강조와 가락을 주려고 소유격 조사 '의'에 사이시옷을 붙여쓴 것을 볼 수 있다. 그래서 조사 '의'의 양쪽에 놓인 '주검(=송장)'과 냄새를 동시에 강조하려는 것이다. 이와 비슷한 시도로 시인은 다른 시 「봄에의 격(檄)」에서 "산에서는 산읫 것, 바다에선 바다읫 것"이란 표현을 쓴 적이 있다. 이 경우엔 모든 만물의 의미를 담고 있는 추상명사 '것'이 강조되고 있다. 이런 시도는 그때 그때의 필요에 따라 사이시옷으로 음악성을 조절하려는 시인의 노력으로 이해된다. 시인이 얼마나 음악성을 중요시하는지를 알 수 있는 대목이다. 또한 송장 냄새를 향기롭다고 평가하는 자세에는 이미 작가의 적극적인 낙관성이 당당하게 개입되고 있다.

3행에 이르면 상당히 역설적이다. "살아서 설던 주검"이란 표현. 사실 살아 있다면 '살아 있는 목숨'이라 해야 상식적일 텐데, 시인은 살아 숨쉬고 있는 생명을 주검이라 평가한다. 숨쉬고는 있지만 숨막히는 현실 속에서는, 살아 있는 어떤 것이라도 죽어 있음과 별로 다르지 않다는 뜻이 아닌가. 박두진뿐만 아니라, 이상화 시인도 더 이상 농사를 지을 수 없어 조국을 떠나 간도로 이주하는 농민의 비극을 그리면서 "사람을 만든 검아, 하루 일찍 / **차라리 죽은 목숨을** 뺏아 가거라"(「가장 悲通한 祈慾—간도 이민을 보고」, 『개벽』, 1925.1)(강조—인용자)며 애통해 하고 있다. 비극적인 시대에 살아 있는 목숨이란, 이처럼 '차라리 죽은 목숨'이었던 것이다. 그래서 차라리 죽었음에 안 서럽다고 한다. 혹시, 죽은 것이 더 좋다고 생각한다면, 여기엔 어떤 회피적인 자세가 개입돼 있는 게 아닐까. 시를 다시 보면 살아서 기꺼운 삶이 서러운 '주검'이 되었고, 그 서러움은 반대로 죽음으로써 해소되어 구원을 받는다. 그러나 '무덤'에는 영원성이 없다. 거기에 밝은 태양이 비침으로 어둠은 사라지고 완전한 구원이 가능하다는 논리다. 때문에 시인의 태도는 회피적이라기보다는 수동적인 자세라고 여겨진다. 시인의 수동적인 자세는 다음 구절에서 드러난다.

언제 무덤 속 화안히 비춰줄 그런 태양만이 그리우리

태양의 상징이 어떤 의미인지는 분명치 않다. 다만 "어둔 무덤 속(어둠) / 비춰줄 태양(밝음)"의 대비를 시켜 긍정적인 의미를 말하고 있음을 알 수 있다. 또한 '그리우리'라고 했으니 무덤 속 같은 현실에 이미 빛이 충만히 넘쳐 광명의 세계가 이룩된 것은 아니다. 그가 바라는 세계는 미래 시제 속에 있다. 결국 이 구절은 절망 그 자체를 있는 그대로 나타냄으로 '다가올' 광명의 세계, 희망의 세계를 얘기하는 셈이다.

4행은 다시 풍경묘사로 돌아간다. 금잔디 사이에 할미꽃도 피었고, "삐이 삐이 배, 뱃종! 뱃종!"이라고 멧새(=산새)들 소리를 재현하여 현실을 밝게 표현하고 있다. 물론 여기까진 북망이라면 흔히 상상할 수 있는 풍경이랄 수 있다. 여기서 시인은 다시 비일상적인 표현을 보여준다. 그것은 무덤 풍경만 보여주는 게 아니라, 무덤 속에 있는 '봄볕 포근한 무덤 속에 누워있는 주검들'을 보여주는 것이다. 이쯤에 이르면, 음산하고 허망한 것으로 여겨지기만 하던 일상적인 의미의 송장(=주검)에 보다 긍정적인 기다림의 의미가 보태진다.

전체 구조를 보면, 1행은 풍경묘사, 2행은 무덤 속의 현실, 3행은 희망을 기다리는 주검들, 4행은 시인의 정서가 삼투된 풍경묘사로 맺음된다. 또한 시의 종결형어미가 '~어이' · '~우리' · '~웠네'식이어서 시에 어떤 음악적 울림을 부여하고 있다.

결국 「묘지송」은 분명 죽음의 표정을 그리고는 있지만, 그 어느 구석에도 음산함이나 허망함이 없다. 죽어 있은 듯한 상태에서 빛을 기다리는 존재들이 담담하게 묘사되어 있을 뿐이다. 그래서 죽음에 대한 터무니없는 예찬도 없다. 시인은 밝음보다는 오히려 '어둠' 속에서 구원의 희망이 넘칠 수 있음을 강조하는 셈이다. "모든 절망은 희망을 위해 있다"(Ernst Bloch, *Das Prinzip Hoffnung*)는 에른스트 블르흐의 말이 이 시에 통하는 경구가 아닐까. 그러니까 혜산이 죽음을 얘기하는 것은 살림을 말하기 위해서이다. 그래서 「묘지송」에 이어 「해」에서 시인은 낙관적인 역사의식과, 생명에 대한 강렬한 긍정을 바탕으로 '죽음까지 긍정하는 불사조의 의지'를 빛내고 있다. 그런데 그 의지는 다소 수동적이다. 하지만, 그렇다손 치더라도 암흑기에 쓰여졌다는 사실 하나만으로도 이 시는 의미를 지닌다. 그 즈음에 「묘지송」과 더불어 친일문학과 엄연한 대척점을 이루며 발표된 「배암」·「산과 산들을 일으키며」 등이 이런 사실을 지지해준다.

한 가지 짚고 넘어가야 할 점은 그의 초기 시부터 보이는 자연을 대상으로 할 때의 시작법이다. "아랫도리 다박솔 깔린 산너머 큰 산 그 너멋한 안 보이어, 내 마음 둥둥 구름을 타다"(「香峴」)라는 표현처럼, 그는 언뜻 죽어 있은 듯한 자연에 대한 열정을 통해 '산이여! 장차 너희 솟아난 봉우리에 엎드린 마루에 확확 치밀어 오를 화염을 내 기다려도 좋으랴'라고 다분히 이상향을 향한 변혁의 투지를 내보인다. 이어 시인은 "핏내를 잊은 여우 이리 등속이 사슴 토끼와 더불어, 싸릿순 칡순을 찾아 함께 즐거이 뛰는 날을 믿고 길이 기다려도 좋으랴?"라고 먼 미래를 꿈꾼다. 그는 산림(山林)에서 풍기는 싱싱하고 생동하는 자연 속에서 불화의 현실을 인식하고 그것을 극복하기 위한 세계를 추구하고 있다. 그러니까 자연에 대한 믿음과 적응은 시인으로 하여금 자연을 통한 보다 인간적인 삶과 생명에 강렬한 추동력을 느끼도록 만드는 긍정적이고 변혁적인 인식의 변화를 가져온다. 그런 긍정적 시세계를 가장 극대화한 시가 「해」가 아닐는지.

2. 살림의 표정

『청록집』에 이어 1949년에 낸 두 번째 시집 『해』로 박두진의 자연과의 친화는 한층 뚜렷해지고 다른 청록파 시인들과 명백히 구별되는 다른 경지를 보여준다. 일제의 질곡에서 해방은 그의 시에 부조리의 세계를 딛고 화해의 세계로 나아가는 데 힘찬 활력을 넣어주고 있다.

> 해야 솟아라. 해야 솟아라. 맑갛게 씻은 얼굴 고운 해야 솟아라. 산 넘어 산 넘어서 어둠을 살라먹고, 산 넘어서 밤새도록 어둠을 살라먹고, 이글 이글 애띈 얼굴 고운 해야 솟아라.
>
> 달밤이 싫여, 달밤이 싫여, 눈물 같은 골짜기에 달밤이 싫여, 아무도 없는 뜰에 달밤이 나는 싫여……,
>
> 해야, 고운 해야. 늬가 오면 늬가사 오면, 나는 나는 청산이 좋아라. 훨훨훨 깃을 치는 청산이 좋아라. 청산이 있으면 홀로래도 좋아라.
>
> 사슴을 따라, 사슴을 따라, 양지로 양지로 사슴을 따라 사슴을 만나면 사슴과 놀고,
>
> 칡범을 따라 칡범을 따라 칡범을 만나면 칡범과 놀고, ……
>
> 해야, 고운 해야. 해야 솟아라. 꿈이 아니래도 너를 만나면, 꽃도 새도 짐승도 한자리 앉아, 워어이 워어이 모두 불러 한자리 앉아 애띄고 고운 날을 누려 보리라.
>
> —「해」 전문

6연으로 이루어진 이 시가 주는 첫 충격은 "해야 솟아라"라는 당찬 명령에 있다. 어쩔 수 없는 한계상황에서 뱉어내는 조급한 명령 같다. 명령을 받은 해의 모습은 "산 넘어 산 넘어서 어둠을 살라먹고" 다가와 "이글 이글" 떠오르는 억세고 살벌한 싸움꾼의 모습이면서도 동시에 "애띈 얼굴"이 곱기만 한 순진의 표정이다.

'해'의 적극적이고 맑은 상징적 이미지와 더불어 동반된, 터질 듯이 줄기찬 가락 또한 충격적이다. 그 줄기참은 "해야 솟아라 / 해야 솟아라 / 말갛게 씻은 얼굴 / 고운 해야 솟아라"라고 민요조 가락이 반복되는 1연에서부터 시작된다. 시인은 줄기찬 가락의 반복을 통해 '해'의 이미지에 긍정

적인 활력을 한껏 불어넣는다.

2연에서 '달밤'이 싫은 시적 자아는 '양지'의 밝음을 추구하며, 모두와 어울릴 수 있는 평화와 자유를 지닌 자아이다. 여기서 '해'의 상징은 어둠을 밝음으로 바꿔주며 만물을 소생케 하는 소생의 상징이다. 아울러 "눈물 같은 골짜기"나 "아무도 없는 뜰"은 당시 문단에 자주 보이던 약간 상투적인 표현인데, 시인은 이런 것의 음습함을 "싫여"라며 체질적으로 거부하여 새 시대를 예견하는 '해'의 상징력을 증폭시키고 있다.

3연에서 시인은 2연처럼 주관적인 자세를 말하고 있다. 가락을 맞추려고 '네가'를 '늬가'로 표현하여 "늬가 오면 늬가사 오면"이라 표현한 말부림도 눈에 든다. '청산'의 이미지 또한 중요하게 다가온다. 원래 '산'이란 이미지는 그에게서 싱싱함과 안정성을 의미한다. 가령,

> 산아, 우뚝 솟은 푸른 산아, 철철철 흐르듯 싪푸른 산아(…중략…) 아우성쳐 흘러가는 물결 같은 사람 속에, 난 그리노라. 너만 그리노라. 혼자서 철도 없이 너만 그리노라.
>
> —「청산도」에서

> 산아, 너는 엎드려만 있느냐? 움직움직 몸의짓도 않느냐? 고개를 빼어들어 바라도 안 보느냐? 쿵쿵쿵 일어선 채 발도 굴러 안 보느냐?
>
> —「산아」에서

시인이 느끼는 산은 싱싱한 자연성 자체이며 먼 미래를 기다리는 우직함의 총체이기도 하다. 이 상징은 이후 '수석'의 상징과 비교될 수 있을 터이다. 아무튼 이만치 시인은 산을 영원한 안정성으로 파악하면서 산을 통해 생명성을 회복하려 한다. 한편, 「해」에서는 "휠휠휠 깃을 치는 청산이 좋아라"라고 하여 고정태로 있는 '청산'에 동적인 활기를 부여하고 있다. 그래서 만물, 그 중에서도 움직이지 않는 '청산'에까지도 새 시대를 향한 활기찬 역동성을 부여하는 것이다.

다시 「해」로 돌아와, 4연과 5연은 적대적인 세력과 화친하는 유토피아의 세계다. 또한 2연 끝에 '……'라는 부호를 둔 것처럼 5연 끝에도 말줄임표를 두어 독자를 쉬게 하고 6연에 이르러 쉴새없는 호흡으로 몰아치는 작법도 재미있다.

그런데 사실 4 · 5연의 상징은 성서적인 묵시사상에 기대고 있다. 다만 여기서의 상징은 단지 성서적인 의미로만 한정되는 것이 아니라 보다 포괄적인 의미를 갖는다고 할 수 있다. 이미 "해야 솟아라"라고 말부림에서 현재의 희망찬 세계를 포함한 영원과 생명, 그리고 그 너머 유토피아로 향한 갈망이 차고 넘친다. 여기서 '해'는 일상적인 자연물이 아니라 미래 지향의 생명체로 변환된다. 사실 다른 시를 보더라도, "틔어온 밝은 하늘 빛난 아침"(「청산도」), "언제 터질 그 찬란한 크낙한 아침"(「연륜」), "햇볕살 따실 때에 나를 와서 안아라"(「햇볕살 따실 때에」)라는 표현처럼 '해'라는 상징은 영원한 생명 혹은 평화 · 진리 따위의 절대적이고 궁극적 생명을 추구하는 그런 것이다.

이런 상징력을 확보하려고 시인은 '솟는 해'만 갈망하고 있지 '지는 해'에 대해서는 말이 없다. 곧 그가 보이는 해의 상징은 일원론적인 순진의 세계이다. 이런 순진함의 확장 때문에, 이 시에는 「향현」에서 보이는 핏내를 풍기는 짐승들은 사라지고, 청산과 뭇짐승들이 평화스럽게 친화하고 있다. 그 세계는 사슴과 사나운 칡범이 친화하는 세계다.

전체적으로 보면 1연은 서두를 차지하고, 2연에서 5연까지는 본문이 된다. 그리고 6연은 1연의 의미에 평화공동체의 이미지를 첨가하여 반복하고 있다. 매우 산문적인 형태로 호격(呼格)의 세계가 펼쳐지고 있으며, 그 의미파악도 비교적 쉽다. 또한 시 전체적으로 놀라운 가락이 물결치고 있다. 자의적일지는 모르나 이 시는 대개 호흡을 일정하게 하며 읽게 된다. 3 · 3조나 3 · 4조 혹은 4 · 4조로, 읽는 이는 마치 노래 부르듯이 읽게 된다. 4연에서 "워워이 워어이"라는 음성의 반복 또한 "애뙤고 고운 날"을 불러들이는 데 잘 부합되는 역동적인 말부림이다. 그래서 이 시에서 말부림은 생명의 세계로 향하는 역동적인 세계관에 울림을 주는 역할을 한다. 시인은 줄곧 줄기차고 억센 남성적 목울대, 격정 그대로를 토해내는 힘찬 활력을 불어넣고 있다. 이 시에 대해 혜산은 이렇게 말하기도 했다.

> 나의 궁극적인 理想, 民族의 이상, 人類의 이상의 窮極相을 하나의 悲願으로서, 하나의 熱願으로서 最大限의 普遍化, 최대한의 永遠化, 최대한의 詩形象化를 圖謀해본 것이다.
>
> — 박두진, 『한국현대시론』(일조각, 1977), 385~386면

작가가 의도하는 핵심을 잘 드러내고 있는 대목이다. 시인은 인간의 궁극적인 이상의 총체를 담아보려 했다는 말이다. 그러나 그의 의도를 알더라도 「해」를 읽고 나면 몇 가지 생각이 남는다.

첫째는, 자아의 내면에 집중되어진 감정적 표현을 현재적인 시점에서 파악하지 않고, 무생명한 '해'란 자연물에서 그 비유를 발견하고 감동을 나타내는 데에서 생기는 문제다. 이런 감동적 충격은 서정미와 신비적인 힘을 자극하지만 그것으로 시종할 경우, 현실과 멀어지는 엄숙주의로 치달을 수도 있다. 자연을 찬탄의 눈으로 숭고미의 대상으로 보다 보면, 자연 그 자체가 숭고함의 대상이 될 수도 있다. 이러한 우려는 『수석열전』에 보이는 몇 편의 시에서 발견된다.

둘째 문제는 「묘지송」과는 다르게 「해」에서는 갈등의 장이 약화돼 있다는 점이다. 시인이 말하려는 속내는 힘찬 가락을 타고 날 것으로 드러나, 의도하는 호소는 성공하고 있다. 하지만, 그것이 반대명제와 변증법적 긴장을 통해 이루어진 호소가 아니고 소리 높여 지르는 호소이기에 되레 시적 긴장은 이완되고 있다는 점이 지적된다. 이토록 갈등의 장이 약화된 채 밝음만을 추구하는 일방적인 목울대만 선포되고 있으며, 시인은 인생론적인 고민과 절망을 숨기고 희망만을 소리 높여 노래하기 때문에 시를 읽고 한참 지나면, 현실적인 공허감을 느낄 수도 있다. 현실은 밝지만은 않기 때문이다. 어쩌면 그 긍정이 밝으면 밝을수록 그 뒤에 놓인 절망의

크기는 더 클 듯싶다. 물론 긍정의 이면에는 시인의 역사의식이 놓여 있지만, 지나친 긍정에만 치우치다 보면 현실과 괴리를 지닌 채 긍정 자체를 찬양하게만 되는 경우도 낳을 수 있다는 우려다.

몇 가지 문제가 있지만 이 시에서는 살림의 표정이 빛나게 솟아오르는 태양의 이미지를 통해 강렬하게 강조되고 있다. 이렇게 혜산의 시에는 죽음과 살림의 두 표정이 놓여 있다. 그것은 어둠과 밝음으로 대비되기도 한다. 그런데 시 두 편에는 죽음과 살림 사이에서 벌어지는 치열한 싸움의 표정이 약화되어 있다. 그러니까 이제는 싸움의 표정을 살펴볼 차례다.

3. 죽음과 살림 사이의 싸움

그는 축축한 절망만을 얘기하지 않고, 그렇다고 찬란한 희망만을 얘기하지도 않는다. 그의 시는 초기 시를 지나 『오도』와 『거미와 성좌』에 이르면 현실을 직접 담은 갈등의 세계가 펼쳐진다. 그 세계 안에서 죽음과 살림 사이에 놓인 싸움의 표정은 처절하기까지 하다.

> ① 이리들이 으르르대다. 양떼가 무찔린다. 이리들이 으르대며, 이리가 이리로 더불어 싸운다. 살점들은 물어뗀다. 피가 흘른다. 서로 죽이며 죽고 서로 죽는다. 이리는 이리로 더불어 싸우다가, 이리는 이리로 더불어 멸하리라.
>
> —「푸른 하늘 아래」에서

> ② 아니 절벽에는
> 핵 미사일
> 아이·씨·비·엠
> 백 파이어, 쿠르츠,
> 중성자탄

엠·엑스
검정 비, 푸른 비, 황색 비의
대량학살 생화학탄이 매달려 있다.
완전 파괴, 완전 멸망, 완전 멸종,
인류 인간
마지막 자멸의
핵무기들이 매달려 있다.

—「가을 절벽」에서

①에서는 "으르대며" "서로 죽이"는 동물간의 싸움을 빌어 현실의 잔혹함을 상징적으로 표현하고 있으며, ②에서는 온갖 미사일의 이름을 나열하면서, 폭력적인 현실의 문제를 있는 그대로 토로하고 있다. 세계의 절망스러움을 극대화한 싸움의 표정들이다.

사실 현대사에서 가장 싸움이 많았던 8·15 뒤, 그는 좌우 이데올로기의 갈등 속에서 비교적 차분하게 역사와 자연을 응시하면서 인간의 정서적 귀일성을 믿으며 불의에 대항하는 시를 끊임없이 발표했다. 그 정치적 어용화의 계절에 유독 그 혼자서 고고할 수 있었던 까닭도 그가 지니고 있는 '자연과 신앙에 대한 변치 않는 생명에의 희구' 때문이었으리라.

이후 1950년대부터 그는 다분히 현실의식을 지닌 작품을 썼다. 기독교적 신앙세계와 자연적 서정이 총화되는 지점에서 자연히 그는 사회적 부조리를 비판하는 현실비판의식을 지닌 시인이 되었다. 1960년 이승만 정권에 대항한 4·19 혁명기에 발표한 시는 처절하기까지 하다.

철저한 民主政體
철저한 思想의 自由
철저한 經濟均等,
철저한 人權平等의,

우리들의 목표는 祖國의 勝利,
우리들의 목표는 地上에서의 勝利,

우리들의 목표는
正義, 人道, 自由, 平等, 人間愛의 勝利인,
人民들의 勝利인,
우리들의 革命을 戰取할 때까지,

우리는 아직
우리들의 피깃발을 내릴 수가 없다.
우리들의 피외침을 멈출 수가 없다.
우리들의 피불길,
우리들의 前進을 멈출 수가 없다.

革命이여!

—「우리들의 깃발을 내린 것이 아니다」에서

사회과학 전문 용어가 날것으로 그대로 인용되고 있다. 시인이 그러한 개념을 시어로 녹여낼 수 없을 만치 상황이 급박했을까. 그렇게 느끼는 독자에게 시인의 안타까움은 충격적으로 느껴진다. 가장 중요한 대목은, 피깃발을 '내릴 수 없고', 피외침을 '멈출 수 없으며', 전진을 '멈출 수 없다'는 대목이다. 당시 지식인들은 4·19를 혁명의 성공으로 보았는데, 박두진은 이미 '미완의 혁명'으로 판단하고 있는 것이다.

뿐만 아니라, 1965년의 한일협정 체결을 전후한 비판운동을 비롯하여 유신 치하에서는 무척 따가운 목소리로 현실정치에 대하여 일갈하기도 했다. "유관순 누나로 하여 처음 나는/3월 하늘에 뜨거운 피무늬가 어려 있음을 알았다"며 순수절정의 민족애를 노래한 시 「3월 1일의 하늘」도 그런 경우이다. 아직 식민지 문제가 해결되지 않았다는 안타까움을 '유관순 누나'라는 상징을 통해 호소하고 있는 것이다.

1970년대에도 그는 불의한 정치에 대항하는 시를 많이 발표하면서, 그렇다고 유행적인 목적의식에 휩쓸리지도 않았다. 오로지 그는 시의 본질적인 비판정신과 내재적이고 초월적인 진실의 결정(結晶)을 노래할 뿐이었다. 그 열정을 산문을 통해 밝히기도 했다.

> 소용돌이치는 혁명과 처지가 뒤범벅이 되는 대동란이 터져 일어나면 그 틈바구니에 휩쓸려 들어 어떻게 새로운 민족의 살길, 새로운 민족의 살길, 새로운 혁명, 새로운 불줄기가 일어날 것만 같았다. 번연히 있을 수 없는 일이면서 그것을 깊이 부르짖어 보고 싶었다.
>
> —『한국현대시론』(일조각, 1977), 148면

이런 모티브에서 확인되듯 "확확 치밀어 오를 화염"(「향현」)은 부조리한 세계를 타개하려는 '혁명' 같은 의지가 시에 살아 있고, 거기에는 남성적 기개와 울분과 의지가 표명되어 있는 것이다.

그러나 그가 외연적인 표현법을 따라 현실을 구호적으로 묘사했을 때에는 시적 형상화가 평범한 행사시 수준으로 떨어짐을 보게 된다. 또한 「식민지, 20년대 춘궁」처럼 이야기시 풍으로 썼을 때도 그 성과는 그리 높지 않다. 그만치 그의 시는 「묘지송」이나 「해」처럼 내포적 총체성과 형이상성을 지향할 때 시적 성과를 이루고 있다.

4. 살림을 표현하는 세 가지 의미상

주목해 보아야 할 점은 살림의 표정이 갖는 몇 가지 의미다. 그가 살림의 표정을 그려낼 때는 ① 긍정적인 자연관 ② 기독교적 부활사상, 그리고 ③ 화해의 세계를 지향하는 공동체정신이 한몫하고 있다. 여기서 그의 자연관은 다른 동양의 시인들처럼 자연에 그냥 동화되거나 귀의하는 현상을 의미하지는 않는다는 점을 주의해야 한다. 그의 자연관은 기독교사상의 부활과 깊이 뿌리 맺고 있어 긍정적인 역사관을 피력하는 데 쓰인다.

속히 오십시요. 정녕 다시 오시마 하시었기에 나는 피와 눈물의 여러 서른 사연을 지니고 기다립니다.

흰 장미와 백합꽃을 흔들며 맞으로리니 반가워 눈물 먹음고 맞으로리니 당신은 눈같이 흰 옷을 입고 오십시요. 눈위로 활짝 햇살이 부시듯 그렇게 희고 빛나는 옷을 입고 오십시요.

—「흰 薔薇와 百合꽃을 흔들며」에서(강조—인용자)

그리스도의 예루살렘 입성(「마가복음」, 21장 6~9절) 때의 모습이 연상되며, 그때 종려나무가 흰 장미와 백합으로 바뀌어져 있음을 알 수 있다. 이 시에서 "속히 오십시오" 하는 기다림은 그리스도 재림에의 믿음에서 연유하고 있다. "정녕 다시 오시마" 하신 재림을 믿는 자세는 "희고 빛나는 옷을 입은" 존재나 "빛을 거느리고" 오시는 당신을 메시아로 보고 있음을 알 수 있다. 그는 이토록 경건한 자세로 현실 속에 임하는 그리스도(혹은 새시대의 총체)를 갈망하고 있으며, 이런 자세는 "그런 태양만이 그리우리"(「묘지송」)라는 고백을 만든다.

"언제 새로 다른 太陽 다른 太陽이 솟는 날 아침에 내가 다시 무덤에서 復活할 것을 믿어본다"(「설악부 · 2」)는 시적 고백처럼, 그는 눈부신 피안의 세계를 열렬히 동경하고 현실의 무게를 다른 세상의 빛으로 극복하려고 했다. 이처럼 「흰 장미와 백합꽃을 흔들며」 · 「기도」 등 몇 편의 시에서 그가 지닌 기독신앙의 면모를 확인할 수 있다. 그런데 초기 시를 단순히 기독교 신앙의 편향에서만 파악하는 것을 무리가 있다. 그의 시는 자연관과 기독교의 부활사상이 견결히 연결되어 있는 것이다.

또한 그의 신앙관을 현실에서 벗어난 관념성으로만 지적하는 것도 문제가 있다. 앞서 말했듯이, 그의 현실적 낙관주의에는 기독교의 부활사상이 자리잡고 있으며 그것은 다름 아닌 나와 너, 그리고 적과 내가 평화롭게 살아가는 화해의 공동체이다.

① 피ㅅ내를 잊은 여우 이리 등속이 사슴 토끼와 더불어 싸리ㅅ순 칡순을 찾아 함께 즐거이 뛰는 날을 믿고 길이 기다려도 좋으랴?

—「향현」에서

② 새로 푸른 동산에 금빛 새가 날러 오고 붉은 꽃밭에 나비 꿀벌레가 날러들면 너는 아아 그때 나와 얼마나 즐거우랴. 섧게 흩어졌던 이웃들이 돌아오면 너는 아아 그때 나와 얼마나 즐거우랴

—「푸른 하늘 아래」에서

①은 "늑대가 새끼양과 어울리고 / 표범이 수염소와 함께 뒹굴며 / 새끼 사자와 송아지가 함께 풀을 뜯으리니 / 어린아이가 그들을 몰고 다니리라"는 이사야서 11장 6절을 인유한 대목이고, ②는 예언서에 보이는 '남은 자(Remnant)'에 대한 묵시사상을 시화한 대목이다. 혜산은 구약의 하나님 나라가 이 지상에 이루어지기를 시에서 갈망하고 있다.

이런 세계관이 바탕이 되어 "사슴을 따라, 사슴을 따라, 양지로 양지로 사슴을 따라, 사슴을 만나면 사슴과 놀고"(「해」, 4연), "칡범을 따라 칡범을 따라 칡범을 만나면 칡범과 놀고"(5연)라는 이상향을 꿈꾸게 되는 것이다. 그래서 마침내는 "꽃도 새도 짐승도 한자리에 앉아" "애뙤고 고운 날을 누려보리라"(6연)는 소망충족의 표현이 가능해진다.

이만치 시인은 피 · 살육 · 약육강식 · 힘과 힘의 투쟁의 원리를 부정하는, 모두 '함께 즐거이 뛰는' 화해의 세계를 지향하고 있다. 「묘지송」에서 "그리우리"라며 갈망했던 세계는 바로 이런 세계이다. 그것은 영원한 평화가 깃든 절대적인 이상향을 현실에 끌어들이고 싶어하는 시인의 열망이랄 수 있다.

5. 죽음 · 싸움 · 살림의 내적 소통

혜산의 시를 평가한다면, 첫째, 청록파에 대한 역사적 잣대에서 평할 수 있다. 친일문학의 상처를 극복해낸 박목월 · 조지훈 · 박두진, 세 사람은 암담했던 시절을 자연을 통해 극복해 보였던 문사(文士)였다. 그들은 해방의 새로운 기운을 자연의 관조나 친화를 통해 영원한 생명의 고향을 희구했다. 그런데 조지훈이나 박목월이 자연을 정적인 분위기에서 보았다면, 박두진이 본 자연은 동적(動的)이고 활기차며 밝다. 그래서 그의 시는 조지훈처럼 자연귀의적이거나 혹은 박목월처럼 자연을 제시하는 데 그치지 않았다. 그는 자연을 긍정의 객관적 등가물로 설정하고, 그것을 근원적으로 예찬하면서 건강한 인간의 생명력과 역사에 끌어들이는 의지적 자아를 보여준다.

둘째, 그의 시세계는 '인간–신–자연'이란 의미망의 날줄과 '죽음–싸움–살림'이란 표정의 씨줄이 일관되게 교호하며 직조되고 있다. 가령, 그의 부활사상은 자연관과 견결히 연결되어 있는 것이다. 초기 시와 한국 전쟁기를 지나 『고산식물』(1973) · 『사도행전』(1973) · 『수석열전』(1973) · 『포옹무한』(1981) 등을 연이어 발표하면서도, 그의 형이상학적 직조물(織造物)은 낙관적 이상주의를 한치의 흔들림 없이 보여주고 있다.

셋째, 그는 크리스챠니티를 이국의 코드로 그냥 쓴 시인이 아니라, 토착적인 시각에서 시로 쓴 최초의 시인이 아닌가 생각된다. 토착성에서 주목되는 대목은 한국어의 음악성을 적절히 살린 그의 시적 노력이다. 그는 굵고 격정적인 호흡으로 모국어를 고양시킨 한국 시단의 거목(巨木)이다. 물론 그가 기독교인이라는 이유로 그의 시를 단순히 종교(기독교)시로 단순화시켜버리는 해석은 조심해야 할 터이다. 또 한편으론 반대로 형이상성으로 일관된 그의 시적 흐름과 때로 지나친 종교성의 귀족적인 표현은 그의 독자를 제한시키는 경우도 있다고 여겨진다.

설익은 목소리로 혹은 날것의 목소리로 말하지 않는 그는 깊이 체화된 고민 끝에서 시를 써낸다. 거기엔 죽음을 이기는 싸움을 통해 살림으로 나아가는 내적 소통이 내포되어 있다. 그 핵심은 생명에 대한 밑도 끝도 없는 절대적 외경이다. 그에게 갈등이란 말은 살림을 위해 이용될 뿐이지, 갈등의 시인이란 말은 도대체 어울리지 않는다. 절대적 외경만 있을 뿐이다. 묘지 같은 현실의 설움 속에서 빛의 정서를 인식하면, 죽음에서조차 환한 세계를 갈구하는 기다림의 미학을 보여줄 뿐이다. 그가 지향하는 세계는 생명의 총체다. "언제 무덤 속 화안히 비춰줄" 그런 태양처럼.

시적 현실주의의 강화

1950년대 박두진 시

1. 자기 갱신이 주는 의미

한 시인이 자기 변화를 겪는다는 것은 여러 의미를 가진다. 자기 변화가 시세계의 단순한 이전(移轉)인가, 아니면 전혀 다른 세계로의 심화(深化)인가, 아니면 상투적인 퇴보(退步)인가 하는 가치평가는 시인의 역량에 달려 있다. 그러므로 시인을 연구할 때 한 편의 시를 꼼꼼히 분석하는 행위가 앞서야 하지만, 아울러 시인의 전체 작품을 살펴보는 일은 무척 중요하다. 하나 하나의 시를 보다가 지나치기 쉬운 작품의 새로운 의미를 전체적인 의미망을 통해 발견하는 경우도 있기 때문이다. 그렇다면 '청록파'라는 조명을 받으며 화려하게 등장한 박두진 시인의 경우는 어떠한가.

아쉽게도 그가 쓴 시들에 대해서는 시대구분 없이 뭉뚱그려져 한꺼번에 연구되어 온 실정이다. 1950년대의 시만 주목하여 연구된 글은 필자의 게으름 탓이겠지만 찾아보기 힘들었다. 그러나 박두진의 1950년대 시가 자기 갱신이냐, 아니면 답보상태인가를 짚어보는 작업은 한 개인의 시사를 훑는 일을 넘어, 1940년대 자연파라고 하는 이들의 변화양상을 살펴볼 수 있는 계기도 될 수 있기에 중요하다고 생각된다.

먼저 연구대상이 될 박두진이 쓴 1950년대 시 창작물을 정리해 보자. 소개되어 있는 자료를 참조[1]하면서 그의 약력과 작품연보를 보자.

1950년(35세)	「한 아름 해당화꽃이 솟을 때마다」, 『문예』 1
	「숙에게」, 『문예』 3
	「별을 지고」, 『문예』 전시판
1951년(36세)	「부활절별편(復活節別篇)」, 『신천지』 3
1952년(37세)	「섬에서」, 『문예』 1
1953년(38세)	제3시집 『午禱』(英雄出版社)를 출간.
	「凱旋道」, 『신천지』 6
	「鶴」, 『문학세계』 7
1954년(39세)	「어느 벌판에서」, 『신천지』 1
1955년(40세) 4월	연세대학교 전임강사로 취임
	「아이를 재운다」, 『현대문학』 4
	「푸르름을 마신다」, 『문예예술』 10
	「禱願」, 『여원』 11
	「대추나무와 별」, 『현대문학』 11
1956년(41세) 6월	제4시집 『박두진 시선』(聖文館)을 출간.
	제4회 아시아 자유문학상을 수상.
	「돌의 노래」, 『문예예술』 1
	「나무」, 『현대예술』 7
	「아가야」, 『신태양』 9
	「바다와 무덤」, 『현대문학』 9
	논문 「1955년도 시단총평」, 『현대문학』 1
1957년(42세)	「갈보리의 노래」, 『문학예술』 4
	「갈릴리의 抒情」, 『신태양』 6

---

1) 위 연보는 박두진 시선집 『박두진』(지식산업사, 1983)과 산문집 『시인의 고향』(홍성사, 1993)에 소개된 자료를 참조한 것이다.

「아내를 위한 자장가」, 『현대문학』 9
「불을 댄다」, 『사상계』 10
「詩人共和國」, 『현대문학』 11

1958년(43세) 12월 수필집 『시인의 고향』(범조사)를 출간.
「그때서야 비로서 너는」, 『사상계』 1
「早春連吟」, 『현대문학』 3
「山脈을 간다」, 『사조』 6
「봄에의 檄」, 『현대문학』 10
「永原行」, 『자유공론』 12

1959년(44세) 4월 연세대학교 조교수
「조용한 宣言」, 『사상계』 5
「戰慄의 樹木」, 『자유공론』 9
「바다의 詠歌」, 『현대문학』 11
「深淵頌」, 『자유공론』 12

자료에 따르면 모두 30여 편의 시와 시집 1권과 그리고 산문집 2권이 출판된 것으로 소개되고 있다. 필자는 1950년대 박두진 연구를 당시 자료를 바탕으로, 산문보다는 시를 중심으로 행하고자 한다.

그의 1950년대 시 대부분은 두 권의 시집에 담겨 있다. 먼저 『오도(午禱)』(영웅출판사, 1953)는 한국전쟁기에 낸 작품집이고, 『거미와 성좌』(대한기독교서회, 1962)는 대구 피난 뒤 환도(還都)를 전후로 하여 1952년부터 1961년에 이르는 약 10년 동안의 시를 모은 작품집이다. 이 두 권은 1950년대 박두진 시 연구에 중요한 텍스트가 된다. 그러므로 연구자는 일단 시가 발표된 지면을 표본으로 하되, 시집 『거미와 성좌』본, 그리고 1982년 범조사(汎潮社)에서 낸 『박두진 전집』 2를 비교 검토하면서 원본을 정한 뒤 분석에 들어가고자 한다.

연구방법으로는, 박두진 시의 내재적인 변화, 곧 시세계와 더불어 형식미학의 변화까지 살펴보려 한다. 그래서 초기 시가 1950년대에 이르면 어떻게 변화되고 있는가에 주목하려 한다.

2. 인간, 그리고 자연과 신

1950년대의 그의 시를 살펴보기 전에 1939년 「향현」, 「묘지송」(『문장』 6)과 「낙엽송」(『문장』 9)으로 등단한 이래, 그의 시를 지배하는 기본적 얼개에 대해 생각해 보아야 할 것이다.

이에 관해 박두진의 시 속에는 '죽음, 살림'이라는 대결구조가 존재하고 있으며, '죽음과 살림 사이의 싸움'이라는 갈등이 보이고는 있지만, 늘 긍정적인 낙관주의가 우세하게 펼쳐지고 있어 '이상주의적 지향성'을 보인다고 밝힌 바 있다. 또한 살림의 세계를 표현하는 세 가지 의미망에는 ① 긍정적인 세계관, ② 기독교적 부활사상, ③ 화해의 세계를 지향하는 공동체정신이 놓여 있다[2]고 필자는 살펴본 바 있다.

그런데 시인은 좀더 내성적인 시적 고백을 통해 자신의 시를 이루는 세 가지 얼개를 분명히 밝히고 있다.

> ① 1937년대라면 우리가 너무도 잘 알다시피 왜제의 대륙침략의 야욕(野慾)이 소위 만주 중국사변을 통하여 그 기세를 더해 감으로써 우리에게는 저 진저리 나고 몸서리 치는 민족문화 말살정책의 폭위(暴威)가 휘둘어지던 문화적 암흑기가 시작되던 때입니다. 이러한 어간에 처음으로 시를 붙들기 시작한 나는 자연 그때의 누구나가 그렇듯이 이러한 민족적인 참담한 현실에 대한 정치적 의분과 반항의식, 어쩔 수 없는 강압에 대한 억울한 인욕(忍辱) 내지는 어디 두고 보자고 벼르는 대기택세가 이 당시의 내 시들의 주요한 창작계기였고, 그러기 위하여는 그들의 강압검열의 옥문을 통과해야 하기 때문에 모든 직접적인 표현의 제약을 받지 않을 수 없었으니 이러한 정세에서 타개(打開)된 시의 길이 '정치'나 '사회'나 '세계'보다는 유일한 혈로(血路)를 '자연'에다 구할 수밖에 없었던 것이다.[3]

---

2) 이 책에 실린 김응교, 「생명을 바라는 몇 가지 표정—'묘지송', '해'와 박두진의 시세계」 참조.

3) 박두진, 『시인의 고향』, 범조사, 1958, 183면.

② 내 詩의 領土는 곧 現實이며 오늘의 세계의 오늘의 狀況이어야 한다. 理想的 現實主義와 詩的 리얼리티는 별 개의 것일 수는 없는 것이다. 그리하여 天上的이며 超越的인 것에서 나의 詩가 地上的이며 현실적인 세계로 내려 온다는 것은, 하나의 必然的인 段階여야 하는 것이었다. **이미 설계되어 있던 〈自然〉과 〈人間〉과 〈神〉의 三段階에서 보면 이 시**(<거미와 星座>－인용자)**는 그 第二段階인 〈人間〉의 세계를 대상으로 하는 그러한 範疇에 드는 것이다.**[4](강조－인용자)

자신의 시세계에 관해 자세하게 고백하고 있어 독자에게 큰 도움을 주는 글이다. ②에서 시인은 그의 시가 의도적으로 '<자연>과 <인간>과 <신>의 3단계'로 '이미 설계되어' 있음을 밝히고 있다. 그리고 1940년대 초기 시에 대해 ①에서 밝히기를 작가들에게 친일시[5]를 강요하는 그 강제적 시대고 탓에 '자연'에 주목할 수밖에 없었다고 한다. 또한 ②에서는 1950년대에 이르면서 '<인간>의 세계'에 주목하고 있음을 밝히고 있다.

물론 이런 고백대로 그가 1940년대는 '자연'에 주목했으며, 1950년대는 '인간'에 주목했는지는 따져볼 만한 대목이다. 그런 한편으로는 그러한 자기 심화과정을 통해 그가 주목하고자 하는 것은 어떤 것이었고(대상의 문제), 어떤 형식으로 그의 의미를 표현해냈으며(형식의 문제), 그것이 이루어낸 문학적 성과(문학사적 문제)를 따져봐야 할 것이다.

1) 천상(天上)에서 지상(地上)으로－종교시와 생활시의 경우

1939년 이래 발표된 그의 초기 종교시들은 현실에 대한 냉혹한 갈등상

---

4) 박두진, 『한국현대시론』, 일조각, 1977, 450~451면.

5) 추론이지만, 친일시를 쓰도록 강요했던 일제 말기에 박두진은 아직 알려지지 않은 '신인'이기에 청탁이 적었고, 그러기에 강압적인 강요를 어느 정도 피하기에 용이한 위치에 있지 않았을까 생각해 본다. 물론 친일시 자체로 등단한 시인도 있었지만, 박두진이나 청록파가 비교적 깨끗한 시인들로 남을 수 있었던 배경에는 '신인'이었던 입장도 고려해야 할 듯싶다.

황이 부각되기는 하지만, 그보다는 시인의 희구(希求)나 염원(念願)이 역설적으로 표백되어 있어, 그 낙관성이 현실에 대한 비관적 정조를 더하고 있는 기능을 하고 있다.

그가 1939년 이래 초기 종교시인 「해」나 「묘지송」 등은 묵시문학적 경향이 '은밀히' 드러난다. 여기서 필자가 '은밀히'라고 했는데, 그것은 겉으로는 평화롭고 환상적이지만 속으로는 '비관적'인 묵시문학의 특성이기도 하다. '묵시문학(默示文學)'[6]이란 말의 어원은 헬라어의 '아포칼립시스(Αποκαλυθισ－Apocalpyse)'라는 말로서, '밀실의 문을 열다'라는 의미를 포함하고 있다. 원래 '아포칼립시스'라는 단어는 '아포(Απο)'라고 하는 접두사와 '칼륍토(καλμπτω)'라고 하는 단어가 결합해서 형성된 말이다. 아포는 영어의 'off'에 해당되는 말로 '분리'를 뜻하며, '칼립토'는 'cover'로 씌우개 혹은 덮개를 의미한다. 그러므로 '아포칼립시스[默示]'란 말은 '닫혀진 덮개를 벗긴다'는 뜻이 된다. 여기서 덮개란 비밀을 감추어두기 위해서 씌워둔 것이다. 비밀이란 세계사에 대한 절대자의 숨겨진 계획을 말하며, 이 계획이 실현되는 날이 종말의 때라고 유대인들은 말한다. 박두진이 「묘지송」에서 "언제 무덤 속 화안히 비춰줄 그런 태양만이 그리우리"(3연)라고 했던 그 '언제'는 바로 묵시문학적 '종말의 때'를 말하는 것이다. 또한 이러한 경향은 박두진의 초기 종교시에서 여실히 드러나는 유사한 체험들이다. 그것은 문학적으로 보았을 때, 현실과 괴리된 이상주의적 편향으로 오해될 여지가 충분히 있다.

박두진의 경우, 때로는 그 이상주의적 희구성이 지나쳐 설정 자체가 현실도피적이라는 지적을 받을 수도 있는 대목, 예컨대 "눈같이 흰 옷을 입고 오십시오. 눈 위에 활짝 햇살이 부시듯 그렇게 희고 빛나는 옷을 입고 오십시요"(「흰 薔薇와 白合꽃을 흔들며」)라는 대목도 나온다. 물론 당시로서는 앞서 언급한 대로 현실고발을 위한 시인의 '분노와 번민의 미학'이기도 했

---

6) 김달수, 「민중의 언어로서의 묵시문학」, 『신약성서와 묵시문학』, 나눔사, 1994를 참조.

다. 그러나 1950년대에 이르면서 그의 종교시는 변화한다. 현실적인 갈등 구조가 좀더 부각되어 나타나는 것이다.

> 그리하여,
> 산에서는 산읫 것, 물에서는 물읫 것, 바다에선 바다읫 것,
> 흙에서는 흙읫 것이,
> 이제야 일제히들,
> 휘날리며 휘날리며 기빨들을 들라.
> 뿔들을 뻗히라, 잇빨을 발톱을, 부리들을 갈라.
> 목청들을 돋우라. 비약하라. 선전하라. 행진하라. 돌격하라.
> 합창하라. 노호, 절규,
> 승리하라. 정복하라. 개선하라. 환호하라.
> 패배하라. 둔주하라.
> 진실로, 독에는 독, 칼에는 칼, 피에는 피로,
> 눈물에는 눈물, 사랑에는 사랑, 포옹에는 포옹으로, 아, 그중에도,
> 불이 붙는 사랑에는 불이 붙는 사랑으로,
> 있고 나고, 나고 죽고, 사랑하기 위하여,
> 있는 것 생명의,
> 산이며 숲, 물이며 바다, 하늘이며 흙 속의, 바람결 속의, 정이며, 넋,
> 얼이며, 영들까지,
> 아, 일체의 있는 것은,
> 너희들, 스스로를 위하여,
> 이때에야 진실로,
>
> 일어나라.
>
> —「봄에의 격」(『현대문학』, 1958.6)에서

아직도 여기서도 긍정적인 이상주의가 강화되고는 있다. 시인은 그 무엇을 기다리고만 있을 뿐, '기다린다'는 행위 이전에 어떻게 해야 한다는 능동성은 찾아보기가 힘들다. 그러나 「오도」와 「갈보리의 노래」에 이르면서 그의 시는 변화를 보여준다.

① 百 千萬 萬萬 億겹
찬란한 빛살이 어깨에 내립니다.
자꼬 더 나의 위에
壓倒하여 주십이요.

이리도 새도 없고,
나무도 꽃도 없고,
쨍, 쨍, 永劫을 볕만 쬐는 나 혼자의 廣野에
온몸을 벌거벗고
바위처럼 꿇어,

(…중략…)

스스로 비리랴는
버레 같은 이,
나 하나 끓은 것을 아셨읍니까.
뙤약볕에 氣盡한
나 홀로의 핏덩이를 보셨읍니까.

—「오도」(1953), 1·2·3·끝연

② 마지막 내려덮는 바위같은 어둠을 어떻게 당신은 버틸 수 있었는가? 뜨물같은 恥辱을, 불붙는 憤怒를, 에어내었는가? 꽝꽝 쳐 못을 박고, 槍끝을 겨누고 채찍질해 때리고 입맞추어 背叛하고 매어달아 죽이려는, 어떻게 그 怨讐들을 사랑할 수 있었는가? 어떻게 당신은 强할 수 있었는가?

—「갈보리의 노래 2」(『문예춘추』, 1957.4)

①「오도」같은 신앙시의 송사체 수사(頌辭體 修辭)는 정태적이고 고백적인 면을 보여준다. 이것은 자연물의 소재를 어떤 이상향적 형태로 희구했던 초기 시보다도, 현실과 연결되면서 더욱 고백적인 의미가 드러남을 알 수 있다. ②에서는 바위·뜨물·불·못 등의 단어들이 나오면서, 사이사이에 치욕(恥辱)·분노(憤怒)·배반(背叛) 등의 단어가 한자어로 자리하고 있

어 강조되며 돋아 보인다. 그는 여기서 예수라는 한 인간의 고뇌를 그리면서 전 인류의 죄악과 비극을 비장한 어조로 다루고 있다.

그런데 중요한 것은 이 두 편의 시들이 초기 시와 다른 적극성 혹은 능동성을 갖고 있다는 점이다. 무엇보다도 재림하는 묵시적 예수를 기다리는 초기적 행위에서, 이제는 시에 고난받는 능동적 예수상 혹은 시인 자신의 모습이 나타나고 있는 점이다. 내가 기다려야 할 예수가 아니라, 내가 스스로 '따라가야 할 예수'[7]의 표상을 시에 포함시키기 시작한 것이다. 그의 모든 시적 변모에 중요한 교두보를 제시하고 있다. 그가 그의 신앙이 종교시에만 해당된 것이 아니라, 그의 모든 시를 통괄하는 지렛대의 역할을 하고 있기 때문이다. 실제로 이런 인식의 변화를 통해 그의 시에는 「아이를 재운다」·「아가야」·「아내를 위한 자장가」처럼 평범한 일상생활을 소재로 한 시편들이 나타나기 시작한다.

2) 구체적 참여의식의 강화–현실적 서정시의 경우

알다시피 박두진의 초기 시는 '자연'을 객관적 상관물로 해서 '이상주의적 경향'을 빚고 있다. 물론 김소월식으로 자연을 자기 동일화(同一化)하거나, 혹은 박목월 식으로 자연을 관조의 대상으로 삼거나, 아니면 현실도피의 공간으로 삼은 것은 아니다. 그가 쓴 자연은 시적 배경으로 쓰이면서, 동시에 '현실참여'의 객관적 상관물로 쓰이고 있었던 것이다. 그리고 당시 상황에서는 직접적인 현실참여의 시를 발표하기 어려운 시기였기에, 그는 자연을 매개로 해 최대한의 저항성을 담아 내고 있다. 그래서

7) 이런 태도는 예언자나 기독교 사회주의자에게서 나타나는 행동으로, 그 예로 2차대전 때 히틀러 암살 음모에 가담했던 본 회퍼 목사의 실천적 행동주의를 들 수 있다. 본 회퍼의 『나를 따르라!(Nachfolge!)』라는 저서는 그 의미를 함축적으로 전달하고 있다. 또한 이런 시적 인식은 박두진 이전에는 윤동주의 「십자가」에서 드러났었고, 이후에는 1980년대까지 이어져 양성우·고정희·김정환·정호승 등의 시에서도 나타나고 있다.

그는 산문집에서 이렇게 밝힌다.

> 나는 이러한 당시(인용자—1930년대)의 생각, 시에 대한 現實 參與의 문제를 우선 내가 가능한 한의 수법과, 또 당시 발표할 수 있는 한의 極點까지 도달시켜 보았다. 그중에서도 二聯이 가장 나로서는 당시의 싸우는 부류, 전쟁의 수단으로 침략을 감행하고 약한 자를 정복하는 그 강포한 犯法을 한 자에 대한 不動의 眞理의 심판으로써 단죄하는 커다란 原理를 再確認해 보았던 것이다.[8)]

여기서 말하는 시는 『청록집』(1946)에 수록된 「푸른 하늘 아래」이며, 그 2연은 "이리들이 으르댄다. 양떼가 무찔린다. 이리들이 으르대며, 이리가 이리로 더불어 싸운다. 살점들을 물어뗀다. 피가 흐른다. 서로 죽이며 자꾸 서로 죽는다. 이리는 이리로 더불어 싸우다가, 이리는 이리로 더불어 멸하리라"는 구절이다. 이리에 물려 이리저리 떠도는 양떼처럼 흩어져 버린 민족의 상황을 솔직하게 표백한 「푸른 하늘 아래」에서 그의 짙은 정신적 응결의 여정을 떠받치고 있는 정신적 원점은 역시 현실참여의식이다.

이처럼 박두진의 현실의식은 저항성이 핵심이며, 원래부터 중요한 기능을 하고 있음을 확인할 수 있다. 그러나 그의 초기 시는 이미 말했듯이 대상(=일본 혹은 부조리한 사회)과의 정면대결이 불가능했기에 간접적 방법을 쓰게 된 것이다. 이때, 우리는 일반적으로 부조리한 대상에 대항하는 몇 가지 경향을 비교해 볼 수 있는데, 첫째는 정면저항이요, 둘째는 우회적인 풍자성의 강화이거나, 셋째는 이상주의적 경향임을 시사(詩史)를 통해 알고 있다. 박두진의 경우는 세 번째의 이상주의적 경향을 택한다. 그는 비극적 현실을 감당하기 어려워, 그 비극의 승화를 이상(理想)에다 못박으며 이상주의적 경향을 보인다(「묘지송」·「해」). 그러나 1950년대에 이르면 현실에 대한 눈을 좀더 직접적인 데에 두고자 한다. 그 처음을 우리는 한국전쟁을 문명적인 시각에서 고발하고 있는 「학」에서 볼 수 있다.

---

8) 박두진 자작시 해설집 『시와 사랑』, 新興出版社, 1960, 28면.

푸른 하늘을 날으며 돈다
하늘에서 하늘로 終日을 우날어도
어느 바닷가
흰 깃을 사려 접어 앉을 곳 바이 없는,
너는 목이 긴 한 마리의 鶴……

바다들은 설레어 몸부림 치고
산에도 마을에도
타오르는 꽃같은 불길 무데기,
거리마다 번져가는 피의 무늬를
하늘을 우날으며 너는 본다.

(…중략…)

나도 날아 깃을 치듯
바닷가로 가리니,
너는 이 거릴 혼자서 걷는
나보다도 서러운 목이 길 鶴

—「학」(1953), 1 · 2 · 끝연

물론 '학'이라는 자연물을 빌려 한국전쟁의 참혹성을 증언하는 상징적 표현법을 사용하고 있다. 여기서 그는 "흰 깃을 사려 접어 앉을 곳 없"다고 말한다. 이런 답답한 현실을 그는 "한 마리만 푸른 새가 날아오르라. 鶴…… 한 마디만 길다랗게 소릴 뽑으라"(「碑」에서) 같은 육성적인 자기 발언을 보더라도, 이 시기 시의 기저에 그의 날카로운 현실 감각이 비판기능으로 작용하고 있음을 볼 수 있다. 그러면서도 그는 양극단으로 갈라진 현실에 제대로 안착하지 못하고, 자기의 마음을 이입시킨 학이 "하늘을 우날으며" 비극적 현실을 본다고 표현한다.

이런 대목을 볼 때, 한국전쟁에 대한 그의 정치의식을 볼 수 있다. 한국전쟁 때 대구에 있는 종군 작가단에서 펴낸『전시문학』을 검토해 보더라도 그는 자신의 작품이 순수한 의미의 문학성만을 다룬다는 견해[9]를 내놓고 있을 뿐이다. 또한 흔히들 박두진이 지었다고 하는 "아아, 잊으랴 어찌 우리 이 날을/조국의 원수들이 짓밟아 오던 날을"(「육이오의 노래」)이란 노래를 예로 들어 그가 반공문학도라고 말한다. 하지만 박두진 스스로 이렇게 말한다.

> 나는 이 노래말을 만들 때 대구에 있었어. 중공군이 막 전쟁에 끼어들 때였지. 내가 '원수'라고 한 무리는 중공군을 지칭하는 거였어. 공산주의라는 이념을 동조하지는 않지만, 북한 사람을 원수라고 말한 적은 한번도 없었어.[10]

「학」과 같은 시를 볼 때, 한국전쟁에 관한 그의 시는 「국군은 죽어서 말한다」의 모윤숙, 「북으로 북으로」의 노천명, 「신호탄」의 박인환, 「열도」의 조영암 등이 시도한 '멸공문학'의 범주에 들지 않고, 「초토의 시」의 구상, 「다부원에서」의 조지훈과 같은 '문명비판의 증언문학' 혹은 '동질성 회복을 위한 시'[11]에 가깝다고 여겨진다. 이런 시들이 소박할지 모르나, 터무니없이 목소리가 높은 시들보다는 그 시대의 진실을 밝힌다는 기록성으로 의미를 갖고 있으며, 동족상쟁의 비극을 있는 그대로, 그리고 소신대로 비판하려는 시민적 책임감은 그 자체로서 값있는 일에 속한다.

같은 시기에 쓰여진 「거미의 성좌」를 보아도 박두진의 현실 파악의 방법은 현실에 밀착된 정신적인 경험으로 발전한다.

---

9) 박두진, 「나의 獨語錄—시 · 신앙 · 생활 · 세계」, 『전시문학』 3집, 대구 ; 육군종군작가단, 단기 4286년.

10) 1996년 1월 16일 자택에서 박두진 시인과의 인터뷰. 박 시인은 이에 관해 몇 가지 글을 썼다고 하는데, 필자는 아직 그 글을 찾지 못했다.

11) '멸공문학' · '문명비판의 증언문학' · '동질성 회복의 시'의 개념에 관해서는 필자가 「분단극복을 위한 시의 실천」(『그대는 북에서 나는 남에서』, 눈, 1988)에서 분류한 바 있다. 여기서 이 시기에 민족의 동질성 회복을 위한 내용을 담고 있는 대표적인 시로 박봉우의 「휴전선」(『조선일보』, 1956년 신춘문예 당선작)과 심산(心山) 김창숙의 「도시는 잿더미로 되고—1950년 여름」과 「통일은 어느 때에」를 인용했었다.

새까만 內臟.
새까만 內臟을 겹겹이 열어 피묻은 日沒을 빨아먹고,
새까만 內臟을 겹겹이 열어 피묻은 後光을 빨아먹고,
새까만 內臟을 겹겹이 열어 피묻은 노을 빨아먹고는,
唐香墨처럼
鮮明한
까만 黃昏을 뿜어낸다.

徐徐히
거미는
이제야 實現해 볼 會心의 陰謀
오늘의 짙은 黃昏을 위한
피묻은 計略을 펴는 것이다.

발톱을 들어 몸내를 풍겨 숫거미를 蠱惑한다.
여덟개의 발끝으로 하는 여덟차례의 姦淫
맞달겨드는 숫거미들은
戰慄해오는 決死의 情夫
여덟번의 姦淫과 더불어 오는 여덟마디의 情夫를
恍惚해 하며 아찔해 하며
絞殺해 먹어버리는 快感!

—「거미와 성좌」(『현대문학』, 1958.10)에서

'거미'에 관한 실로 징그럽기까지 한 표현들이다. 암거미와 숫거미가 서로 먹히고 먹는 장면을 포착해내고 있다. 여기서 부려진 '거미'라는 상징은, 당시 이승만체제를 포함한 현대악(現代惡)과 정치악(政治惡)을 모조리 상징하는 총체로 쓰이고 있다. 바로 인간의 욕망 속에 더러운 구석, 곧 현대의 생리와 현대의 죄성(罪性)을 총체적으로 드러내 보이려는 상징인 것이다.

이처럼 1950년대 박두진 시는 현실과의 정면대결을 시도하고 있으며, '천상적(天上的)'인 데서 '지상적(地上的)'인 데로 이전해 오고 있다. 부패한 시대라든지 당시 전후의 시인에게서 간혹 볼 수 있었던 풍자나 야유의 방식이 아니라, 직접적인 고발 형식을 띠고 있음을 볼 수 있다. 그러하되 시적으로 충분히 여과된 '공격적 상징시'12)임을 확인할 수 있다. 이렇게 그의 시가 보다 현실적으로 변해진 이유는 박철희의 말처럼 '그것은 시인이 시적 자아와 외적 자아의 양립분열을 자각한 것을 드러내게 된다. 말하자면 이원적(二元的) 질서(秩序)의 사상이 굳어짐에 따라 그의 시는 현실시의 면모를 띠게 된다. 따라서 정적(靜的) 이미지의 산은 바다·깃발·하늘 등과 같은 보다 넓고 동적(動的)인 이미지로 확대된다. 이때 산도 묵중히 엎드린 산, 지루하게 침묵하는 산이 아니라, 일으켜 세워야 하는 산(「봄에의 격」)이다.'13)

시집 『거미와 성좌(星座)』와 그 후 『인간밀림』의 시가 그 이전의 시보다도 우리의 감수성에 직접적으로 호소해오는 원인은, 즉물적이며 현실적인 주제와 시의 리얼리티에 있다. 분명히 전에 보여진 시들보다 현실적이다. 기법적인 면에서 볼 때 역시 영탄 부호만 보이지 않았지 남성적이며 웅혼한 호흡이 느껴지고는 있으며, 시 언어들이 현실적인 언어임에는 분명하다. 오히려 마침표를 사용하여 단정적이고 결정적인 의미를 주고 있다.

1950년대 이르러 확신되기 시작한 현실성의 강화는, 1960년대에 4·19를 맞으면서 폭발적으로 나타나기 시작한다. 「우리들의 깃발을 내린 것이 아니다」(『사상계』, 1960.6)이나 「우리는 보았다」(『거미와 성좌』, 1962)에 이르면 저항성이 더욱 직접적이고 공격적으로 나타난다.

> 우리는 보았다.
> 그 날,

12) 부패한 시대를 대적하는 시적 태도로서 우리는 저항시와 풍자시로 나눌 수 있겠다. 가령, 김지하의 담시 「오적」(『사상계』, 1970)은 1970년대 부패한 정치체제를 우회적으로 공격했던 풍자시였다. 비교컨대 박두진의 시는 상징화를 시도한 '공격적 상징시'라 할 수 있겠다.

13) 박철희, 「신앙과 현실인식－박두진의 시력여정」, 『문학과지성』, 1972.12, 780면.

그 오래, 五千年, 五百年, 十二年을 썩어온,
民族惡, 政治惡, 社會惡, 人間惡의,
純粹한 피,
그 革命에의 불살음의 번개 같은 突進을,
죽음에의 行進을.

(…중략…)

이리떼,
썩은 피의 後裔여,
自滅하라!
이미 滔滔한 革命潮流,
그 피불길과 怒濤 앞에 맞설 것이냐?
鐵則의 歷史 앞에 맞설 것이냐?
嚴威로운 天意, 앞에 맞설 것이냐?
自滅하라!
스스로는 아는 자여,
自滅하라!

—「우리는 보았다」, 4연 · 끝연

갈수록 더 찍살을 놓는 저 이 민족떼들의 탓일까?
아, 그동안 죽이고 찢고하며 공화국이 두 번씩
피로는 강하를 백골로는 산을 이뤄
짓밟고 짓밟히고 거꾸러지고 지랄을 쳐도
그랬어도 이 백성은 천덕꾸러기냐?
「후진국」에 「열등국」 불쌍한 족속이구나!

—「江물은 흘러서 바다로 간다」에서

4 · 19를 노래하는 시인의 시적 인식은 박두진 개인의 것이면서, 동시에 동시대 사람들의 공통된 눈뜸이기도 했다. 이같이 4 · 19나 1950년대, 1960년대의 민족적 아픔이란, 시인에게 인간이 정착해야 할 역사의 본질적 비밀을 자각하는 계기로 작용하고 있기도 하다.

이처럼 그의 견해는 1960년을 넘어가면서 좀더 급박해지고 '단정적이고 선언적인 현실주의적 시각'을 보이고 있다. 이런 변화를 두고 혹자는 "현실에 뿌리는 둔 革命的이고 民族的인 시인"[14]이라고 진단하고 있다.

그러면서도 박두진은 '깃발을 내린 것은 아니다'라고 하여 영구혁명의 의지를 보이고 있다. 이는 그의 시가 당시 다른 4·19 시들과 비교할 때 좀더 차분하게 처리된 현실주의 시였음을 충분히 증거 한다. 당시 젊은 평론가 조동일은 신동엽의 「껍데기는 가라」와 함께 박두진의 「우리들의 깃발을 내린 것이 아니다」를 4·19시대를 미완의 혁명으로 본 탁월한 시라고 평가[15]하고 있다.

3) 산문화의 경향—형식적 특징

시 형태상의 변화로 볼 때, 첫째 시 언어가 현실적인 언어로 많이 대체되고 있다는 점이다. 물론 전시기와 같이 자연물을 소재로 한 언어들이 많이 쓰이고는 있지만, 「시인공화국」에서처럼 현실을 기반으로 한 현실적인 생활용어가 1950년대 시부터 대거 등장하고 있음을 볼 수 있다.

> 詩人이자 農夫가 농사를 한다
> 詩人이자 建築家가 建築을 한다
> 詩人이자 工業家가 工業을 한다
> 詩人이자, 園丁. 詩人이자 牧畜家, 詩人이자 漁父들이,
> 고기 잡고, 마소 치고, 꽃도 심고, 길도 닦고,
>
> —「시인공화국」(『현대문학』, 1957.11)

현실적인 용어, 즉 농부·건축가·공업가 등의 언어가 사용되고는 있지

---

14) 이유식, 「박두진론—변모한 詩의 地平」, 『現代文學』, 1965.11, 87면.
15) 趙東一, 「詩와 現實參與—參與派의 詩的 可能性」, 『52人 詩集』, 新丘文化社, 1967.

만, 그런 언어를 쓴다고 시가 현실성을 갖는 것은 아니다. 「시인공화국」이 그런 경우를 잘 보여주는 시다. 이런 시도는 1960년대에 이르면 보다 직설적인 '정치적 관념어'로 생경하게 등장하기 시작한다.

철저한 民主政體
철저한 思想의 自由,
철저한 經濟均等,
철저한 人權平等의,

우리들의 목표는 祖國의 勝利,
우리들의 목표는 地上에서의 勝利,
우리들의 목표는
正義, 人道, 自由, 平等, 人間愛의 勝利인,
人民들의 勝利인,
우리들의 革命을 戰取할 때까지,

—「우리들의 깃발을 내린 것이 아니다」, 8·9연

혁명·자유·정의·승리·인권평등·민주정체·경제균등…… 같은 관념어나 사회과학 용어가 여과 없이 그대로 드러난다. 상투적인 시적 언어가 아니기에, 이 경우에는 오히려 역설적으로 '낯설게 느껴지는' 효과를 빚고 있으며, 역사적 배경이 시의 의미를 강화시키는 기능을 하고 있다.

그런데, 더 큰 변화로는 시가 더욱 산문화되며, 산문시에서 보이는 자기 고백적 양상을 많이 그리고 있다는 점이다. 물론 그의 독특한 산문적 리듬은 독특한 부점의 사용과 효율적인 반복법의 사용으로 박두진식의 맛을 갖고는 있다. 10음절 내외의 구절이 조금씩 의미의 첨가 또는 강조를 수반하면서 반복되는 그의 시적 리듬은 변화되지 않고 지속된다. 하지만, 1940년대 초기 시의 활달성이 넘쳐서 1950년대에는 운율에는 구애받지 않은 채 지나칠 정도로 격정 그대로를 토해내며 일견 수다스럽기까지 한 일면을 드러낸다.

또한 반복법이 지나쳐 수용자 입장에서는 상징적 충격이 덜해지는 현상도 느껴진다. 「봄에의 격」 같은 경우도 모든 만물의 희원을 희구하는 절창이기는 하지만, 그 반복법이 너무 심하여, 꼭 자리해야 할 단어들이 제 자리에 박혀 있는가가 의문스럽기도 하고, 때로는 되레 읽기를 포기하게 만들 수도 있는 시다. 긴장이 해이해지고 현상 속에 불만만이 지루하게 나열될 때, 독자에게는 위화감(違和感)을 줄 수도 있을 것이다. 반면에 현실과 이상의 갈등이 한 편의 시작품 안에서 고도로 긴장되어 있는 시, 가령 「거미와 성좌」나 「오도」 같은 작품처럼 그의 시가 진경(珍景)을 펼친다고 생각한다.

그러나 이런 산문화의 경향은 세 가지 긍정적인 의미를 갖는다고 생각한다. 첫째, 그가 역사변혁을 위해 스스로 시적 응축미를 폐기하면서 대중에게 다가가는 시도를 했다는 판단이다. 그만치 부패한 역사는 그에게는 제거되어야 할 악이었던 것이다.

둘째, 이런 산문시들은 '보는 시'에서 '듣는 시'로의, 훌륭한 낭송시로 가는 전단계의 기능을 하고 있는 것이다. 산문화를 통해 숙련된 기량을 보다 쉬운 낭송시의 모습으로 이전해 가고 있다. 실제로 그의 1960년대 시편은 「우리들의 깃발을 내린 것은 아니다」처럼 낭송하면 오히려 그 효과가 증폭되는 시들이 많다. 물론 그의 산문시들은 시적인 맛을 유지하면서도, 무리한 산문 형식이 적절히 억제되어 있는 데서 아슬아슬한 시적 성공을 보이고 있다.

그러면서, 셋째, 이런 과정을 통해 1960년대 이후에는 「아, 민족」 등의 연작시 혹은 장시(長詩) 등이 시도될 수 있었던 것으로 보여진다. 이렇게 볼 때, 1950년대의 지나친 산문화는 연작시는 장시로 향한 시 장르의 확산 실험 이전의 준비단계였다고 판단된다. 그러므로 필자는 이런 실험성이 그의 시세계를 더욱 확장시키는 기능을 했다고 판단한다.

3. 1950년대 박두진 시의 시문학사적 위치

우리는 박두진의 1950년대 시를 살펴보면서, 그의 시세계가 전혀 '다른 시세계로의 전이'가 아니라, 종래 초기의 시세계를 '심화하고 확대하는 전환기'임을 살펴보았다. 이런 전환기의 시세계는 몇 가지 의미를 지닌다.

첫째, 우리시의 문학사적인 시각에서 박두진의 1950년대 시를 전쟁기와 전후시기로 나누어 생각해 볼 수 있을 것이다. 그의 1950년대 시사적 위치를 생각해 보면, 현실적 리얼리티가 강화되고 있다는 시각에서 볼 때, 신동엽의 습작시나 박봉우·김수영의 참여시 등과 비교해 볼 수 있겠다. 이런 시각에서 볼 때, 그의 시는 초기 참여시로 가는 리얼리티가 강화된 과정을 보이고 있다고 판단된다. 그러므로 현실주의 시각에서 볼 때 그의 시는 또 다른 평가가 가능하다고 생각된다. 이런 과정이 있었기에 그는 1960년대 들어서면서 거친 호흡으로 저항시를 쓸 수 있었다고 판단된다. 이런 의미에서 볼 때, 그의 1950년대 시는 현실참여시의 경향에 초기단계에 속해 있다고 판단된다.

둘째, 박두진 시인의 시세계 변모과정으로 볼 때, 전환기적 특성을 보이고 있다고 판단된다. 해방기 자연시의 분위기에서 1950년대 시는 1960년대의 격렬한 현실참여성이 강화되는 전환기적 양상을 보이고 있다. 그것은 시집 『거미와 성좌』에서 그 양식이 혼합된 양식으로 드러나는 것으로 알 수 있다. 이런 점을 확인해 볼 때 필자는 1950년대가 박두진의 시세계에서 전환기적인 시기를 드러낸다고 생각한다.

조금 거칠게 분류해 말하자면, 제1기는 『청록집』을 낸 비교적 초기에 속하는 1940년대 작품이며, 이 시기의 작품이 주로 산·바람·해 등 '자연'의 의미가 강화되어 그의 낙관주의를 강조하고 있다고 판단된다.

다음으로 제2기인 1950년대는 한국전쟁을 전후로 한 시기로 소재는 자연에서 '인간본질'의 문제로 옮겨지며 그의 이상주의가 강한 실존주의성으로 표현되어 나타난다고 생각된다. 그에게 초기 시부터 일관되게 나타나는 세 가지 시적 욕망 중에 '인간'이란 항목이 가장 직설적으로 드러나는 시기가 1950년대라고 판단된다.

이후 제3기인 1960년대는 4·19를 전후하여 그의 관점은 인간본질에서 다시 '역사의식'을 바탕으로 한 선언적인 민족주의시로 옮겨지며, 그의 시는 사회악·사회적 모순·부정·불의 등에 대한 저항의 참여시적 성격을 띤다.

이후 제4기는 그의 『고산식물』·『사도행전』·『수석열전』의 시기로 판단된다. 삶의 원숙기로 들어선 시인은 이 시기에 삶의 의미, 영혼의 문제 등을 추구하면서 현실의 맥락보다는 근원적인 인생문제를 '신'이라는 지렛대를 통해 깊이 있게 탐구하고 있다.

그러나 1950년대에 박두진의 시를 연구하려 시도한 이 글은 아직도 미진한 구석이 많다. 가령, 1950년대 실존주의와 박두진의 인간본질탐구에 관해 더 비교 연구해야 할 것이다. 그리고, 동양적인 청승·관조·어둠·정적(靜的) 태도와는 반대되는 지점에 있다고들 하는 점, 또한 비교문학적인 측면에 대한 더욱 깊이 있는 연구는 다음으로 미룬다.

그러나 연구자에게 보다 궁금한 것이 있다. 그것은 이런 치열한 현실주의적 참여시를 썼던 시인이 그야말로 원로(元老)로 문학사에 기록되는 1980년대에 이르면 왜, 어떤 체험과정을 통해서, 다시 이상화(理想化)로 치닫고 있는지, 그것이 연구자에게 아직 쉽게 풀리지 않는 대목이다.

박두진과 빛의 상상력

1. 자연(自然)과 물질적 상상력

한국시의 전통에서 자연이란 소재는 매우 중요하게 쓰여 왔다. 조선조 시가문학 중 대부분의 서정시는 정감을 드러내는 데 주로 자연을 매개로 하고 있다. 그래서 한국시가의 서정성을 파악하는 데 자연은 큰 의미를 지닌다. 한국시가의 서정성을 문제삼을 때, '시인이 자연을 경험하는 태도'라든가 '자연을 포착하는 양식을 논의함이 핵심'[1]일 수 있는 것이다. 그런데 자연을 과연 어떤 대상으로 다루고 있는가도 중요한 문제다.

자연을 어떻게 다루었는가 비교하면, 서양문학의 경우 호머가 본 자연은 신화적이고 초자연적인 경향이 있기는 하지만, 엄연히 현존하는 사물들의 세계로 묘사되어 있다. 그런데 구약성서에 보면 자연은 신(神)에게

---

1) 金烈圭, 「韓國詩歌의 抒情의 몇 局面」, 『古典文學論』, 새문사, 1984, 384면.

엄숙하게 복종하고 있고, 구체적인 자연물은 종교적 의미를 담아내고 있다. 파르메니데스와 플라톤은 자연의 현상계가 실재의 모습을 모방한 것이라고 하여 자연의 종교적 함축성을 일축해버렸다.

그러나 유럽에서는 중세까지, 자연이란 신의 창조물로서 신의 거룩한 뜻을 나타내거나 인간에게 교훈과 계시를 주는 대상으로 간주되었다. 목가시(pastoral)의 경우에도 거기에 묘사된 아름다운 자연풍경은 인간이 타락하기 이전의 순진무구한 상태, 에덴 동산의 의미를 담고 있었던 것이다. 이러한 자연이 인간들이 그 속에 살고 있고 때로는 그 아름다움에 찬탄하기도 하고 때로는 자신의 슬픔을 담아내기도 하는 공간으로 인식된 것은 낭만주의기에 이르러서이다.[2]

이미 낭만주의 시기를 넘어선, 한국 현대시에 나타난 자연물의 표상은 몇 가지 현상으로 설명하기에는 너무도 다양하다.[3] 또한 전원(田園)이라는 항목으로 유형 분류한 연구도 있다.[4] 그러나 이런 유형적 접근은 모든 시인에게 같은 방법으로 적용하기에는 한계가 있다. 자연을 수용하는 시인의 방법은 너무도 다양하기 때문이다. 이런 여러 가지의 해석을 참조하면서, 박두진은 자연을 어떠한 관점에서 보고 어떻게 수용했으며, 그것을 자신의 심정 표출이나 시상전개에 있어 어떻게 이용했는가를 보려 할 때, 조연현의 언급은 무척 중요하다.

> 朴斗鎭의 의식을 통해 불리어진 자연은 단순한 觀望의 대상으로서만 느껴온 과

---

2) A. Preminger(ed), *Encyclopedia of Poetry and Poetics*, Princeton Univer. Press, 1974, pp.552~555 참조.

3) 가령, 김준오 교수는 자연의 양상을 여섯 가지 항목으로 나누어 그 특징적인 면을 고찰한 바 있다. 그는 현대시에 나타난 자연의 양상을 ① 非情的 他者性, ② 自然의 有限化, ③ 自我解體의 相關物, ④ 현대문명의 비판, ⑤ 역사적 현실이 수용된 자연, ⑥ 무의식으로서의 자연 등으로 구분하여 설명하고 있다. 김준오, 『詩論』, 문장사, 1982, 330~357면.

4) 이건청은 1930년대 전원시에 나타난 전원의 의미를 ① 치유와 위로의 공간, ② 규범과 표준을 제시하는 공간, ③ 현실의 반영 등의 세 측면으로 구분하여 논술하였다. 李健淸, 「한국 전원시 연구」, 단국대 박사논문, 1985.12, 170~172면.

> 거의 동양 시인들의 그것과도 다르며, 자연을 정복의 대상으로 삼아 온 서양인의 그것과도 다를 뿐 아니라, 씨가 환희와 생명의 희열을 느끼는 자연이 선이나 기독교가 발견하고 의식하는 자연도 아니라는 데에 이 시인의 독특한 의의가 있다.[5)]

박두진의 자연관은 동양적이나 서양적 자연으로 가둘 수 없을 만큼 독특하다는 말이다. 그의 자연관이 독특하다는 문제는, 먼저, 외부적인 자연[物質]이 작품 내에서 어떤 효과를 나타내는가에 대한 이해가 있어야 할 것이다.

외부의 대상을 지각하는 시인은 그 인식대상을 은유와 상징적 방법 등으로 작품에 표현한다. 특정한 자연현상은 문학작품에 녹아들면 이미 시인의 상상력에 의해 여과되고 굴절된 과정을 거친 '새로 태어난 자연'이 된다. 작품 내의 자연은 평범한 자연물이 아니라 이미 작품 속에 '내면화(內面化)된 자연'인 것이다. 시는 다른 어떤 문학 장르보다 상상력을 중시하며 정감의 순간적 촉발을 중시한다. 그러므로 시에서 자연이 형상화되는 양상은 더욱 내면화된 모습을 띨 수밖에 없다.

이때 자연이란 물질(物質)은 시 속에서 이미지로 표상되고, 독자로 하여금 상상하게 한다. 그러므로 작품을 분석하는 일은 이미지 뒤에 감추어진 의미나 정서 혹은 상징을 찾아내는 일이며, 그 이미지와 상징이 읽는 사람의 상상력에 어떻게 작용하는가를 밝히는 일이다. 박두진에게도 바로 이런 과정이 그대로 일어나고 있는데, 이 과정을 해명하기 위해 상상력 연구에 큰 영향을 준 가스통 바슐라르(Gaston Bachelard, 1984~1962)의 상상력 이론에 도움을 받을 수 있다.

바슐라르는 당시 프랑스 문학계가 작가의 개인사적인 여건, 즉 삶에 관한 자료로서 문학작품을 분석할 수 있다는 실증주의 비평에 반기를 든다. 당시 실증주의 문학관은 개인사적 삶과 작품 사이에는 결정적인 유사관계가 있다는 결정론적인 태도인데, 이에 반해 바슐라르는 당대의 실증주의(實證主義) 관점에 새로운 문학관을 제시하는 비결정론적인 문학관을

---

5) 趙演鉉, 「朴斗鎭」, 『韓國現代作家硏究』, 새문사, 1981, 235면.

제시했다.6) 바슐라르는 문학작품을 창조한 작가의 독특한 상상력을 강조하여, 작품의 본질을 자전적 인과관계에서 초월적인 것으로 하여, 작품을 작가의 삶에서 해방시켰던 것이다. 그것은 작품 내에서 자유롭게 활동하고 있는 '역동적 상상력' 때문이다.

바슐라르는 창조적인 상상력을 찾아가는 도정에서 획기적인 역할을 하는 것을 이른바 4원소를 바탕으로 한 '물질적 상상력(imagination metérielle)'이라고 말했다. 그는 인간의 상상력을 근본적으로 물질적이라고 하면서 네 개의 기본적인 물질, 이른바 4원소라 부르는 물・불・공기・흙으로 분류할 것을 주장했다.

> 사실, 나는 상상력의 범주에서 불・공기・물・흙과 함께 어느 것에 관계되느냐에 따라 다양하나 물질적 상상력을 분류하는, 4원소의 법칙을 정하는 것이 가능하다고 믿는다. 그리고 만약 내가 주장하는 바처럼, 모든 시학(poetics)이 물질적 본질의 분력(分力, composante)을 아무리 미약한 것이더라도 받아들여야 하는 것이 사실이라면, 필연적으로 시적 영혼들 사이에서의 관계를 보여주기에 가장 적합한 것은 기본적으로 물질 원소에 의한 분류일 것이다.7)

바슐라르의 주장으로는 일반적으로 대상에 대한 물질적인 경험은 우리들의 심리에 결정적인 역할을 한다는 것이다. 그래서, 바슐라르에 의하면, 한 인간의 믿음・정열・이상・사고의 형태를 파악하려면 그것들을 지배하는 기본적 4원소, 물・불・공기・흙 가운데 어떤 물질의 속성으로서 다루어 생각해야 한다는 것이다.

가령, 산이 많은 곳에서 자란 사람의 몽상은 본질적으로 산에 의해 무의식이 지배되며, 어린 시절에 체험한 물질적 체험에 의해 상상력이 지배된다는 것이다. 인간은 결국 편애하는 하나의 이마주, 하나의 원시적인

---

6) 곽광수, 「물질적 이미지」, 『가스통 바슐라르』, 민음사, 1995, 14~21면.

7) Gaston Bachelard, *L'Eau et les R'eves —Essai sur l'imagination de la matie're*, Jose' Corti, 1979. translated from the French by Edith R.Farrell, *Water and Dreams —An Essay on the Imagination of Matter*, Dallas, The Pegasus Foundation, 1983, p.3.

감정, 근원적으로 몽상적인 하나의 기질에 지배당한다는 것이다. 박두진의 원체험이 바다 이전에 안성 들판의 햇살[光]이었다는 점을 염두에 둘 때, 의미가 있는 해석이다. 이렇게 바슐라르에 따르면 인간의 꿈은 본질적으로 물질적이며, 인간의 꿈은 어린 시절에 탄생지에서 이미 물질화(matérialiser)되어 있다고 말한다. 다시 말해 한 인간이 믿음 · 정열 · 이상 · 사고의 심층적인 상상세계를 파악하려면 그것을 지배하는 물질의 속성을 파악해야 한다고 한다.

박두진이 시에서 채용하고 있는, 해 · 달 · 빛 · 불 · 빛 · 물 · 바다 · 무덤 · 산 · 하늘 · 꽃 · 동물 · 돌 등의 자연물[物質]은 바슐라르의 상상력 이론과 비교하며 풀이할 수 있는 것이다. 바슐라르가 말하는 상상력 이론의 본질적 내용의 하나는 상상력이 인간의 영혼을 끊임없이 스스로를 새롭게 하며 역동적인 변화를 만들어 갈 수 있다는 것이다. 박두진의 상상력은 바로 이런 대목과 연결될 수 있다. 그가 식민지 시절에 묘지에서 부활을 노래하고(「묘지송」), 누워 있는 산을 움직이는 산(「향현」)으로 묘사한 것들은 바로 이런 상상력의 역동적(力動的) 힘을 믿었기 때문이다.

그런데 박두진 시의 상상력을 연구하는 것은 당연히 시 텍스트 자체가 출발이다. 먼저 박두진 시에서 나타나는 여러 상징적 요소들을 분류하고 그 특성을 찾아보려 한다. 이 일차적인 분석이 끝난 뒤, 바슐라르의 견해를 비교해 보는 식으로 분석과정을 거치려 한다.

2. 역동적 상상력의 시적 수용

이제 필자가 시도하려는 것은, 박두진의 '식물계 자연[物質]'(鄭芝溶)을 중심으로 온갖 물질을 시에 끌어오는 박두진 시인이 겨냥하는 의도를 캐는 것이다. 이 과정은 바슐라르가 말한 '물질적 상상력'의 능동성과 연결될 수 있을 것이며, 혹은 상상력이 발휘하는 '신화의 힘'과도 연결될 수 있을 것이다. 이런 연구를 위해서는 먼저 상징에 관한 개념이 필요하다.

김준오 교수는 상징의 종류를 말하면서, 첫째로 한 시인이 특수한 개인적 의미를 쓰는 '개인적 상징'이 있으며, 둘째로 타인과 공유할 수는 있는 보편문화에 기반을 둔 '공중적 상징'이 있고, 셋째로 인류의 집단적 심리에 반복적 동일성(同一性)을 주고 있는 '원형적 상징'이 있다고 논한 바 있다.[8] 박두진의 경우는 원형적 상징을 기반으로 하고 있으면서 개인의 독특한 개인적 상징이 드러나곤 한다. 그러므로 필자는 우선 원형적 상징의 효과를 중요하게 보고, 이어서 박두진 시가 갖고 있는 독특한 개인적 상징을 고찰해 보려 한다. 이에 따라서 박두진 시인이 자연물 상징을 통해 사물이나 역사적 상황 등을 어떻게 인식하고 있는지 살펴 볼 수 있는 것이다.

여기서 '원형적 상징'이란 말을 신화와 비교하여 설명해 보자. 신화 연구자인 프레이저(Frazer), N. 프라이(N. Frye), 캠벨(Joseph Campbell)이 전설이나 의식 속에 되풀이되고 있는 신화와 제의의 근본적 패턴을 연구한 결과를 참조할 수 있겠다. 문학에서 원형 상징의 연구는 프레이저(Frazer)의 『황금가지』를 통해 이루어진 바 있다. N. 프라이(N. Frye)는 "신화란 인간과 세계의 동일성(同一性)을 위한 상상력의 단순하고 원초적 노력"[9]이라 했다. 또한 "신화는 확장된 인류의 꿈이고, 꿈은 서로 갈등하는 우리 몸 속의 에너지가 이미지 형태로 현현한 것"이라고 신화학자 캠벨(Joseph Campbell)은 말한다. 신화란, 가장 보편적으로 형성되어 있는 '보편적 무의식'이란 말이다. 다시 말해서, 개인이 꾸는 꿈은 우리 의식적인 삶을 지탱시키는 개인적인 심층의 어두운 체험인데 반해, 신화는 사회가 꾸는 집단적이고 원형적인 꿈이다. 그러니까 "신화는 공적(公的)인 꿈이요, 꿈은 사적(私的)인 신화다"[10]라

---

8) 김준오, 『詩論』, 문장사, 1982, 136~164면.

9) N. Frye, *The Educated Imagination*, p.110. 여기서는 김준오, 위의 책, 156면 재인용.

는 말은 신화적이고 원형적인 상징체계를 이해하는 데 긴요한 준거점을 제시해준다.

이 원형적 상징을 통해 인간은 동일성을 느끼고, 그 동일성 안에서 희망과 가치, 불안과 야망을 확인하게 된다. 박두진에게서 보여지는 '원형적 동일성(同一性)'은 바로 이 신화적이고 원형론적인 상징공간에서 비롯되는 것이며, 이것은 인류에게 오랫동안 이어져 온 공적인 꿈, 곧 신화인 것이다.

지금부터 필자는 박두진이 쓴 상징물의 여러 양상을 분석하려 한다. 그런데 미리 말해두지만, 나누어 분석하는 것은 설명을 위한 방법일 뿐이지, 실제 작품상에서는 여러 상징들이 얽혀 이미지의 순환을 만들어내고 있다. 여기서 순환이라 했지만, 이것은 어떤 순서가 있는 것이 아니다. 가령,

> 산은 강의 뼈
> 강은 산의 피이네.
>
> 산과 강이 포옹하면 억만 별이 손뼉치네
> 산과 강이 맞엉기면 천지 온통 꽃비 오네
>
> —「江 너」에서

여기서는 산·강·뼈·피·별·꽃비 등의 상징들이 얽혀 이미지를 형성하고 있는데, 이것들은 어떤 순서가 있어 순환과정을 만드는 것이 아니라, 거의 한 순간에 인식 속에서 작용하는 것이다. 그래서 필자는 이런 이미지를 '이미지 다발'이란 말로 쓰려 한다. 그럼에도 불구하고 다시 상징들을 나누어 논하는 까닭은, 설명을 위해서 나눌 수밖에 없었기 때문이다. 즉, 각각의 상징은 따로따로 역할할 때도 있지만, '이미지 다발' 혹은 '상징 다발'을 통해 서로 작용하기도 한다.

---

10) Joseph Campbell, *The Power of Myth*, 1988, 이윤기 역, 『신화의 힘』, 고려원, 1992, 90~96면.

1) 고소상징(高所象徵)－해 · 달 · 불 · 별

초기 시에는 주로 식물계와 동물계를 많이 부려 쓴 박두진은 후기로 가면서 해 · 별 · 달 · 구름 등 이른바 '천체심상(天體心象)'을 많이 사용하기 시작한다. 이런 측면에서 볼 때 그는 높은 이미지를 승화와 순결로 표상해 보이는 고소심상(高所心象)의 시인이다. 높은 것으로의 추구인 고소심상의 시인이기에 그는 돌을 소재로 시를 써도 '산꼭대기 위에 홀로 놓인 돌'(「돌의 노래」)을 노래한다. 이런 고소심상의 시로는 『청록집』에 「연륜」 · 「별」이 있고, 『해』에는 「해」, 『거미와 성좌』에는 「꽃」, 『하얀 날개』에는 「우이동에서」, 『수석열전』에는 「천태산상태(天台山上台)」 · '천체미학(天體美學)' 등이 있다. 이 천체심상(天體心象)을 통해 그는 영원한 것, 불변한 것, 가치 있는 것을 추구하면서 그의 이상향을 추구하려 하고 있다. 이로 인해 '성신(星辰)에의 신앙(信仰)'[11]을 가졌다고 하는 평을 듣기까지 했던 박두진 시의 해 · 달 · 불 등의 이미지를 조사해 보자.

(1) 해

박두진은 '빛'의 시인이라 한다. 그만큼 빛의 상징은 그의 시적 사상을 잘 표현하고 있을 뿐 아니라, 작품 「해」가 그의 대표시라는 점과도 관계가 있다. 그는 해의 이글이글 솟아오르는 속성, 어둠을 밝음으로 바꾸어 만물을 소생하게 하는 해의 속성을 그대로 당시 현실에 비추어 시적 심상으로 시화시켰다. 크게 말해 그의 시에는 해로 대표되는 '빛'의 상징이 중요하게 작용하고 있다. 빛의 상징이 처음으로 나타난 그의 데뷔작 「묘지송」을 비롯한 초기작을 보자.

> 언제 무덤속 화안히 비춰줄 그런 太陽만이 그리우리
>
> —「묘지송」에서

11) 趙演鉉, 「星辰에의 信仰」, 『韓國現代作家論』, 正音文庫, 25면.

밤이 다한 아침·새로 솟는 해를 맞아, 내 함빡 온 몸에 빛을 입고 서면

—「바다로」에서

해를 늘름 삼켰다가
해를 토한 듯,
못견디게 승리로운
아침이 있습니다.

—「아침에」에서

절정으로 올라서면 해가 솟는가, 막 모두 새로 날 뛸 해가 솟는다.

—「달과 말」에서

빛 있으라, 빛이 있으라. 빛 새로 밝아오면 온 산이 너훌예라, 푸른 잎, 나무들 온 산이 너훌예라.

—「들려오는 소리 있어」에서

아, 온 산 모두다 새로 일어나, 일제히 수런수런 빛을 받는 소리를

—「해의 품으로」에서

햇살에 눈부비며 기지개 켜는 소리

—「新生의 노래」에서

예로 든 시들은 등단작부터 1950년대 이르기까지의 시에서 뽑은 것들이다. 빛 혹은 해의 이미지가 정지되어 있다. "날 뛸 해"(「달과 말」)이기에, 정지되어 있지 않을 뿐만 아니라, 다른 물질들을 움직이게 하는 원동력이 되고 있다. 무덤 속을 환히 비출 구원의 상징이 되고, 밤을 몰아내는 '승리로운' 아침이 되게 하고, 온 산과 푸른 잎들은 너울대게 하거나 수런수런 빛을 받아 기지개 켜게 한다. 이 빛은 우주의 온갖 사물들은 "늘름 삼켰다가" "못견디게 날뛰는" "너훌예라" "새로 일어나" "수런수런 빛을 받는" "눈부비며 기지개 켜는" 역동성(力動性)을 자극한다.

이렇게 '해'의 상징은 빛으로 연계되어 그의 초기 시부터 후기 시에 이르기까지 전시기를 지배하는 중심 이미지가 되고 있으면서, 아울러 역동적 이미지로 기능하고 있다. 먼저 확인할 것은 박두진의 해(빛)에 대한 인식이 어떻게 신화적이고 원형적으로 가능하고 있는가 하는 문제다. 그가 보고 있는 해는 살아 있는 빛덩어리다. 그러기에 그의 빛 상징에는 어디 하나 정적인 구석이 없다. 그의 해는 개인적 · 시대적 · 민족적 어둠을 함께 묶는 초월의 상징이다. 이런 '빛' 상징의 절창은 작품 「해」에서 이루어진다.

> 해야 솟아라. 해야 솟아라. 말갛게 씻은 얼굴 고운 해야 솟아라. 산 넘어 산넘어서 어둠을 살라먹고, 산넘어서 밤새도록 어둠을 살라먹고 이글이글 애띈 얼굴 고운 해야 솟아라.

여기서 해는 일상적인 '해'가 아니라 "말갛게 씻은 해"요, "고운 해"다. 물은 생명과 풍요의 상징이다. "말갛게 씻은 얼굴"로 나타나는 해는 정화와 세례를 의미하므로 신생(新生)의 태양이 아닐 수 없다. 이것은 바로 새로운 나라의 태양이기도 하다. 「해」에 나오는 청산은 바로 새로운 나라, 이상향이다. 이런 곳은 사슴과 칡범과 인간이 노니는 곳이며 너(해)를 만나면 꽃도 새도 짐승도 한자리 앉아 고운 날을 누릴 수 있는 것이다. 물론 시인의 관념 속에서 떠 있는 해다.

작품 「해」에 대하여, "이 해야말로 가장 으뜸 가는, 가장 적절, 정확하고 가장 훌륭하고 유일한 이미지의 시적 실체요 그 활력이라고 믿었던 것이다. 장엄하고 위대하고 영원하고 절대적인 시의 미 · 시의 힘 · 시의 생명력 그 자체일 수 있다고 단정했다"[12]고 시인은 말했다. 시적 이미지를 표출하는데 있어 해를 택하게 된 위의 긴 설명이 아니더라도 시인 자신의 이상(理想)이기도 하며, 민족의 이상이며, 인류의 이상으로서의 세계

12) 朴斗鎭, 『시와 사랑』, 新興出版社, 1960, 40면.

를 마련하기 위해 해라는 상징을 이용했던 것이다. 그러므로 이 해는 어둠을 살라 먹고 돋는 해로, 감각의 기쁨으로 파악되는 세계로부터 이데아의 세계로 상승(上昇)하는 과정으로서의 해다. 이런 역동적(力動的) 상상력을 표현하기 전에 시인에게 원체험이 있었음에 당연하다. 이에 대한 유년기의 체험을 보자.

> 고장치기에는 밤 하늘의 푸짐한 별밭과 낮 여름의 강렬한 햇볕을 들지 않을 수 없다. 이때에 받은 별들의 영원한 놀라움과 그 장엄함과, 이때에 몸에 받은 일종의 대륙적인 햇볕의 강렬성은 지금도 길어내고 있는 내 시적 작업의 상당한 자원이 되고 있다.[13]

별빛과 햇빛의 강렬함을 받고 느낀 놀라움과 장엄한, '고장치기' 마을에서의 경험은 그에게는 거의 근원적인 체험으로 형성되어 있다. 즉 "햇살, 햇볕, 햇빛만큼 언제나 내 마음을 충만하게 하는 것은 달리 없다. 달빛 별빛도 물론 좋아하지만, 햇빛 햇살처럼 정신적으로 감각적으로 나 전체를 높게 이끌어 올리는 것은 없다"[14]라는 고백에서 보듯이, 그는 절대적으로 태양 이미지를 최고의 시적 모티브로 택하고 있다. 이런 원형의식이 시인의 시에서 어떻게 확대 변용되어 가는지 살펴보려고 한다. 「해」의 2연을 살펴보도록 하자.

(2) 달과 어둠-부정을 통한 긍정

> 달밤이 싫여, 달밤이 실여, 눈물 같은 골짜기에 달밤이 싫여, 아무도 없는 뜰에 달밤이 나는 싫여……

13) 朴斗鎭, 「자유 · 사랑 · 영원」, 『문학적 자서전』, 한글, 1994, 52면.
14) 朴斗鎭, 「햇살, 햇볕, 햇빛」, 『학원』, 1977.1(『햇살 · 햇볕 · 햇빛』, 대원사, 1991, 210면에 재수록).

'달밤'이다. '달'과 '밤'이 따로 있는 것이 아니라, 박두진의 인식에는 달과 밤이 동시에 '달밤'으로 있다. 그는 현실의 어둠을 '달밤'으로, 미래의 밝음을 '해'로 표현한다. 이렇게 '밝음(해)－어둠(달)'의 두 개의 이미지를 대립시키면서 밝음 쪽으로 나아가도록 하는 기능을 달이 맡고 있는 것이다. 사실 그는 현실을 항상 어둠으로 파악하고 있다. 박두진의 밤에 대한 인식은 초기 시 「도봉(道峰)」에서도 "黃昏과 함께 / 이어 별과 밤은 오리니 // 生은 오직 갈수록 쓸쓸해"라는 인식으로 부정적인 시대의식을 상징화하는 데 이용되고 있다. 나아가 「해」에서 달밤은 '아무도 없는 뜰에' 있는 것으로, '핏내'·'눈바람'·'무덤' 등과 교화하는 구원이 없는 어두운 세계의 상징이다. 그래서 결국은 이런 비극으로까지 표현된다.

> 이리는 이리로 더불어 싸우다가, 이리는 이리로 더불어 멸하리라.
>
> 처참한 밤이다……
>
> —「푸른 하늘 아래」에서

> 오오래 내려오며 바다가 밤을
> 오오래 내려오며 밤이 그 바람을
> 갈대가 바람을 하늘이 갈댈 믿던
>
> 그런 것이 무너지는 背叛하는 밤이여.
> 그런 것이 背叛하는 阿修羅의 밤이여.
>
> —「갈대와 鶴」에서

밤에는 이리들이 피를 흘리며 싸운다. 이리가 이리를 죽이는 현실, 그것은 바로 동족(同族)을 구별하지 않고, 자신의 핏줄까지 팔아먹는 현장이다. 시인은 이렇게 인간의 죄성(罪性)을 폭로하면서 그 배경을 '처참한 밤'으로 두고 있다. 이런 밤에는 바다가 밤을, 밤이 바람을, 갈대가 바람을, 하늘이 갈대를, 실로 서로가 서로를 신뢰하는 그런 믿음이 무너지는 것이다. 그래서 박두진에게 이런 밤은 "배반하는 밤"이요, "아수라(阿修羅)의 밤"이기도 하다.

하지만 이런 밤이 그에게 그저 절망으로 끝나는 것만은 아니란 사실을 눈여겨볼 필요가 있다.

> ① 별을 먹고 꽃을 먹고 밤이 낳은 태양……
>
> —「밤의 무게」에서

> ② 내일로 낮을 잇는 밤이 뒤착여
> (…중략…)
> 밤 가면 바다 저쪽 빛의 새는 오리
>
> —「다시 밤에」에서

①에서 밤은 태양을 낳기도 하는 생산적인 고통의 시간으로 표현되고 있다. 그리고 어두운 밤이 지나면 "바다 저쪽 빛의 새"(②)가 오는 확고한 믿음을 시인을 갖고 있다. 이것은 그의 초기 시부터 보이는 흔들리지 않는 절대적 믿음이다. 기독교의 부활사상 혹은 종말사상과 연결되어 새로운 세상을 확고히 믿는 것이다.

그런데, 바로 이런 달과 밤에 대한 부정적 인식을 일컬어, 박두진의 자연관이 서구적이라는 지적을 하곤 했다. 가령, 전통적으로 한국인의 달에 대한 인식은 '싫은' 것이 아니라, '노는 공간'이거나 '친밀한' 공간이었다는 것이다. 가령, 향가에서의 달은 박두진의 달밤과는 확실히 다른 인식을 보여준다.

> 서울 밝은 달밤에
> 밤새도록 놀며 다니다가
> 들어와 잠자리를 보니
> 다리가 넷이로구나.
>
> —「處容歌」에서[15)]

흐느끼며 바라보네
이슬 밝힌 달이
흰구름 따라 떠간 언저리에 모래 가른 물 가에
耆郎의 모습이올시 수풀이여

―「讚耆婆郎歌」[16]

인용된 두 개의 향가는 여러 해석이 있으나 가장 상식적인 해석에 따르면, 「처용가(處容歌)」는 지상적인 풍경에서 종교적인 관념을 담아내는 서정성을 보여주고 있다는 견해이고, 기파랑의 행동을 찬양한 「찬기파랑가(讚耆婆郎歌)」는 교훈을 얻어야 할 대상을 노래했다는 견해[17]다. 「처용가」에서 '달'은 충격적인 장소를 비추어주는 하나의 신비스런 빛이며, 지상과 천상을 연결시키는 이미지를 갖게 된다. 한편, 「찬기파랑가」에서 달이 기파랑을 좇은 것인지, 낭(郞)이 달을 좇은 것인지 분명치는 않다. 그렇다 하더라도 달 이미지가 낭(郞)이라는 지상적 존재를 천상적 존재로 끌어올리는 역할, 혹은 '구름을 헤치고 나타난 달, 파란 냇물 색깔 속에 떠오르는 그림, 이것으로서 기파(耆婆)의 사람됨이 얼마나 고결한가를 알려'[18]주는 기능을 하고 있다. 그러면서 두 개의 달 모두 불교신앙의 바탕 위에서 형성된 이미지를 발휘하고 있다. 이처럼 신라 향가에서, 달은 초월적인 종교의식을 획득한 것이고 형이상학적인 공간에 있으면서도, 인간과 친밀한 역할을 도모하고 있음을 볼 수 있다. 이런 공간을 일컬어 김영수는 ① 향가문학에서는 '초월공간(超越空間)'이 나타난다고 기술하고 있다. 아울러 ② 고려가요와 조선조 시가에서 나타나는 달의 이미지를 '수평공간(水平空間)'[19]으로 분석하고 있다. 그 예를 살펴보자.

15) 최재남, 「'處容歌'의 성격」, 『한국고전시가 작품론』 1, 집문당, 1992, 83면.
16) 金完鎭, 『鄕歌解釋法硏究』, 서울대 출판부, 1980, 90면.
17) 최철, 『향가의 문학적 해석』, 연세대 출판부, 1990, 212~213면.
18) 최철, 위의 책, 212면.
19) 金永秀, 「달빛空間分析」, 『한국문학의 맥락』, 일지사, 1988, 152~252면.

둘하 노피곰 도드샤
어귀야 머리곰 비취오시라
어귀야 어강됴리 아으 다롱디리

―「井邑詞」, 1연[20]

이 시에 대한 일반적인 해석은 『동국여지승람』에 나와 있는, 행상인의 처가 밤마다 남편을 기다리다가 망부석이 되었다는 전설에 기대고 있다. 그래서 돌아오지 않는 님을 기다리며 바라고 걱정하는 마음에서 부른 노래이며, 요컨대 '기다림의 시정(詩情)'[21]이 담긴 노래라고 한다. 당시 서민의 심정을 담은 부부의 정으로 보는 것이 일반적인 해석이다. "둘하 노피곰 노드샤"라는 의미는 '달아, 하늘 높이 떠서 멀리멀리 비쳐주소서'[22]로 해석된다. 달이란, 행사 나간 남편이 위험한 길 혹은 화류계가 많은 길을 안전하게 돌아올 때 비춰주는 임무를 맡은 달이 된다. 이렇게 본다면 여기서 달이란 보다 지상적인, 다른 말로 표현하면 인간의 고뇌와 함께 하는 친밀한 대상이 된다. 김영수의 말을 빌리자면, 고려가요나 조선시가 혹은 사설시조 혹은 판소리에서의 달은 '수평공간(水平空間)'으로 인간과 함께 있는 달이 된다. 이런 달(혹은 달빛)은 친밀하다 못해, 음란성의 으뜸인 판소리 「변강쇠가(歌)」에서 오랜 소외계층으로서의 천민 옹녀의 미색(美色)에 비유되기도 한다.

> 平安道 月景村에 계집 하나 있으되, 얼굴로 볼작시면 春二月 半開桃花 玉鬢에 어리었고, **初승에 지는 달빛 蛾眉間에 비치었다.**[23] (강조―인용자)

옹녀의 미간에 비치는 달빛은 소외계층에게 다정하게 느껴진다. 이렇게 향가에서는 종교적이고 초월적이었던 달이 고려와 조선시대로 오면서

---

20) 임형택, 「'정읍사'론」, 『한국고전시가작품론』 1, 집문당, 1992, 202면.
21) 임형택, 위의 글, 199면.
22) 임형택, 위의 글, 202면.
23) 申在孝, 「판소리사설 변강쇠歌(星斗本B)」, 『申在孝 판소리 사설集』, 1974, 533면.

인간과 함께 있는 상동적인 존재로 작품에 투영되고 있다. 달의 이미지가 친근해진 곳에, “달아달아 밝은 달아 / 이태백이 노든달아 / 저기저기 저달 속에 / 계수나무 박혔으니 / 옥도끼로 찍어내고 / 금도끼로 다듬어서 / 초가 삼간 집을 짓고 / 양친부모 모셔다가 / 천년만년 살고지고 / 천년만년 살고 지고”[24]라는 노래가 있다. 이렇게 한국 서민들에게는 달은 꿈이고 이상이고 향수이고 영원한 그리움이었다.

나아가 현대시에서도 달 이미지는 다양하게 나타나고 있다.[25] 예를 들어 박두진과 비슷한 시기의 윤동주의 시에 나타나는 달을 살펴보기로 하자.

① 가자 가자 가자
숲으로 가자
달조각을 주우러
숲으로 가자

—「반딧불」

② 귀뜰귀뜰
귀뚜라미와 나와
달 밝은 밤에 이야기 했다.

—「귀뚜라미와 나」

③ 우물 속에는 달이 밝고 구름이 흐르고 하늘이
펼치고 파아란 바람이 불고 가을이 있고
追憶처럼 사나이가 있습니다.

—「自畵像」에서

24) 金素雲, 『朝鮮口碑民謠集』, 東京 : 金一書房, 1933, 22면.
25) 金永秀는 앞서 소개한 두 개의 공간과 더불어 ③ 현대시에 나타나는 ‘失鄕空間’으로서의 달 이미지, ④ 분단을 소재로 한 현대문학에서 나타나는 ‘分斷空間’으로서의 달 이미지, ⑤ 자본주의의 파괴성 속에서 상실된 인간성을 드러내는 ‘二項對立空間’으로서의 달 이미지를 소개하고 있다. 金永秀, 『한국문학의 맥락』, 일지사, 1988, 173~232면 참조.

필자는 윤동주를 전형적인 동시(童詩) 시인으로 보고 있다. 윤동주의 자기 파괴적인 시적 경향은 동시(童詩)를 쓸 수 없는 비극적인 상황에서 생산되었던 것이다. 위에서 인용된 시 중에 ①·②는 윤동주가 동시인(童詩人)의 특성을 갖고 있음을 잘 드러내는 구절이고, ③ 후자 곧 동시를 쓸 수 없는 비극적인 상황을 노래한 경우다. ①·②는 결핍된 어린 마음이 마음의 공동(空洞)상태에서 생산된 동시다. 꿈을 꾸고 싶고 꿈의 세계, 초월의 세계로 가려는 도정에 달이 있다. ①에서는 하늘에 있어야 할 꿈의 대상인 달조각(달이 아니라, 부서진 달의 '조각'이다)이 땅[숲]에 떨어져 있다. ②에서는 "아무게도 / 아르켜 주지 말고 / 우리 둘만 알자고" 귀뚜라미와 약속한 이야기를 '달 밝은 밤'에 이야기한다. 마치 「처용가」에서 중요한 장면을 목도하는 달처럼, 여기서도 달은 어린 마음의 상처를 목도(目睹, 혹은 慰勞)하는 조명 등 역할을 하고 있다. ③의 경우는 파손된 자아의식이 더욱 명확하게 비유되어 나타난다. 하늘에 있어야 할 달이 물 속에 잠재해 있다. 침몰해 있는 공간에 화자는 달과 함께 현실적으로 침몰해 있는 모습을 보는 것이다. 이렇게 볼 때, 윤동주의 달은 향가(鄕歌)에서 나타나는 초월의식의 달이라든가 혹은 고려가요나 사설시조에서 나타나는 위로자, 혹은 동조자로서의 달의식을 갖고 있다.

달에 대한 한국 작가들의 관습적 이해를 길게 인용해 보았는데, 이제 박두진에게 돌아오자. 문제는 박두진이 이런 달의 관습적인 이미지를 거부[26]하고 있다는 점이다. 그에게 달이란, "신비롭기는 하나 슬프고, 깨끗하기는 하나 무력하다. 얻어다 비치는 빛, 남의 빛을 빌려서 스스로의 몽뚱어리를 얼비치는 그러한 달을 나는 싫어했다. 그 달빛은 푸르디푸르고, 차갑고 처절했으며 살아 있는 빛이 아니라 죽은 빛이었다. 한없이 내 마음을 아프게 하고 한없이 내 마음을 슬프게"[27] 하는 처절한 달이다. 그에

26) 물론 박두진만이 달에 대한 관습적 이미지를 거부하는 것은 아니다. 예를 들어, 달빛에 대한 추종을 거부하는 생각은 W. 휘트먼과 김수영에게서 나타난다. "지구와 태양과 동물을 사랑하라. 부를 경멸하라."(W. 휘트먼, 「풀잎」 서문) 혹은 "달 밝은 밤을 / 언제부터인지 잠을 빨리 자는 습관이 생겼다"(김수영, 「달밤」)는 표현은 앞서 예로 든 한국문학의 전통적인 서정적 표현과는 이질적이다.

게 달빛은 전원(田園)에서 완상하는 '황홀한 달빛'(金永郎, 「황홀한 달빛」)도 아니었고, 각박한 현실 속에 완충의 대상이 되어 "그믐달처럼 사위어지는 목숨 / 그믐달처럼 살아야 한다"(朴木月, 「산이 날 에워싸고」)의 달빛도 아니었다. 그렇다고 "한가위 달이 뜨면 옷감짜기 내기하던 여인네들도 진 편이 먼저 일어 춤과 노래 일렁였고"(서정주, 「八月이라 한가윗날 달이 뜨걸랑」) 같은 신라적(新羅的)인 극락정토의 달빛도 아니다. 그러므로, 달과 밤에 관한 그의 생각은 한국적 전통과는 다른 개성을 갖고 있는 게 분명하다.

그렇다고 그가 어린 시절 달에 관해 한국인으로서 아주 이질적인 체험을 한 것은 아니다. 가령, 그도 1930년대 일반적이었던 정월 대보름날 달님께 소원 빌기에 어머니 곁에 있었던 무속적인 추억이 있다.[28] 그 추억 자체가 부정적으로 서술되어 있지는 않다. 가령, 산에 자기가 묻혀 무덤이 되면 그 무덤 곁에 "달밤엔 杜鵑! 杜鵑도 와 울어라"(「설악부」, 1연)라는 표현이 있으며, 이어 "무덤 속에서 復活할 것도 믿어본다"는 표현이 이어진다. 여기서도 달밤은 아주 부정적인 존재가 아니라, 재생(再生)의 시기를 감당하는 고난의 시기로 상징된다. 이렇게 극단적으로 부정적으로 묘사된 「해」 이외에 다른 작품에서는 달에 대한 극단적인 부정적 평가가 보이지 않는다. 「해」에서는 '해'의 긍정성을 강조하게 위해 '달'을 대립적 대상물로 놓고 부정적인 이미지가 훨씬 강화되었던 것이다. 그래서, 「해」의 미학은 '일대 변혁'으로 평가되었다.

> 우리 문학 素材傳統(stuff tradition)의 일대 변혁이다. '달빛'과 '황혼', '薄明'과 '황혼'의 美學이 '해와 한낮의 미학'으로 탈바꿈하고 있는 것이 박두진의 시다. 일본 군국주의의 폭력적 남성주의에 대응하여 여성주의로써 소극적으로 도전했던 우리 시의 미학이 광복과 함께 예언자적 토운마저 감지되는 박두진의 남성주의 미학을 만난 것이다.[29]

---

27) 朴斗鎭, 「고향 안성의 햇덩어리와 별밭」, 『월간조선』, 1985.11(『햇살 · 햇볕 · 햇빛』, 81면에 재수록).

28) 朴斗鎭, 「달맞이」, 『대한일보』, 1965.2.16.

견딜 수 없었던 식민지의 가장 깊은 어둠을 지각하여 밝음만을 오로지 추구할 수밖에 없었던 것이 박두진의 세계관이다. 물론, 밝음을 희구하는 것은 시인 자신만의 감정이 아니라 다수 인간의 보편화된 바람이다. 그러므로 달빛의 상징이 전통적인 생각에서 벗어나 있더라도, 해의 적극적이고 밝은 속성을 강조함으로 「해」는 한국인 누구든 쉽게 접근할 수 있었다. 그런 의미에서 이 시는 한국인의 시관에서 볼 때는 파괴적이면서도, 동시에 가장 보편적인 이미지로 성공한 수작(秀作)이 되었다. 그래서 조연현(趙演鉉)은 「해」에 대해 '한 인간이 도달할 수 있는 최고의 경지가 노래 불리워지고 있다. 박두진은 이 한 편으로써 유언 없이 죽을 수 있는 인간'[30]이 되어 버렸는지도 모른다고 극찬하고 있다. 그런데 조연현이 보았던 더욱 중요한 대목은 박두진의 원형적 상상력을 밝혀놓은 점이다.

> 「해」에는 분명히 원시인의 태양 숭배가 현대인의 감각으로서 노래 불리어지고 있다고 볼 수 있다. 그러므로 씨의 신앙의 내용은 선도 기독교도 아닌 원시적인 성신(星辰)에의 신앙이라고 말할 수 있을 것이다.[31]

「해」에서는 그의 전기적 사실을 보더라도 기독교신앙이 무르익었다고 보기보다는 그의 어릴 적의 원형적 체험이 더 강하게 작용했다고 보는 것이 옳다고 생각한다. 그 뒤에 부차적으로 기독교의 부활이미지가 점차 체계화되면서 작용되었다고 보는 게 필자의 견해다.

이렇게 초기 시에서 많이 나오는 달의 이미지는 해의 이미지를 더욱 부각시키는 역할을 하고 있다. 해가 밝은 세계로 가속적으로 향하게 하는 매개역할을 하고 있는 것이다.

---

29) 金奉郡, 「朴斗鎭의 詩 硏究－한국 기독교 작가 작품론 4」, 『성심여대논문집』 제17집, 1985, 8면.

30) 趙演鉉, 「星辰에의 信仰」, 『海東公論』 제5권 제3호, 1949.3, 26면.

31) 趙演鉉, 위의 글, 26면.

(3) 불 - 심판과 재창조

'해'의 상징이 극한에 도달하면 불의 상징으로 변용된다. 해에는 '빛'과 '열(熱)'이라는 속성이 있다. 앞서 분석한 「해」에서는 '빛'의 속성이 강하게 드러났지만, 대결 혹은 심판의 의미가 강하게 드러나면 '불'의 속성이 강하게 상징화된다.

문학에서 '불'의 상징은, 그리스 신화에 나오는 불을 훔친 프로메테우스나 불 속으로 뛰어드는 엠페도클레스의 형상에서 보듯이, 기본적 이원론에 빠진 인간적 곤경을 묘사하는 데 동원되곤 한다. 이 두 가지 삶의 길 중간에 있는 것은 이로운 불을 물질적으로 사용하는 삶의 방식이다. 그러나 불은 극단적인 생명력을 겨냥하면서 어둠과 싸운다.

> 산이여! 장차 너희 솟아난 봉우리에, 엎드린 마루에, 확확 치밀어오를 화염을 내 기다려도 좋으랴?
>
> —「향현」에서

> 산넘어서 밤새도록 어둠을 살라먹고
>
> —「해」에서

> 누가와서 기웃대면, 내새끼 보금자릴 어늬 뱀이 넘실대면, 나는 불이 되어 쪼아라, 살같이 내리박혀 불이 되어 쪼아라, 내새끼 품에 안고 불이 되여 싸워라
>
> —「노고지리」에서

시인은 평범한 산에서 "확확 치밀어오를 화염"을 기다린다. 그리고 "어둠을 살라먹"는 해를 그리고, 보금자리를 침범하는 적에게 "불이 되어 쪼아라"는 공격적인 표현을 한다. 여기서 불은 뜨거운 활력으로 표상되는 선(善)과 파괴와 화재로 표상되는 악(惡), 양자를 포괄한다. 불은 시간을 소멸시키고 모든 사물을 무로 만들려는 욕망을 암시한다.[32] 기존하는 존재

32) 이승훈 편저, 『문학상징사전』, 고려원, 1995, 236면.

의 터짐과 폭발을 의미한다. 박두진의 경우 이것은 사물을 파괴하는 상징으로 전우주가 무(無)로 돌아가는 우주적인 죽음과 불세례, 폐허를 넘는 '재창조(再創造)'를 의미한다. 일단 현실에 대한 분노가 극에 달하자, 단순한 따스함의 비유로는 약한 것이다. 이때는 '확확 치밀어 오를 화염'으로 '어둠을 살라먹고', 부정적 대상을 전부 태워야 하는 것이다. 처참하고 고단한 밤의 세대는 철저히 불태움으로써 태워진 그 자리에서 다시금 이상향(理想鄕)의 세계가 가능하다고 보는 것이다. 나아가 불은 외부세계만을 태우는 것이 아니라 자신의 도덕성 내지 능동성을 자극하는 상징이 되기도 한다.

> 그러나 나는 지금 가슴에
> 타오르는 햇불뭉치 같은 것 하나만을 지닌 채 앞으로 앞으로만 향하여 내달아가고 있다.
>
> —「어느 벌판에서」에서

"가슴에 / 타오르는 햇불뭉치"를 갖고 있는 상태의 상황이란 적극적이지 않을 수 없는 상태다. 무엇인가 하지 않으면 안되는 상태다. 이런 구절을 쓰려면 태우는 주체의 도덕성이 필요하다. 그것은 불 자체로 도덕성을 상징화하고 있다. 아울러 시인과 불이 일체가 된 지경이기도 하다. 촛불로 변용될 때는 그 도덕성이 더 강조되어 시적인 울림을 준다.

> 위으로, 위으로만 눈을 들어 손을 추켜 키를 돋궈
> 모두어 모두어 촛불처럼 타오르는,
> 포플라!
>
> —「戰慄과 樹木」에서

여기서 식물성 포플라는 촛불로 비유되고 있다. "위으로, 위으로"라는 고소심상(高所心象)의 꾸준한 정신적 지향을 보여주고 있는데, 그것은 "촛불처럼 타오르는"이라는 표현으로 정신적 단련을 의미하게 된다. 불꽃,

특히 촛불은 가치와 반가치가 서로 싸우는 결투장이고, 불꽃이 향하는 본연의 장소란 도덕성의 중심[33]이기 때문이다. 이처럼 본래 불이란 전통적으로 정신과 동일시된다. 불은 또한 도덕성과 지성을 상징한다. 불꽃은 항상 수직성을 갖고 높이 타는 몽상(夢想)을 목표로 삼기 때문이다. 그러면서 "불꽃은 우리들에게 상상할 것을 강요한다."[34] 빛은 곧 창조력이다. 빛은 여기에 '중심'으로부터의 방사(放射)라는 의미가 첨가된다. 왜냐하면 빛은 창조력·우주적 에너지·빛남이라는 의미를 암시하기 때문이다. 심리학적으로는 빛을 받는다는 것은 빛의 근원을 자각한다는 사실을 의미하며, 따라서 정신적 힘을 자각한다는 의미를 지닌다.[35] 거기다가 박두진의 사상적 배경이 되는 성서적인 의미로 볼 때도, "빛의 열매는 모든 착함과 의로움에 진실함에 있느니라"(「에베소서」, 5장 9절)라고 순수함과 도덕성의 의미가 확실하게 나타나 있다.

따라서 불의 이미지는 시대가 어두울수록 강하게 나타난다. 예컨대, 1939년에 발표된 「향현」에서 "확확 치밀어 오를 내 화염"이란 단어는 일제 말기의 극단적인 상황을 겨냥하는 표현이다. 그러면서도 시인은 화염(火焰) 자체를 기다리는 것이 아니라, 화염 뒤에 올 이상향(理想鄕)의 세계를 "내 기다려도 좋으랴"라는 말로 꿈꾸고 있는 것이다. 1946년에 발표된 「해」도 마찬가지다. 한치의 앞을 내다볼 수 없는 해방기의 상황 그 어둠의 세계는 불로 "살라"먹어야 하는 태울거리일 뿐이다. 무화(無化)의 과정을 통해 모순의 세계를 불태우고 극단적인 자기 확인의 과정을 향하는 것이다.

---

33) 바슐라르는 촛불을 '도덕성의 중심'이라고 말한다. 그러한 예로 종교적인 예배의식(Liturgie)에 중대한 정화의 상징으로 촛불을 켜거나, 관솔불을 켜는 제의를 들고 있다. 그래서 "작은 촛불의 빛이 세계를 정화하는 데 쓰일 수 있다"(*his little light may serve to purify the world*, p.21)고 바슐라르는 말한다. Gaston Bachelard, *La flamme d'une chandelle*, France : Presses Universitares, 1961. trans by Joni Caldwell, *The Flame of A Candle*, The Dallas Institute Publications, 1988, pp.20~22.

34) 바슐라르, 위의 책, 21면.

35) 이승훈 편저, 『문학상징사전』, 고려원, 1995, 248면.

또한 불의 상징은 내부의 결심이 뜨거울 때 나타나기도 한다.

> 자유 죽어도 자유 더욱 활활 불일어요.
> 사랑 죽어도 사랑 더욱 활활 불일어요.
> 믿음 죽어도 믿음 더욱 활활 불일어요.
>
> —「24 · 더 멀리 더 멀리에」에서

시인의 소명의식이 너무 뜨거워서 "내 안의 이 불의 불씨를 죽여주셔요"라고 부탁까지 하게 된다. 이것은 재생(再生)의 불이 강하게 타오르고 있는 초월(超越)의 순간에 이른 상태다. 이처럼 대상이 뜨겁고 두려운 불의에 의해 소멸됨으로써 대상에서 뿜어져 나오는 활력은 하나의 이념의 세계로 연결된다. 사회적인 관심이 강하게 쏠리는 그의 후기 시로 갈수록 이런 경향은 더욱 빈번히 나타나고 있다. 문제는 너무 빈번하게 나타나 그 효과가 반감되는 시도 적지 않다는 점이다.

(4) 별-운명의 상징

또한 빛의 상징은 '별'이라는 대상을 통해 표현되기도 한다.

> 白樺 앙상한 사이를 바람에 白樺같이 불리우며, 물 소리에 흰 돌 되어 씻기우며, 나는 총총히 다만 외롬도 잊고 왔더니라.
>
> 살다가 오래어 삭은 장목들, 흰 팔 벌이고 서있고, 風說에 깎이어 날선 봉우리, 훌훌훌 蒼天에 흰 구름 날리며 섰더니라.
>
> 쏴아-한종일내- 쉬지 않고 부는 물 소리 안은 바람소리……, 九月 고은 落葉은 날리어 푸른 潭 뒤에 흐르르르 落花같이 지더니라
>
> —「별」에서

백화(白樺) · 바람 · 물 · 돌 · 장목 · 풍설(風雪) · 창천(蒼天) · 구름 · 낙엽(落

葉)・담(潭)・낙화(落花) 등 우주(宇宙)에 자리잡은 것이 많이 나온다. 시에서 '별'이란 단어는 나오지 않지만, 별을 비유하는 상관물이 연이어 나오고 있다. 그래서 알지 못할 별의 운명을 자신의 운명과 비유하는 대목이 나온다. 또한 별은 순결함의 이미지를 강조한다. "별들 다아 새로 씻겨 빛나고"(「훨훨 나래 떨며」)라는 표현처럼 운명적인 별은 순결한 물과 만난다. 이런 심상(心象)은 "별을 노래하는 마음으로 / 모든 죽어가는 것을 사랑해야지"라고 했던 윤동주의 자세와 비교할 수 있겠다. 청결한 윤리의식을 내세우는 박두진에게서도 고소심상(高所心象)인 별은 시인의 인생관을 비교해 보는 거울의 임무를 맡고 있다. 그 거울이 절대적인 신앙적 삶을 강권할 때도 있다.

별을 보면 별들 속에 내가 있었네.
그 속에서 언제나
당신 만났네.

꽃을 보면 꽃들 속에 내가 있었네.
그 속에서 언제나
당신 만났네.

바닷가 아침에 반짝이는 모래알
하나씩의 모래알에 내가 있었네.

바람이 불고 가면 바람 소리 그속
산새가 울고 가면
산새소리 그 속에

아, 불려가는 낙엽 속에 내가 있었네.
거기서도 언제나
당신 만났네.

서걱이는 갈대 속에 내가 있었네.

거기서도 언제나
당신 만났네.

—「사도행전 9—1」

이 시는 '나'와 '세계', 그리고 '신앙'의 삼위일체를 보여준다는 점에서 특히 관심을 끈다. 별—꽃—모래알—산새소리, 그리고 갈대 속에서 나와 당신이 함께 혼연일체가 되어 있음을 새롭게 자각한다. '세계'와 '나', 그리고 '당신'이 하나로 화합하면서 정신의 행복한 승리감을 맛보는 것이다. 그만큼 신앙의 육화를 성취했다는 말이다. 아울러 이 시에는 참된 신앙의 길 속에서 삶의 의미와 나의 존재를 새삼 발견하는 과정에서의 신앙적 희열이 담겨져 있는 것으로 이해된다. 윤동주의 경우[36]도 '해—별—꽃'이 이미지 다발을 형성하여 상상력 작용을 하고 있는 것을 볼 수 있다. 이와 비슷한 인식을 바슐라르는 말한 바 있다.

> 하늘의 정원에 있는 등불('별'—인용자)은 인간의 정원에 있는 꽃들과 더불어 사라지지 않는 완만한 불꽃이다. 하늘과 꽃들은 모두 느릿한 명상, 기도하는 명상을 가르쳐 준다.[37]

"느릿한 명상" "기도하는 명상"이란 자아(自我)를 투시하는 명상이라 할 수도 있다. 불꽃이 피워지는 존재나 꽃이 피는 몽상이나, 하늘의 꽃밭이나 땅의 꽃밭이나 마찬가지의 몽상(夢想)을 갖는다는 것이다. 이 지점에서 별의 이미지와 꽃의 이미지는 만난다. 박두진에게서 기도로 상징되는 별의 이미지는 인식의 핵심을 이루고 있다.

---

36) 윤동주의 경우도 태양을 향한 인식이 있었다. 유종호는 이를 가르켜 '向日性 충동'이라 하기도 했다(유종호, 『시란 무엇인가』, 민음사, 1995, 302면). 가령 "태양을 사모하는 아이들아 / 별을 사랑하는 아이들아"(「눈 감고 간다」)처럼 태양과 별이 긍정적인 상징으로 이미지화되거나, "빠알간 꽃이 피어났네 / 햇빛이 푸른데"(「태초의 아침」)의 경우처럼 꽃과 햇빛을 병치시키는 경우가 그렇다.

37) Gaston Bachelard, *La flamme d'une chandelle*, France : Presses Universitares, 1961. trans by Joni Caldwell, *The Flame of A Candle*, The Dallas Institute Publications, 1988, p.60.

내 정신적 감각이 세계에 있어서 하늘의 별은 시간의 제한을 초극하는 영원성, 그 영원 자체의 상징으로서 그 흑암을 이기는 광명의 빛, 내가 곧 길이요 진리요 빛이라는 그 종교적 빛, 생명의 빛, 진리의 빛, 약동의 빛, 힘의 빛, 불멸의 빛, 영생의 빛, 하늘나라의 빛, 곧 빛 그 자체의 빛의 구상, 상징이면서 동시에 그 실체로서 나의 모든 존재론적인 바탕, 형성론적인 인식의 한 핵심의 구실이 되어 왔다.[38]

이처럼 박두진에게 별은 "존재론적 바탕"이요 "형성론적인 인식의 한 핵심"이라는 말마따나 근원적으로 작용하고 있다.

2) 빛의 힘, 부활[再生]의 의지

박두진의 시에서 '해－달－불－별'이란 상징은 하나로 엮여 어느 게 먼저랄 것 없이 작용하고 있다. 어느 시에서는 별이 중요하게 부각되면서도, 그 이미지는 해와 달과 불의 이미지로 변용하는 것을 보곤 한다. 이처럼 '빛'의 이미지 다발을 중심으로 작품 안에서 '해－별－꽃'이 같은 상상력운동을 하고 있는 것이다. 이렇게 '해－달－불－별'로 이어지는 '빛의 상징'은 재생(再生)의 과정으로 연결되기도 한다. 그런데 이렇게 재생의 과정으로 이어지기 전에 빛의 이미지는 '씻음의 과정'을 거친다. 이 이미지의 해설을 위해서는 물 이미지와 연결해서 설명해야겠는데, 간단히 말해 그의 물 이미지는 정화(淨化)의 상징과 연결되어 있다. 그리고 정화된 빛은 곧바로 부활의 의미와 이어진다.

언제 새로 다른 태양 다른 태양이 솟는날 아침에 내가 다시 무덤에서 부활할 것도 믿어본다

—「雪岳賦」에서

38) 朴斗鎭, 「자유·사랑·영원」, 『문학적 자서전』, 한글, 1994, 52면.

가슴에는 자라나는 애기 해가 하나
나긋나긋 새로 크는 애기 해가 한덩이

—「山脈을 간다」에서

"태양이 솟는날 아침에" 시인은 무덤에서 부활하기도 하고, "해 한덩이"가 새로 크는 아기에 비유되기도 한다. 태양이 강조되면서 아침이란 시간이 중요한 시간으로 등장한다. "나는 이 밝고 밝으며, 힘차고 힘차며 생명에 충만해 있는 그 상징적이며, 구상적(具象的)이며, 바로 감각적인 이 '빛'에서 언제나 무한한 벅참과 희열과 시적 영감을 얻는다"라고 말한 혜산은, 빛을 종국적인 이념으로 하지 않으면 직성이 풀리지 않는다고 했다. 빛의 형이상화가 곧 시의 주제라고 말하는 혜산의 말을 더 인용해 보자.

빛은 실로 나의 가장 卑近한 욕구인 동시에 가장 높고 절실한 悲願의 實體이며 시의 根源이라 아니할 수 없다. 빛의 핵심, 빛의 상징성, 빛에의 희원은 내 시의 테마의 핵심이며, 내 사상을 구상화한 바로 그 本體라고도 말할 수 있다. 빛의 이미지는 곧 내 사상하는 바의 집약적인 중심체요, 빛의 중심체는 곧 내 생명욕구의 전부의 한 비유요 상징이다.[39]

빛의 핵심·빛의 상징성·빛에의 희원이 자신의 집약적인 중심체라고 한다. 너무 쉽게 드러낸 그의 고백이 있다.

내 초기 시 중기의 한 초반까지의 시는 거의 99퍼센트가 언제나 그 배경의 빛이요 광명으로 돼 있다. 적어도 6·25동란 이전까지의 시의 시적상황의 배경의 색깔은 찬란한 금빛 햇살이며 그 빛의 빚어내는 밝고 생명에 찬 세계였다. 뿐만 아니라 내 시의 전 주제를 일관하는 사상이 빛의 사상인 것을 아는 사람은 훨씬 더 내 시세계의 중심을 파헤치기가 쉬울 것이다. 긍정·직관·이상·초월·저항·극복·포용·궁극적인 시 자체의 응결된 비유나 시적 실체의 상징이 이 햇볕으로 비유 상징되는 감각적이면서 동시에 형이상학적인 빛 그 자체인 것이다. 어느 시를 뜯어봐도 그 배면에 혹은 중심에 끓고 있는 강렬한 햇볕의 빛의 설정을 볼 수 있으며 이것은

39) 朴斗鎭, 『한국현대시론』, 일조각, 1974, 45~46면.

나 자신도 얼마간 뒤에야 비로소 발견한 스스로의 놀람이었다.[40]

"내 초기 시 중기의 한 초반까지의 시는 거의 99퍼센트가 언제나 그 배경이 빛이요 광명으로 돼 있다"는 말마따나 빛의 상징은 그의 시이력(詩履歷)에 결정적인 원체험을 제공한다. 그러니까 빛은 혜산사상의 실체이자 본체요, 시의 근원이자 주제요, 생명욕구의 전부가 되어 있다. 빛을 찾아 빛 같이 살려는 거룩한 영감의 세계가 바로 혜산의 가장 핵심적인 시사상이 아닐 수 없다. 빛을 좋아했던 박두진은 당연히 평생 아침을 좋아할 수밖에 없었던 것이다. "아침 한때를 잘 살면 그날 하루를 잘 사는 것이고 그날 하루를 뜻있게 살도록 최선을 다한다면 생애 전체를 후회 없이 사는 것이 될 것임을 생각해 본다. 기상 후 30분, 내게는 무엇으로도 비유할 수 없는 가장 소중하고 가장 밀도 있는 시간이 아닐 수 없다"[41]는 그의 말은 삶에서 시가 자연스럽게 나왔다는 것을 있는 그대로 보여준다. 이처럼 감각적인 빛은 그의 삶에 역동성(力動性)을 부여하는 하나의 힘[力]으로 작용하고 있는 것이다.

여기서, 필자는 빛이란 상징을 이용한 그의 상상력의 역동성(力動性), 빛의 역동성(力動性)을 '빛의 힘'[42]이라고 부르고자 한다. 이 '빛의 힘'을 박두진 시인(詩人) 평생의 상상력의 역동성으로 삼은 것이 시에서 분명히 드러나고 있는 것이다. 초기 시뿐만 아니라, 그의 초기 시에서도 '빛의 힘'은 드러나고 있다.

---

40) 朴斗鎭, 「자유 · 사랑 · 영원」, 『문학적 자서전』, 한글, 1994, 52~53면.

41) 朴斗鎭, 「始動」(1975.7), 『햇살 · 햇볕 · 햇빛』, 212면에 재수록.

42) 이 논문을 마무리 할 즈음에 도서관에서 우연히 Isaac Bashevis Singer, 『빛의 힘』(김경선 옮김, *The Power of Light —Eight Stories for Hanukkah*, 여운사, 1994)이란 노벨문학상 수상작을 발견했다. 이 소설은 유태인들이 나치의 극악무도한 탄압에 시달리던 2차 대전 무렵에 작은 '빛의 힘'으로 고난을 이겨나가는 이야기로 채워진 연작소설이다. '빛'을 삶을 위한 역동성(力動性)으로 파악한다는 점에서 박두진의 시세계와 다름이 없는 작품이다. '빛'을 희망의 상징으로 형상화한 작품은 이외에도 적지 않을 것이다.

벌판이 끝없이 바다로 이어지는
홀로서 걸어가는 당신의 전신이 노을에 젖어 있다.

노을은 주황빛, 보랏빛
그 속에 장밋빛, 그 속의 진달래빛, 그 속의 황금빛

혹은 그 속의 선혈빛 임리히

홀로서 걸어가는 당신의 발자국을 물들이고,
홀로서 안고 가는 당신의 젖빛 꿈을 물들이고,
홀로서 울고 가는 당신의 눈물을 물들이고,

—「어떤 노을」에서

가을볕 석양 비껴 가는 햇살에 비친 수석을 보며 쓴 시다. 그는 수석을 채취해오면 햇살이 비치는 창가에 그것을 배치해 놓는다. 그리고 그 빛이 수석을 따라 옮겨가는 모습을 명상하며 쓴 시가 위 「어떤 노을」인 것이다. 홀로 걸어가는 당신, 순례자의 전신이 노을로 젖어 있는데, 그 노을은 온갖 빛으로 형상화되어 있다. 그리고 그 속에는 선혈빛은 강조되어 한 행으로 한 연을 이루고 있다. 그에게 가장 순결한 것은 빛으로 감싸여 있는 것이다.

3. 빛의 상징과 단순성

이렇게 볼 때, 박두진은 초기 시인 「묘지송」·「해」부터 후기 수석연작시에 이르기까지 "태초에 빛이 있었고, 그 빛이 하나님 보시기에 좋았더라"(「창세기」, 1장 3~4절)는 말씀을 일생의 주제로 삼았음에 분명하다.

결국, 그의 시에서 빛 이미지가 차지하는 특징은, 첫째, 어둠을 몰아내는 구원의 상징이며, 둘째, 그 빛은 정화되었고 순수무구한 빛이다. 그리고 셋째, 극단으로 나아간 빛은 적극적으로는 불의 이미지와 연결되어 있고, 넷째, 기독교적 부활사상과 연결되어 있다(「묘지송」의 경우). 그의 빛의 상징은 비교적 성공하고 있다. 빛의 상징은 일반적인 원형적 상징과 이어져 있기 때문이다. 이처럼 '태양—불—빛—부활'은 이미지 다발로 이어져 그의 시와 독자 사이에서, 역동적인 상상력운동을 일으키고 있다.

사실 빛이라는 이미지는 고대로부터 있어 왔던 가장 낡은 이미지이기도 하다. 그래서 "풍부한 열정은 사물을 근원의 위대함으로 되돌려 보내주는 존재의 힘과 함께 우리의 상상력과 이념을 단순성의 영역으로 이끌고 가는"[43] 이 '단순성의 영역'이라는 지적은 문제가 아닐 수 없다. 게다가 이런 보편적인 상징을 상투적으로 반복하면서 기독교의 이미지를 날것으로 반복해서 내보였을 때 대중으로부터 외면당할 수도 있는 것이다. 빛을 주제로 쓴 그의 후기 신앙시(信仰詩)들은 좁은 의미의 호교문학으로서는 수준작이지만, 낡은 이미지의 반복이 너무 심했으며, 도식화되어 있다고 느껴지는 대목도 적지 않다.

43) 金賢子, 「朴斗鎭과 생명의 탐구」, 『한국현대시사연구』(金容稷 외), 일지사, 1983, 513면.

3부

리찬의 혁명적 낭만주의

혁명적 낭만시인, 리찬 139

리찬의 개작시 연구 167
—『리찬 시선집』(1958)을 중심으로

리찬 시와 수령형상문학 195

혁명적 낭만시인, 리찬

1. 분단문학사 속의 리찬

조선이 일본의 식민지가 되던 해에 태어난 리찬(李燦, 1910.1.15～1974.1.5)[1]은 일본유학과 투옥 등으로 점철된 어두운 식민지 생활에 이어 해방기에는 좌익시인으로 활동하고, 한국전쟁을 거쳐 북조선에서 활동하기까지 그야말로 파란만장한 삶을 한반도의 역사와 더불어 지낸 시인이다.

지금까지 그에 대한 글은, 제1기 주변인들의 글[2]과 제2기 신범순·홍

1) 북한의 '신미리 애국렬사릉'에 묻힌 인물들의 명단이 소개된 「애국열사명단」(『역사비평』, 1991년 가을호)에 보면, "리찬 동지 혁명시인 1910.1.15～1974.1.5 서거"로 기록되어 있다. 덧붙여, 국내의 연구자들이 '李燦'을 '이찬'으로 표기해 왔으나, 필자는 '리찬'으로 표기하려 한다. 그것은 식민지 시대에 작가 스스로 '이찬'으로 쓰지 않고 한문으로 표기했으며, 1945년부터 1974년까지 북한문단에서 활동하면서 작가 스스로 '리찬'으로 명기하고 있기 때문이다. 그의 주요 활동시대에 주목하여 '이찬'으로 쓰자고 하는 연구자도 있으나, 이제 그의 시력(詩歷) 전체를 조망하려 할 때 '리찬'으로 표기하는 것이 옳다고 본다.

문표 · 조능희 · 윤여탁 등의 연구작업[3]이 있어 왔다. 북한에서는 그에 대한 연구작업이 남한보다 훨씬 이전에 출발한 것으로 알려져 있다. 또한 북한의 문학사를 검토해 보면 그에 대한 논의가 자주 발견된다.

그런데 제1기의 연구는 전기사적 측면의 연구가 지니는 한계, 곧 객관적이지 못하다는 한계를 지니지만 작가 연구를 위한 중요한 기본 자료가 되고 있다. 제2기의 연구는 해방 이후 반공이데올로기 때문에 제대로 연구가 이루어지지 못하다가 1980년대 말에 이르러 시작되었다. 하지만 이 연구들은 주로 식민지 시대의 작품만을 연구대상으로 삼고 있으며, 세부적인 형식미학을 포괄하는 분석보다는 내용사회학적인 측면에서만 고찰하는 한계를 지닌다. 그리고 북쪽에서의 리찬 시 연구는, 주체사상과 기계적으로 연관지어 설명하고 있는 까닭에, 이 문제는 좀더 차분한 검토가 필요하다고 여겨진다.

시를 평가하는 일은 평면적인 자료의 집적을 의미하지 않는다. 시와 시인의 모습을 바르게 제시하기 위해서는 시세계의 줄기를 이루는 사항들을 검토할 필요가 있다. 특히 파란만장한 삶 속에서 끊임없이 시를 창작한 리찬의 경우에는 시세계의 기복이 심한 탓에 그 뼈대를 관통하는 줄기에 유의하고자 한다.

그래서 연구방법으로는 첫째, 그의 시를 좌파 이데올로기 내지는 여러 사상성과 비교해서 연구하려 한다. 단적으로 말해서 그는 좌파 이데올로

---

2) 박세영, 「이찬 시집 '대망'을 읽고」, 『동아일보』, 1937.12.16.
박아지, 「이찬 시집 '분향'을 읽고」, 『동아일보』, 1938.9.1.
윤곤강, 「'분향'을 읽다」, 『조선일보』, 1938.9.5.
임화, 「시집 '망양'」, 『매일신보』, 1940.7.3.
권환, 「이찬씨 시집 '망양'」, 『조선일보』, 1940.7.3.
박세영, 「李燦 제3시집 '망양' 독후감」, 『동아일보』, 1940.7.9.

3) 신범순, 「현실주의적 흐름과 비관적 낭만성－이찬론」, 『문학사상』, 1989.3.
홍문표, 「동무와 엘리제의 변주」, 『시문학』, 1989.9.
조능희, 「이찬론」, 연세대학교 석사논문, 1989.12.
윤여탁, 「이찬 시의 현실인식과 변모과정에 대한 연구」, 『한국현대리얼리즘시인론』, 태학사, 1990.

기에 뿌리를 박고 있었으며, 그런 토대에서 모더니즘적 취향과 친일문학의 어둠을 방황하기도 했다. 둘째로는 그의 시 형식에 주목하고자 한다. 이런 시각의 연구는 끊임없이 시 형식의 창출을 고민했던 리찬이란 한 개인뿐만 아니라, 1930년대 당시 선동시나 모더니즘시가 지니는 형식의 장점과 단점이 동시에 밝혀질 수 있기에 중요한 항목이라고 여겨진다.

이런 얼개에서 그의 시를 볼 때, 리찬의 시는 비교적 뚜렷한 변모양상을 보인다. 그가 1930년대에 발표한 작품을 그의 시세계에 따라 분류하면 대략 다섯 단계로 변모했다고 볼 수 있겠다.

① 주관적 감상주의—등단 무렵
② 계급의식을 지닌 현실참여—일본 유학시절
③ 옥중체험과 시집『대망』
④ 북방정서와 어촌문학
⑤ 모더니즘의 실험과 내면화 경향

이 글에서는 우선 1930년대 발표된 그의 시, 특히 세 권의 시집을 중심으로 분석하려 한다. 다만 그에 대한 시사적 평가를 위해서 해방기의 활동을 조금 보충하려 한다.

이제 연구를 시작하기에 앞서, 리찬과 임화의 문학을 생각해 보자.

임화는 평생 사회주의 사회를 그리면서 외곬으로 계급주의 유물사관에 입각한 문학작업을 행했다. 그런데 한국전쟁 후에 그는 그렇게도 애타게 바라던 사회주의 조국의 이름으로 처형되었고, 북한문학사에서 그의 이름은 '패배주의의 본보기'로 단죄되어 있을 뿐이다. 이에 반해 임화가 1930년대 말에 감상주의라고 평가했던 리찬은 북한문학사에서는 빼놓지 못할 영웅시인으로 기록되어 있다.

이런 상황에서 문학을 연구한다는 일은 일단 그들의 문학성을 밑바탕부터 철저히 규명하기 시작하여, 구멍이 숭숭 뚫린 분단문학사를 철저한 연구와 평가로 다시 채우는 노력이 아닐까. 이제 시도하려는 리찬론은 이런 작업을 위해 밑거름이 되었으면 하는 소박한 태도에서 출발한다.

2. 주관적 감상주의—등단 무렵(1927~1929)

함남 북청에서 1910년 1월 15일에 농사를 짓는 부친과 어머니 양일숙 사이에서 태어난 리찬은 1918년 북청 공립보통학교에 입학하여 1924년에 같은 학교를 졸업했다. 그 후 경성 제2고보(경복고)에 입학하고 1929년 3월에 졸업했는데, 재학중이던 1928년 『신시단(新詩壇)』 8월호에 단시 「봄은 간다」, 「이러진 화원(花園)」을 발표하면서 문단에 나왔다.

① 봄아! 가는 봄아!
네야 가거나 말거나
내게 무슨 상관이 있으랴!
네가 왔다 해도
나라는 꽃은 피지도 않고
네가 간다해도
내 가슴에 설음은 안 가져 가거늘……

그러나 봄이여!
너는 올해엔 이만가도 당메 또 오리니
그때엔—풀과 나무만 찾지를 말고
멧번이나 헛수작에 속아 넘고도
너를 그리워 우는 이 마음을 가엽든 하거든
세 마리 소등에 꽃 한짐만 질머 갖고
기어히 시들어진 이 마음도 차져와 달나!

—「봄은 간다」, 2·3연.

② 북쪽 나라—눈바람 부러치는 것츠른 벌판에
외로히 모혀선 향나무의
남국을 그리우는 쓰린 마음을 뉘라서 알아주리!
(…중략…)
그렇다고 그대여! 내 마음은 막지 말어라
이 몸은 열두번 죽어 두더쥐가 되어서라도
손발톱이 다—달토록 눈벌판을 헤매여서
시어히 이러진 花園을 차져 보고야 말녀노라

—「이러진 화원」에서

등단작품인 시 ①은, 봄은 오지만 "나라는 꽃도 피지도 않"는 상황을 얘기한다. 여기서 "나라"라는 단어를 딱히 '조선'과 동일시할 근거는 없다. 다만 당시 1926년 6·10 만세운동 등의 일련의 상황을 미루어 생각컨대, 아직 학생이었던 리찬이 받은 영향은 적지 않았을 터이고, 독자들 역시 조국에 대한 뼈 아린 아픔을 공감했으리라 여겨진다. 그래서 그런지 시인은 3연에 이르면 "그러나, 봄이여!"라고 호명하면서 그냥 가도 다음에 올 때는 반드시 "세 마리 소"의 등에 꽃 한 짐만 짊어지고 달려오라고 당부한다.

①의 상황이 봄이 떠나가는 상황이라면, ②는 눈바람이 불어 치는 거친 들판에 어둠이 내린 상황이다. 지극히 절망스럽고 꿈꿀 소망조차 없는 처지다. 이런 상황에서 시인은 "이러진(잃어버린) 花園"을 "손발톱이 다 달토록 눈벌판을 헤매여서" 찾아보고야 말겠다고 다짐한다. 이런 다짐으로 볼 때, 말하는 화원이란 상징은 앞선 시대의 상징파 시인들이 좌절감에서 읊조리는 퇴폐적인 상징과는 길을 달리한다. '화원을 찾아보고야 말겠다'는 감상적인 다짐은 후에 리찬이 계급의식을 선택하면서 프로시의 단계로 이어지게 된다.

비교컨대 ①이 수동적인 의미에서 봄을 맞이하는 자세를 보인다면, ②는 능동적이고 적극적인 의미에서 화원을 찾아 나서겠다는 다짐으로 시의 결말을 이루고 있다. 약간 관념적이고 낭만적인 분위기에 싸여 있기는 하지만, 이런 낭만성의 이면에는 시인의 추상적인 결단이 느껴지기도 한다. 그러나 아직 구체적인 세계관이 드러나 있지 않고 그저 추상적이고 긍정적인 세계관이 자리잡고 있을 뿐이다. 그래서 그런지 표현방식에는 영탄법과 직유법 등 미숙한 단계에 머물러 있다.

초기 시의 이러한 면모에서 주목되는 점은, 그가 추상적이지만 낙관적인 미래를 향해서 고민하는 능동적인 시인의 단초가 보인다는 점이다. 물론 '잃어버린 화원'을 '두더지가 되어서라도' 악착같이 찾아 나서겠다는 시인의 의지는 돋보인다. 그러나 '잃어버린 화원'이라는 이미지는 대단히 추상적이며 울림을 얻기에 너무 미흡하다. '거츠른 벌판' 혹은 '손발톱이 다—달토록 눈벌판을 헤매여서'라든지 하는 표현은 흔히 쓸 수 있는 표현이다. 혹은 '남국을 그리우는 쓰린 마음을 뉘라서 알아주리!'라며 느낌표를 써서 독자에게 감탄을 강요하는 태도도 그리 역동적인 울림을 주지 못하고 있기에, 전체적으로 습작기의 테두리에서 벗어나지 못했음을 알 수 있다. 「이러진 화원」뿐만 아니라, 「봄은 간다」 역시 습작기의 감상성에 갇혀 있다. 그것은 비슷한 시기의 다른 시인들과 비교하면 더 쉽게 판별할 수 있다. 그 중에 박세영의 시 한 편을 들어본다.

흐리고나 바단가 싶은 이 江물은
어지러운 이 나라처럼
언제나 흐려만 가지고 흐르는구나

옛날부터 흐리고나, 이 江물은
그래도 맑기를 기다리고 못하여
이 나라 사람의 마음이 되었구나

해는 물끝에 다 갈 때
물은 붉은 우에 또 붉었다.
아즉도 남은 배란 웃물에 나붓기는 돛단배 하나

—「揚子江」 전문[4)]

박세영은 '양자강'의 탁류(濁流)를 정서적 등가물로 빌려, 긍정적인 전망이 보이지 않는 조선의 현실을 안타깝게 노래하고 있다. 중국 상해에서 수학하고, 천진에서 영자신문 교정원 등을 하면서, 중국에서 생활하다가 1924년 귀국한 박세영으로서는 식민지 조선의 현실을 조선적인 상징을 써서 시로 형상화하기가 오히려 낯설었을지도 모른다. 그에게는 양자강이라는 상징이 시를 쓰기에 더 친밀했었을 지도 모른다. 앞서, 시인 리찬이 "나라는 꽃은 피지도 않고"(「봄은 간다」) 혹은 "잃어버린 화원"(「이러진 화원」)을 찾아나서는 상실의식과 박세영의 그것을 비교해 보자. "어지러운 이 나라처럼 / 언제나 흐려만 가고 있다고" 하면서 양자강의 탁류를 식민지 조선으로 비유한 박세영의 상실의식이나, 리찬의 그것이나, 당시 사람이 갖고 있는 보편적인 집단의식이라 해도 과언이 아닐 것이다. 그런데, 시를 형상화하는 기술에 있어서는 리찬보다 박세영의 경우가 단연 익숙한 모습을 보여주고 있다. 박세영의 「양자강」은 그 표현이 쉬우면서도 상투적이라는 느낌은 들지 않는다. 쉬운 표현에 안정된 리듬이 흐르는 단아한 단형소곡이다.

예로 든 박세영뿐만 아니라, 리찬이 등단하던 무렵에 이상화, 임화 등의 작품들과 비교하자면, 당시 발표했던 리찬의 시[5)]는 등단시 치고는 습작시의 형태를 고스란히 노출하고 있는 것이다. 이렇게 다른 시인들과 비교할 때 리찬의 초기 시는 습작시와 다름없는 수준을 보이고는 있지만, 우리는 그의 초기 시에서 놓치지 않아야 할 단서를 보게 된다. 그것은 그의 이후 시에서 중요한 이미지를 형성해나가는 중요한 이미지 중에 하나인 '잃어버린 화원'을 향한 소박한 낭만적 역동성과 아울러 남국을 그리워하는 '북

---

4) 이 작품은 박세영 시집 『산제비』(별나라출판사, 1938)에 1925년 작품으로 써 있다.
5) 이외에 위의 2편 이외에 1920년대 리찬의 발표시는 「동모여」(『朝鮮詩壇』, 1929.12), 「病床通情」(『朝鮮詩壇』, 1929.4), 「아츰의 어느 시악씨에게」(『朝鮮詩壇』, 1929.12) 등이 있다.

쪽 나라'라는 모티프이다. 이 두 가지 모티프는 그의 시에서 비극적(혹은 절망적인) 낭만성과 변방의식으로 끊임없이 나타나게 된다. 이후 그의 낭만적 역동성은 프로시와 북조선문학을 선택하게 하는 기능을 한다.

3. 계급의식과 현실참여—일본 유학시절(1930~1932)

이후 1929년 리찬은 도일하여 릿쿄[立教]대학을 거쳐 와세다대학에 입학하고, 거기서 '무산자사(無産者社)'와 관계를 맺으면서 당시 동경에 있던 임화 등과 만난다. 그러나 도일한 지 1년도 채 안된 1930년 2월 말에 귀국하여 가정교사 등을 전전하다가, 그 해 5월 다시 도일한다. 도일하기 직전에 발표한 글을 보면 일본유학에 대한 그의 감상을 볼 수 있다. 당시 일본에 유학하고 있는 재일한국동포들의 생활태도를 리찬은 '부르즈아의 명예욕'에 침잠해 있다고 비판한다.

> 그리고 우리의 유일의 기관지요 지도적 임무에 노력하는 무산자는 엇더한야 發禁 또 發禁 우업는 경제적 窮境과 壓에 탄식하고 있다 카페 바에서 웨드레스의 값싼 웃음을 살 돈은 있어도 유부한 우리 학생분들의 고국을 위한 인류를 위한 우리의 일에는 一文의 寄助가 없다. 개탄함은 發憤忘食하고 활동하는 어느 동무의 말이다. 더욱이 근일에도 五六인의 동무가 끌려갔다가 행이 나오기는 하였다만 그러나 林和형만은 아즉도 그속에서 신음하고 있다. (…중략…) 한편의 시를 쓰지 않고는 움울하야 하로의 생활을 견듸어 지지할 수 없었다. 그러나 수많은 그 시 가운데서 내가 무엇을 읊조렸으며 또 사회에 大衆에 아니 우리의 運動 線에 기여한 바 功績이 무엇이냐 아쉽다 부끄럽다. 미묘한 문구로 간즈러운 음율로 눈물나는 상념이나 미지근한 개념적 껍질만 건드린 한치도 뚫고 들어가 현실을 파번질 勇敢이 없는 간신히 우리에게 용납될 그 외에 아무 것도 아니었다. 신문의 空白채이기나 뿌띠브르名譽慾의 도구로는 조그만 勞汁이 있선지 모르나…….6)(강조—인용자)

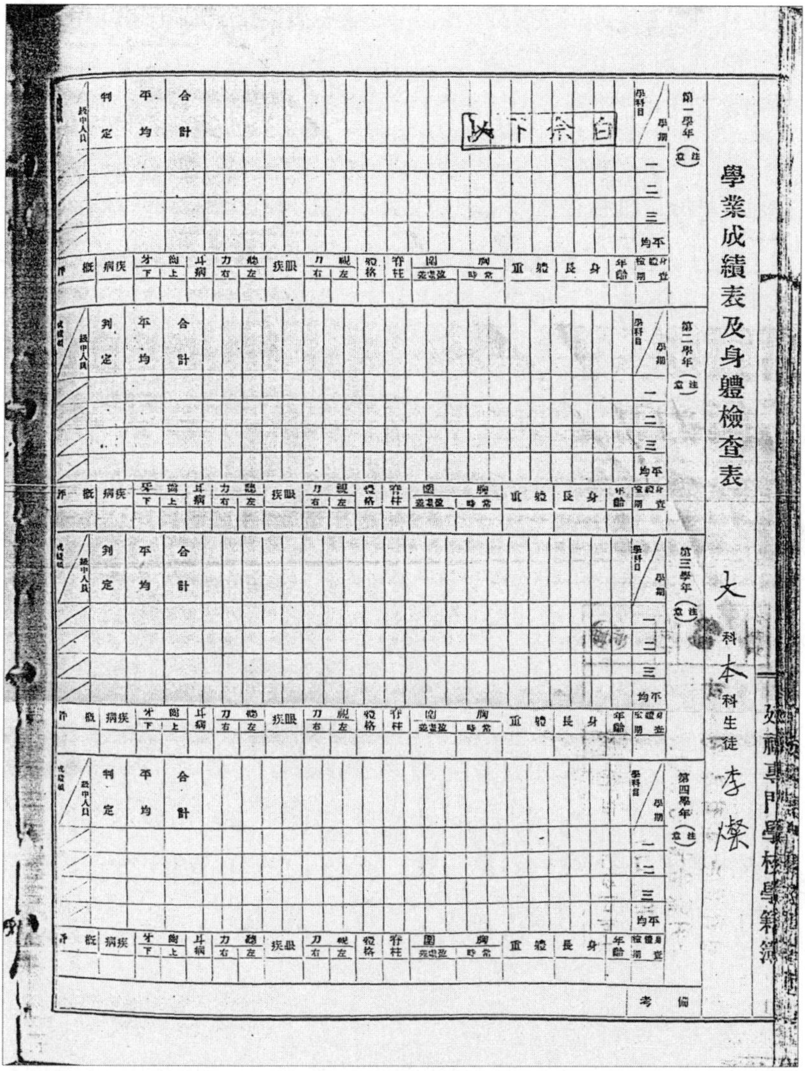

▲ 1991년 6월 1일에 확인한 연희전문 시절 리찬의 성적증명서.

이만큼, 리찬은 일본에 유학간 한국인의 퇴폐적인 '룸펜인텔리겐차' 생

6) 李燦, 「동무에게 보내는 편지」, 『학지광』, 1930.4.

활을 비판적으로 바라보면서 안타까운 자기 비판을 행하고 있다. 이 글에서 리찬은 먼저 ① 고국과 인류를 위해 기여하지 않는 생활을 비판하고, ② 임화(林和)가 감옥에 간 실제적인 사건을 예로 들면서, ③ '미묘한 문구로 간즈러운 음률로 눈물나는 상념이나' 하는 감상적이고 패배적인 시를 비판한다. 이것은 '내가 무엇을 읊조렸으며' 하고 자기 비판하면서 '부끄럽다'는 자조까지 한다. '우리'가 하는 일이 '신문의 공백을 채우거나 뿌띠브르조아의 명예욕의 도구가 되는 일이었다'는 치열한 자기 비판을 고려할 때, 이 시기 이후의 시가 등단작품에서 보이는 추상적인 의식보다는 좀더 구체적인 현실에 접근하려는 과정을 보여줄 거라는 짐작이 가능하다.

그 후 귀국하여 연희전문[7]에 잠깐 머물렀던 그는 좀더 현실에 적극적인 태도를 지양하기 위해 '조직'이 필요했고, 그 해 5월에 동경에 도착한 후 1931년 11월 연구단체인 '동지사(同志社)'의 편집위원으로 신고송과 함께 참여한다. 그리고 1932년 2월 '코프(kopf)조선협의회'로 동지사가 발전적으로 해소할 때, 안막 · 박석정(朴石丁)과 함께 해소선언을 위한 기초위원으로 참가한다. 그 후 1932년 5월 귀국하여 송계월이란 여류문인과 교류를 맺으며, 카프의 중앙위원으로 선출된다. 물론 리찬은 박아지 · 박석정 · 이흡(李洽) 등과 더불어 카프가 지하단체화되었을 때 참여한 맹원이다. 그러므로 구카프계와 구별해야 한다. 그러나 그의 작품 성향은 바로 이 시기부터 카프계에 속하게 되었고, 식민지 수탈의 열악한 노동환경 속에서 살아가는 노동자들의 삶을 그려내기도 했다.

가구야 말려느냐
順아

7) 연세대 교무처 학적과에서 간행한 『제적생 명부 : 1919~1970년도』를 보면 리찬에 대한 기록이 남아 있다. "李燦, 함남 출생. 1910년 1월 15일생, 1931년 4월 25일 입학, 1931년 9월 10일 제적." 1991년 6월 1일에 확인한 성적증명서(사진)를 보면 그가 '문과(文科) 본과생도(本科生徒)'였던 것은 확실하다. 그러나 어떤 과목도 듣지 않은 것으로 기록되어 있다. 그러므로 그는 등록만 하고 수강은 하지 않은 듯싶다.

너는 참 정말 가구야 말려느냐

산길로 삼백리 물길로 륙십리
저 낫선 마을 낫선 거리 실 뽑은 공장으로
가구야 가구야 말려느냐

—「가구야 말려느냐」(『매일신보』, 1932.5.6)에서

이 시의 주인공으로 등장하는 순이는 가난한 조선의 처녀다. 순이의 가정은 "칠순에 풍나 누운 아버지와 / 륙순에두 품파리 하는 어머니"를 둔 가난한 가정이다. 이런 까닭에 순이는 모집원의 말마따나 "일 헐하구 돈 많이 주구 대우야 아주 좋다"라는 공장을 찾아간다. 그러나 현실은 그렇지 않기에 시인은 마음 아파한다.

리찬은 위 시와 더불어 「아내의 죽음을 듣고」(『신여성』, 1932.11) 같은 시를 발표했는데, 이 시는 노동자들의 운동적 삶에 강력하게 연대된 여성을 주인공으로 내세우고 있다. 당시 조선이 가진 풍부하고 값싼 원료와 노동력을 바탕으로 막대한 식민지 초과이윤을 효과적으로 짜낼 수 있었던 방직공업 부문[8]에 대규모로 동원된 제사(製絲) 여직공들의 열악한 노동조건은 식민지 공장생활의 비극적인 전형이랄 수 있다. 여직공들의 노동에 얽힌 애환을 노래한다는 일은 중요한 시적 실천[9]이었다. '잃어버린 화원'에 대한 회고의 정이 사라지면서 세계를 개척하는 불굴의 노동자가 「일꾼의 노래」(『학지광』, 1930.4), 「기계 같은 사나히」(『대중공론』, 1930.6), 「지구야 말다니」(『신계단』, 1932.11) 등에서 그려진다. 아울러 리찬은 투쟁하는 농민조합 운동의 모습도 그려내기 시작한다.

오오 오늘 아침 여섯시
중천에 펄럭이는 진홍빛 「×× 농민조합」 깃발과

---

8) 강만길, 『한국현대사』, 창작과비평사, 1984, 125면.
9) 유완희의 「여직공」(『개벽』, 1926.4), 이벽하의 「직공의 노래」(『조선일보』, 1932.7.3) 등은 대표적인 예라 할 수 있다.

남녀노소, 팔십여명 우리들의 환호 속에 마지울 제 열광 속에 마지울 제
오 그들의 기쁨—

덩실덩실 춤이라도 추구십것지
참말 어이허듸어 노래라두 부르구십것지
—이리 생각해볼수록
「××역」에가 모일 시간이 갓가워 올수록

머리는 점점더 해맑아지구
눈은 점점더 말등해지구

오호 도시 헤아리지 못할 흥분에
여영 잠안오든 이 밤이여

—「잠안오는 밤」(『제일선』, 1932.11), 8・9・10연
(×표는 일제당국의 검열로 삭제된 부분)

농민조합을 세우려다 구속된 세 명의 동지들이 삼 년 동안 옥고를 치르고 석방되는 날, 그들을 맞이하러 가는 화자의 감격어린 목소리를 담고 있다. 시의 앞부분은 그들을 회상하는 장면이며, 그들이 끌려가는 날 "어린 처자들이 목노아 울구" / 늙은 부모넨 기절까지 하"는 회상 장면이 삽입된다. 그러나 "그들의 노력은 결코 헛고생이 아니"었다. 농민들이 스스로 깨우치기 시작하여 이제는 농민조합 깃발을 펄럭이면서 세 동지를 맞이하러 가려는, 마음 설레이는 전날밤 장면이 위에 인용한 부분이다.

이야기의 전개는 '도입부(현재) → 동지들이 끌려가는 과거(회상) → 새로운 다짐(현재 상황) → 잠안오는 밤(현재)'이라는 짜임으로 극적인 양식을 지닌 단편서사시이고, 자연스러운 흐름으로 낙관적 현실주의를 보여주는 성과를 보여주고 있다.

여기서 중요하게 보여지는 점은, 이제 단형서정시의 형식을 넘어서 리찬이 단편서사시의 기법을 비교적 안정되게 구사하고 있다는 것이다. 이

런 기법은 이전에 발표된 「고향에 돌아와서」(1930.4.16)에서부터 부려쓰고 있는데, 인용한 위 시에 이르면 비교적 안정된 형식미를 보여주고 있다는 점에서 중요한 변화로 보인다. 이런 시 형식은 당시 프롤레타리아 시의 서술시 경향과 밀접한 관계를 지닌다. 또한 시인 자신의 인식 변화를 말해주기도 한다. 다시 말해서 서정시에서 단편서사시 양식으로의 변모는, 추상적인 역사관에서 구체적인 사적 유물론을 소유하게 된 시인의 세계관이 그것을 담아낼 그릇으로 단편서사시라는 갈래를 선택하게 된 것이다.

그러므로 이 시기에 중요한 시적 변화로는 첫째, 구체적인 계급의식을 지니고 낙관적 현실주의를 표현하기 시작했다는 점과 둘째, 실천적인 시의 창작방법론으로 단편서사시의 기법을 이용하기 시작했다는 점이다.

4. 옥중체험과 시집 『대망』

귀국하여 활발하게 시를 발표하던 리찬은 1932년 11월 박동수가 기획한 『문학건설』 창간에 적극 참여했다가, 1932년 11월 19일 소위 '별나라 사건'으로 신고송과 함께 피검된다.10) 감옥에 있던 시기에 그의 미적 취향은 그의 옥중편지인 「예술시감」(『형상』, 1934.3)에서 구체적으로 드러난다.

> 형 시집을 편찬하겠다고요. 그러면 나의 시는 『신여성』의 「안해의 죽음」, 제일선의 「잠 안오는 밤」 문학건설의 「너의 들로 보내고」오 별나라의 소년시인지 (가능하다면) 「단오날」과 「바다로 가자」를 넣어 주시오. 다른 것들은 넣지 말았으면 좋겠습니다.

10) 이에 대해서는 논란이 많다. 윤여탁, 「이찬 시의 현실인식과 변모과정에 대한 연구」, 『한국현대리얼리즘시인론』, 태학사, 1990, 91면 참조.

자기가 쓴 시 중에 철저한 계급의식을 바탕으로 한 단편서사시 계열을 선호하고 있음을 알 수 있다. 이후 1934년 9월 4일에 만기 석방된 리찬은 관납상회와 북청문화주식회사(인쇄업), 양조장에 근무했다. 그러나 뒤에 말하겠지만, 사는 일이 순탄치만은 않았다.

아무튼 일상생활에 복귀한 그는 이런 와중에서도 3~4년 동안 작품 30여 편을 추려 모아 시집 『대망』(풍림사, 1937.11)을 엮어낸다. 이 시집은 그의 첫 시집으로 그의 시세계를 밝히는 데 중요한 근거를 제공한다. 특히 옥중에서 쓴 시를 모은 2부가 주목된다.

① 좁다란 비둘기통 어두컴컴한 속에
용수삿갓 벗어들고 쭈크리고 서서
이젠가 저젠가 하며 차례오기를 기다리는 나

—「면회」, 1연

② 저게 누구냐
저게 누구냐
건넛방 북켠벽살에 웅크리고 붙어앉아
갓 들어온 나—를 바라다 보는 저 여자가!

아아 쏘—냐 쏘—냐……

—「해후」, 1연

③ 샐녘부터 와 기다리다 떨리는 목소리 눈물 젖은 얼굴로 맞아주실 어머니여
씩씩한 자태 억센 손으로 달려들어 두팔목을 걷어잡어줄 친구들이여

—「滿期」, 10연

시 ①은 구속된 후 어머니를 만나는 첫 면회의 감흥을 읊고 있다. ②는 북국에 있는 술집 처녀 쏘냐가 감방에 입감함에 따라 지은 시다. ③은 만기 출소하는 감흥을 시로 지은 것이다. 그러나 그가 쓴 옥중시에는 앞서 발표한 민중에 대한 시에 보이는 민중에 대한 짙은 사랑보다는 개인적인

감홍이 배어 있음을 알 수 있다. 본래 비인간적인 상황에서 비롯된 옥중시라는 갈래는 그 내용이나 수준이 다분히 자기 도취에 빠져 있는 경우가 많은데,[11] 리찬이 쓴 옥중시의 경우도 이웃을 향한 객관적인 감동으로 확대되기보다는 시인의 자기 감흥으로 읽힌다. 다만, ②에서 맞은편 감방에 갇힌 쏘냐의 이야기를 담는 대목에서 이웃에 대한 관심이 약간 나타날 뿐이다.

5. 북방정서와 어촌문학

함남 북청에서 태어나고 자란 리찬의 시에는 북방정서가 자주 나타난다. 특히 1930년대 후반기에, 직장 일로 '국경출장'[12]을 자주 다니면서 쓴 북방정서를 담고 있는 시는 더 자주 발표된다.

시월중순이었만
함박눈이 퍼ㅡㄱ 퍽……
堡城의 밤은 한치 두치 적설 속에 깊어간다

깊어가는 밤거리엔 「誰何」ㅅ소리 잦어지고
鴨綠江 구비치는 물결 귓ㅅ가에 옮긴 듯 우렁차다

江岸엔 錯雜하는 警備燈 · 警備燈
그빛의 閃閃하는 森嚴한 銃劍

砲臺는 산벼랑에 숨죽은 듯 엎드리고

11) 임헌영, 「옥중시에 대하여」, 『민족의 상황과 문학사상』, 한길사, 1986.
12) 「소식란」(『조선문단』, 1936.7)과 기행수필 「북관천리」(『조선중앙일보』, 1936.8.25) 참조

그 기슭에 나룻배 몇척 언제나의 渡江을 整備코있다

오호 北滿의 十五道講 말없는 山川이여
어서 크낙한 네 秘密의 문을 열어라

여기 오다가다 깃드린 설움 많은 한 사나이
맘껏 沈通한 歷史의 한 瞬間을 울어나 볼까 하노니

—「눈나리는 堡城의 밤」(『조선문학』, 1937.1; 『대망』, 25면) 전문

1연에는 국경의 소도시 보성에 눈 내리는 밤이 그림처럼 그려져 있다. 수하소리 들리는 밤거리에서 화자가 바라보는 압록강에는 일본군의 경비등과 포대가 걸려 있지만, 강을 건너려는 나룻배 몇 척이 숨죽이고 있는 상황이다. 여기서 나룻배가 일본군의 나룻배인지, 독립군의 나룻배인지, 혹은 무슨 장사아치의 나룻배인지 명확하지 않다. 다만, '설움 많은' 화자가 "맘껏 침통한 歷史의 한 순간을 울어나 볼" 거라는 결말에서 독자는 시인이 품은 민족적인 애상을 체험하게 된다.

또한 '펑펑'이 아니라 '퍼—ㄱ 퍽' 내리는 '함박눈'이라는 상징은, 표면적으로는 서정적인 장치로 보이지만, 이면적으로는 담박에라도 일본군의 무기를 덮어버릴 듯싶은 도발적인 기세를 풍기고 있다는 해석도 어느 정도 가능하다. 이렇게 보면 위 시의 민족적인 애상은 더욱 증폭된다. 그래서 그런지 북한문학사에는 이 시가 "항일무장투쟁의 불패의 위력과 그에 대한 인민의 신뢰"[13]를 노래한다고 평가한다. 그러나 이 같은 평가는 원작품을 개작[14]한 이후의 평가이므로 논의를 별도로 해야 한다.

---

13) 『조선문학사(1926~1945)』, 사회과학원, 1986, 464면.

14) 북한문학사에 인용된 이 시는 '퍼—ㄱ 퍽'이 '펑펑'으로 '誰何'가 '누구냐!'로 그리고 시 해석의 열쇠가 되는 마지막 연도 개작되어 있고 해서, 시의 해석도 "항일유격대의 적극적인 군사정치활동에 위압된 원쑤들의 불안과 공포에 대한 시적 형상을 통하여 노래하고 있다"라고 평가한다. 이런 개작의 경향은 북한문학사에는 일반적인바, 가령 「국경의 밤」도 많이 개작되어 있다(박종원·류원, 『조선문학개관』 2, 사회과학출판사, 1986, 90면). 특히 1930년대 후반의 작품이 개작의 주대상(이상경, 「문학의 역할 외면한

북한의 논의를 별도로 치더라도 리찬이 당시 관북·관서 지방의 정서를 그린 시는 참으로 중요하다. 왜냐하면 1930년대 전조선에 걸쳐 광범하게 연출되고 있는 국책이민, 곧 일제에 의해 "화물처럼 만적한 남녀노소"가 "목멘 부르짖음"[15] 속에 만주로 강제 이주당하는 비극의 단면을 애절하게 증언하고 있기 때문이다. 보기 드문 북방정서는 이용악과 백석 등의 시에서도 잘 재현되고 있는데, 리찬 시의 경우에는 피폐화된 국경 지대뿐만 아니라 함경도 지역의 어촌마을 풍경과 사람들의 삶을 그려내고 있어 주목된다.

> 함경도 동녘바다 조그만 어촌
> 어촌의 늦은 가을 시월 중순의 밤
>
> 중천에 뚜렷이 걸린 명랑한 달
> 달빛 아래 망망히 뻗은 하이한 백사장
>
> 백사장가 기어드는 잔잔한 파도
> 파도 가까이 충천하는 검붉은 우등불
>
> 우등불 두뤼에 옹기종기 모여 앉은 사람들
> 늙은이·젊은이·안악네·어린이·애기 품은 이악씨……
> 누구 하나 말도 않고 깟딱도 않고
> 멍－ㅇ 하니 바라다 보는 머－ㄴ 수평선
>
> 수평선에 ㄴ 난들거리는 금파·은파뿐
> 아아 수평선에 ㄴ 난들거리는 금파·은파뿐
>
> 한시간·두시간…… 밤이 깊어 달이 기울고

정치적 교양물」, 『한길문학』, 1990년 10월호 참조)이었으므로 북한에서 개작된 작품 평가는 좀더 다른 각도에서 비교되어야 할 성싶다. 이 논문 뒤에 실린 「리찬의 개작시 연구」에서 개작의 문제를 다루려 한다.

15) 李燦, 「북관점경」, 『조선일보』, 1937.4.16.

문득 우렁차게 울려오는 남행 찻 고동

고둥소리에 놀랜듯이 웨치는 한 시악씨
「애구 오늘밤에두 아니 오는 겝슴메」

뒤바더 「죽었따니까 죽어. 그 바람에 어지 사니」하고
엎드러져 와—ㅇ 우는 이웃 안악네

안악네 딸아 그 이악씨 울고……마침내 모다들 운다!
목 놓아 「◯◯야—……」 「◯◯아바—……」 「난 어저람메—……」 「이아—덜 어쩌갯슴메」…… 부르짖기도 하며

그러면서도 간간히 눈을부비고 바라다들 보는 머—ㄴ 수평선
사흘래 바라다들 보는 머—ㄴ 수평선

수평선에 ㄴ 난들거리는 금파 · 은파뿐
아아 수평선에 ㄴ 난들거리는 금파 · 은파뿐

—「대망」(『중앙』, 1935.6; 시집 『대망』에 재수록) 전문

이 시는 세 단계의 장면을 그리고 있다. 먼저 함경도 한 어촌의 자연적인 풍경을 그리고, 다음으로는 함경도 토박이 말투로 돌아오지 않는 사람을 애절하게 부르는 가난한 어촌마을의 풍경을 그려낸다. 그리고 마지막으로 다시 어촌의 자연적 풍경을 그려냄으로 시를 마무리한다.

주목되는 점은 그가 중간에 함경도 토박이 말투로 직접적으로 당시의 시간으로 독자를 이끌고 가는 기법, 마치 한 편의 영화를 보는 듯한 기법을 시에 수용하고 있다는 점이다. "수평선에 ㄴ 난들거리는"에서 "ㄴ"은 파도치는 물결의 형상화로 "난들거리는"이란 표현과 잘 어울린다. "애구 오늘밤에두 아니 오는 겝슴메", "죽었따니까 죽어. 그 바람에 어지 사니", "난 어저람메……", "이아— 덜 어쩌갯슴메?"라며 부르짖은 여인들의 부르짖음이 함경도 말씨로 그대로 표현되어 있다. 이를 표준어로 표현하면, '애구

오늘밤에도 안 오는 가봐요, 죽었다니까 죽어 그 바람에 어찌 살아, 난 어쩌라고……, 이 아이들은 어떻게 하고요?'라고 쓸 수 있겠다. 함경도 사투리로 쓴 것과 표준어로 썼을 때의 분위기는 차이가 크다. 파도 치는 백사장에서 애절하게 울부짖으며 통곡하는 함경도 아낙네들의 아픔은, 표준어보다는 당연히 함경도 사투리로 표현해야 그 비극성이 더욱 현실화될 것이다. 게다가 "수평선에 난들거리는 금파 · 음파뿐 / 아아 수평선에 ㄴ 난들거리는 금파 · 은파뿐"이라며 비극적 현실과는 달리 너무도 태연하고 아름다운 풍경의 대비로 말미암아 시의 비극성은 더욱 증폭된다. 이런 다양한 기법을 통해서 어촌마을의 풍경을 그려내는 그의 시는, 「대망」 외에도, '참담한 암흑 속에 등대'와 같은 지도자를 갈구하는 시 「등대」(『조선중앙일보』, 1936.1.26)와 「어화」(『낭만』, 1936.9), 「소묘」(『대망』, 1937.11) 등에서 도시화되어 가는 어촌에서 살아가는 민중의 아픔을 생생하게 그려낸다.

어촌풍경과 더불어 이농민의 역사적 삶을 수용하고 있는 「북만주로 가는 월이」, 「국경일절」(『시건설』, 1935.10), 「국경의 밤」(『조광』, 1936.2) 등이 리찬의 북방정서를 잘 드러내고 있다. 이러한 북방정서의 시는 압록의 화전민을 그린 1940년대의 시 「북방도」(『조광』, 1940.2)에까지 이른다.

그러나 1930년대 후반기에 리찬이 표현한 북방정서의 시에는 프로시에서 보이던 적극적이고 낙관적인 전망이 거의 보이지 않는다. 다만 서경묘사에 그치거나 관조적인 자세에서 약간의 비판성을 담거나 한다. 결국 이런 시세계는 안타깝게도 절망이나 한탄 같은 '회고주의적 감상주의'에 닿게 된다.

옥중시는 주관주의에 함몰되어 있고, 북방정서를 담은 시는 회고주의적 감상주의에 갇혀 있는 한계상황. 그럴 만한 처지였다는 것은 그의 일상생활을 짚어보면 알 수 있다. 일상생활에 복귀한 리찬은 관납상회와 북청문화주식회사(인쇄업), 양조장에 근무했다. 그러나 사는 일이 순탄치만은 않았다. "결혼한 총각", "총각 아닌 총각"[16]으로 표현되듯 그의 부부생활은 행복하지 않았으며, 그의 친구 이정구가 시로 써서 보냈듯이 그의 처지는 각박하기 이를 데 없어, 한때는 청운의 꿈을 안고 동경으로 떠났던 키다리 청년 리찬은 "월급 사십원에 매인 채 / 아침 여덟시부터 밤 열시까지 / 그렇게 격무에 시달리"고 살고 있으며, 이제는 "탁자 앞에 파—랗게 목숨을 매고 있"[17]는 처지가 돼버린 것이다.

아닌 게 아니라 옥중시 외에 다른 시의 세계관에서는 패배주의의 실마리까지 보인다. 이는 답답한 일상생활에도 원인이 있지만, 더 큰 원인은 카프마저 1935년 5월에 공식적으로 해체되어 그가 조직활동에 거의 참여하지 못하고 있다는 자책감에서 비롯된다. 때문에, 실천적인 활동을 하지 못하는 답답함과 동지에 대한 부끄러움을 자책하기도 한다.

다람쥐
다람쥐
대아지 둥아리ㅅ속
조그만 다람쥐

다람쥐는 오늘도 달린다
돌기만 하는 쳇바퀴
달리고 달리고 또 달려도
돌기만 하는 쳇바퀴

오호 쳇바퀴도 이즈러진 일년의 날이여
그러나 다람쥐
안타까운 네 눈동자엔
아즉도 뜨을에의 갈망이 사러지지 않었구나

—「渴望」(『문예가』, 1937) 전문

여기서 다람쥐는 시인 자신이다. 실천적인 활동에 전력투구하지 못하는 자신을 다람쥐라는 객관적 상관물로 비유하면서 자조적으로 읊고 있

16) 李燦, 「할 곳 없는 하소연」, 『조선중앙일보』, 1936.7.21.
17) 이정구, 「인고—李燦에게 주는 시」, 『풍림』, 1937.1.

는 것이다. 다만 마지막 연에서 '아직도 뜰에의 갈망이 사라지지 않았'다고 하여 안타까운 의지를 표명하고는 있지만, 이즈음의 시를 보면 자조적이고 부끄러움을 탄식하는 시 외에 다른 실천적인 모습을 찾을 수는 없다. 이 시 외에도 가족에 대한 회고주의에 젖은 작품도 많이 발표한다. 이러한 경향에 대해 임화는 이렇게 지적한 바 있다.

> 이 내성적 경향의 나머지 잘못하면 한 개 懷古的 感傷主義로 일탈하기 쉬운 위험 그것이다. 이것은 이미 李燦君의 시에서 보는 시적 영역의 身邊雜事的 한계로의 퇴거와 영탄적 음율에 의하야 표시되고 있다. 이곳에는 진실한 낭만주의 대신에 感傷主義가 자리잡기 쉬운 것이다.[18)]

임화는 인용된 문장에 앞서 감정(感情)과 감상주의(感傷主義)를 구분하고, 감정이란 능동적이고 감상주의는 관조적이라고 표현한다. 즉 '감정이란 관조적 감상이 아니라 행동에의 충동인 것'인데, 리찬의 시는 관조적 감상에 머무는 감상주의에 자리잡고 있는 것이다. 이런 경향은 앞서 밝혔듯이, 리찬의 초기 시에서부터 보여지는 현상이다. 그 주관적인 감상주의가 카프의 해산과 무기력한 신변으로 말미암아 더욱 폐쇄적이고 절망적인 감상주의를 보이고 있는 것이다. 그래서 자기체험의 옥중시와 비극적인 북방정서가 담긴 시집 『대망』은 박아지의 말마따나 "눈물 없이는 읽지 못할"[19)] 내면화된 감상주의의 시집이라 판단된다.

---

18) 임화, 「曇天下의 詩壇 一年」, 『신동아』, 1935.12, 171면; 『문학의 논리』, 학예사, 1940, 640면.
19) 박아지, 「'대망'을 읽고」, 『동아일보』, 1937.12.16.

6. 모더니즘의 실험과 내면화 경향

파시즘의 억압 아래 카프가 해산되고 상황이 악화되자 카프의 대표적인 인물인 임화가 낭만주의를 선택했던 것처럼 리찬의 시 또한 놀라운 변신을 한다. 단편서사시의 형식으로 진보적 세계관을 담았던 그의 미적 취향은 이제는 모더니즘적 취향으로 변모된다. 뿐만 아니라 왕성한 시작 활동이 시작된 때도 바로 이 시기다. 카프시절에 30여 편의 시를 발표한 것에 비해, 1937년에서 1940년까지는 무려 세 권의 시집을 발표했다. 그 중에 모더니즘의 영향이 짙게 배인 작품을 들어보면 다음과 같다.

①쏟칠 데 없는 울분이
연긔가 되어

미도리 코코아
연귀가 되어

Tearoom. Elise—

너는 오늘밤도
갖 화장한 시악시 이마같이 뽀오이얗구나

빛 잃은 샨테리아
그렇다고 너는 별로 우울헐 게 없다

—「Tearoom Elise」에서

②물결에 안타까워 껴안을 듯 드나고
갈매기 한나절을 떠날 줄 몰라 오르려 내리며……

아하 내 마음 모래불 울리는 NOSTALGIA

버리여진 조개껍질 NOSTALGIA

—「자국」, 3 · 4연

③ 내마음 울울할 때ㄴ
휘ㅅ바람 불며 더듬어 가고 싶다
멀-ㄹ니 赤道의 中心 熱帶의 그 나라로-

바람도 잠자는 오렌지ㅅ빛 하늘 및
느러진 椰子樹 조으는 그늘 속에
가림없는 알몸등이ㄹ 꺼림없이 내던지고
빠나나 · 코코아 · 올니브 · 파인애플의 훈훈한 향기에 싸혀
그으-ㄱ한 無我의 꿈을 맺어보고 싶다.

아 페플色 黃色이 蒼白한 달밤을 갖어오면
多恨한 슬라이 · 키-타 미끄러지는 음율에 젖어
깜둥이 게집아이의 뜨거운 혀ㅅ바닥을 핥으며
자즈러지는 포옹과 미칠듯한 춤으로
맘끝 내 靑春을 불태워 보고 싶다.

아하 내 마음 울울할 때
휘ㅅ바람 불며 불며 더듬어 가고픈 곳
머-ㄴ 熱帶의 나라
그리운 그리운 지역이며

—「그리운 地域」 전문

인용한 시들은 시집 『분향(焚香)』에서 뽑은 작품이다. 앞서 카프 시절에 발표한 시들과 비교하면 너무나 대조적인 모습을 보인다. 앞서 시들이 목적의식을 지닌 시라 하면, 위의 시들은 모더니즘적인 태도에서 사물을 객관적으로 관조하면서 시화하고 있다.

그런데 그의 모더니즘 실험은 갑작스레 튀어나온 창작방법론이 아니다. 그가 21살 때인 1930년에 『학지광』 4월호에 발표한 「해질녁의 내 감

정」이란 시에는 '감각파의 수법을 본받아서'라는 부제가 붙어 있다. 또한 시 형식에 대한 이 무렵의 견해를 보면 "그같은 短詩形이라면 寸鐵殺人의 端的效果가 있을 것이매 生도 日來 試驗해보고자 하는 바로 이에 우리들의 詩調는 勿論이요 日本 內地의 短歌, 俳句, 西洋의 소네트 등에서 많은 榮養을 攝取해야 될 줄 압니다"[20]라고 말했듯이 그는 짧은 단형시라든지 서양시의 장점을 응용하는 실험을 중요하게 인식하고 있었다.

결국 시의 모더니즘적 형식 실험과 비극적 취향이 맞아떨어진 격이다. 가령, 시 ①은 시인이 '엘리제' 카페에 주위 사물, 곧 코코아 연기, 빛 잃은 상데리아, 손때 묻은 테이블 커버를 쳐다보면서 자신의 심경을 읊은 시다. 시인의 시선은 지독히 음울하며 "왜 그리 부질없게 초조로이 세월을 되빚이고 있는게요"라고 자책할 정도로 비관적이다. 이런 모습은 자신이 그렇게도 혐오했던 동경 유학생들, 바로 '나날이 더해 가는 반동화'[21]에 젖은 룸펜인텔리겐치아의 모습과 다를 게 없다. 시 ②에 이르면 대체 시인의 고향이 어디인지, 아니 당시 유행하고 있던 이국에 대한 취향을 읊던 모더니즘의 경향을 그저 답습한 것이 아닌지 의구심이 들 정도다. 시 ③을 보면 모더니즘적 영향은 뚜렷이 드러난다. 가본 적도 없는 적도의 땅을 마치 고향이나 되는 듯이 그리워하는 관념이 명확히 드러난다.

비교컨대 1930년대 중반에 들어 시단에 진출하기 시작한 신진시인들, 가령 이용악·백석·장서언·김조규·장만영·양운한·민병균·이병각 등의 중요시인들 대부분이 모더니즘의 영향 아래 있었다. 물론 이들은 모두 정통 모더니스트라고 하기는 어렵지만, 모더니즘의 자장에서 자유롭지는 못했다. 리찬 역시 모더니즘의 영향에 물들었으며 그의 관념은 김기림·정지용·김광균의 모더니즘과 비슷한 경향을 드러내고 있는 듯이 보인다. 다만 구별해서 볼 점은 리찬이 다른 세계로 시선을 옮기는 문학적 방법을 택하는 데 있어 그 출발점은 바로 민족의 궁핍한 삶이라는 점이다.

---

20) 李燦, 「형식은 알맞지 않다」, 『풍림』, 1937.3.

21) 李燦, 「동무에게 보내는 편지」, 『학지광』, 1930.4, 745면.

그러므로 같은 시기에 북방정서를 노래하는 「국경일절」(『청색지』, 1938.11), 「백두산 부감도」 같은 시를 가벼이 평가할 수는 없다. 그렇다 할지라도 그의 시가 "불행과 절망을 한시라도 잊어버리기 위하여 남방의 도시를 헤매"[22]는 무게에 압도되어 바로 전 시기에 보이는 진가를 보이지 못하는 모습은 안타깝기만 하다.

그는 지독한 자기 상실에 시달리고 있었음에 분명하다. 시의 건강성이란 이념이나 자기 정서에 앞서 시인 자신의 일관된 자기 갱신력에서 오는 것이라고 생각한다. 이렇게 볼 때 이 시기의 리찬은 스스로 최고의 깃발로 여겼던 현실주의를 스스로 포기하는 자기 모순을 노정했으며, 늘상 혐오하던 모습에 자기 스스로 잠겨든 것이다. 그래서 마침내는 "소경이 되고 싶다/귀머거리가 되고 싶다/그만 미친 녀석까지 되버리고 싶다/보도 듣도 못하고/생각조차 없다면/아아 등 덮고 배부른 오늘에/무삼 괴롬 있으리"[23]라고까지 자조한다.

이러한 연관관계에서 볼 때, "그의 이데올로기적 편향에서 온 시의 타락한 모습과 이데올로기를 배제했을 때 건강한 예술의 모습을 보게 된다"는 홍문표의 평가[24]는 전혀 틀린 말이 된다. '암흑 가운데 明日의 희망을 노래하기 위하야 대부분의 시인이 끌어내는 懷古的 述懷過去에 대한 과장적인 詩作은'[25] 임화의 말마따나 결코 정당한 부분도 아니며, 건강하지도 않은 것이다. 비교컨대 그가 쓴 프로시의 세계가 낙관주의적 비극성을 지니고 있다면, 이 시기의 모더니즘 시는 다만 "인간을 나약하게 만들고 굴종과 소극성으로 이끌어 가는 비관주의적 비극성"[26]을 보일 뿐

22) 윤곤강, 「'분향'을 읽다」, 『분향』, 1938(1987년 기민사 판, 117면).
23) 李燦, 「苦衷」, 『풍림』, 1937.5.
24) 홍문표, 「동무와 엘리제의 변주」, 『시문학』, 1989.9, 72면.
25) 임화, 「진보적 시가의 昨今—프로시의 거러온 길」, 『풍림』, 1937.1, 17면. 이 글에서 임화는 자신을 포함하여 리찬, 윤곤강의 최근 시는 소시민성의 폭로이며, 자신의 무력함을 제시한 것이라고 평가한다.
26) 까간, 『미학강의』 1, 새길, 1989, 198~202면.

이다.

하지만 그런 비극성이 증폭되어 보이면 보일수록 반대로 서정시에 숨어 있는 시대의 비극성이 '내포적 총체성'[27]을 지닌 채 더욱 확연히 드러나는 점은 주의해서 보아야 한다. 어차피 시라는 장르가 내면적인 고백을 근거로 할 때 이 시기에 리찬, 임화 등에게서 보이는 비관주의적 비극성을 단순히 현실도피로 판단하기엔 속단이 아닌가 싶다. 그 비극성은 민족현실이 처한 비극성을 상징적으로 압축해 보여주는 것이다.

이 시대의 모더니즘[28]은 집단에서 분리된 채 지성과 감각으로 근대문명에 직면하고자 했던 만큼 오래지 않아 건강성과 멀어져 소외·퇴폐성·도피의 징후를 드러내는 한편, 사조적으로 인생파·자연파 등에 자리를 내주면서 친일적인 암흑기에 국민문학으로 변모하는데, 모더니즘의 흐름에 휩쓸린 리찬도 예외는 아니었다. 1940년대 이후에 그는 친일시 「어서 너의 키타를」과 「송출진학도(送出陣學徒)」라는 친일작품까지 쓰게 된다. 스스로 가치관의 혼동에서 내뱉는 시를 보여주는 것이다. 그러면, 이 시기의 시를 좋게 말해서 과연 위장한 포즈의 시라고 평가해야 할까. 위장된 전향인가, 아니면 현실 포기인가.

7. '북조선 혁명시인'에 대한 평가문제

카프조직의 해산 뒤에 카프계의 작가들은 그들의 이념적 정체를 위장하거나 전향하는 길을 택하는데, 이때 전향과 위장의 한계는 해방 후 이

27) 필자는 이용악의 「낡은 집」·「두만강 너 우리 강아」·「오랑캐꽃」, 백석의 「모닥불」·「산숙」 등이 내포적 총체성을 지닌 시라고 생각한다.
28) 서준섭, 『한국모더니즘문학 연구』, 일지사, 1988, 230~249면 참조.

들의 활동을 보면 명확해진다. 가령 당초 카프계에 있더라도 전향적 입장을 보인 작가들은 해방이 되자마자 순수를 표방하는 우익측 문학단체에 참여한다. 이에 반해 리찬은 해방이 되자 즉시 좌익문학단체에 가입함으로써 그의 이념적 행로를 명확히 보인다.[29)]

해방 후 1945년 9월 잠시 상경하여 예맹파(조선 프롤레타리아 예술동맹)에 가입했다가 곧 월북하여 북한의 <프롤레타리아 예술동맹> 함남지역 위원으로 1946년 3월 25일에 창설된 <북조선 문학 · 예술 총동맹>에 참가한다. 리찬은 여기서 <문예총>의 서기장이 되며[30)] 카프 이래 좌파의 입장을 계속 표명해 온 박세영 · 안막 · 이북명 · 이정구 · 민병균 등과 더불어 북한 시단의 한 부분을 형성한다. 해방 후 좌파가 정권을 장악한 북한에서 모든 예술과 더불어 시 또한 사회주의 사회의 건설과 실현을 위한 도구가 되어야 했다. 그래서 모든 작가는 '간결한 사상투쟁을 완강히 전개'하는 창작 작업에 매진해야 했으며, 리찬은 그 선두에 서서 송가인 「김일성 장군의 노래」[31)]를 작사하는 등 과업시 제작에 적극 참여하기도 한다.

북한의 당파성에 철저하게 입각한 시를 많이 발표했던 리찬은, "1958년 「후까레유」, 「기어히 가시려거든」 등 『모스크바에 대하여』라는 시초를 발표하여 전후 외국기행시 중에서도 그 감정의 진실성이 특징적"[32)]이라고 북한문학사에서 평가받고 있다. 식민지시대 때부터 그토록 찾아 헤맨 '잃어버린 화원(花園)'이 북한 사회주의체제라고 찬양하고 있는 것이다.

리찬, 당초 카프계의 시인이었으며 1930년대 후반기에는 객관적인 정세에 순응하여 모더니즘 경향의 시를 쓰고, 친일문학에 방황하였다가, 해

29) 이북만처럼 리찬은 그 출신 거주지가 북쪽이었다. 그러므로 8 · 15 직후 잠깐 서울에 왔다가 곧 귀환하여 북쪽의 문예활동에 참여했으므로 월북문학인이라기보다 '재북문학인'이라 함이 타당하다.

30) 현수, 『적치 6년의 북한문단』, 국민사상지도원, 1952.

31) 이 노래는 1946년 리찬 작사, 김원균 작곡으로 제작된 '송가적 가요'로 한국전쟁기에 많이 불려졌던 전시문학작품이다. 『문학예술사전』, 과학 · 백과사전출판사, 1987, 132~134면.

32) 사회과학원 문화연구소, 『조선문학통사』, 인동, 1988, 369~370면.

방이 되자마자 좌익문학단체에 가담했다가 북의 이념에 적극적으로 동조하여 문예총 서기장·조소문화협회 서기장·부위원장·문화선전성 문화국 부국장의 다양한 경력을 역임하고[33] 1974년 1월 5일에 눈을 감아 북한의 신미리 애국렬사릉에 묻힌 특이한 시인. 그는 우리 시문학의 여러 가지 양상을 다양하게 보여주는 시인이며, 그가 얽혀 있는 문단활동에 대한 연구는 이분법적으로 나누어진 우리 시문학사에서 여러 시사점을 제공할 것이다.

연구를 맺기 전에 몇 가지 의문점이 남는다. 첫째는 1930년대 말에 그의 삶이 단지 패배주의적으로만 채워졌는가 하는 의문이다. 이에 따라서 그 시기의 시에 대한 평가는 낙차(落差)가 클 것이다. 이것은 곧 그가 친일시를 쓰게 되는 과정에 대한 검토가 되기도 한다. 둘째로 해방기의 그의 갑작스런 변모양상이다. 이런 현상은 그뿐만 아니라 다른 시인, 가령 오장환에게서도 나타나는 현상이기에 해방기 시인을 비교하는 중요한 연구항목으로 여겨진다. 아무튼 이런 몇 가지 물음표를 남겨두고, 해방기의 작품과 월북한 이후의 작품에 대해서는 다음 기회로 삼으려 한다. 이런 작업이 계속될 때에만 리찬 개인의 시세계가 제대로 밝혀질 뿐만 아니라, 시인 리찬처럼 북에서 활동하여 남한의 문학사에서 지워진 시인을 연구함은 통일문학사를 이루기 위한 밑거름이 된다고 여기면서 글을 마무리한다.

---

33) 현수, 『적치 6년의 북한문단』, 국민사상지도원, 1952.

리찬의 개작시 연구

『리찬 시선집』(1958)을 중심으로

1. 혁명시인

1910년 1월 15일 함경남도 북청군 북청읍에서 태어나, 1928년 8월호 『신시단(新詩壇)』에 「봄은 간다」·「이러진 화원(花園)」을 발표하여 문단에 나온 리찬(1910.1.15~1974.1.6)[1]은 감상적인 초기 시와 다소 주관적인 계급시와 옥중시, 그리고 1930년대 말에 모더니즘 경향의 시, 이후 친일시를 발표하기도 한다. 해방 이후, 1945년 9월 잠시 상경하여 예맹파(조선 프롤레타리아 예술

1) 이 논문에서도 '李燦'을 '리찬'으로 표기하려 한다. 그 이유는, 첫째, '李燦'을 남한에서는 '이찬'으로 읽고 있는데, 이 논문의 연구대상 공간인 북한에서는 '리찬'으로 표기하고 있고, 둘째, 식민지 시기에도 시인 자신이 스스로를 '이찬'으로 쓴 적이 없고, 늘 '李燦'으로 써왔기 때문이며, 셋째, 이 논문의 연구대상인 시선집의 이름이 『리찬 시선집』인데 '이찬'이라고 써서 혼동을 줄 필요가 없기 때문이다. 작가의 이름을 어떻게 부르는가 하는 문제, 가령 '이용악'으로 할지 '리용악'으로 할지, 혹은 '이기영'으로 할지 '리기영'으로 할지에 관한 문제는 통일문학사를 생각할 때, 하나의 문제거리이기도 하다.

동맹)에 가입했다가 그는 '조선민주주의 인민공화국'의 <프롤레타리아 예술동맹> 함남지역 위원으로, 1946년 3월 25일에 창설된 <북조선 문학・예술 총동맹>에 참가한다. 리찬은 거기서 서기장이 되며, 카프 이래 좌파의 입장을 계속 표명해 온 박영・안막・이북명・이정구・민병균과 더불어 북한 시단의 한 부분을 형성하고, 「김일성 장군의 노래」를 짓고 최고의 평가를 받다가, 1974년 사망한다. 이어 1981년 북한 시인에게는 최고의 명칭인 '혁명시인'[2]으로 인정받는다.

리찬의 이러한 변화는 문학사적으로 밝혀야 한다. 왜냐하면 카프 시인들과 그 맥을 잇는 많은 시인들이 이보다 큰 폭은 아니라 하더라도 대개 비슷한 궤적을 그리고 있기 때문이다.[3] 그런데 그들이 다양한 궤적을 보여주었다고 하더라도, 리찬만큼 다양한 궤적을 보여주는 시인은 흔치 않다. 리찬은 경향파적인 계급시를 거쳐 주관적 감상주의와 모더니즘적 경향 그리고 친일시를 거쳤으면서도, 북한에서 '새로운 단계'를 열어놓은 혁명시인으로 평가되고 있다. 당연히 통일문학사를 쓴다고 할 때, 무시할 수 없는 인물인 것이다. 따라서 리찬을 연구한다는 것은 다만 한 사람의 혁명주의자에 대한 연구만이 아니라, 북한문학사에 흐르는 하나의 흐름에 대한 검토이기도 하다.

이 글은 북한에서 발표된 그의 작품 중에, 1930년대에 발표되었다가 해방 이후 개작된 개작시를 연구한 글이다. 자료[4]를 구한다고는 했지만, 북한에서 발표된 그의 작품을 모두 본다는 것은 지금으로는 불가능하다. 일단 리찬 시의 중간 정리라 할 수 있는 『리찬 시선집』(조선작가동맹출판사, 1958. 이후 『리찬』으로 줄여 표기)을 중심으로, 아울러 해방 이후 출판된 북한의 잡지나 시선집에 발표된 작품을 대상으로 리찬 시를 살펴보려 한다.

---

2) 리찬 묘지의 화강석 비문에는 '혁명시인'이라고 써 있다. 편집부, 「태양의 품에 영생하는 혁명시인」, 『조국』, 1983.10, 13면.

3) 신범순, 『해방기 시의 리얼리즘 연구』, 서울대 박사논문, 1990, 214~215면.

4) 자료를 보여주신 와세다대 오오무라 마스오[大村益夫] 교수님과 조선대(일본) 김학렬 교수님께 감사드린다.

연구의 대상 시선집인 『리찬』은 1958년 10월 20일에 '10,000부 발행'한 것으로 판권에 기록되어 있다. '10,000부 발행'이라는 단어는 남한의 연구자가 북한의 시집을 읽고 책을 덮기 전에, 멈칫하게 만든다. 북한에서 출판된 시집에는 대개 초판 출판 부수가 적혀 있는데, 시집은 대부분 '10,000부 발행'이다. 이에 대해서, 평양을 자주 방문하는 조총련 재일본조선문학예술동맹 상임고문 정화수(鄭華水) 시인의 증언은 들을 만하다.

"공화국에서는 '인민교양의 수단'으로 시와 노래를 중요하게 여긴다. 1950년대는 물론이고, 지금도 평양 사람들은 시를 잘 외운다. 그렇다고 아무나 시집을 낼 수 있는 것은 아니다. 공화국에서 시집은 작가동맹의 결정이 있어야 가능한데, 한번 출판하면 전국 각급 기관과 도서관에 보내야 하므로, 10,000부를 찍어도 사실은 부족하다. 물론 지금은 어렵지만, 당시 시집은 물론이고, 시선집까지 낼 수 있는 시인은 대단한 시인이다"[5] 라는 말처럼, 10,000부를 출판한다는 것은 그리 놀랄 일이 아니며, 더욱이 아무나 시선집을 낼 수 있는 것도 아니다. 1955년과 1960년 사이에 북한의 '조선작가동맹출판사'에서 집중적으로 시선집이 출판되었는데,[6] 그 중에 리찬이 시선집을 낼 만한 시인으로 선정되었다는 것은 북한문학사에서 그가 차지하는 비중을 보여준다. 이 시선집에 대해 리찬은 다음과 같이 쓰고 있다.

> 이 선집에는 내가 문학 활동을 시작한 一九二〇년대 말부터 一九三〇년대 초에 이르기까지의 많은 작품과 해방전 시집 『망양』은 거의 반영되지 못하였다. (…중략…) 그러나 나는 온갖 노력을 다하여 당과 조국과 인민 앞에 조금이나마 붓으로 이바지할 의욕에 충만되어 있다. (『리찬』, 8면)

---

5) 2000년 11월 18일, <와세다대학 조선문화연구회>에서.

6) 1955과 1960년 사이에 나온 주요 시선집은 다음과 같다. 『안용만 시선집』(1956), 『박석정 시선집』(1956), 『김우철 시선집』(1957), 『리용악 시선집』(1957), 『벽암 시선』(1957), 『조령출 시선집』(1957), 『박팔양 시선집』(1959), 『박세영 시선집』(1959) 등이 있다. 발행소는 모두 '조선작가동맹출판사'이다.

그가 좋아하는 작품을 중심으로 자선(自選)한 시선집임을 알 수 있다. 시인 스스로 가장 마음에 드는 작품을 선정했다고는 하나, 그 배후에 놓인 사회적 요구를 무시할 수는 없겠다. 반대로 세기말적인 정신적 방황이 엿보이는 해방 전 시집 『망양』(1940)이 배제된 것도 사회적 요구에 대한 답변일 것이다. 이런 의미에서, 해방 이후 리찬 시를 살펴보는 데 이 시선집을 중심에 두는 것은 나름대로 의미가 있다고 본다.

시선집 『리찬』에 나타난 개작시 연구의 중요성은 이 시집의 구성을 살펴보면 더욱 확실해진다. 등단 이후 처음으로 자신의 시를 선정해서 출판해낸 이 시집은 4부로 나누어져 있다. 제1부는 해방 전, 제2부는 해방 후, 제3부는 전시 전후, 제4부는 소련 시초로 구분되어 있다. 아닌 게 아니라, 해방 이후 그가 낸 시집 『해방』(1945) · 『화원』(1946) · 『승리의 기록』(1947) 등을 미루어 볼 때, 『리찬』은 1928년 등단 이후 1958년까지 그가 일생 이룩해 온 시 업적, 아니 북한문학사에서 그를 가장 높게 평가하는 기간인 1950년대의 집약이 아닐 수 없다. 사실 리찬의 문학사적 의미는 크게 확대시킨다 하더라도, 해방 이후부터 1950년대 작품으로 보는 것이 일반적인 경향이기도 하다. 특히 제1부에 실린 해방 전의 시는 대부분 개작되어 있는데, 그 개작과정을 살펴보면서 우리는 시인의 의식변화를 짚어볼 수 있을 것이다.

사실, 『리찬』 연구는 리찬이라는 한 시인에 대한 연구에 지나지 않는 것이 아니라, 북한문학사를 바라보는 틀을 만날 수 있는 기회이기도 하다. 대개 연구자들이 북한문학사를 두 시기로 나누어 말하곤 한다. ① 카프문학의 정통성에 기초하여, 해방에서 주체문예론이 대두(1965~1967)되기 전까지 약 20년(이것은 다시 1947년을 전후한 '민족문학론 단계'와 그 이후 '사회주의 리얼리즘 논의 단계'로 나누어진다), ② 주체문예론에서 오늘날까지 약 20년[7]으로 나누곤 한다. 이러한 북한문학사에서, 1974년에 숨을 거둔 리

7) 김윤식, 『북한문학사론』, 새미, 1996, 16면.

찬은 ①과 ②의 시기를 관통하며, 거의 모든 북한문학사에서 "수령형상문학의 새로운 단계를 열어 놓"[8]은 시인으로 긍정적인 평가를 받고 있다. 여기서 "수령형상문학의 새로운 단계를 열어"놓았다는 말은 무척 중요하다. 리찬이 북한문학사에서 중요하게 평가되는 결정적인 요인은 바로 그가 쓴 「김일성 장군의 노래」 때문이다. 이 수령형상문학의 모범작을 높이기 위해서 그의 다른 시도 본보기로 되어야 하지 않았을까, 추측해 보면서 그의 개작시에 접근해 보고자 한다.

그는 작품뿐만 아니라 활동을 보더라도 북한문학의 중심에서 활동했다. <북조선예술총동맹>(1946.3.25)이 <조선문학가동맹>(1951)으로 명칭이 바뀔 때까지, 리찬은 북한문학의 유일한 중심세력인 <북조선예술총동맹>을 이끈 지도자 중의 한 사람이었다. 이 단체를 이끈 사람들은 위원장 이기영, 부위원장 안막, 서기장에 리찬이었다. 그리고 중앙상임위원은 이기영・한설야・안막・리찬・안함광・한효・신고송・한재덕・최명익・김사량・선우전(화가) 등이다. 여기서 보듯이 시인 리찬은 모든 예술 단체를 이끄는 통합단체의 서기장과 중앙위원으로 높은 지위를 보여주고 있다. 해방기 북한문학에서 한설야가 소설 분야의 중심인물이었다면, 시인 중에서는 작품으로나 활동반경으로 보나, 리찬이 중심인물 중에 한 명이었다는 것을 알 수 있다. 그러므로 우리는 리찬이나 다른 시인의 개작시 연구[9]를 통해 역으로 북한의 문학연구와 평가가 어떤 목표와 과정을 지향해왔는가를 볼 수 있을 것이다.

과연 어떻게 해서 리찬은 북한문학사에서 그리도 '새로운 단계를 열어 놓은 시인'으로 평가를 받을 수 있었을까, 무엇이 새로웠는지 살펴보기 위해서는 시기별로 차분히 검토해 보는 과정이 필요할 것이다. 그런데 시

---

8) 오정애・리용서, 『조선문학사・10－해방후편 평화적건설시기』, 사회과학출판사, 1994, 60면.

9) 예를 들면, 大村益夫, 「共和國における金朝奎の足跡と作品改作」, 『朝鮮學報』, 2000.10.

기별로 차분히 검토하기 전에, 이 글에서는 식민지 시대에 발표된 리찬의 시가 어떻게 개작되었으며 북한문학사에서 어떻게 소개되고 있는지 살펴보려 한다. 그가 수령형상문학을 쓰기 전에 했던 시세계의 변화를 개작시를 통해 볼 수 있기 때문이다.

시를 개작한다는 것은 크게 두 가지 요인에서 비롯될 것이다. 첫째는, 시인이 스스로 세계관을 바꾸어 원작시를 개작하는 경우가 있을 것이다. 둘째는, 사회의 요구에 의해서 개작하는 경우이다. 사회주의에서는 '인민교육을 위해서' 개작을 요구할 수도 있을 것이며 자본주의에서는 상업화를 위해 개작을 요구할 수도 있을 것이다. 이렇게 볼 때, 리찬의 개작시 연구는 시인 자신의 세계관의 변화와 더불어 1930년대 한국문학작품을 개작했던 북한의 정치성을 드러내는 대목이기도 하다.

리찬의 시를 다루면서, 필자는 되도록 통일문학사를 위한 기초자료가 되기를 바라며 연구해 보려 한다. '통일문학사'를 지향하는 연구태도는 두 가지 의미를 가질 수 있을 것이다. 첫째는 통일을 이루기 위한 연구, 즉 1980년대 분단극복문학 연구의 다른 이름이기도 할 것이다. 둘째는 초역사 혹은 몰근대라는 북한의 주체문학사론[10]과 남한의 포스트모더니즘과의 대화를 말하기도 하는 것이다. 어느 쪽을 도모하던 간에, 통일문학사로 가는 과정에서 꼭 거쳐야 할 북한문학 연구에서 현재 필요한 것은 보다 정치(精緻)한 작품 · 작가연구와 남북한 작품의 비교연구일 것이다.

10) '주체문학론이 초역사, 초근대, 몰역사'라는 말은 김윤식 교수가 그의 저서 『북한문학사론』(새미, 1996)에서 자주 쓰는 말이며, 북한의 주체문학론을 보는 그의 시각을 단적으로 드러내는 말이기도 하다.

2. 민족해방의 서사에 '흡수'된 개작시

1) 의미가 선명해지는 경우—「기계 같던 사나이」

시인은 발표했던 시를 개작하여 지은 시로 시집을 만들기도 한다. 이때 그가 어느 부분을 어떻게 개작했는가, 왜 그렇게 개작했는가 등의 개작동기를 밝히는 것도 의식을 살펴보는 데에 귀중한 과정이 된다. 리찬의 경우, 시인 자신이 "원작을 다소 붓을 대였음에 대하여 리해를 바라는 바이다"(『리찬』, 8면)라고 하면서, 스스로 개작했음을 밝히고 있다. 그가 어떤 시를 어떻게 개작했는지, 등단작에서 1930년대 초기에 발표된 작품[11] 중에 노동현장을 다룬 「기계(機械)가튼산아히」를 살펴보자. 이 시가 어떻게 해서 「기계 같던 사나이」로 개작되게 되었는지, 리찬이 많은 초기 시 중에 왜 이 시만을 선정했는지, 개작된 부분을 살펴보면서 선정된 이유를 살펴보기로 하자. 먼저 「기계(機械)가튼산아히」(『大衆公論』, 1930년 3월호, 169~170면) 전문을 읽어본다.

> 工場의 식커문돌담 기슭에
> 저도몰니부딋치든 입술이었다
> 매마른두개의 해어린心臟이
> 날콩복듯 후둑이여 고동만쒸든
> 애쓴이는 눈물어린 사랑이엇다

---

11) 1920년대 말 李燦의 발표작품은 등단작인 「봄은 간다」·「이러진 花園」(『新詩壇』, 1928.8), 「동모여」(『朝鮮詩壇』, 1929.4), 「아츰의 어느 시악씨에게」(『朝鮮詩壇』, 1929.12) 등이 있다. 그리고 1930년대 초기 李燦의 발표작품은 「機械가튼산아히」(『大衆公論』, 1930.3), 「일군의 노래」(『學之光』, 1930.4), 「해질녁의 내 感情」(『學之光』, 1939.4), 「謝過」(『第一線』, 1932.10), 「안해의 죽엄을 듣고」(『新女性』, 1932.11), 「가구야 말려느냐」(『朝鮮日報』, 1930.5.6), 「故鄕에 도라와서」(『朝鮮日報』, 1930.4.16), 「지고야 말다니」(『新階段』, 1932.11), 「잠 안오는 밤」(『第一線』, 1932.11), 「너의들을 보내고」(『文學建設』, 1932.12) 등이 있다.

⑥ 어둔밤
⑦ 자욱도없시숨이여든
⑧ 巡廻의검푸른登—
⑨ 사나히는
⑩ 거듭채여 개굴창에 없흐러젓다
그리고
얄ㅜ즌 옥■[12]실님과 달내일수에
마ㅅ츰내 깨문입술 발르르썰며
굽히여진그림자
전등빗 어스럼한 地下室노쓸니여갓다
그아ㅅ츰—
工場의汽笛은울어
비ㅅ구름 홋날니며 갈하날을뒤흔들고
쎄두둑鐵鋼의宏越한문은
싯껠건 그아구니를벌이엿다
그곳에는
피, 감정, 생각, 긔억좃차일흔
쎠만남은한사나히
부글부글蒸熱의 火焰을吐하는 鎔鑛爐압헤서
들엇다 노앗다 굽혓다 폇다
앙상한機械가틔 움직이고 잇엇다!

—「機械가튼산아히」 전문(번호—인용자)

초기 시 중의 한 편인 「기계(機械)가튼산아히」의 배경은 화염을 토하는 용광로가 있는 공장이다. 그 공장에서 서정적 주인공은 "저도 모르게 부딪치는 입술"로, "매마른 두 개의 心臟으로", "날콩 복듯 후둑이여 고동만 뛰는" 생활을 지내는 그야말로 순진한 이로 묘사되고 있다.

앞부분에서 돋아보이는 '눈물 어린 사랑'이란 표현을 정확히 해석하기란 쉽지 않다. '눈물 어린 사랑'이란 표현에 이르기까지 계급갈등이니 하

12) 이후 판독 불가능한 글자는 ■로 표시한다. ●는 원문의 상태로 ■과 구별된다.

는 것은 느끼기가 어렵다. 누군가와 사랑하던 장면이 감독에게 들통나, 어느 날 갑자기 끌려가게 되는 것으로 해석할 수도 있다. 이어, '어둔 밤'이라는 짧은 6행에서 시적 반전(反轉)이 일어난다. 서정적 주인공은 누군가에게 얻어맞는다. 사랑하는 장면이 감독에게 들통나 남자는 두들겨 맞고 여자는 지하실로 끌려간 것이라고 상상할 수도 있다. 혹은 서정적 주인공이 어떤 지하조직에 관계된 노동자임이 탄로 나서 모진 고문 혹은 달콤한 달램에 못 이겨 조직의 비밀을 토해내는 장면이 아니냐고 연상할 수도 있다. 아무튼 서정적 주인공은 결국 '기억조차 잃고' '뼈만 남아' 용광로 앞에서 '앙상한 기계같이' 움직이고 있다는 확실한 결론에 비하여, 사건의 발단은 그리 명확하지는 않다. 하지만 어떻게 상상하건 간에 이 시는 '열악한 노동현장'을 말하고 있는 것임에는 틀림이 없다. 그렇다고 계급시의 전형으로는 볼 수는 없는 작품이다.

원작시를 보면 띄어쓰기를 무시한 부분이 적지 않다. 같은 잡지에 실린 시, 가령 김안서 「낙그질」 같은 시들을 보면, 민요풍의 울림을 주려고 의도적으로 4·4·7 그리고 3·4·5식으로 띄어쓰기를 조정하고 있는 것을 볼 수 있다. 이렇듯 당시는 시인 나름대로 띄어쓰기를 설정하기도 했다. 「기계(機械)가튼산아히」에서 띄어쓰기를 안 하고 붙여 쓴 부분에 주목해 보자. ⑤행에서 '애끈이는 눈물어린 사랑이엇다'라고 띄어쓴 데에는 정돈된 마음을 읽을 수 있다. 그런데 ⑥~⑨행에 이르기까지 붙여쓴 대목은 주인공이 끌려가는 장면인데, 모두 붙여썼기에 독자는 긴장하면서 읽어야 한다. 다시 ⑩행에 이르면, 이미 사건이 풀리면서 시적 긴장이 풀려지는 상황이다. 이렇게 보면 리찬이 띄어쓰기를 조절하여 의도적으로 독자에게 긴장감을 유발하려 하지 않았는가 하는 생각이 든다. 단순한 교정 실수로도 볼 수 있겠으나, 의도적으로 띄어쓰기를 조정한 것으로 불 수도 있다. 아닌게 아니라 제3시집인 『망양(茫洋)』(1940)을 보면 작위적인 띄어쓰기를 통해 형식실험을 한 부분이 적지 않다. "眩亂한 거리●거리 …… 후끗한 창창을 흘러내리는 熱한 歡笑여"(「港夜」), "어느 머―ㄴ조상이 눈물로

…… 그어느港口에 폭으－ㄴ한"(「茫洋」)서 보듯이 여러 기호나 띄어쓰기를 이용하는 경우를 볼 수 있다. 그렇다면 「기계(機械)가튼산아히」는 표기상의 실험으로 노동현실의 장을 낯설게 하려는 하나의 시도로 판단할 수도 있겠다.

이제 원작시가 어떻게 개작시 「기계 같던 사나이」(『리찬』, 14~16면)으로 바뀌었는지 살펴보자.

공장의 시꺼먼 돌담 기슭에서
저도 모르게 부딪치던 입술이였다
메마른 심장은 타고 또 타도
가난으로 하여 열매 못 맺는 사람이였다
어둔 밤
자국도 없이 다가든
감둑 녀석의 시뻘건 낯짝
사나이는 거듭 채여
개굴창에 어푸러졌다

그리고 덜미를 잡힌
가냘픈 그림자
깨문 입술 바르르 떨며
어둑컴컴한 지하실로
끌려갔다……

그 아침도 고동은 울어
음산한 하늘을 뒤흔들고
삐드득 강철의 우악스런 문은
시뻘건 그 아가리를 벌리였다

그러나 용광로는
여직 푼전을 위하여
기계 같이 쉼없던 그 사나이의 팔뚝이
자주 멎는 것을 보았다

깊은 생각으로, 황황 타는 눈망울로 ……

—「기계 같던 사나이」 전문(강조—인용자)

첫째, 앞서 언급했던 띄어쓰기를 보면, 개작되면서 완전히 정리되어 있는 것을 볼 수 있다. 띄어쓰기를 풀어쓴 부분은 원작시의 대목이 좀더 응축력이 있고, 좀더 긴장감이 있었다는 느낌이 든다. 이에 비해서 개작된 시는 긴장감이 풀어져 있는 듯이 느껴진다. 이처럼 1930년대 초기나 말에 일종의 형식실험을 했던 부분은 표준적인 표현으로 바뀌었다.

둘째, 원래 시의 한자가 모두 한글로 바뀌어진 것을 볼 수 있다. 이 시 뿐만 아니라, 시선집 『리찬』 전체에 한자는 숫자 외에 보이지 않는다. 이 것은 "힘든 한자어를 쓰지 말고 군중이 알 수 있는 쉬운 말을 써야 한다는 것을 당적으로 널리 선전해야 하겠습니다"[13]라는 교시를 보아도 알 수 있다. 언제부터 한자를 한글로 모두 표기하게 되었는지, 1949년도부터 라고는 하나 그 시기는 명확치 않다. 사실, 북한의 한자말 정리는 오랜 기간 전개되어 왔다. 실로 『건국사업에서 인테리들 앞에 나서는 과업』(김일성, 1945.11.17)에서 수많은 고전 작품에서 한자어가 정리되어야 할 것이 지적된 다음부터, 현재에 이르기까지 이 문제는 계속 토론[14]되어 왔던 것이다. 그 기준이 "국어순정론적 경향과 한자어 숭배론적 경향을 배격하고 한자어 표현을 점점 줄이며 고유어 표현을 점점 늘이는 립장에 서야 한다. 필요하다면 한자어라도 쓰고 필요없다면 고유어라고 버려야 한다"(위의 책, 134면)는 입장에서 볼 때, 리찬의 개작은 북한의 문화어정책에 따른 '새로운 단계'를 보여주는 철저한 모범 개작이라 할 수 있는 것이다.

셋째, 정치성이 어떻게 변형되었는가를 볼 수 있겠다. 북한문학사에서 리찬이란 존재는 거의 절대적인 모범시인으로 평가되고 있다. 그는 계급

13) 『김일성저작선집』 4권, 11~12면. 조총련시대사 편, 「한자말을 어떻게 정리할것인가」, 『우리말공부』, 1973.

14) 이에 관해서는 김길성, 「어휘정리연구사」, 『주체의 조선어연구 50년사』(김영황 · 권승모 편), 김일성종합대학 조선어문학부, 1996, 126~157면.

문학의 선도였으며, 항일혁명문학의 모범을 보였으며, 우군인 소련에 대한 연대의식을 시로 형상화했으며, 김일성 수령을 완벽하게 찬양한 시인이다. 그런데, 이렇게 모범이 되는 시인의 원래 시 「기계(機械)가튼산아히」를 보면, 계급시에서 요구되는 투쟁의 의지 대신에 좌절의 고통이 묘사되어 있다. '앙상한 기계같이' 움직이는 노동자의 모습은 명백한 패배주의이면서도, 동시에 이면적으로는 비참한 패배를 극복하고 저항하고자 하는 의식을 느낄 수도 있다. 그런데, 1930년대 리찬 시의 흐름으로 볼 때, 그것은 패배주의 쪽으로 흘러가게 되고, 급기야는 친일시에 이르게 된다.

1930년대에 들어 리찬의 계급시는 본격화되지만, 리찬의 계급시는 대부분 '패배자의 좌절감'이 스며있는 시이다. 리찬이 본격적으로 계급시를 발표했던 1932년도에는 이미 카프가 1차 방향전환과 2차 방향전환을 마친 후였다. 1차 방향전환에서 그들은 후쿠모토[福本]주의로 일컬어진 관념적 사회주의운동의 지양 극복을 시도했고, 이어 2차 방향전환을 통해 임화 중심의 경직된 전투론으로 그 행동노선을 삼았던 것이다. 이 시기에 이르면 계급시란 계급의 조직 선동 교양물을 의미하는 하나의 볼셰비키 운동이었던 것이고, 막연한 빈궁의식은 단지 자연발생적인 것으로 규정되었다. 그런데 당시 리찬의 시는 주관적인 감정으로 변하는 과정[15]을 보여주고 있다. 사실 당시 리찬의 시는 어느 한 편도 계급시로서의 선도적인 모범을 보인 적이 없다. 1930년대 초기 리찬의 시는 계급시라기보다는 일종의 '자연발생적인 경향시(傾向詩)'[16]라고 하는 게 좋겠다. 이어서 리찬의 시는 점차 주관적인 감상주의를 보이더니 1935년 이후에는 정신적인 방황까지 보이게 된다. 이러한 이유로 그때 출판되었던 시집 『망양』의 시는 연구대상인 『리찬』에는 한 편도 안 실려 있는 것이고, 필자가 살펴본 바로는 북한문학사에서는 한 번도 소개된 적이 없다. 급기야 임화는 리찬의

15) 김응교, 「주관적 감상주의와 변방의식－李燦 시 연구(1)」, 『1950년대 남북한문학』(한국문학연구회 편), 평민사, 1991.

16) 김용직, 「국경의식과 계급시－李燦」, 『한국현대시인연구』, 서울대 출판부, 2000, 491면.

시를 '복고적 감상주의' 그리고 "신변잡사적(身邊雜事的) 한계로의 퇴거"[17] 라는 혹평을 하기에 이른다.

이런 평가에 대해 개작시 「기계 같던 사나이」는 다른 면모를 보인다. 먼저, 원래 시에서는 없던 자본가 혹은 중간관리자의 잔인성이 "감독 녀석의 시뻘건 낯짝"으로 직접적으로 묘사된다. 그리고, 두 시의 마지막 행을 비교해 보면, 원래 시와 개작시 사이의 차이는 더욱 명확해진다.

原作

그곳에는
피, 감정, 생각, 긔억좃차일흔
뼈만남은한사나히
부글부글蒸熱의 火焰을吐하는 鎔鑛爐압헤서
들엇다 노앗다 굽혓다 폇다
앙상한機械가티 움직이고 잇엇다!

改作

그러나 용광로는
여직 푼전을 위하여
기계 같이 쉼없던 그 사나이의 팔뚝이
자주 멎는 것을 보았다
깊은 생각으로, 황황 타는 눈망울로 …… (강조—인용자)

원작을 보면, 그야말로 피나 감정도 잃고, 뼈만 남은 채로 앙상한 기계처럼 움직이고 있는 노동자의 비참한 상황으로 시가 끝난다. 어느 한쪽 긍정적인 전망이 보이지 않는 '비관적인 주관주의'가 매우 팽배해 있는 것이다. 긍정적으로 해석하자면, 패배하고 절망적인 상태를 극대화시켜서 저항의식을 심어주려는 의도라고 할 수도 있겠으나, 전체적으로 당시 리찬의 시는 비관적인 주관주의에서 벗어나지 않고 있었다. 이 시 외에도

17) 임화, 「曇天下의 詩壇一年」, 『신동아』, 1935.12. 『문학의 논리』, 학예사, 1940, 640면.

1930년대 리찬의 시에서 당파성이나 볼셰비키성을 읽기는 어렵다. '사적인 넋두리'라는 비판도 가능할 정도이다. 이에 비해 개작된 시를 보면, 기계 같이 쉼 없던 노동자들의 팔뚝이 자주 멎는데, 그 멎는 이유는 단지 패배에 의한 것이 아니다. '황황 타는 눈망울로' 뭔가 응전하려는 의지를 상징하고 끝을 맺는 것이다. 투쟁 의지가 시의 표면에 드러나게 된다. 이렇게 하여 리찬의 시는 완전한 볼세비키의 모범시로서 바뀌어 버렸다.

우리는 「기계 같던 사나이」의 개작 과정을 통해, 첫째, 작가의 실험성이나 한자 표기가 인민성이란 이름으로, 띄어쓰기와 한글 표기가 확실하게 바뀌었다는 것을 보았다. 둘째로 개작으로 인해 작품의 투쟁의욕이 보다 전면적으로 드러나, 전혀 다른 가치를 갖게 되는 것을 살펴보았다. 이것은 1950년대 북한문학이 프롤레타리아 문학의 유산을 중요하게 여기는 과정 속에서, 리찬이 그 흐름에 맞추어 개작했다고 볼 수 있겠다.

2) '왜곡'과 '흡수'의 거리–「국경의 밤」(1936.2)

「기계 같던 사나이」는 원작시의 내용을 보다 명료하게 했기에 의미 있는 개작이었다고 볼 수도 있겠다. 작가라면 시집을 낼 때 누구라도 개작하고 싶은 작품이 있기 마련이고, 그 뜻을 시적으로 더욱 살려낸다면 좋은 개작이라 할 수 있겠다. 그렇지만, 개작된 시를 기준으로 해서 과거의 문학사를 평가하는 것은 심각한 숙고를 요하는 전혀 다른 문제이다. 북한의 문학사에서 개작된 시로서 문학사적 평가를 받고 있는 「국경의 밤」의 경우가 그러하다.

> 峻嶺을 넘고 또 넘어
> 北으로 七百里

여기는 압록강
江岸의 一小村

冬至도 못됐건만 이미 積雪 尺餘
오늘도 휩쓰러치는 눈보라에 零下로 三十 餘度

江은 첩첩히 平地인양 어러붙고
一帶에 밤은 깊어 오가는 행인의 삐걱이는 자욱소리도 그치였다.

江가에 한개 비뚜루선 장명등
희미한 등빛아래 간혹 날아나는 **무장삼엄한 日警들**
오늘 밤은 몇이나 **마적떼가 처든다 하느냐**

오오 저 江건너 아득한 희여ㅡㄴ한 北滿 曠野
이름모를 村村에 어렴프시 꿈벅이는 點點한 燈火여

순아 여흰지 三년 너는 오직이나 컷겻니
오늘밤은 몇번이나 우리고향 오리강변
꿈에 소스라쳐 깨는야
오 어듸서 울려 오는가 애련한 胡弓소리
산란한 내마음 더욱이나 산란쿠나

따러라 이 컵에 또 한잔을
루쥬 어여븐 입을 갖은 짱꼬로 시악씨야
오호 나는 이 한밤을 마셔서 새이련다.

—李燦, 「國境의 밤」 전문[18](강조—인용자)

이 시를 보면 카프시대에 리찬이 발표한 시들과 좋은 대조가 된다. 북방 지역을 헤매던 서정적 주인공은 다시 그리운 땅, "우리 고향 오리강변"으로 찾아온다. 고향땅은 편안치만은 않다. 삐걱이는 행인들, 삼엄하

18) 李燦, 「國境의 밤」 전문, 『朝光』 4, 1936.2, 114~115면.

게 무장한 일본 경찰들, 그리고 마적떼에 대한 잔걱정으로 산란한 서정적 주인공은 이국의 색시와 술로 밤을 새우려 한다. 이 시에서 두 가지 주목하고 싶은 대목이 있다.

첫째는, "꿈에 소스라쳐" 깨게 만드는 것이 무엇인가 하는 문제다. 여기서는 "무장삼엄한 日警들"과 "마적떼"로 나타나고 있다. 그 마적떼는 서정적 주인공에게 희망을 주는 그런 대상이 아니다. 그래서 오리강변의 고향은 더욱 처연하게 느껴지는 것이고, 그래서 그는 술에 취하기를 원한다. 이러한 풍경이 개작시에서는 어떻게 변하는지 뒤에 보기로 하자.

둘째는, 시의 마무리 부분이다. "따러라 이 컵에 또 한잔을 / 루쥬 어여쁜 입을 갖은 짱꼬로 시악씨야 / 오호 나는 이 한밤을 마셔서 새이련다"는 구절은 지난 카프시절에는 생각할 수도 없는 여러 해석인 가능한 구절이다. 어떻게 보면 절망적인 생황을 내포하고 있기도 하지만, "루주 어여쁜 입을 갖은 짱꼬로 시악씨"와 더불어 술 마시며 한밤을 새우겠다는 대목은 계급시와 전혀 다른 면모다. '짱꼬로'라는 말 자체도 혐의가 있다. 이 단어는 당시 '중국(中國) 사람'을 가리키는 차별어였다. 중국(中國)이란 말은 중국말로 '쭝구어(Zhongguo)'라고, 한국식으로는 '짱꼬로' 혹은 '짱꼴라'로 발음되었다. 원래 나쁜 뜻이 아니었던 이 단어는 상황에 따라 대단한 멸시어(蔑視語)가 되었다. 리찬이 이런 멸시어를 사용했다는 것은 매우 부정적인 의미를 느끼게 만든다.[19] 나아가 다소 퇴폐적인 양태로까지 해석이 가능하게 되는 것이다. 그러나 그의 이러한 면모는 처음 있는 것이 아니다. 그는 등단작부터 자신의 개인적인 체험을 다소 감상적인 기분으로 시로 발표했다. 그의 특징적인 면모 가운데 하나라고 볼 수 있다. 시집 『분향』(1938)이나 『망양』(1940)에서 몇 부분만 뽑아 예로 삼아 보자.

아 폐플色 黃色이 蒼白한 달밤을 갖어오면

---

19) 2000년 11월 18일 와세다대학 조선문화연구회에서 오오무라 마스오[大村益夫] 선생의 말.

多恨한 슬라이 · 키-타 미끄러지는 음율에 젖어
깜둥이 게집아이의 뜨거운 헤ㅅ바닥을 핥으며
자즈러지는 포옹과 미칠듯한 춤으로
맘끝 내 靑春을 불태워 보고 싶다.

―「그리운 地域」, 3연(『분향』, 1938. 강조―인용자)

쏘―니아 너는 아직도 크라식●뮤―직을 좋아한다지
가렴○ 어서○ 카페―● 몬테론의밤은 밤에만있지않으냐

―「하르빈」, 8연(『망양』, 1940)

"깜둥이 게집아이의 뜨거운 헤ㅅ바닥을 핥으며 / 자즈러지는 포옹과 미칠듯한 춤으로 / 맘끝 내 靑春을 불태워 보고 싶다"는 표현은 계급적인 문제를 소재로 쓰던 리찬의 모습과는 전혀 어울리지 않는 대목이다. "쏘―니아"를 부르며 하얼빈의 정조를 묘사한 시에서도, 이국적인 풍경에 묻혀 절망적이거나 정신적인 떠돌이의 자아만이 표출되고 있지, 안중근의 거사사건(1909)나 항일유격대에 대한 역사적인 이미지나 상상력을 기대할 수는 없다. 이렇게 1930년 중반 이후 리찬의 시는 주관적 감상주의가 퇴폐성으로 혹은 세기말적 데카당스로까지 보이는 내면화 경향을 나타내고 있다. 전에 보여주었듯이 노동현장을 문제로 삼던 시와는 전혀 다른 모습이다. 사실 이용악 · 장서언 · 김조규 · 장만영 등 당시 신진시인들은 모더니즘에서 자유롭지 못했다. 위에서 보이는 리찬의 생각은 김기림 · 정지용 · 김광균의 모더니즘과 별로 다른 면모를 보이지 않는다. 사실 1930년대 초기의 리찬의 시 역시 당시 첨단의 계급시를 보여주고 있던 박세영이나 단편서사시의 모범을 보여주고 있던 임화와 비교할 때, '사적인 넋두리'라는 비판을 피할 길이 없다. 필자가 확인했던 북한문학사의 그 어느 곳에도 이러한 그의 시도에 대한 언급이 없다. 북한문학사에서 리찬은 그저 완벽한 혁명시인일 뿐이다. 이렇게 개인의 체험이 감상적으로 묘사된 시가 북한문학사에서 어떻게 변했는지, 다음의 개작된 시를 보자.

준령을 넘고 또 넘어
북으로 七백 리.

여기는 압록강
강안의 한 마을,

동지도 못 되었건만
이미 적설이 자 가웃
오늘도 휩쓸어치는 눈보라에
령하로 三〇여 도,

강은 첩첩 평지마냥 얼어 붙고
밤은 깊어 오가는 행인의
삐걱이는 자국 소리도 그치였다.

강가에 한 개 삐두로 선 장명등
희미한 등빛 아래 웅성거리는
무장 삼엄한 순경들
오늘밤은 그 몇이나
전설의 대오가 쳐든다 하드냐

저 강 건너, 아득히 뻗은
북만 평야
이름 모를 마을 마을에
어렴풋이 꿈벅이는 점점한 등화여

순아, 여윈지 三년
갈수록 갈수록 그리운 순아
오늘밤도 우리 고향 오리강변 꿈에
몇 번이나 소스라쳐 깨느냐.

그렇다, 그 꿈

부풀은 네 가슴에 고이 간직코
기다려라 기다려라,

이제 머잖아 충천하는 화염으로
밝아 올 이 마음처럼
애끓는 고국에의 그 길은
마침내 휘연히 열리리라 열리리라

——一九三七

—「國境의 밤」 전문(『리찬』, 1937. 강조—인용자)

원작시와 대조해 보면서 읽으면 별로 달라진 것이 없는 듯이 보이지만, 뚜렷한 의미 변화가 있다. 첫째, 서정적 주인공이 처해 있는 배경을 주의 깊게 보아야 한다. 원작시에서는 "무장삼엄한 日警들"과 "마적떼"로 인해 "꿈에 소스라쳐" 깨는 것으로 쓰여 있다. 그런데, 개작시에서는 "무장삼엄한 순경들"과 "전설의 대오"로 바뀌어져 있다. 개작시에서 "전설의 대오"란 말할 필요없이 김일성의 유격대를 말하는 것이다. 원작시에서 "마적떼"라고 표현한 것이, 당시 식민지 시대에 항일투쟁하는 이들을 "비적(匪賊)"이니 "폭도(暴徒)"라고 했듯이, 그런 의미로 생각한다면 "마적떼"와 "전설의 대오"를 같다고 할 수도 있다. 그런데 그게 아니라, "마적떼"가 그야말로 떼도둑 그 자체라면 의미는 완전히 반전되는 것이다. 그렇게 본다면, 원작시나 개작시에서 동일하게 나오는 "몇번이나 소스라쳐 깨느냐"라는 표현은, 원작시에서는 마적떼에 대한 두려움을 의미하는 반면에, 개작시에서는 마적떼로 불리는 빨치산을 기다리는 기대감을 의미하는, 전혀 다른 차원으로 바뀌는 것이다. 그런데 필자가 볼 때, 원작시에서의 "마적떼"는 "전설의 대오"가 아니었다. 원작시에서 나오는 "마적떼"는 말그대로 마적떼일 것이다. 그것은 바로 뒤에 이어지는 표현을 보면 확연해진다.

둘째, 절망적이었던 원작시의 내용이 전혀 새로운 희망을 바라는 내용으로 바뀐 마지막 부분을 보자. 원작시에서 "따러라 이 컵에 또 한잔을/

루쥬 어여쁜 입을 갖은 짱꼬로 시악씨야/ 오호 나는 이 한밤을 마셔서 새이련다"라고 했던 마지막 대목을 보자. "전설의 대오"를 기다리는 서정적 주인공의 태도로는 적당하지 않은 풍경이다. 한밤을 마셔서 없앨 수밖에 없는 안타까운 서정적 주인공은 개작시에서는 전혀 다른 모습으로 바뀐다. "애끓는 고국에의 그 길은/ 마침내 훠연히 열리리라 열리리라"라며 곧 다가올 희망을 갈구하는 화자로 나타나는 것이다. 이로써 전혀 다른 시로 탈바꿈 해버린 것이다. "마적떼"를 "전설의 대오"로 개작하고, 뒷부분을 개작하여 이 시는 "항일혁명 투사들에 대한 믿음과 기대와 희망으로 가슴 벅차 있는 시"로 변하게 되었다.

1936년에 발표된 원작시는 그의 첫시집 『대망』(1937)에서 실려 있는데, 거의 개작이 안된 상태였다. 위에서 살폈듯이 원작시 자체는 북한문학사의 해설과는 전혀 관계없는 북방정서를 그려낸 시로 평가하는 것이 옳다. 그런데 1958년에 이르면, 「국경의 밤」은 개작을 통해 그 의미하는 바가 완전히 다른 시로 변모되는 것이다. 물론, 원래 작가 의도가 그러고 싶었는데, 시대적 상황이 어려워서 절망적으로 표현할 수밖에 없었고, 이후에 의미를 명확히 하여 개작한다고 한다면 개작 그 자체는 문제가 아니다. 그런데 문제는 북한문학사가 과거의 원래 작품과 전혀 다른 개작된 시로 문학사를 평가한다는 사실이다. 북한문학사에서 이 시를 어떻게 보고 있는지 해설 부분을 조금 길지만 그대로 인용한다.

> 서정적 주인공은 그들과 더불어 가슴 설레이면서 거치른 북만땅 그 어느 한곳에서 고향땅—오리강변을 밤마다 꿈꾸며 소스라쳐 깨여날 불쌍한 순이를 못내 그리워한다. 그러면서 순이가 그 꿈을 소중히 간직하고 기쁨의 날을 기다릴 것을 바라마지 않는다. 그것은 거세차게 타번지는 항일무장투쟁의 불길이 조국땅 고향마을에 해방과 자유의 광명을 비쳐줄 감격의 그날에 순이가 그토록 그리는 고향땅—조국에로의 길고 훤히 열려지게 되리라는 것을 굳게 믿기 때문이였다. **서정적 주인공의 이러한 확신은 위대한 수령님께서 조직전개하신 항일무장투쟁에 의한 조국광복의 그날에 대한 당시 우리 인민들의 확고한 신념을 반영하고 있다.**[20](강조—인용자)

시에 대한 해석은 누구든 평가자에 의해 자유롭게 해석될 수 있다. 그렇다 하더라도, 위의 해설로는 루쥬 어여쁜 짱꼴라(중국인) 아가씨와 밤새 술을 나누겠다는 원래의 부분을 해설할 수가 없다. 개작시에서 '이러한 확신', 즉 긍정적인 전망이 밝게 드러나는 개작된 대목은 원래 시나 당시 어느 잡지에서도 발표된 적이 없던 대목이다.

또한 원작시를 생각할 때, 과연 어떻게 "위대한 수령님께서 조직 전개하신 항일무장투쟁에 의한 조국광복의 그날에 대한" 확고한 신념으로 읽을 수 있는지 이해하기가 어렵다. 북한의 거의 모든 문학사책은 『조광』이란 잡지에 1936년 2월에 발표된 이 시를 '1937년'[21]으로 1년 뒤로 바꾸어 놓았다. 왜 실제 발표 년도까지 다르게 해 놓았을까? 그것은 북한의 역사학, 이른바 주체역사에서 가장 중요한 혁명사건으로 일컫는 '보천보 전투'와 시간을 맞추기 위한 것으로 생각된다.

보천보(普天堡) 전투란, 1937년 6월 4일, 80여 명의 김일성 유격대원이 혜산 보천보로 통하는 도로와 통신선을 차단한 뒤, 순식간에 보천보에 있는 일제 통치기구를 불태우고, 이후 뒤쫓아오는 일본인 · 만주인 군경을 장백현 간산봉에서 다시 물리친 사건을 말한다. 백두산과 혜산 사이에 있는 보천보는, 당시 1,383명이 거주하고 있었으며, 그 중 일본인이 26호 50명, 그리고 5명의 경찰이 근무하는 작은 시골도시에 불과했다. 그러나 북부지방의 요지로 되어 있는 혜산진에 달려 있던 비상벨이라 할 만한 곳이었고, 따라서 한 번 이곳이 습격당하면 그 소식은 조선 내로 눈 깜짝할 사이에 전해질 곳이었다. 그러므로 이 마을을 습격하는 것은 "게릴라 부대에 의한 최소의 비용으로 최대의 심리적 효과를 거둘 수 있는"[22] 조선 국내 진공작전이었다. 이 작전으로 김일성의 이름은 조선 국내뿐만 아니라, 소련

---

20) 김하명 · 류만 · 최탁호 · 김영필, 『조선문학사(1926~1945)』, 과학 · 백과사전출판사, 1981, 464면.

21) 김하명 · 류만 · 최탁호 · 김영필, 위의 책, 462면.

22) 和田春樹, 『金日成と滿洲抗日戰爭』, 平凡社, 1992, 185면.

에까지 알려지게 되었다고 와다 하루끼[和田春樹]는 평가한다. 이른바 "함남 보천보를 습격 …… 어제 밤 2백여 명이 돌연 내습, 학교, 소방서에도 방화 …… 함남경찰부에서 출동 …… 金一成 일파의 소행으로 판명……"이라는 호외[23]로 널리 알려진 사건이었다. 이른바 치고 달아나는 유격전을 성공적으로 펼친 김일성의 약력에 따르면, 1932년 4월 25일 남만주 안도(安圖)에서 빨치산 부대를 창설하고, 1937년부터 1939년에 이르는 유격대 활동을 하였는데, 이 중에 가장 대표적인 승리가 보천보 전투였던 것으로 기록되어 있다.

북한에서는 이 사건을 다양하게 창작하여 인민에게 고양시키고 있다. 가령, 설화 「보천보의 불길」은 유격대가 습격했을 때 보천보에 불이 일었는데, 그 불길이 친일파의 집만을 골라서 태웠다는 설화이다. 박세영의 장편서사시 『밀림의 역사』는 머리시와 6장으로 구성된 작품으로 보천보 전투를 승리로 이끈 뒤 영호네 마을로 들어와 모범적인 모습을 보이는 김일성의 항일무장투쟁 과정을 그리고 있다.[24] 이처럼 인민의 역사 교양을 위해 보천보 사건은 대단히 중요한 사건이고, 북한문학사가 항일투쟁문학사로부터 시작한다고 할 때, 보천보 전투는 그 중심에 놓여야 했으며, 보천보 전투를 노래했던 당시의 시나 소설은 당연히 북한문학사의 시원을 알리는 중요한 기원이 되었던 것이다.

이러한 대목에 맞는 작가로, 프롤레타리아 문학운동에 참여했던 작가

---

23) 『동아일보』, 1937년 6월 5일자. "베를린 올림픽의 마라톤에서 우승한 손기정 선수의 일장기 말살 사건 때문에 무기정간 처분을 받다가 6월 1일부터 막 복간된 『동아일보』는, 6월 5일 두 차례 호외로부터 6월 9일의 특파원의 생생한 현지답사기까지 연일 보도하였다." 和田春樹, 『金日成と滿洲抗日戰爭』, 平凡社, 1992, 187~188면.

24) 문학작품뿐만 아니라, 다양한 장르를 통해 북한은 보천보를 고양시키고 있다. 미술작품에서도 「보천보의 횃불」은 북한 유화 미술을 대표하는 작품이기도 하다. 1955년 8월에 개관된 '보천보혁명박물관'에는 보천보 항일투쟁 때 사용했다는 800여 점의 유물이 전시되어 있고, 북한 최대의 기념탑(높이 49미터, 길이 60미터)인 '보천보 전투기념탑'이 세워져 있다. 뿐만 아니라, '보천보 경음악단'은 1985년 6월 4일 김정일의 지시로 결성된 북한 최초의 경음악단이다.

중에는, 보천보에서 가까운 북방의 정서를 가득 담고 있는 리찬의 작품밖에 없었다. 이러할 때 그의 작품 중에 중심이 될 만한 것은 「국경의 밤」(『조광』, 1936.2)과 「눈 내리는 보성의 밤」(『朝鮮文學』, 1937.1)이었던 것이다. 특히 「국경의 밤」은 "위대한 수령님께서는 조직 전개하신 항일무장투쟁에 의한 조국광복의 그날에 대한 당시 우리 인민들의 확고한 신념을 반영하는" 작품으로 의미 전환되기 위해, 그 발표 년도가 1936년에서 1937년으로 바뀌지 않을 수 없게 된 것이다. 그렇다면 북한문학사가 보는 '당시'란 어떤 때를 말하는 것일까? 북한문학사에서 말하는 그 '당시'의 사회적 분위기란 "위대한 수령 김일성 동지께서 친솔하신 조선인민혁명군 주력부대는 백두산 근거지를 창설한 후 인민대중을 조국광복의 기치 밑에 묶어세우며 적들에게 섬멸적인 타격을 가하는 정치군사활동을 더욱 활발히 벌리면서 자기의 대오를 급속히 확대강화"해 가던 시기라는 것이다. 그래서 "이 시기 시문학에서는 이와 같은 앙양된 시대적 분위기를 노래한 시작품들이 창작이었다"는 것이다.

북한은 문학을 정치의 도구로 보는 만치, 문학사 기술 역시 문학의 인식교양적인 기능을 수행하는 교과서로 여기고 있다. 그래서, 리찬의 시뿐만 아니라 많은 시와 소설들이 개작되게 되었던바, 특히 동만주 지역에서 항일무장투쟁이 수행되는 1930년대 후반기의 소설이 집중적으로 개작되었다.[25] 이러한 대목에서 식민지 시절에 발표되었던 작품도 북한의 시각에 따르면 '인민의 교양을 위하여' 개작이 가능한 것이다. 이러한 역사적 진보주의는 이데올로기로서의 문학을 강조함으로써 문학작품의 상대적 독립성이나 특수성을 무시하는 경향을 드러낸다. 그러나 암담한 현실을 밀쳐내고 역사의 진보를 향해 한 걸음씩 내딛어대는 인간의 솔직한 한계와 좌절을 보여주는 것이 더욱 진실한 인간에 대한 기록이 아닐까.

북한문학사에서는 리찬의 시뿐만 아니라 다른 작가들의 작품 역시 개

25) 이상경, 「문학의 역할을 외면한 정치적 교양물」, 『한길문학』, 1990.10.

작에 의해 평가되는 문학사 기술방식이 나타나는데, 남한의 연구자들에게 이런 현상은 이해할 도리가 없을 뿐더러, 부정적인 판단만 낳을 계기가 되어 줄 뿐이다. 남한의 연구자가 볼 때, 개작된 작품으로 문학사를 꾸리는 평가는 '왜곡(歪曲)'이요, 거짓이다. 왜냐하면 일반적으로 '역사(歷史)'라 한다면, 과거 그 당시에 있었던 그 당시의 사건이나 물건을 증거로 삼는 것이 일반적인 상식이기 때문이다. 그 당시에 있었던 것이 아닌, 과거의 것을 고쳐서 평가하는 태도를 역사 혹은 문학사라고 하기는 어려운 것이다. 하지만, 개작된 것으로 역사를 '왜곡'해서 평가했다는 사실을 무시하는 시점에만 머물면 안될 것이다. 개작을 해가면서, 북한문학사가 겨냥하는 것이 무엇인가를 보아야 할 것이다. 그것은 당연히 수령 중심, 주체 중심의 역사관이다. 프롤레타리아문학도, 모더니즘이었던 작품도 수령 중심의 서사로 '흡수(吸收)'되어야 했던 것이다. 「기계 같은 사나이」를 좀 더 선명한 투쟁성으로, 「국경의 밤」을 민족해방을 희망하는 작품으로 개작해야 했던 이유는, 민족해방의 역사, 영웅수령 중심의 역사에 모든 것이 '흡수'되어야 했기 때문이다. 개작된 작품으로 꾸민 북한문학사를 보는 시각이 '왜곡'으로 보는 방식과 '흡수'로 보는 방식의 거리는 서로 가깝지 않다.

3. 내적 요구와 외적 요구

우리는 이 글을 통해 다음과 같은 것을 확인했다. 첫째, 1930년대의 리찬 시가 어떤 표현으로, 어떤 세계관으로 개작되었는지 확인했다. 둘째, 개작시가 시인의 의식을 확실히 했는지는 모르지만, '북한문학사를 구성하기 위해서 쓰여진 개작시는 원작시와는 분명히 다르다'라는 것을 확인했다.

이 지점에서 우리는 리찬이 왜 시를 개작했고, 개작된 시로 문학사가 쓰여지는 것을 용인했을까 하는 점을 질문해야 할 것이다. 개작된 시로 문학사를 쓰는 북한문학사의 서술방법에 대해, 그것을 '왜곡'으로 보는 이가 있을 것이고, 한편 '흡수'라고 보는 이도 있을 것이다. 수령 중심의 역사관을 꾸리는 데에 동의하는 이들은 당연히 '흡수'로 보면서, 왜곡의 문제성보다는, 그들 나름대로 '위대한 역사'에의 헌신을 위해서는 작품이 '개작'되어도 괜찮다, 아니, 개작되어야 한다는 생각을 가지게 되었을 것이다. 이렇게 리찬이 개작하게 되는 동기는 외부적인 요인과 내부적인 요인이 작용했을 것이다.

첫째, 외부적인 요인으로는, 모든 문화사를 사회주의의 발전단계로 '흡수'하려는 사회적 흐름과, 그것에 맞추어 일관되게 서술해 가는 북한의 연구편향에서 비롯된 것이기도 하다. 북한뿐만 아니라, 1930년대에 발표된 김창걸의 원래 소설을 전혀 다른 소설로 개작하여 그 가치를 고평하는 조선족문학사도 비슷한 모양새를 갖고 있다[26]고 한다. 일관된 목적주의적인 역사관은 그 목적을 위해서 '왜곡' 혹은 '흡수'를 강요하게 되는 것이 아닐까. 이 글을 시작하는 대목에서 말했듯이, 거의 모든 북한문학사에서 "수령형상문학의 새로운 단계를 열어 놓"[27]은 리찬을 긍정적인 평가를 받고 있다. "수령형상문학의 새로운 단계를 열어" 놓았다는 평가를 위해서는 그 전에 일관성이 필요했을 것이다. 아닌게 아니라, 북한문학사에서는 리찬이 중요하게 평가되는 결정적인 근거를 제공한 작품인 「김일성 장군의 노래」를 설명하기 전에, 「국경의 밤」·「눈 내리는 보성의 밤」 등 1930년대 북방정서를 형상화한 시를 언급하고 있다. 수령형상문학의 모범이

---

26) 중국 조선족 문학평론가 李相範의 증언(2000년 11월 18일 <와세다대학 조선문화연구회>에서).

27) 오정애·리용서, 『조선문학사·10－해방후편 평화적건설시기』, 사회과학출판사, 1994, 60면.

되기 위해서는 그 전에 썼던 시 역시 어떤 일관성을 갖춘 본보기가 되어야 했던 것이다.

둘째, 시인 내부의 의식변화는 시의 개작을 위한 더욱 근본적인 동기가 되었을 것이다. 당연히 북한문학사가 구성되기 전에 시인의 의식변화가 있었을 것이다. 리찬의 개작시는, '수령 중심의 역사관'을 꾸리기 위해 개작을 꺼리지 않는 작가 자신의 의식변화(혹은 처세술)에서 비롯되었다. 해방이 되었던 당시 사회주의를 동경하던 북한의 지식인들에게는 충격적인 일이 생겼다.

> 神出鬼沒한 金日成 그러기 때문에 日本帝國主義者가 三千萬朝鮮사람 가운데서 第一미워하고 무서워한 金日成 놈들이 匪賊이라고 惡宣傳을 하며 ■萬金賞을 걸고 假者金日成의 목을 빗산값을주고 삿으며 몇 번이나 죽었다고 헛所聞을퍼친金日成 그러기 때문에 우리民族에게는 古傳說 그대로의 「장수」로써神秘化된 民族의太陽 金日成[28)]

당시 김일성이란 인물은 북조선사회에 있어서는 하나의 기적을 이루었던 인물이었다. 그것은 단순히 과거의 빨치산 항일투쟁에 대한 '신비화(神秘化)' 때문만이 아니라, 그들에게는 보다 구체적인 사건을 통해 김일성이란 인물이 새롭게 느껴졌던 것이다. 그들이 눈앞에서 본 기적 같은 사건들은 이조 500년, 지난(至難)한 프롤레타리아 운동사에서도 이룩하지 못했던 것들이다. 예를 들면, 토지개혁을 단 20일 만에 이룩해 놓은 '토지개혁의 완성'이 대표적인 예이다. 윗 글을 쓴 한재덕은 연안에서 돌아온 북조선노동당 선전부장 김창만과 짝이 되어 1946~47년에 김일성을 민족지도자로 내세우는 캠페인에 종사하던 인물이다.[29)] 그는 당시 <북조선 예술총동맹>에서 이기영・한설야・안막・리찬・안함광・한효・최명익・김사량・윤세평・박세영 등과 함께 일했던 북한 문단의 중요인물이다. 후에 『민주조선』의 주필

---

28) 韓裁德, 「김일성將軍 凱旋記」, 『文化戰線』(창간호), 1946.7, 81면.

29) 和田春樹, 『金日成と滿洲抗日戰爭』, 平凡社, 1992, 156면.

로 일했던 그는 전향하여 한국전쟁이 김일성에 의한 적화전쟁이었다고 증언하고, 남한에 와서 『김일성을 고발한다』(서울-내외문화사, 1965)라는 책을 내는데, 그 책에서도 김일성이 실존인물이라는 것과 당시 개혁되어 가는 북한사회에 대한 충격은 부인하지 않고 있다.[30] 오랫동안 노동자의 해방을 꿈꾸어 오고, 그것이 그리워 월북하거나 사회주의를 택했던 당시의 지식인들에게 '20일 만의 토지개혁'이란 단순한 사건이 아니라, 하나의 기적 혹은 신비체험이었을 것이다. 또한 '20개의 정강(政綱)'을 통해 끊임없이 개혁되는 사회를 볼 때, 거의 기적을 체험하는 느낌이 들었을 것이다. 오죽 놀라웠으면 리찬은 다음과 같이 기록한다.

> 神話가 아니다
> 傳說이 아니다.
>
> 여기 북조선의 명백한 오늘을
> 모-든 不可能에서 可能이 前進한다.[31]

하루 아침에 녹화(綠化)되는 영흥 대평야, 전에 없던 전기보일라, 연기가 솟아오르기 시작하는 공장의 굴뚝 등 눈앞에서 빠르게 변하는 세상을 보며 시인은 "너 어서 偉大한 이 地域 偉大한 이 勝利를 기록하야"라고 말한다. 이런 현실은 신화도 전설도 아니었고, 리찬에게는 하나의 승리였고 기적이었다. 그러한 기적체험을 가능하게 했던 영웅에 대해서 당연히 문학적인 형상화를 하고 싶었을 것이다. 그 영웅은 기독교 신자였던 조만식이나 미국과 가까웠던 여운형이 아니었다. 바로 이때 리찬이 바로 그 영웅을 칭송하는 모범을 보였다는 것이다. <북조선예술총동맹>의 서기장 리찬은 기관지 『문화전선』(발행인 한설야, 1946.6) 창간호에 송가이며, 한국전쟁기에 많이 불렸던 「김일성 장군의 노래」(리찬 작사, 김원균 작곡, 1946)를 발

30) 박명림, 『한국전쟁의 발발과 기원』 II, 나남출판, 1996, 237면.
31) 李燦, 「勝利의 記錄」, 『文化戰線』 創刊號, 1946.7, 114면.

표한다.

이 지점에서 우리는 리찬의 개작시가 처세술에서 비롯되었는지, 아니면 진정한 마음에서 비롯되었는지 쉽게 확인하기는 어렵다. 확실한 것은 시 자체에는 분명한 변화가 있었다는 것이고, 그 변화는 일관성으로 바뀌어 죽기까지 지속된다. 그래서 그는 "당의 뜨거운 배려와 숙명의 길을 열어"주었기에, "온갖 노력을 다하여 당과 조국과 인민 앞에 조금이나마 붓으로 이바지 할 의욕에 충만"해 있었던 것이며, 그러기에 "원작에 다소 붓을 대"(『리찬』, 8면)는 데에 아무런 거리낌이 없었을 것이다. 그렇다하더라도, 그의 개작시를 판단하는 북한문학사에 대해 작품 자체의 본래적 내용을 존중하지 않는 사회주의학, 그리고 실증적 연대의 오류라든지, 역사주의적 원칙에서의 일탈 등의 문제를 지적하지 않을 수 없다.

어찌하든, 리찬의 개작시는 시인 자신의 의식 변화와 당시 사회의 요구, 그리고 어떻게 하든 혁명문학을 추켜세워 혁명의 정당성을 세우려 했던 북한문학사의 서술 태도가 맞아떨어진 합작품이라 볼 수 있겠다. 그 합작품인 개작시는 북한사회의 정당성에 기여를 했으며, 이후의 북한에서의 그의 작품은 모범작으로 평가받기에 부족하지 않았다. 물론 결정적인 역할을 한 것인 「김일성 장군의 노래」였다. 그러므로 다음으로 우리는 그의 북한의 여러 시인들이 썼던 수령형상문학과 리찬의 시를 비교해서 보고, 아울러 리찬이 소련에 대해 국제주의적 관심을 갖고 쓴 시 등을 연구해 본다면 그의 작품이 북한문학사와 어떻게 맞아떨어지는지 좀더 명확하게 볼 수 있으리라고 본다. 나아가 북한 시문학사가 표준으로 여기는 모범형을 통해 북한문학사의 틀과 만나게 될 것이다.

리찬 시와 수령형상문학

1. '이찬(李燦)'에서 '리찬'으로

북한문학 작품을 읽을 때, 우리는 이기영을 '리'기영으로, 이용악을 '리'용악으로 고쳐 읽어야 한다. 마찬가지로, 시인 '李燦'을 '리찬'으로 읽는 연습을 해야 한다. 사실, 1928년부터 그의 작품이 발표된 후로 식민지 시기에, 작가명이 한글 '이찬'으로 표기되어 발표된 작품을 필자는 보지 못했다. 늘 한자 '李燦'으로 표기되어 발표되었다. 발표작 중에 '리찬'으로 표기되어 글이 발표된 것은 북조선인민공화국에서 활동한 이후의 일이다. 사실 북한에서 표기를 '표기위주'로 통일했다고는 하나, 그것은 서울 중심주의에 대한 북조선 공화국의 문화적 판단이었다고 보는 시각이 적지 않다. 'ㄹ, ㄴ'을 한자 본음대로 적어 표기 형태를 고정시키는 북한의 형태주의 원칙을, 그들은 표기 형태가 고정되지 않아서 비롯되는 불편함과 지나친 동음이의어로 인한 부담을 덜어주며, 시대적 추세에 맞는 가장 과학적이며 합리적인 철자 원칙을 견지하는 것이기에, 통일조국을 위해서는 형태주의로 통일적인 철자규범을 견지해야 한다고 주장한다.[1] 그러나 일종의 사투리에 지나지 않는 두음법칙을 거부하는 평양말을 표준어로 삼는 입장은, 서울 중심주의에 대하여, 평양 말투를 고수함으로 평양 중심주의를 확립하기 위한 시도였다고 김윤식은 설명한다.[2] 리찬이 자신의 이름을 명확히 '리찬'으로 표기하기 시작한 것은, 서울 중심주의에 대한 평양 중심주의 즉 '새로운 나라 만들기'에 대한 다짐의 한 표현일 것이다. 이어 그의 시 역시 내적이든 외적인 요구에 의해서든 새로운 나라 만들기에 확실한 기여를 하기 시작한다. 그의 시는, 1930년대 시기의 비관적 낭만주의[3]의 시편들이나 1940년대의 친일시와는 전혀 다른 사회주의 혁명시인의 면모를 보인다. 혁명시인으로서의 면모를 확실히 다져놓은 것은 시 「김일성 장군의 노래」의 창작이었다.

그가 혁명시인으로 불리는 이유에 대해 북한문학사의 평가는 명확하다. 미리 언급하건대, 북한문학사에서 리찬의 시를 높이 사는 가장 중요한 이유는 '수령형상화문학의 모범'이라는 점이다. 이 글에서는 리찬이 그것에 어떤 '새로운 단계'를 마련하였는가를 살펴보려 한다. 이를 위해 북한에서의 그의 시 활동 전반에 대하여, 아울러, 리찬 시의 형식적인 특징에 대해 살펴보려고 한다. 그런 과정을 거쳐 볼 때, 그의 시가 왜 수령형상문학의 모범으로 평가받고 있는지 알게 될 것이다.

이 글은 『리찬 시선집』(조선작가동맹출판사, 1958. 이후 『리찬』으로 표기)을 중심으로, 아울러 해방 이후 출판된 북한의 잡지나 시선집에 발표된 작품을

---

1) 정순기, 「조선어의 통일적 발전을 위한 몇 가지 리론문제」(프라하, 1995)와 김윤식, 『북한문학사론』(새미, 1995), 311면을 참조.

2) 김윤식, 『북한문학사론』, 새미, 1996, 48면.

3) 李燦의 1930년대 후기 시에 '모더니즘적인 경향이 있다'고 할 수는 있으나, 단순히 모더니즘 시로 보기에는 문제가 많다. 정서적으로 '비관적 낭만주의'라고 하는 것이 가까운 표현이라고 본다. 이에 관해서는, 김응교, 「주관적 감상주의와 변방의식—李燦 시 연구(1)」, 『1950년대 남북한 문학』(한국문학연구회 편, 평민사, 1991); 최두석, 「1930년대 후반의 낭만적 시경향」, 『시와 리얼리즘』(창작과비평사, 1996)을 참조.

대상으로 리찬 시를 살펴보려 한다. 리찬의 시집 『승리의 기록』(1947)과 그가 세상을 떠난 뒤 출판된 시선집 『태양의 노래』(문예출판사, 1982)도 대조를 위한 연구대상으로 삼으려 한다.

2. 소련과 국제주의

해방이 되었을 때, 좌익 계열에 의해 출판된 해방기념시집 『횃불』(저자 대표 박세영, 1946.4)을 보면, 해방을 몰고온 새로운 바람은 단연 붉은 군대인 소련이다. 위 시집에 실린 리찬의 시 「축연(祝宴)」은 10년이 지난 뒤, 아래와 같이 부분 개작되어 『리찬』에 실려 있다.

오늘 一九四五년 九월 二일
『항복 조인』

정각 오전 九시 四분
북변의 창공을 二六 발의 대포
왜놈들의 최후를 아뢰는 은은한 포성이여

오 끊어진 쇠사슬이여
날 듯한 몸마음이여
어찌나 살았더냐 서른 여섯 해의 그 허구한 세월을.

그 세월을 피로 수놓은 수 많은 형제를
지금 우리의 경건한 묵도가
터지는 기쁨을 앞선다.

어서 들어라 다와리시찌 그 술잔을

이미 쓰러진 원쑤와 또 하나 오고야 말
우리의 승리
근로 인민들의 해방을 위하여
축배를 들어다우,

몽몽한 초연 속에
컵은 마구 찧기고
텐트가 무너질 듯 광장을 울려 드는
붉은 군대와 군중의 환호 소리여,

우라 쏘베트 로씨야
우라 쏘베트 로씨야
조선 독립 만세 !
근로 인민 해방 만세……
—혜산진, 쏘군 주최 축연에서

—「축연」(『리찬』, 73~75면. 강조—인용자)

리찬에게 소련군이란 친구이며 동지이다. 그래서 그는 "어서 들어라 다와리시찌"라고 말한다. 여기서 '다와리시찌'란, '동지(同志)'라는 뜻의 러시아어 'tovarishch'에 대한 일본어 발음[タワリシチ]이다. 러시아 동지들이 오고 나서 "오고야 말" 것은 근로인민의 해방이다. 그러니, 리찬이 보는 소련군의 진둔은 민족해방과 계급해방을 불러오는 귀중한 국제주의의 실천인 것이다. 이어서, 강조된 부분에서 보듯이 "우라(만세) 쏘베트 로씨야"와 "조선 독립 만세", 그리고 "근로 인민 해방"을 동시에 한 괘로 보고 있는 것이 리찬의 시각이다. 리찬은 민족해방과 계급해방 앞에 "만세 소비에트 러시아"를 먼저 놓고 있다. 역시 철저하게 소련군의 주둔을 환영하면서, 민족해방과 계급해방을 가져다 준 소련의 국제주의를 찬양하는 입장을 보여주고 있다.

그 이후에 소련군에 의한 독립에 이어지는 새로운 생활상이 구체적으로 표현된다. 소련군은 인민의 생활을 바꾸어 놓았다. '한글 공부 소리 랑자하고'(「아오미 나루」), '토지가 개혁되며'(『리찬』, 87면), '조선로동당의 창당'(94면)이 소련군에 이어 함께 왔던 것이다. 이른바 사회주의 사회의 총체적인 도래를 그는 소련군과 함께 온 해방으로 보고 있는 것임을 알 수 있다. 시 「축연」이 오는 소련군을 보는 시라면 「환송」은 소련군을 환송하며 발표한 시이다. "어이 잊으리 그대들을 / 진정 그 자국마다가 감사의 불꽃되여 / 전체 인민의 가슴을 / 영원 불멸의 친선에로 불태워 올리는 / 쏘베트 군대여"(「환송」, 『리찬』, 109면)라는 소련군에 대한 환송은 단순한 환송이 아니라, 나름대로 구체적으로 소련군의 생활상을 묘사한 후에 이루어지는 친선의 표현이다. 소련군뿐만 아니라, 물론 중국군의 참여도 노래한다.

> 터지듯 인터나쇼날의 노래 울려 퍼지고
> 옹헤야로 양거리춤으로
> 어깨 걸고 떨어질 줄 모르는
> 두 나라 용사를……
>
> —「리별의 노래」(『리찬』, 144면)

당시 북한의 평단은, 미국이나 일본의 제국주의가 세계를 침략하려는 것을 '세계주의'라고 규정하고, 이에 반하여 공산주의가 세계평화를 위해 연대해야 하는 것을 '국제주의'라는 용어를 쓰고 있다. 당시 국제주의란, 해방과 원조로 맺어진 소련 및 중국과 국제적 단결을 맺게 되는 계기를 문학사상에 반영하여 세계 혁명운동에 문학이 일조해야 한다는 뜻을 담은 개념이다. 이에 따라 '국제주의'를 담은 수많은 작품들이 거론되었고, 이후 계속 창작되었다. 비교컨대, 남한 쪽의 멸공문학류의 전쟁시[4]들이 치열한 전투와 원수에 대한 적개심을 강조한 것에 비하면, 북한문학의 '국제주의에 대한 강조'는 꽤 정연한 논리 체계를 갖고 있다. 대중을 국제주의 사상으로 교양하고자 했던 당시의 사고방식에 리찬의 시도는 모범

4) 김응교, 「분단극복을 위한 시의 실천」, 『그대는 북에서 나는 남에서』(고은 · 김규동 편), 눈출판사, 1988.

적인 시도가 될 수 있었다.

> 클레믈린 황홀한 대륙으로부터
> 태산을 넘어 태양을 건너
> 온갖 나라와 나라 민족과 민족들의 계선을 지나
> 가없는 대지의 끝에서 끝까지
> 한없이 퍼지는 그대의 노래 속에
> 스탈린 대원수여 인류의 태양으로
>
> —李燦, 「들이시라 삼천만 조선인민의 이 우렁찬 찬가도」에서

평론가 한식은 국제주의의 정형으로 해방 전에는 포석 조명희의 「낙동강」을 인용하고, 해방 후에는 바로 위의 시를 인용하고 있다. 해방이 되었을 때, 즉각, 소련에 대하여 국제적인 연대를 담은 시를 발표한 리찬의 행동은 북한문단에서 본이 아니 될 수 없었다. 한식은 이 시를 두고 "사회주의 조국인 소베트 동맹과 스탈린 대원수에게 대한 진실한 조선인민의 경애와 강점은 오늘날 국제주의 사상의 가장 명백한 표현으로 되는 것"[5]이라고 쓰고 있다. 더구나 소련은 단순히 해방과 원조를 가져다 준 국가가 아니었다. 리찬에게 소련이란, "쏘聯 너는 언제나 마음의 故鄕"[6]이라는 한마디 말로 요약될 수 있다.

리찬은 작품뿐만 아니라 작품창작에 대해서도 북한문학의 선두에 자리하고 있었다. 한국전쟁을 치르고 전후 복구기에 접어든 북한문학이 직면한 것은 도식주의, 교조주의의 경향이었다. 그는 그 자신이 민촌 이기영과 함께 소련으로 가서 소련의 중요 작가들을 꼼꼼히 취재하는 모습을 보인다. 그는 소련 작가들에게 농촌에서 농민들을 어떻게 계몽할 것인지, 고전 오페라 등을 어떻게 소개해야 하는지, 전쟁이 났을 때 소련의 작가들은 어떻게 종군하여 죽어가면서 어떻게 작품을 발표했는지 등을 무척

5) 한식, 「조선문학에 나타난 국제주의 사상」, 『문학과 전진』, 1950.8; 이선영 · 김병민 · 김재용 편, 『현대문학비평자료집』 1, 태학사, 1993, 513면(이후 『자료집』으로 표기한다).
6) 李燦, 「續 · 쏘련 詩抄」, 『文化戰線』 제3집, 1947.2.25, 97면.

꼼꼼하게 질문하며[7] 실제적인 답을 얻어냈다. 그리고 이러한 여행 결과 얻어진 결실이 6번째 시집 『쏘련 시초』였다.

영웅 예찬에서 비롯하여, 미제에 대한 적개심을 과도한 강조로 말미암아 빚어진 도식주의를 극복하기 위해 주어진 계기가 바로 리얼리즘의 종주국 소련의 제2차 작가대회(1954.12)이었다. 사회주의 창작방법론으로 확정한 제1차 소련작가회의(1934) 이래 20년 만에 이루어진 이 대회의 결과는 북한문학계에 큰 자극을 주었다. 당시 시인들에게는 소련의 선진적 경험이 중요했다. 시인이며 평론가였던 민병균은 "이 숭고한 사명을 성공적으로 완수하기 위하여 우리는 우리 선진자들인 쏘베트 시인들이 피로 개척한 싸움으로 쌓아올린 교훈을 올바로 섭취하여야 한다"고 강조하면서 그 구체적인 예를 들고 있다.

> 뿌쉬낀 네끄라쏘브 마야코프스끼의 로씨아 시문학의 고상한 전통을 올바로 계승한 수많은 쏘베트 시인들 중에서 가장 인민의 지지를 받으며 또 우리 독자들에게도 그 일부의 작품이 소개된 시인들의 이름을 들어보면, (…중략…) 이 시인들의 시는 온갖 형식주의적 허식과 분식의 껍질을 버리고 간결하고 진실하고 소탈한 형식 속에 인민의 지향과 감정을 담은 고상한 사실주의적 작품을 보내고 있다.[8]

민병균의 이러한 지도비평은 당시에는 주도적 조류 중에 하나였다. 사실 '고상한 사실주의' 혹은 '고상한 리얼리즘론'은 1947년에 당중앙위원회에서 결정한 유일한 창작방법론이었다. 고상한 리얼리즘은 영웅적이고 긍정적 인물을 주인공으로 설정하고 이를 형상화함으로써 일반 독자들이 이를 하나의 모범으로 따라 배우는 것을 이상으로 하는 창작방법이다.[9]

---

7) 李燦, 「쏘베－트 作家會見記」, 『文化戰線』 제3집, 1947.2.25, 72~81면.

8) 민병균, 「쏘베트 시문학을 섭취함에 있어서 경험과 교훈」, 『노동신문』, 1949.4.29. 『자료집』 1, 387면. 북한문학에 있어 소련문학의 영향은 다음의 평론을 참조바람. 이정구, 「쏘베트 시문학과 우리 시인들」, 『문학예술』, 1950.5(『자료집』 1); 이정구, 「우리 시문학의 제 문제－제2차 전연맹 쏘베트 작가대회와 관련하여」, 『조선문학』, 1955.7(『자료집』 3).

9) 김재용, 「전후 북한문학의 도식주의 비판」, 『분단구조와 북한문학』, 소명출판, 2000, 48면.

소련에 대한 국제연대를 간결하고 소탈한 '고상한 리얼리즘'으로 표현한 리찬의 소련 시초(詩抄)들은 이러한 시기에 하나의 표상이 아닐 수 없었을 것이다. 물론, 소련으로 향한 북한문학자들의 생각은 다만 리찬에게만 한정된 것이 아니다. 소련과의 국제주의에 대해서는 박세영 · 강승한 · 이정구 · 백인준 등의 시가 실린 『영원한 친선』(1949)이라는 시집에 모아져 있다. 또한 한설야나 이태준(「소련기행」, 『문학』 3호)이나 소련계 시인 조기천 등에도 보인다. 당시 리찬은 이러한 흐름에 대표적인 국제주의의 모범을 보였던 것이다.

소련에 직접 가서 취재와 창작을 게을리 하지 않았던 리찬, 그의 경력에도 소련은 청년기의 한 시기를 점하고 있다고 쓰여 있다. 그의 약력을 보면, "20세에 일본 『와세다』대학에 가 로문학을 전공하다가 학비 곤란과 일제의 박해로 학업을 중단하고"(『리찬』 후기)라고 써 있다. 편집부가 정리한 것으로 되어 있으나 북한의 다른 자료에도 그의 약력은 와세다대학에서 로문학을 '전공'한 것으로 되어 있다. 그런데 과연 그가 와세다 대학에서 로문학을 전공했을까. 당시, 그가 다녔다는 와세다대학의 학적부를 확인(1999.10.13. 大村益夫 교수 확인)해 본 결과, "李燦(男) / 1910年 1月 15日(?) / 早稻田大學 高等師範部 英語科"를 다닌 것으로 나와 있다. 당시의 학적부를 보면, 분명히 "英語 李燦"이라고 표기되어 있다. 이름 위에 분명히 "英語" 라고 소속 도장이 찍혀 있다. 그렇다면, 리찬은 영문학을 했으면서 왜 로문학을 했다고 약력에 적었을까. 영문과에 소속되어 있었으면서 로문학을 많이 공부했다고 해도, 로문학을 '전공'했다고 쓰는 것은 옳지 않다. 거친 추정일 수 있으나 당시 영문학보다는 로문학이 북한사회에서는 단연 선호되었고, 그런 사회적 분위기에서 그의 약력이 자의든 타의든 '변조'되었다고 추정해 볼 수 있겠다. 그런 변조는 당시 북한의 다른 작가에게서도 볼 수 있다.[10] 아무튼 당시 소련이란 존재는 한 인간의 인생여정

10) 가령, 이석훈(李石薰, 1907~?)도 와세다대학에서 러시아문학을 전공한 것으로 소개되곤 하는데, 학적부를 통해서 그런 사실이 확인되지 않고 있다. 사실은 고등학교 수

을 변경시킬 수도 있던 영향력을 가졌던 것임에는 틀림없다.

이제, 소련에 대한 리찬의 자세에서 어떤 변화는 없었는지 질문을 달아보자. 해방을 몰고 온 주체를 소련으로 묘사했던 리찬의 시가 조금씩 변해 가는 과정이 중요하다. 1945년경에 발표된 시편에서 해방의 주체를 소련으로 보고, 김일성을 묘사한 대목은 도드라져 보이지 않았다. 그런데 그것은 1946년에 접어들면서 조금씩 변하게 된다.

3. 수령형상문학과 애국주의

1) 수령형상문학의 모범 「김장군의 노래」

해방 후 북한의 지식인들 눈앞에 펼쳐진 사건들은 이조 500년, 그리고 지난(至難)한 프롤레타리아 운동사에서도 이룩하지 못했던 것들이다. 가장 대표적인 예로는, 1946년 2월 단 20일 만에 이룩해 놓은 토지개혁이다. 혁명 과정 속에서 서서히 이루어져 왔던 소련과 중국의 토지개혁에 비하여 북한의 그것은 전면적인 것이었다. 무상몰수·무상분배를 원칙으로 한 선 토지개혁이란 혁명 그 자체가 아닐 수 없고, 따라서 '정치－문학 일원론'의 시각에서 보면 그 자체가 정치와 문학의 중심부에 해당되는 것이다. 당시 여러 문학작품이 토지개혁을 다루었다.[11] 오랫동안 노동자의 해방을 꿈꾸어 오고, 그것이 그리워 월북하거나 사회주의를 택했던 당시의

준에 준하는 早稲田의 '高等豫科'에서 러시아어를 공부한 것 같다고 보고되고 있다. 大村益夫, 「早稲田出身の朝鮮人文學者たち」, 『語研フォーラム』, 早稲田大學語學教育研究所, 14호, 2001.3.1, 10면.

11) 김윤식은 이기영의 「땅」에서 토지개혁은 핵심적인 요소라고 한다. 김윤식, 『북한문학사론』, 새미, 1996, 97~99면.

좌파 지식인들에게 '20일 만의 토지개혁'이란 단순한 사건이 아니었다. 또한 '20개의 정강(政綱)'을 통해 전면적으로 개혁되는 사회를 볼 때, 거의 기적을 체험하는 느낌이었을 것이다. 이 체험을 리찬은 "神話가 아니다/傳說이 아니다.//여기 북조선의 명백한 오늘을/모—든 不可能에서 可能이 前進한다"[12]고 기록한다. 하루아침에 녹화(綠化)되는 영흥 대평야, 전에 없던 전기보일라, 연기가 솟아오르기 시작하는 공장의 굴뚝 등 눈앞에서 빠르게 변하는 세상을 보며 시인은 "너 어서 偉大한 이 地域 偉大한 이 勝利를 기록하야"라고 말한다. 시인에게는 "불가능에서 가능이 전진"하는 위대한 승리였다. 그러한 체험을 가능하게 했던 '위대한 영웅'에 대해서 당연히 문학적인 형상화를 하고 싶었을 것이다.

이른바, '위대한 영웅'에 의한 '위대한 개혁'은 각지에서 일어났다. 가령 평양 서쪽 보통강에서 해마다 일어나는 홍수를 막기 위해 둑을 쌓는 1946년 여름 관계농사의 풍경을 긴 호흡으로 그려낸 김조규의 시를 보자. 꼬리에 꼬리를 묾던 가난뱅이 생활의 상징이었던 보통강 유역의 풍경은 시인에게 단지 "썩어진 거재기었다/똥깐이었다/시궁창이었다/나루ㅅ배에 앉은 누런 얼골들"일 뿐이었다. 가난의 상징을 뒤엎는 보통강 관계농사를 묘사하면서 시인은 이렇게 마무리하고 있다.

> 그러나 普通江
> 보라! 將軍金日成이 가난뱅이 벽허리 언덕에서
> 손높이든 道義의 꼭괭이를—
> 地心이 울리도록 나려박히는 聖鍬의 소리
> 파퉁키자 번지어라
> 쌓아 올리자 오오 民主朝鮮의 防波堤
>
> —김조규, 「生活의 흐름」[13]

---

12) 李燦, 「勝利의 記錄」, 『文化戰線』 創刊號, 1946.7, 114면.
13) 金朝奎 詩集 『東方』, 平壤 : 朝鮮新聞社, 1947.9.18, 26면.

시인 김조규는 이 관계농사의 지휘자를 김일성으로 보고 있다. 이 시는 1946년 6월에 쓰여진 것으로 표기되어, 그의 시집 『동방(東方)』(1946.9.18)에 실려 있다. 그런데 김조규가 이렇게 표기하기 전에, 조기천과 리찬이 선두적으로 당시의 '장군 김일성'을 칭송하는 작품을 발표한다. <북조선예술총동맹>의 서기장, 리찬은 기관지 『문화전선』(발행인 한설야, 1946.6) 창간호에 송가이며 한국전쟁기에 많이 불렸던 「김일성 장군의 노래」(리찬 작사, 김원균 작곡, 1946)의 모작(母作)이 되는 「김장군(金將軍)의 노래」를 발표한다.

長白山 줄기줄기 피어린자욱
鴨綠江 굽이굽이 피어린자욱

오늘도 自由朝鮮 면류관우에
역역히 비쳐드는 피어린자욱

아— 아— 그일홈도 그리운 우리의將軍
아— 아— 그일홈도 빛나는 金日成將軍

滿洲벌 눈바람에 이애기하라
密林의 긴긴밤아 이애기하라
萬吉의 빨치산아 누구인가를
絶世의 愛國者가 누구인가를

勞動者 大衆에겐 解放의恩人
民主의 새朝鮮엔 偉大한太陽
二十節 政綱우에 蜂蝶도뭉쳐
北朝鮮 坊坊谷谷 새봄이온다

— 李燦, 「金將軍의 노래」 전문[14)]

---

14) 박명림은 "이 노래의 등장을 확인해주는 1차 자료가 없다"(『한국전쟁의 발발과 기원』 II, 나남출판, 1996, 255면)라고 했는데, 이 노래가 처음 발표된 지면은 『文化戰線』 창간호(1946년 7월호, 차례 앞면, 사진을 참조 바람)가 아닌가 싶다.

이 시는 『문화전선』 창간호의 첫머리를 장식하고 있다. 1946년 7월 해방 1주년을 맞이해서 만들어진 이 노래는, 그 해 여름 첫 연주회가 있은 뒤 곧바로 전국으로 퍼져나갔다. 가사는 한자가 완전히 한글로 바뀌었을 뿐, 원문 그대로이다. 북한문학사에서는 이 시가 형식적인 면에서 '심오한 사상과 높은 형상성, 평이성과 통속성을 가지고 있는 것으로 혁명송가의 빛나는 모범'[15]을 보이고 있다고 말한다. 북한의 문학사는 이 시의 창작동기를 이렇게 말한다.

> <카프>에 대한 검거선풍으로 서대문 형무소에서 감옥생활을 하는 과정에 그는 위대한 김일성장군님에 대한 전설같은 이야기를 들으며(…중략…) 토지개혁법령이 발포된 순간에는 서정시 「새소식」을 창작하여 토지개혁법령소식에 접한 감격과 흥분을 열정적으로 노래하였고(…중략…) 송가를 창작하려는 그의 열정은 1946년 4월 위대한 장군님을 지척에서 뵈옵는 력사적인 날들을 계기로 더 강렬해졌다. 당시 함남일보사에서 기자로 일하던 시인은 위대한 장군님께서 흥남비료공장사업을 현지에서 지도하신다는 감격적인 소식을 듣고 공장으로 달려갔다.[16]

이러한 창작과정을 거쳐 이 시는 이 후에, 한자가 한글로 바뀌고, 어려운 대목은 쉬운 표현으로 개작되면서 전국으로 퍼지게 된다. 지금까지 북한의 문학사는 이 시를 수령형상화의 모범으로 삼고 있으며, 모든 책에서 인용하고 있다. 그런데, 이 시는 정치적으로 그리고 문화사적으로 두 가지 중요한 의미를 지닌다. 첫째, 해방의 주체가 바뀌었다는 것을 보여주고 있다. 이 송가의 등장시기는 그것이 김일성의 부상이라는 정치적으로 중요한 의미를 함축하기 때문에 눈여겨볼 필요가 있다. 국가(國歌)나 국기(國旗), 국명(國名)이 만들어지기도 전에 최고지도자에 대한 칭송의 노래가 먼저 나왔다는 것인데, 더 중요한 것은 해방의 주체가 바뀌었다는 점이다. 이제까지는 붉은 군대가 해방의 주체였는데, 그보다 수령의 빨치산

---

15) 오정애 · 리용서, 『조선문학사 · 10－해방후편 평화적민주건설시기』, 사회과학출판사, 1994. 59면.

16) 오정애 · 리용서, 위의 책, 47~59면.

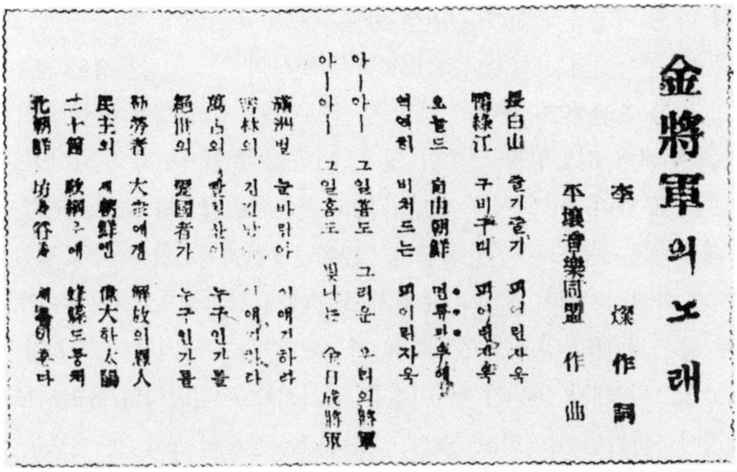

▲『文化戰線』, 19746.7, 창간호에서

활동이 강조되기 시작한 것이다. 그 변화 과정은 1945년 해방 직후 발표된 시와 1946년 해방 1주년을 기념하는 시를 비교하면 확연히 알 수 있다. 1946년 4월에 출판된 시집 『횃불』에서도 "우라(만세)— 스타—린 ! / 우라— 스타—린 ! / 朝鮮 獨立 萬歲 ! / 푸로레타리아 해방 만세"(「향현」, 125면) 이라며 스탈린과 프롤레타리아가 해방의 주체로 강조될 뿐이지, "위대한 태양" 같은 표현은 없다.

해방의 주체가 소련에서 김일성으로 바뀌는 과정에 대해서는 정치학자에 따라 조금씩 의견이 다르다. 와다 하루끼[和田春樹]는 "유격대 사령관으로서 신비화 전술(神秘化 戰術)"[17]은 1945년 9월 19일 김일성이 원산에 상륙할 때부터 서서히 드러난다고 한다. 이종석은 "1946년 2월 8일 북한지역에서의 단독적 개혁을 추진하기 위해서 '중앙주권기관'인 북조선임시인민위원회를 결성하였으며 김일성은 이 기구의 위원장에 취임"하였고, 이것이 바로 김일성이 북한 최고지도자로 취임한 최초의 사건이라 하면서, "1946년 봄에 김창만이 북조선 공산당 선전부장이 되자 당시 소련

17) 化田春樹, 『金日聖と滿洲抗日戰爭』, 平凡社, 1992, 342~343면.

에서 나온 박창옥과 함께 김일성 유일지도자 옹립에 열을 올렸고, 그 결과 문학 분야에서는 한설야가 1946년 김일성의 항일무장투쟁기(『영웅 김일성 장군』)를 출판했고, 소련군 장교 출신인 시인 조기천은 대서사시 『백두산』을 통해서 김일성을 민족의 영웅, 민족의 유일지도자로 형상화"[18]했다고 쓰고 있다. 이에 비해 박명림은 리찬의 「김장군의 노래」를 이 시기를 대표하는 작품으로 인용하면서, "1946년 7월에서 8월 사이에 김일성의 입지가 확실해지면서 해방의 주체가 소련에서 김일성으로 바뀌는 과정은, 모두 물론 소련의 양해가 있었기에 가능했다"[19]고 명기한다. 시기상의 차이는 있으나 대략 1946년 봄 이후를 정치적으로 김일성의 유일지도자화가 가시화되었던 시기라고 볼 때, 리찬의 「김장군의 노래」는 새로운 해방 주체의 개국(開國)을 알리는 일종의 '용비어천가'가 되었던 것이다.

둘째, 이 시는 사상적으로 '주체(主體)의 시대'를 예견(豫見)하는 작품이 되었다. 이 시기 이후 김일성은 더욱 부상하고 그에 반비례해서 소련은 점점 후퇴하게 된다. 1946년 해방 1주년 기념식 연설에서 일제로부터의 해방이 "조선민족의 투쟁의 결과"라는 표현이 "소련의 위대한 붉은 군대의 영웅적 투쟁"이란 표현보다 앞서 나오면서, 처음으로 '김일성식 민족주의의 초기적 발로'가 엿보인다. 이후에 북한은 민족주의를 넘어 1970년에 이르면 '주체의 시대'로 넘어가게 되는 것이다. 1946년 해방 1주년 기념식 연설이 주체적인 정치관의 처음 발로였다면, 리찬의 「김장군의 노래」는 그것에 대한 가장 신속하고도 대중적인 '문학적 선언'이었다. 그러므로 이 송가는 주체시대인 지금도 모범으로 삼아지고 있다.

리찬 시인이 세상을 떠난 뒤, 1983년에 그를 기리기 위해 출판된 『태양의 노래』(문예출판사)에는 그의 대표 서정시 65편이 실려 있는데, 그 서시로 「김일성 장군의 노래」가 실려 있다. 5부로 나뉘어 있는 이 시선집은 제1부가 '김일성장군 찬가'로, '수령'[20]형상의 서정시 10편을 모아놓고 있

18) 이종석, 「김일성 연구」, 『현대 북한의 이해』, 역사비평사, 1995, 194~196면.

19) 박명림, 『한국전쟁의 발발과 기원』 II, 나남출판, 1996, 254~256면.

다. 북한의 문단이 그를 수령형상문학의 모범으로 보는 까닭은 시선집의 편집을 보아도 충분히 알 수 있다. 또한 1992년판 『주체문학론』에서도 "혁명적 문학 예술 전통을 빛나게 계승 발전시켜야 한다"고 논하면서, 그 대표적인 시를 두 편을 들고 있다. 즉 "예술인들은 해방직후에 광복의 대업을 이룩하고 조국에 개선하신 수령님을 절세의 애국자로, 전설적 영웅으로, 민족의 태양으로 높이 우러러 칭송하면서 불멸의 혁명송가 「김일성 장군의 노래」를 창작할 수 있었고, 장편서사시 『백두산』과 같은 훌륭한 작품을 내놓을 수 있었다"[21]는 언급에서 보듯이, 리찬의 「김장군의 노래」는 조기천의 『백두산』과 함께 가장 모범적인 작품으로 칭송되고 있는 것이다. 이러한 까닭에 리찬의 「김일성 장군의 노래」는 "수령형상 시문학의 첫 장을 빛나게 장식한 가장 훌륭한 가사작품"[22]이 된 것이다.

2) 애국주의와 수령형상문학

수령형상문학의 모범이 된 리찬의 시는 곧 애국주의 사상과 함께 생각해 볼 수 있다. 엄호석의 「조선문학과 애국주의 사상」(『문학의 전진』, 1950.8)은 애국주의에 대해서 차분하게 논한 글이다. 그는 '이승만 도당의 미제에 민족을' 파는 것은 거짓 민족주의라면서, '새로운 애국주의 그리고 가장 전형적인 표현은 김일성 장군과 그의 빨치산'이라고 말한다. 엄호석은 을지문덕, 연개소문, 강감찬, 그리고 이순신이 애국주의를 고양하는 데 쓰

20) '수령'이란 용어의 연원에 대해 이종석은 앞의 책(196면)에서 이렇게 설명한다. "1946년부터 당이데올로그들에 의해서 '위대한 영도자'라는 호칭이 따라붙기 시작했으며, 1948년부터는 인민군대를 중심으로 항일유격대 출신 군지도자들에 의해서 '수령'으로까지 불리게 되었다. 이 '수령' 호칭은 한국전쟁을 계기로 북한사회에서 일반화되었다."

21) 김정일, 『주체문학론』, 조선로동당출판사, 1992, 69면.

22) 오정애 · 리용서, 『조선문학사 · 10－해방후편 평화적건설시기』, 사회과학출판사, 1994, 47면.

이듯이, 수령이 애국주의적으로 형상화되어야 한다면서, 다음과 같이 말한다.

> 김일성 장군의 애국적 형상은 아무러한 예술적 과장이 없이도 그대로 가장 걸출한 애국자의 전형적 성격으로서 우리 문학에서 창조될 수 있는 문학적 대상이다. (…중략…) 위대한 혁명적 인물의 어떠한 전기적 서술도 그 가운데 많은 미학적 의의를 가진 제대를 무딘 광석처럼 간직하면서 예술적 표현을 요구하며 형상화를 기다라는 것이다.[23]

이렇게 을지문덕이나 이순신을 애국주의로 형상화하듯이, 수령을 형상화한다는 논의를 거쳐 수령형상문학은 더욱 실질적이고 구체적으로 전개된다. 그러면서 그것은 '생활 속에서 형상화 할 것'을 요구하게 된다. 생활 속에서 수령을 형상화하는 것에 대해 리찬은 또 다른 모범을 보인다. 56행 12연으로 구성된 짧지 않은 시 「봄비」는, 쌀쌀한 가을날, 어느 동해 어항을 수령이 방문했을 때의 일을 기록하고 있다. 이 시에서 리찬은 다양한 기교를 통해, 수령형상문학의 또 다른 전형을 보여주고 있다.

먼저 이 시는 수령을 초월적인 인물이 아닌 다정한 사람으로 묘사하고 있다. "그리웁던 벗인양 / 넘치는 미소로 일일이 화답"하는 수령의 모습, 어로공의 등어리 쓰다듬으며 "아직 고무옷을 못탔는가 / 장화도 못탔는가"를 묻는 수령의 모습은 너무도 다정다감하다. 둘째, 이 시는 구호적인 도식주의를 벗어나 생활 속으로 들어가고자 했던 당시 북한 시문학의 경향을 앞서 나가는 모습을 보인다. 가령 "세조－영침에 / 빨갛게 단손길들 / 이윽히 살피시다"라는 표현에서 '세조－영침'이란 명태를 씻어 소금에 절이는 행위를 뜻하는데, 이렇게 리찬은 현장 취재를 통해 작품창작을 보여주고 있다. 셋째, 그러면서도 수령의 직접적인 목소리를 시에 담기도 한다. "－동무들 이 아름다운 곳에 / 훌륭한 수산 도시를 건설합시다 / 그러기 위

23) 엄호석, 「조선문학과 애국주의 사상」, 『문학의 전진』, 1950.8; 김재용 외, 『자료집』 1, 478~493면.

하여 우리 노력합시다 / 당면 과업은 힘껏 기계화하고 / 근로 형제들게 더 많은 어류를 공급하는 문제요……"라는 표현을 통해 공산주의 교육을 위한 기능을 수행하기도 하는 것이다. 그런데 사실 여기까지 읽으면 그리 신선하지 않고, 산문에 행(行)을 끊은 듯이 단순하다. 바로 시가 지루해지는 지점에서 리찬은 '봄비'라는 상징을 써서 시적 변환을 도모한다.

그 다음날부터였네
봄비 지나간 뒤 산과 들처럼
생산 도표의 푸른 줄기줄기
째호마다 싱싱 뻗어 오르고

바다 천년의 낡은 방식 우에
아슴푸레 눈 뜨던
온갖 지혜와 재능의 가냘픈 싹들이
무럭무럭 자라나기 시작한 것은,

그러기에 년간 계획 우에 높이 휘나는
승리의 깃발 바라볼 때나
아지아지 찬란한 개화를 다투는
권태기, 활복기, 건조기, 하륙슈-드의
새록새록한 꽃망우리 바라볼 때나

사람들이 사람마다
가슴 깊이 느낀다네
봄비 지나간 뒤 산과 들,
자애로운 수령의 모습을

— 리찬, 「봄비」, 9~12연[24]

봄비 지나간 뒤에 바뀌는 산과 들의 모습을, 수령이 오고간 뒤의 현실

24) 李燦, 「봄비」, 『승리자들』(합동시집), 조선작가 동맹출판사, 1954, 98~103면.

과 겹쳐놓고 있다. 수령은 곧 '봄비'로 은유되고 있다. 남한의 문학적 경향에서 보면 낮은 차원의 은유이지만, 우리는 북한문학이 가장 쉬운 비유를 통해 대중에게 다가가는 교양성을 중요하게 여긴다는 사실을 리찬의 수령형상문학을 통해 만나게 된다. 그러나 아무리 해도, 수령의 토지개혁이나 온갖 다정다감함을 체험해 보지 못한 남한의 독자들에게는, 바로 이러한 대목이 가장 멀리 느껴질 수밖에 없다. 나아가서는 우상화라는 생각에서 거부감을 갖게 되기도 한다. 북한의 시인이나, '리찬'의 수령형상문학작품은 이러한 까닭에 통일문학사를 쓰는 대목에서 많은 논란을 불러일으키게 될 것이다.

4. 리찬의 혁명시와 서정서사시

앞서 우리는 리찬이 「김장군의 노래」의 가사를 지어 북한 문예사에서 선도적인 역할을 했다는 것을 보았다. 사실 그에게 북한이란 사회는 그가 찾던 유토피아였던 것이다. 북한사회의 노동법령을 예찬하는 「비력(悲歷)의 종언」(『年間朝鮮詩集』, 문학가동맹, 1946)이란 시에서 그는 비극의 종언을 발표한다. '슬픈[悲] 역사[歷]'가 끝났다는 것은 그가 그리도 그리워했던 '이러진 화원'(「이러진 화원」), 즉 '잃어버린 화원(花園)'을 찾았다는 말이다. 이제 그의 시에서 민족과 과거에 대한 회환만 있을 뿐이지 현재의 갈등은 존재하지 않는다. 『연간조선시집』에 발표된 리찬의 시는 한없는 만족감으로 채워져 있다. 이러한 만족감을 표현하는 그의 시는 '인민을 교양하는 양식'으로서 그 형상성이 탁월하다. 문학을 '인민교양을 위한' 것으로 보는 북한문학사에서는 리찬의 시에 숨어 있는 탁월한 형상성을 높이 사지 않을 수 없었을 것이다.

첫째, 그의 시는 낭독을 하게 되면 선동성이 느껴지는 경우가 많다. 1930년대 중반기의 리찬 시를 낭독해 볼 때, 앞선 시기보다 더욱 생생한 울림이 있다는 것을 느낄 수 있다. 첫 시집 『대망』에서 중요한 대목을 차지하는 시 「대망」(『중앙』, 1935.6)을 보면, 함경도 말투를 그대로 넣은 표현을 볼 수 있다.

> 고동소리에 놀랜 듯이 웨치는 한 시악씨
> 「애구 오늘밤에두 아니 오는 겝슴매」
> 뒤바더 「죽었따니까 죽어. 그 바람에 어지 사니」 하고
> 엎드러져 와— ㅇ 우는 이웃 안악네
>
> 안악네 딸아 그 이악씨 울고 ……마침내 모다들 운다!
> 목 놓아 「◯◯야……」 「◯◯아바……」 「난 어저람메……」 「이아— 덜 어쩌갯슴메」 ……부르짖기도 하며
>
> —「대망」, 7·8·9연

'에구 오늘밤에두 아니 오는 겝슴메(오늘밤에도 안 오는 가봐요)', '죽었따니까 죽어. 그 바람에 어지 사니(그 바람에 어떻게 살지)', '난 어저람메……(나는 어떡하라고)', '이아— 덜 어쩌갯슴메(아이들은 어떻게 합니까?)'라며 부르짖은 여인들의 부르짖음이 함경도 말씨로 그대로 드러나 있다. 이 시는 바다에 고기 잡으러 간 사내들을 기다리다가, 그들이 끝내 돌아오지 않자 부두에서 애절하게 울부짖으며 통곡하는 함경도 아낙네들의 아픔을 그녀들의 말씨를 그대로 살려 담아내고 있다. 실제 말씨를 그대로 살려 씀으로 시는 더욱 생생한 리얼리티를 확보하게 되는 것이다. 눈으로 보는 것보다, 함경도 억양을 넣어 읽어볼 때 그 느낌은 연극적으로 새롭게 다가올 것이다.

둘째, 그의 시는 북한문학이 추구해 온 서정서사시의 모범을 잘 보여주고 있다. 리찬 시는 초기 시부터 단편서사시적인 면모를 보인다. 엄연히 서정적 인물이 등장하고 서사적 상황이 배경을 이루고 있다. 그가 시

단에 나왔던 1928년 8월쯤에는 이미 한국 문단에 단편서사시 논쟁이 풍미했던 때였다. 그의 초기 시 중의 한편으로 「기계(機械)가튼산아히」(『大衆公論』, 1930년 3월호, 169~170면)를 보면 이 시의 무대배경은 '화염을 토하는 용광로'로 있는 공장으로 설정되어 있다. 시의 배경은 공장이고, 그 서정적 주인공은 지하조직에 관계하는 노동자로 표현되어 있다. 그는 모진 고문에 못 이겨 조직의 비밀을 토해낸다. 그래서 그는 용광로 앞에서 "앙상한 기계같이" 움직이고 있다는 내용이다. 당시 북한문단에서는 서정・서사적인 작품을 이렇게 정의하고 있다. 즉 "서정적 작품의 요소와 서사적 작품의 요소가 결합되어 있는 시적 형식의 문학작품을 말한다. 서정－서사적 작품에서는 생활이 일방으로는 인간들의 행동과 감정 및 그들이 참가하는 사건에 대한 운문적 서술의 형식에서 반영되는 동시에 타방으로는 시 작품의 등장 인물들의 행동과 생활 화폭에 의하여 환기된, 설화하는 시인 자신의 감정의 형식으로도 반영된다"[25)]고 말한다. 이렇게 볼 때, 리찬의 시에는 '서정서사시'를 이루기 위한, 서정적 주인공・전형성・배경・사건・서정적 토로 등등의 요소들이 두루 갖추어져 있다. 그의 서정서사시의 한 정점을 보여주는 시 「우크라이나의 초막에서」 전문을 인용해 본다.

> 함박눈 소리없이 내려, 내려서 쌓여
> 오리떼 움츠리고 모여 드는 창가에 등을 밝히며
> 아버지는 우리를 맞아 주셨다.
> 자못 넘치는 기쁨을 감추지 못하면서,
>
> 딸은 잠겨진 부엌문을 만지작거리며
> 돌아 안 오는 어머니는 안타까와 하는데,
> 그 무슨 좋은 지혜를 빌리려 아버지는 자주
> 서리 않은 관자노리를 가져 가는 것일까,

25) 「서정－서사적 작품」, 『문학술어해석－교원참고용』, 평양・교육도서출판사, 1957, 126면.

그래서만은 아니였다. 그는 아주 귀염둥이,
솔고리 가득 절군 사과 들고 오는 그의 머리 쓰다듬으며
『아들 녀석 잃은 뒤로는
이 애가 우리의 오직 한 떨기 꽃봉오리라우』

아버지의 말없는 시선이 못박히는 벽상의 사진,
락조 고이 물들어 그림 같은 드네쁘르강가
구름 같은 양떼 속에 휘파람 날리는 싱싱한 청년
그는 쎄르게인가.

『쎄르게이는 살아 있지요, 살아 있는 그를
그 가을 조선으로 보낸다고 온 마을이 횃불 들고
밤 밝히던 밀 가을 속에서도 나는 보았고,
건설 기사로 조선 간다고 노래처럼 되뇌이는
이 아이의 나날에서도 나는 보고 있지요...』

아버지는 휩싸여 드는 그리움 몰아 버리려는 듯
음성을 돋구며
『어서 드시라우 하찮은 것이나
이것은 로친네와 올해도 그를 생각하며 절군 것이라우,
그 애는 무척 이것을 좋아했으니까요...』

『귀중한 손님들, 만일 조국에 돌아 가시여,
해당화 고이 핀다는 동해바닷가
그 애 잠들어 있다는 해방탑 앞을 지나시거든
전해 주시우, 아직도 우리를 걱정할 그에게』

『너를 잃은 슬픔보다도
너로 하여 다함없는 존경 속에 우리는 행복하고,
올해도 너를 대신하는 수 많은 로력의 도움으로
사과도 무척 더 많이 받았다고...』

—「우크라이나의 초막에서」 전문(『리찬』, 1956.12, 174~177면)

이야기는 조선으로 갔다가 죽은 아들 쎄르게이를 그리워하는 아버지와 '우리(방문객)'가 대화하는 내용이다. 장소는 러시아의 우크라이나이다. 서정적 주인공은 늙은 아버지다. "건설 기사로 조선 간다고 노래처럼" 되뇌였지만 조선에 간 뒤 죽은 듯한 '쎄르게이'라는 아들을 그리워하는 늙은 아버지다. 아들 대신 노인은 사과를 수확하며 위로를 삼고 있다. 마지막 3연은 노인의 아픔과 아픔을 넘어선 깊이가 잘 전해진다. 대화체를 3연으로 나누어 연과 연 사이에 침묵을 넣어 독자 스스로 침묵의 공간에서 상상하게 하고 있다. 말을 잇지 못하는 노인의 아픔이 연과 연 사이에서 느껴지기도 한다. 그래서 "너를 잃은 슬픔보다도 / 너로 하여 다함 없는 존경 속에 우리는 행복하고, / 올해도 너를 대신하는 수많은 로력의 도움으로 / 사과도 무척 더 많이 받았다고……"라고 하는 마무리는 무척 감동적이다. 마치 영상을 보여주는 듯이, 말을 하다가 중간에 한 번 말을 마치고, 이어서 또 말하는, 노인의 읊조림과 같은 말을 연과 행을 조정해서 잘 표현하고 있다. 이 시는 역할을 정해서 낭송하게 되면 매우 입체적으로 느껴질 수 있다. 단지 극시(劇詩)적인 효과뿐만 아니라, 디테일에 있어서도 아름다운 면모를 갖고 있다.

그의 시에는 북방정서가 느껴지는 언어가 쓰이곤 한다. 그리고 그 언어는 독자로 하여금 북방의 풍경을 떠올리게 만드는 역동성을 발휘하곤 한다. 가령, 3연 2행에 "솔고리 가득 절군 사과 들고 오는 그의 머리 쓰다듬으며"라는 표현을 보자. 여기서 우리는 '솔고리'라는 단어와 '절군'이라는 단어가 주는 어떤 분위기에 빠지게 된다. '솔고리'란 소나무 가지로 상자 비슷하게 만든 그릇으로 고리버들가지나 대오리 같은 것으로 엮어서 아래위짝을 만든 것을 말한다. '절군'이란 단어는 동사 '절구다'에서 온 말로 "소금에 절구다" 혹은 "배추를 절구다"라는 말로 쓰이곤 한다.[26] 물론 이 단어는 지금도 전라도 등지에서 '절다'의 사투리로 쓰이기도 하지

26) '절구다' 등의 사전적 정의에 관해서는 『조선말대사전』(평양 · 사회과학출판사, 1992)을 참조.

만, 북방정서를 나타내는 분위기에서도 많이 쓰여 왔다. 가령, 장편소설 『꽃파는 처녀』에서는 "아니 이 고등어가 어쨌다구 그러우? 얼음에 박아 실어온 시퍼런 생선을 내 손으로 알맞추 얼간하여 절군것인데"라는 표현이 나온다. 지금도 연변지역에서는 배나 사과나 감을 꿀물처럼 단 물에 '절군' 음식을 손님상에 내놓기도 한다.[27] 이처럼 원재료에 무엇인가를 첨가하여 "간맛이 제대로 잡히게 한다"는 뜻인 "절구다"라는 표현을 독자가 접할 때, 사람의 정(情)을 담는다(절구다)라는 정찬 북방정서를 느끼게 되는 것이다. 위 시에서 노인들이 아들을 생각하면서 사과를 '절군'다는 것, 그리고 '절군' 사과로 손님을 대접하는 것은, '절군' 정성만큼 정겨운 풍경이 되는 것이다. 그래서 6연 4행에 "이것은 로친네와 올해도 그를 생각하며 절군 것이라우"라는 표현에 이르면, '절군'이라는 단어가 주는 정서적 힘은 더욱 간절해지는 것이다.

다른 시 「어느 고지에서」(123면)도 그의 서정서사시의 완성을 보여주는 작품이다. 이 시의 서정적 주체는 백발이 성성한 노인이다. 이 노인의 눈으로 전쟁 장면이 그려진다. 마치 카메라를 들이대고 찍듯이 사건은 전개된다. 낭송시와 극시적인 효과 등 여러 기교로, 그러면서도 고상하고 소박한 표현으로 쓰인 리찬의 시는 북한문학이 하나의 전형으로 삼는 서정서사시의 모범을 보이고 있다.

생각해 보건대, 남한에서는 한국전쟁 이후 모더니즘문학이 범람하면서, 이야기를 시에 담는 전통이 한때 끊어졌었다 하면 과장일까. 그것이 신동엽·김수영의 1960년대 이후 민중시를 이룩한 신경림의 『농무』에 이르러 개화했다고 하더라도 과언이 아닐 것이다. 갑오농민전쟁 및 의병운동과 관련된 이야기를 형상화한 장시 『남한강』 등을 발표한 바 있는 신경림은 식민지 시대의 프롤레타리아문학을 거론하면서, 프롤레타리아문학사에 남을 만한 인물로 임화와 리찬을 거론[28]했다. 이런 평가는 바로

---

27) 2000년 11월 18일 와세다대학 조선문화연구회에서 중국 조선족 문학평론가 李相範 선생의 말.

신경림이 도모해왔던 이야기시의 완성이라는 측면에서 리찬을 보았기 때문에 가능하지 않았나 생각된다.

5. 혁명시인의 자격

이 연구를 통해 우리는 리찬이 거의 생래적으로 북한문학이 나아가야 할 길을 창작품을 통해 보여주고 있음을 알 수 있었다. 이로 인해 북한의 문학사들은 지금까지 리찬을 최고의 시인으로 평가하고 있다. 과연 북한 문학사가 어떻게 표현하고 있는지 보자.

① 김하명・류만・최탁호・김영필, 『조선문학사(1926~1945)』, 과학백과출판사, 1981.
"위대한 수령 김일성동지께서 친솔하신 조선인민혁명군 주력부대를 맞이한 국경일대인민들의 가슴마다에는 조국광복의 희망과 혁명승리의 신심이 차 넘치고 국경일대에는 혁명적 기세가 충전하였다."(462면)

② 김정일, 『주체문학론』, 조선로동당출판사, 1992.
"예술인들은 해방직후에 광복의 대업을 이룩하고 조국에 개선하신 수령님을 절세의 애국자로, 전설적 영웅으로, 민족의 태양으로 높이 우러러 칭송하면서 불멸의 혁명송가 「김일성 장군의 노래」를 창작할 수 있었고, 장편서사시 『백두산』과 같은 훌륭한 작품을 내놓을 수 있었다."(69면)

③ 오정애・리용서, 『조선문학사 10』, 사회과학출판사, 1994.
"(리찬의－인용자) 「김일성 장군의 노래」는 위대한 수령님에 대한 전인민적인

28) "프롤레타리아 시, 즉 카프 시들 가운데서 오늘날 우리가 읽을 만한 게 몇 편이나 됩니까. 실제로는 그다지 많지 않습니다. …… 임화, 권환, 월북하여 「김일성 장군의 노래」를 작사한 이찬・김상훈・박세영 등 몇몇밖에 되지 않습니다. 왜냐하면 이들에게는 시는 말로된 예술이라는 인식이 모자라지 않았던가 생각합니다."(신경림, 「생명력이 있는 시를 쓰려면」, 2000.9.28, http://www.kcaf.or.kr/friday/sinkyunglim-content.htm.

칭송의 감정을 품위있게 노래한 혁명송가로서 해방 후 수령형상문학의 새로운 단계를 열어놓았다는데 그 커다란 의의가 있다."(59면)

④ 김학렬, 『조선프롤레타리아 문학운동연구』, 김일성 종합대학출판사, 1996.
"1930년 후반기 시문학에서 리찬의 창작은 중요한 자리를 차지한다. 특히 그가 북부국경일대에서 힘있게 전개된 항일무장 투쟁과 그에 대한 우리 인민의 신뢰와 동경의 감정이 일정하게 비낀 시를 내놓은 것은 이 시기 시문학에서 커다란 의의를 가진다."(205면)

리찬에 대한 평가는 '수령형상문학의 새로운 단계를'(③) 열어놓은 시인이라는 찬사가 중심점을 이룬다. 수령형상문학의 모범이 되기 위해서, 첫째, 리찬의 계급시와 북방정서가 담긴 시를 정치 중심의 문학관에 따라 철저하게 개작되어야 했다.[29] 특히, 김일성의 빨치산 항일투쟁의 영웅적 평가에 대해 그의 시 「국경의 밤」을 통해서 증언함으로써 북한문학의 시원을 밝히고 있다(①, ④). 이를 통해 리찬의 시는 이른 바 <응향> 사건처럼 북한문학의 규정에 의한 '반동시인'과는 확실하게 다른 것으로 인정받게 된다. 둘째, 소련을 해방의 주체로 삼고, 소련의 문학을 표준으로 삼으려고 했던 북한의 초기문학사에 리찬은 작품을 통해 본을 보인다. 셋째, 애국주의문학을 위해 수령형상화의 모범적인 작품으로 「김일성 장군의 노래」를 발표했다(②, ③). 그가 북한문학사에서 주목을 받게 되는 것은 우연이 아닌 것이다. 넷째, 리찬은 해방기에는 전형적인 노랫말과 선동시·낭송시·서정서사시의 모범을 보여주고, 이후 북한문학의 방향이 생활문학으로 향하고자 강조하고 있을 때, 그의 시는 인민의 생활에 밀접해 있는 이야기시의 형태를 보여주고 있었다. 그는 생래적으로 북한문학의 갈 길을 보여주는 안테나 혹은 더듬이의 역할을 했다.

①
그으름내 가시잖은

29) 김응교, 「리찬의 개작시 연구-이찬 시 연구(2)」, 『민족문학사연구』, 소명출판, 2000년 하반기.

하이퐁의 밤
탐조등 대낮같은 부두에
련일, 무더기로 덮쳐들던 미제날강도들이

②
그 빛을 사랑하노라
라틴아메리카에 등대처럼 솟아
매일 매시각 더 밝고 빛나는 빛으로
제국주의를 전율케 하는
꾸바여 그대는 우리와 하나의 사상

①은 베트남 전쟁이 일어났을 때 '베트남 인민과 함께'라는 특집에 실렸던 리찬의 「하이퐁의 밤」(『조선문학』, 1966년 10월호, 54면)이다. ②는 미국과 쿠바 사이에 미사일 문제가 났을 때 리찬이 발표한 「꾸바여! 꾸바여!」(『조선문학』, 1968년 1월호, 111면)이다. 이처럼, 리찬은 시기에 따라서 베트남이나 쿠바의 인민을 지지하면서, 세계 곳곳에서 일어나는 사회주의혁명을 주시하면서, 1960년대 말까지도 주도적인 역할을 보여준다. 결론적으로 그의 시는 수령형상문학의 모범을 보여줌으로써 '새로운 나라 만들기'를 위해 확실한 공헌을 했을 뿐더러, 더 나아가서는 북한문학이 가야 하는 지향점을 주요한 시기마다 제시해왔던 것이다. 그럼에도 불구하고, 북한에서의 그의 역할은 1950년대에 한정할 수밖에 없을 것이다. 아닌게 아니라, 『조선문학개관』 2(박종원 · 류만 공저)에서는 리찬의 시를 '평화적 건설 시기'(1945.8~1950.6)에서만 다루고 있고,[30] 다른 시대에서는 인용조차 하지 않고 있다. 이를 볼 때, 리찬에 대한 평가는 수령형상문학이 그 평가의 중심에 놓이고 있음을 확실히 알 수 있다.

그러나 북한에서 규정하는 1930년 후반의 리찬에 대한 평가(③)와는 달

30) 여기서 인용하고 있는 리찬의 시는 다음과 같다. 「김일성 장군의 노래」(1946) · 「삼천만의 화창」(1946) · 「더욱 뭉치리, 장군님 두리에」(1946) · 「우리의 수도를 아름답게 하는 것」(1947) · 「새소식」(1946) · 「흘러라 보통강, 노래처럼, 그림처럼」(1946).

리, 그의 1930년대 시들은 '패배적이고 퇴폐적'(김용직)[31]이며, '주관적 감상주의'(김응교)[32] 혹은 '비관적인 낭만주의'(최두석)[33]에 짙게 물들은 시편들이 대부분이었고, 급기야는 친일시를 발표하기에 이르렀었다. 리찬은 일본군의 태평양 도서 침략을 "戰勝의 기빨이 나부끼는 다양한 하늘"(「어서 너의 키-타를 들어」)이라고 함은 물론, 침략전쟁에 동원되는 조선인 학도들을 향해 "천황을 위해 영광스럽게 죽으라"(「送出陳學徒」)고 격려하는 등 노골적으로 친일행위를 선동하는 작품[34]을 다수 발표했다. 그런데, 북한 문학사의 어디에도 '리찬(李燦)'의 절망적인 시편이나 친일시편에 대한 기록은, 단 한 줄도 볼 수 없었다. 있다면, 리찬이 소련에 가서 작가 인터뷰를 할 때, 소련 작가가 "전쟁중에(조선의-인용자) 작가들은(소련의 작가들처럼 총을 들고) 反日運動을 했는가"라는 러시아 작가의 질문에 표정으로 답하는 장면 정도이다. 그때, 리찬은 그 "질문은 우리 三人 누구나의 얼굴을 붉게하는것이었다"[35]라고 하면서 허정숙(許貞淑)이 당시의 상황을 설명해 주었다고 쓰고 있다. 얼굴을 붉히는 정도의 태도로 문제가 해결되었던 것일까. 1940년대 이른바 암흑시대에는 누구나 그러했기 때문으로 용인될 수 있었을까. '李燦'이 '리찬'이 된 뒤 역임하는 문예총 서기장·조소문화협회 서기장·부위원장·문화선전성 문화국 부국장이라는 화려한 경력 때문일까. 1930년대 후기 리찬의 절망적이고 신변잡기적인 시를 차갑게 비판했던 임화 등이 남로당 숙청(1953)으로 사라지면서, 그의 과거에 또아

---

31) 김용직, 「국경의식과 계급시-李燦」, 『한국현대시인연구』, 서울대 출판부, 2000, 511면.

32) 김응교, 「주관적 감상주의와 변방의식-李燦 시 연구(1)」, 『1950년대 남북한문학』(한국문학연구회 편), 평민사, 1991.

33) 최두석, 「1930년대 후반의 낭만적 시경향」, 『시와 리얼리즘』, 창작과비평사, 1996, 251~258면.

34) 리찬의 친일작품은 다음과 같다. 시 「어서 너의 키-타를」(『朝光』, 1942.6), 「せめてよく死に」(『東洋之光』, 1944.3), 「送出陳學徒」(『每日新報』, 1944.1.19), 「送出陳學徒」(『新時代』, 1944.2), 「餞詞」(『朝光』, 1944.10). 수필로는 「餞詞」(『每日新報』, 1945.2.14~15).

35) 李燦, 「쏘베-트 作家會見記」, 『文化戰線』 제3집, 1947.3.25, 81면.

리 틀고 있던 흠점을 지적할 비평가는 없어졌기 때문일까. 아마 발군의 재기와 사회적 배경이 겹쳐, 그는 '새로운 단계를 여는 혁명시인'으로 밀어 올려졌을 것이다. 가장 확실한 것은 무엇보다도 '주체의 시대'를 예견하고, 주체로서의 수령관을 확실히 해 놓은 공이 클 것이다. 그에 대한 가장 가까운 증언은 다음과 같다.

> 중앙의 한 신문에는 리찬의 시를 론하는 론평이 실린적이 있었다. 론평은 시인이 해방후에 발표한 몇편의 시작품들에 있는 단편적인 시구들을 가지고 제나름으로 분석하고 마구 공격을 들이대고 있었다. 이러한 사실을 보고받으신 경애하는 수령님께서는 (…중략…) 론평을 새겨읽으실수록 분노를 삭이실수 없으시였다. 어떻게 당의 사랑을 받고 인민의 사랑을 받는 시인을 이렇게도 모해한단말인가. 위대한 수령님께서는 한동안 깊은 생각에 잠기셨다가 리찬 동무는 반동작가가 아닙니다 라고 결연하신 음성으로 말씀하시였다. 그리고 그이께서는 곁에선 일군에게 <그는 우리와 함께 공산주의까지 변함없이 갈 사람입니다>라고 확신에 찬 어조로 말씀하시면서[36]

해방 전의 모더니즘이나 친일시를 지적한 것도 아니고, '해방 후'의 작품을 지적했는데도 그에 대한 비판은 "결연하신 음성"으로 금지된다. "리찬 동무는 반동작가가 아닙니다"라고 하는 수령의 평가 혹은 '용인'은, 아무도 리찬을 비판할 수 없는 존재로 확정시킨 것이다. '해방 후'의 작품에 대해서도 언급불가인데, '해방 전' 리찬의 작품을 비판한다는 것은 북한에서는 불가능하지 않았을까. 이런 배경으로 인해 리찬은 '혁명시인'으로서 1974년 1월 5일에 눈을 감고 북한의 신미리 애국렬사릉[37]에 묻힌다. 그러나, 리찬에 대한 필자의 연구는 여기서 멈출 수 없다. 남한에서는 북한의 혁명시인으로 '외면'되고, 북한에서는 그의 비관적인 낭만주의의 시편과 친일시 경력이 '용인'되어 삭제된 채 '감추어진 리찬'의 모습을 더욱

---

36) 조총련 편집부, 「태양의 품에 영생하는 혁명시인」, 『문화예술』, 조총련, 1980, 12면.
37) 북한의 '신미리 애국열사릉'에 묻힌 이들의 명단인 「애국열사명단」(『역사비평』, 1991년 가을호)을 보면, "리찬 동지 혁명시인 1919~1974.1.5 서거"로 기록되어 있다.

추적해 보고 싶은 것이다. 그 추적은 단순한 호기심이 아니라, 남한과 북한의 문학사에서 외면되고 감추어진 단면을 찾아보는 과정이 될 것이다. 그래서, 이후 필자는 '리찬의 일본체험'이라는 테마로 연구를 이으려 한다. 일본이란 시공간은 그의 삶과 떼어놓을 수 없는 관계를 지닌다. 그가 태어난 시기가 일제식민지 시기이며, 도일하여 와세다대학에 입학했다가 그만두었으며, 또한 친일시를 발표하기도 했던, 그의 일생에 중요한 배경이 바로 일본이라는 시공간이었음을 부인할 수 없다. 아울러 북한문학사가 감추고 있는 대목이기도 하다. 한 작가에 대한 작가연구는 연계성 없이는 성립할 수 없기 때문에 '리찬과 일본'에 얽힌 실타래를 푸는 것은 중요한 테마가 될 것이라고 생각한다.

이제 북한문학 50년에 대한 연구는 보다 미세한 부분까지 접근해야 할 것이다. 그렇게 때문에 '일본과 리찬' 혹은 '1930년대 후반기 리찬의 시'에 관한 연구는 중요한 의미를 지닌다고 본다. 1930년대 후반기에 그는 어떻게 3권의 시집을 낼 수 있었는가? 그의 이른바 '친일시'는 전향인가 포즈인가? '리찬'의 모더니즘 시와 친일시에 대한 총체적인 평가가 마무리 될 즈음에, 우리는 북한문단이 '리찬'의 모더니즘과 친일시 경력을 다루지 않는 이유를 다시 확인할 것이며, 남북한을 아우르는 통일문학사를 좀더 정치(精緻)하게 평가할 수 있을 것으로 기대해 본다.

4부

한국 현대시인의 사회적 상상력

비판적 낭만주의 시인, 이상화 227

만남을 향한 설화적 열망 252
—문병란의 「직녀에게」

길 찾기 나선 세 시인 265
—정현종 · 이진명 · 문부식의 시편

약자의 리얼리즘, 풍자시 270
—김진경 시집 『닭벼슬이 소똥구녕에게』

유린당한 누이의 역사 289
—이성복, 「정든 유곽에서」

자잘한 생명이 삶의 기쁨으로 300
—최승호 명상시집 『달맞이꽃에 대한 명상』

낮은 차원에서 높은 차원으로 309
—이산하 장시 「한라산」

죽음의 상처와 묵시적 상상력 318
—임동확의 시

비판적 낭만주의 시인, 이상화

이상화(李相和, 1901~1943), 필명 '상화(尙火)'는 「나의 침실로」와 「빼앗긴 들에도 봄은 오는가」 같은 시로 선명한 상징의 미와 민족의식을 빼어나게 보여준 식민지 시대의 시인이다. 1922년부터 1941년까지 햇수로 대략 20년 동안 작품을 발표하고 있지만, 그의 작품활동이 제대로 이루어진 때는 정작 1922년에서 1928년까지 6년간에 지나지 않는다. 이 시기에 그는 생애에 발표한 63편의 시 가운데 50편을 발표하고 있으며, 1929년 이후에 작품량은 현저히 줄어 1930년대에 들어서면 2~3년에 한두 편 정도만 발표할 뿐이다. 따라서 상화의 작품생산력이 가장 활동적인 시기는 1920년대이며, 특히 1925년에서 1926년 두 해 동안 30여 편을 발표했다는 사실이 주목된다.

그에 대한 연구는 초기의 단편적인 연구에서 시작하여 지금까지 매우 다양한 형태로 시도되어, 그가 공식적으로 문학활동을 한 1922년부터 지금까지 대략 70여 년간 연구가 진행되어 왔다. 그러나 그에 대한 연구는 다소 이분법적으로 치우쳐서 소개된 예가 적지 않다.[1)]

시의 발표량 때문인지는 몰라도 그의 시는 주로 1920년대에 발표된 작품이 검토되고 있다. 그래서 1920년대의 초기 시인 「나의 침실로」만을 확대해서 상화를 상징주의 시인으로만 평가하는 경우가 있고, 그 반대로, 「빼앗긴 들에도 봄은 오는가」 등의 후기 시만을 확대해서 상화를 저항시인으로만 대치시키는 연구경향이 있어 왔다. 북한문학사는 "리상화는 **무산대중의 리익을 옹호하여 나선** 진보적인 사상감정을 세련된 시 형식에 담아 표현함으로써 현대 자유시 발전에 이바지"(강조-인용자)한 시인이라고 평가한다.[2] 어쩌면 해방 이후 식민지 시대의 다른 작가의 연구사처럼, 상화 연구사 역시 이데올로기적 편향에서 자유롭지 못하다고 할 수도 있겠다. 이런 편향은 물론 연구자들이 상화의 작품 전체를 꼼꼼히 검토하지 않고 연구자의 미적 취향에 따라 골라 연구한 탓도 있겠지만, 한 시인의 문학적 다양성을 부정하는 도식주의적 비평관에서 비롯된다고 생각된다. 다시 말해서 한 시인을 어느 한 사상이나 유파에서 끼워 맞추려는 비평가의 그릇된 연구태도가 이상화에게도 적용되었다고나 할까. 이런 까닭에 이상화라는 한 시인의 모습은 상징주의 시인 아니면 저항시인이라는 극단적인 편향으로만 심하게 일그러진 모습을 드러내고 있다.

때문에 지금 시작하려는 이 글은 상화 시의 전면적인 모습을 어느 쪽에 치우침 없이 고스란히 드러내는 것을 목적으로 한다. 그런 까닭에 연구자의 이념적 경향성은 가능한 억제하고, 시를 중심으로 하여 그 변화를 연구대상에 삼으려고 한다.

다행스럽게도 시인은 시를 발표할 때마다 제작한 날짜를 명기하고 있어, 비교적 정신 세계의 변이양상을 순차적으로 열거할 수 있는바, 그 변이과정을 보면 주관주의적 편향에서 민족적인 객관주의적 편향으로 변모해가는 속성을 발견할 수 있을 것이다. 물론 도식적으로 명확히 변해가는 것은 아니지만, 시대의 흐름에 따라 대표적인 속성을 볼 수 있는 것이다.

---

1) 최동호, 「이상화 시의 연구사적 검토」, 『이상화 연구』, 새문사, 1981을 참조.
2) 사회과학원 문학연구소, 『조선문학통사』(북한판, 1959 / 인동판, 1988), 71~75면 참조.

그래서 필자는 상화의 시를 비관적 낭만주의(초기 시), 비판적 낭만주의와 자연미를 담은 민족주의시(중기 시), 절망적인 고백시(후기 시)로 그 변천과정을 살펴보려 한다.

1. '동굴' 속의 비관적 낭만주의: 1922~1924

1901년 음력 4월 5일(양력 5월 9일)에 대구에서 출생한 상화는 당시로는 매우 넉넉한 집안에서 자라났다. 그의 부친이 그가 7살 때 별세해서 성장과 교육은 주로 그의 백부에 의해 이루어졌다. 백부는 당시 3천여 석을 수확했던 대구지방의 부호였으며 대구사회에서는 명망이 높고 인심이 후했던 사람으로 전해진다. 그가 신식교육을 받기 시작한 때는 1915년, 그러니까 15세 되던 해에 경성중앙학교(현재 서울 중앙중고등학교)에 들어갔을 때부터인데, 이 학교에 들어가기 전까지는 학교에 들어가지 않고 백부에게 교육을 받았다고 한다. 이렇게 그는 덕 많은 백부와 후덕하고 인자했다고 하는 그의 어머니에게서 교육받았다.

기질은 상당히 다혈질적이고 뜨거운 사람이었는데, 한편으로는 차가운 이지의 소유자이기도 했다고 한다.[3] 그것은 그의 작품인 「나의 침실로」·「이중의 사망」·「말세의 희탄」 등 낭만, 허무, 끝없는 정열의 폭주를 보인 시에서 그의 다혈질적인 기질을 볼 수 있으며, 반면에 후기 시로 갈수록 보이는 특히 자연물을 대상으로 한 차가운 이지의 성격을 볼 수 있다. 이러한 성장배경 아래 그의 초기 시를 보자.

저녁의 피무든 洞窟 속으로

3) 상화의 전기적 사실에 대해서는 백기만의 『상화와 고월』(1951)을 참조.

아—밋업는, 그洞窟 속으로
끗도모르고
끗도모르고
나는 걱구러지련다
나는 파뭇치이련다.

가을의 병든 微風의품에다
아—꿈꾸는 微風의품에다
낫도모르고
밤도모르고
나는 술 취한집을 세우련다
나는 속압흔우슴을 비즈련다.

—「末世의 欷嘆」(『白潮』 창간호, 1921.1) 전문(강조—인용자)

상화의 등단작으로 알려진 이 작품을 보면 초기 시가 어떠했는지 잘 알 수 있다. 위에서 보듯이 그의 초기 시에서 중요하게 보여지는 상징은 '동굴'과 '미풍(바람)'이란 상징이다. 그는 동굴을 끝도 모르고 파묻혀 버릴 도피처로 상징하고 있다. 또한 '바람'이란 상징은 자신의 술 취한 집을 세우는 허구적인 대상에 불과할 뿐이다.

이런 세기말적인 작품은 당시 상화 혼자에게만 해당된다기보다는 조선반도에 있던 모든 시인에게 공통된 현상이기도 했다. 말하자면 1919년 3·1 운동의 실패가 전 민중에게 정치적 무기력증을 안겨주었고, 윗시는 그 무기력증의 한 단면을 드러내고 있는 것이다. 게다가 프랑스로 유학할 기회를 얻고자 1922년 일본으로 건너간 상화는, 원래 귀족적인 성장배경과 더불어, 당시 풍미하던 세기말적인 상징주의의 문예사조에 잔뜩 세례를 받은 배경도 빼놓을 수 없다. 이런 까닭에 그는 시에 당대의 무기력증을 '병든' '말세(末世)'로 표징하고 있다.

그런데, 그가 표현한 '말세'의 징후는 실패한 독립운동 이후 절망에 빠진 식민지인의 '집단무기력증'을 잘 드러낸 역설적인 작품이 되었다. 그런 까닭에 윗시는 "근래에 얻을 수 없는 강한 백열된 쇠같이 오열의 노래였다. 신년 이래로 지금까지 이만한 아픈, 뜨거운 시가 없었"고 "인생을 통곡하는 시"이며 그의 다른 시 「단조(單調)」와 더불어 "방열한 관능의 노래"[4]라는 평가를 받기도 했다.

'병든' '말세'로 현실을 보듯이, 시인은 현실을 받아들이지 못하고 있다. 시인과 현실과의 불화(不和)는 역사적인 구체성을 상실하고 있기 때문에 병적인 징후를 드러내기 마련이다. 도피처를 찾아 나서는 시인의 병적 낭만주의는 그의 초기 시를 대표하는 「나의 침실(寢室)로」(『白潮』 3호, 1923.9)에 보다 잘 나타난다.

「마돈나」지금은밤도, 모든목거지에, 다니노라疲困하여돌아가려는도다.
아, 너도, 먼동이트기전으로, 水密桃의네가슴에, 이슬이맺도록달려오느라.

「마돈나」오렴으나, 네집에서눈으로遺傳하든眞珠는, 다두고몸만오느라.
빨리가자, 우리는밝음이오면, 어댄지도모르게숨는두별이어라.

「마돈나」구석지고도어둔마음의거리에서, 나는두려워떨며기다리노라,
아, 어느듯첫닭이울고―뭇개가짓도다, 나의아씨여, 너도듯느냐.

「마돈나」지난밤이새도록, 내손수닥가둔寢室로가자, 寢室로!
낡은달은빠지려는데, 내귀가듯는발자욱―오, 너의것이냐?

화자의 심리상태가 대단히 절박한 1연에서 4연까지만 보아도 시인의 괴로운 마음은 능히 짐작하고도 남는다. 내용뿐만 아니라, 원전(原典)에는 띄어쓰기가 전혀 되어 있지 않아 다급하고 불규칙한 호흡으로 읽을 수밖에 없게 되어 있다. 화자는 도피의 아픔을 넘어 이미 환상의 상황에서 마돈나에 대한 사랑을 읊는다. 현실 저편으로의 상상력을 최대한 증폭시킨 시의 한 유형을 보여주고 있는 것이다. 여기서 보이는 '침실'이란 상징은 앞서

4) 박종화, 「文壇 一年을 추억하야」, 『개벽』 31호, 1923.1.

말한 동굴의 상징과 통하는 것으로 무한한 자유가 있고, 인간 본성의 해탈이 있는 유토피아의 세계이다. 이 침실의 상징이 바로 동굴의 상징과 통한다는 말은 10연에 이르면 확연하게 드러난다.

> 「마돈나」언젠들안갈수잇스랴, 갈테면, 우리가가자, 쓰을려가지말고!
> 너는내말을믿는「마리아」— 내寢室이復活의洞窟임을네야알년만……

'침실'이란 상징은 바로 '부활의 동굴', 곧 영원한 자유가 있는 유토피아의 세계를 그리고 있는 셈이다. 이 상징은 '백조'파의 한 특질을 보여주는데, 월탄 박종화에 있어서 '밀실'의 상징이 그러하듯이, 상화에게 '동굴' 상징은 죽음과 재생의 복합적인 의미가 담긴 원형적인 상징을 보여준다. 시인은 식민지 현실에서 유토피아를 찾지 못하고, 인간의 본성적인 지향성, "뉘우침과 두려움의 외나무 다리 건너 있는 내 침실" 곧 현실 저편에 자리한 꿈의 고향을 그린다. "어린애 가슴처럼 세월 모르는 나의 침실"의 세계, 곧 관념적인 퇴폐적 낭만주의를 탐닉하고 있는 것이다.

결국 이 시기의 시는 '백조'파의 다른 시인과 마찬가지로 낭만적 서정시가 주류를 이루고 있으며, 시의 특성으로는 감상과 퇴폐, 절망과 허무의 정서가 자유시와 산문시의 형태로 드러난다. 초기 시에 보이는 그의 '낭만성'은 그의 생에 일관되게 나타난다.

낭만주의(浪漫主義, Romanticism)은 세 가지로 설명되곤 한다. 첫째, 모험적인 · 감정적인 · 공상적인(fanciful)이라는 의미와 '낭만적(Romantic)'이라는 단어를 구별해야 한다는 것. 둘째, '낭만적'이란 여러 면에서 문학운동과 그 운동에 참여했던 선구자들에게 적용된다는 것. 셋째, '낭만적'이란 단어는 보다 넓은 의미에서 정치 · 종교 · 도덕 · 철학 · 역사 · 민족주의 등에 적용된다는 것이다.[5] 이상화의 경우는 세 가지 모두 적용된다 하겠다.

---

5) Joseph T, Shipley, ed, *Dictionary of World Literary Terms*, Boston : The Writer, Inc, 1970, p.281. 이 책은 낭만주의 문학운동의 대표적인 작가로, 영국의 블레이크(Blake), 워즈워드(Tory Wordsworth), 셸리(Shelley), 독일의 괴테(Goeth), 쉴러(Schiller), 프랑스의 루소(Rou

낭만주의의 원리는 '세계와 자아의 단절'에서 시작된다. 세계와의 의식적 단절은 명료한 형식, 완결된 형식, 무엇인가 분명한 고전주의 같은 것에 대한 강한 거부로 나타난다. 이들은 세계를 객관화 할 것을 거부하고, 이상화(理想化) 자체로 문학형식이 완결되리라 믿었다. 문학형식의 완결성이라는 태도는, 세계에 대해 창작 주체가 현실을 장악했다고 믿기 때문에 가능한 것이다.

문학형식의 완결성을 주장하는 낭만주의는 텍스트에 충실한 '내재적 문학관'을 보여준다. 즉 외부에 있는 세계에 대한 어떤 진리를 표현하는 게 아니라, 작품 그 자체가 하나의 독자적이고 특이한 세계를 이룬다는 것이다. 이렇게 볼 때, '상상적 침실' 혹은 '상상적 동굴'로의 도피를 보여주고 있는 이상화의 초기 시는 충분히 낭만주의자의 성격을 보여주고 있다고 할 수 있다.

많은 시에 감정이 고조된 영탄법을 사용하는 방법으로 채워진 초기 시는 또한 '현실도피적' 혹은 '비관(悲觀)적' 낭만주의에 함몰되어 있다. 근본적으로 낭만주의자들의 세계관은 '역사적 비관주의'라고 레닌(Lenin)은 말했다. 이상과 실재, 숭고한 꿈과 비속한 현실 사이에 그 적대적(敵對的) 대립을 낭만주의자들은 '해결 불가능'으로 보았기 때문이다.[6] 이상화의 초기 시에서 우리는 시대에 굴복하는 '비관주의적 비극'[7]을 읽을 뿐이다. 현실의 희망이 붕괴될 때 비관주의적 태도를 취하게 되는 것이다. 이처럼 이상화의 초기 시는 그 이상(理想) 자체까지도 패배를 맛보고 있기 때문에 충분히 '비관적'이다. 그에게 현실이란 어떠한 의지, 어떠한 투쟁을 기울일 만한 가치도 없었고 희망도 없었던 환멸 그 자체였던 것

sseau) 등을 들고 있다.

6) Moissej kagan, 진중권 역, 『미학강의』 I, 새길, 1989, 199~200면.

7) 이에 비해, "'낙관주의적 비극'은 이미 아리스토텔레스가 주장했듯이, 인간을 '정화' 시키며 투쟁의지와 행동의욕을 고취시켜 이상의 실현을 방해하는 모든 것에 대한 용감하고 희생적인 투쟁으로 이끌어간다. 그것은 영웅과 전사와 혁명가를 길러낸다"고 미학자 까간은 말한다. Moissej kagan, 위의 책, 205면.

이다. 따라서, 그의 비관적 낭만주의는 3·1 운동 이후 절망의 늪에 빠져 있는 식민지인의 절망을 역설적으로 가장 잘 드러내고 있다고도 할 수 있겠다. 이러한 경향은 1925년 무렵부터 점차 다른 모습을 보이기 시작한다.

2. 동굴 밖의 리얼리즘 지향성 : 1925~1928

1) 폭풍우의 정신

이미 말했듯이 이 시기는 그의 창작이 가장 활발했던 시기였다. 아울러 현실도피를 의미하는 '동굴'에서 벗어나 좀더 적극적으로 민족의 삶을 바라보려고 애쓰던 시기였다.

그의 시세계가 변하게 된 주된 이유는 동경유학 시절의 체험들을 검토할 때 보다 분명해질 것이다. 그의 시 「도―교―에서」는 그가 1922년 프랑스 유학을 꿈꾸고 동경에 가서 생활하던 때를 회상하는 작품인데 동경의 화려하고 번화한 생활의 모습을 보면서 끝내 잊지 못하는 것은 움막과 짚풀, 호롱불, 조국 동포의 굶주린 모습들이었다.

> 「東京」의밤이 밝기는낫이다―그러나내게무엇이랴!
> 나의記憶은 自然이준등불 海金剛의달을새로히손친다.
>
> 色彩와音響이 生活의華麗로운 아롱紗를짜는―
> 옙분日本의서울에서도 나는暗滅을 섭읍게―달게꿈꾸노라
>
> 아, 진흙과집풀로 얽멘움미테서 붓처가티벙어리로 사는신령아

우리의압헨 가느나마 한가닥길이 뵈느냐—업느냐—어둠쑨이냐?

—「도—교—에서」(『文藝運動』 창간호, 1926.1), 3 · 4 · 5연(강조—인용자)

도쿄의 화사함은 반대로, 궁핍한 고향과 민족에 대한 마음을 자극시켰다. 마침내 조국 앞에 한가닥 길이 "뵈느냐—없느냐—어둠쑨이냐?"며 통탄하게 된다. 이러한 태도는 앞서의 도피적인 태도와는 다른 것이다. 이처럼 1923년 관동대진재(關東大震災) 사건을 대하면서 그의 관념적인 생각은 현실적인 민족주의로 구체화되었을 것이라 판단된다.[8]

1924년 봄에 귀국한 그는 이듬해인 1925년 1월 『개벽』에 「가장 비통한 기욕」·「빈촌의 밤」·「조소」·「어머니의 웃음」을 동시에 발표하여 이전과 다른 세계관을 보인다. 자기 아픔에 갇혀 있던, 아니 자기만의 절망을 탐닉하던 '동굴'에서 벗어나기 시작한 것이다.

비관적이고 자기 파괴적인 시만 보이던 그는 이 무렵부터 민족의 삶을 작품에 담기 시작한다. 참혹한 식민지 농촌의 현실 때문에 더 이상 농사를 지을 수 없어 조국을 떠나 간도로 이주하는 비극까지 보이게 된다.

아, 가도다, 가도다, 쪼처가도다.
이즘속에 잇는間島와遼東벌로
주린목숨을움켜쥐고, 쪼처가도다
진흙을밥으로, 햇채를마셔도
마구나, 가젓드면, 단잠을얽맬것을—
사람을만든검아, 하로일즉
차라로죽은목숨을쌔서가거라!

아, 사노라, 사노라, 취해사노라
自暴속에잇는서울과시골로
멍든목숨행여갈가, 취해사노라

8) 김응교, 「1923년 9월 1일, 도쿄」, 『민족문학사연구』 제19호, 소명출판, 2001년 하반기, 271~273면.

어둔밤말업는돍을안고서
피울음을울드면, 설움은풀릴것을—
사람을만든검아, 하로일즉
차라로취한목숨, 죽여바리라!

—「가장悲通한祈慾—間島移民을보고」(『개벽』, 1925.1) 전문

1연 4행은, "진흙을 밥으로" 먹으며 다른 땅으로 쫓겨가는 백성들을 그리고 있다. 2연 2행은 "자폭(自暴)" 속에서 취해 살아가는 백성의 비참한 삶을 그리고 있다. 결국, "사람을 만든 검"을 부르며 "차라리 죽은 목숨을 뺏아가거라"(1연), "죽여바리라!"(2연)는 명령법에 이르기까지 한다. 식민지 농촌의 상황은 너무도 비참하고, 참혹하게 드러난다. 시인은 앞서 본 시들과 마찬가지로 모순을 극복하려는 의지보다는 비극적인 비통에 잠겨 있다. 결국 시인에게는 현 상황을 극복하려는 의지보다는 "차라리 취한 목숨, 죽여버리라"는 비극적인 종말까지 암시하고 있다. 지주 출신의 이상화로서는 관찰자의 입장을 넘어서기 어려웠을까. 아무튼 여기서 현실을 극복하려는 그의 적극성이란 의미를 직접적으로는 찾아볼 수 없다. 다만 전 시기에 비하여 이웃의 삶을 바라보기(혹은 관조하기) 시작했으며, 그 풍경을 비극적인 자신의 마음에 전이시켜 시로 표현해내고 있다는 변화를 주목할 수 있겠다.

오랜 오랜녯적부터
아 몇百년 몇千년녯적부터
호미와가래에게 등심살을빗기우고
감자와기장에서 속기름을빼앗기인
山村의뼈만남은 짱바닥우에서
아즉도사람은 收獲을 바라고잇다.

게으름을 비저내는 이느진봄날
「나는 이러케도 시달렷노라……」
돌맹이를 내보이는논과밧—

거게서 조으는듯 호미질하는
농사짓는사람의 목숨을나는본다.

마음도입도없는 흙인줄알면서
얼마라도 더달나고 정성껏뒤지는
그들의가슴엔 저주를바들
宿命이주는 自足이 아즉도잇다
自足이식힌 屈從이 아즉도잇다.

한울에도 게으른 흰구름이돌고
땅에서도 고달픈 沈默이짜라진
오-이런 날 이런때에는
이짱과내마음의 憂鬱을쌔술
東海에서 暴風雨나 소다저라-빈다.

—「暴風雨를 기다리는 마음」(『개벽』, 1925.3) 전문(강조-인용자)

이 시기에 발표한 다른 시 한편을 무작위로 뽑아 보아도 전시기와는 달리 시인이 현실세계를 그리고 있음을 볼 수 있다. "농사 짓는 사람을 본다"(3연)는 태도로 시인의 자세가 확실히 바뀐 것이다. 그 중 윗시는 "뼈만 남은 땅바닥 우에서" 수확을 바라고 있는 농민의 비극적 삶을 안타깝게 바라보고 있는 시이다. 1연에서는 아주 오랜 옛적부터 이어져 오는 가난과 궁핍의 현장에서도 수확을 기다리는 농민의 모습이 그려져 있다. 2연과 3연에서는 흙과 농민의 교감이 드러난다. 흙은 "나는 이렇게 시달렸노라"라고 말하고, 농민은 그 흙에서 호미질을 한다. "마음도 입도 없는 흙인 줄 알면서" 자족과 굴종이 주는 저주를 안고 농사를 짓는다. 3연까지 이르면 아무 소망도 없고 남은 것은 절망과 저주밖에 없는 참담한 식민지 농민의 모습이 드러난다. 그래서 4연에 이르러 시인은 "이 땅과 내 마음의 憂鬱을/…… 뿌술 폭풍우나 쏟아져라" 하고 한탄한다. 바로 이와 같은 '폭풍우'의 정신은 이상화의 '신경향파' 문학 시기의 작품을 일관하는 '기본적인 빠프스'[9]였다.

예로 든 작품이 비관적 낭만주의에 뿌리를 두고 있다면, 비판적 리얼리스트 시각에서 하급계층의 모습을 담은 시로는 「구루마꾼」·「엿장수」·「거러지」 등이 있다.

「날마다 하는 남부끄런 이짓을
너의들은 예사롭게 보느냐?」고
웃통도 벗은 구루마꾼이
눈 붉혀진 얼골에 땀을 흘리며
아낙네의 아픔도 가리지 않고
네 거리 위에서 소흥내를 낸다.

—「구루마꾼」(『개벽』 60호, 1925.6)

분명히, 초기 시와는 달리, 가난하고 천대받는 서민에게 관심과 애정을 보이고는 있다. 당시 활발했던 투쟁적인 프로시와는 달리 단지 연민과 동정으로 표현될 따름이다. 형식상으로는 그가 앞서 보이지 않던 짧은 단시(短詩)를 보이고 있기에 이채롭다 하겠다. 이 시들은 이렇게 7행 이내의 짧은 형식으로 당시 하층계급의 전형을 비판적으로 담으려 시도하고 있는데, 그의 시세계가 비판적인 시각으로 변하기 시작한 이유는 무슨 까닭일까?

그 대답을 우리는 첫째로 낭만주의의 속성 자체에서 찾을 수 있겠고, 둘째로 전기사적인 자료에 도움을 얻을 수 있겠다. 먼저 낭만주의의 속성 자체에서 이상화 시인의 변모양상을 살펴보자. 사실 낭만주의가 역사적 현실과 전혀 관계없는 것은 아니다. 낭만주의는 개성(個性)을 통제하는 그 어느 것, 가령 그것이 종교든, 신고전주의든, 어떤 권위체제에라도 반항했다. 낭만주의의 후예인 바슐라르(Goston Bachlard)를 설명하면서 곽광수는 이렇게 말한다.

---

9) 방연승, 「리상화의 시 문학 과정에 대하여」, 『신인 평론집』, 평양 : 조선작가동맹출판사, 1957, 21면.

> 낭만주의에서 비로소 민족문학에 대한 자각이 태어나고, 고전주의적 뜻과는 다른 뜻의 미메시스(mimesis, 모사)가 나타난다. 스스로의 문학이 가장 보편적인 것이며 지고의 것이라고 생각하여 다른 문학의 가능성을 상상하지 못했던 프랑스인들이 북구인들의 특이한 문학을 발견하게 된 것이 이 무렵이며, 또 이 무렵에 역사소설이 가치있는 것으로 본격적으로 등장했다는 사실과, 그리고 **사실주의가 낭만주의에 이미 배태되어 있었다는** 주장이 옳다고 할 수 있는 것도 이상과 같은 맥락에서 이해된다.[10](강조－인용자)

상상과 공상으로 완결된 낭만주의 작품이라 해도, 그 속에서 우리는 역사적인 문제를 추론해낼 수 있을 것이다. 본래 낭만주의란 억압적 정치체제에 대한 자유(Liberty)를 지향하는 속성을 갖고 있다. 정치적으로 낭만주의는 개인의 자유와 연결되는 것이다. 그래서 바그너(wagner)의 낭만적 오페라는 독일 민족주의를 자극시켰으며, 독일 낭만주의 운동인 '질풍 노도 운동(Strum und Drang)'은 독일혁명에 영향을 미쳤던 것이다.[11] 이런 의미로 볼 때, 이상화의 비관적 낭만주의가 현실주의를 지향하게 되는 변이과정은 충분히 가능하다고 볼 수 있겠다.

둘째, 이상화 시의 변모에 대한 대답을 위해 그의 전기사적인 자료에 도움을 얻을 수 있다. 1925년, 이 해는 그의 작품활동이 가장 왕성했던 해로 1924년 봄 일본 유학을 마치고 돌아와서 조국의 비참함을 객관적으로 바라볼 수 있는 시각이 마련됨에 따라 시의 초점은 관념에서 현실세계로 옮겨진 것이다. 또한 1922년에 도일하여 1923년 관동대지진 이후 귀국, 1920년대 전반에 걸쳐 진행되는 강제적인 간도 이주정책의 실상을 목격, 1924년 이후 전국노동자공제회의 결성을 목도하고, 1925년 이후 『백조』 동인이었던 박영희와 함께 파스큘라에 가담[12]하면서 그의 시는 점차 변하게 된 것이다. 그의 미학적 견해가 현실주의적으로 변화했다는 증거는, 그의 평론

10) 곽광수, 『가스통 바슐라르』, 민음사, 1995, 172면.
11) Joseph T, Shipley, ed, *Dictionary of World Literary Terms*, Boston : The Writer, Inc, 1970, p.283.
12) 김기진, 「신문학 60년」, 『동아일보』, 1968.5.25.

「문예의 시대적 변위(變位)와 작가의 의식적 태도론(態度論)」(『문예운동』, 1926.1) 등을 보면 더욱 확실히 확인할 수 있다. 가령 위 평론에서 "어제까지의 문예란 것은 취미이었으며 향락이었다. 취미의 취미를 따르다가 취미의 골격을 잃어버린 취미였으며, 향락의 향락을 쫓아가다가 향락의 형체만 더우잡은 향락이었다. 둘이다 — 생활의 내면을 통찰하지 못한 데서 보든 '태평'이란 그것을 — 거름자(그림자?—인용자)의 거름자 같은 — 외적 현상을 헛 짐작하게 된 그 착오에다 까닭을 둔 때문이었다"는 발언은 그의 미적 취향의 변화를 잘 보여주는 대목이다. 이제 확실히 동굴 밖으로 나온 시인은 적극적인 비판적 민족의식이 담긴 시를 발표한다.

2) '빼앗긴 들'과 비판적 낭만주의

그의 민족의식이 최고조로 고양된 상태에서 발표된 시가 「빼앗긴 들에도 봄은 오는가」(『개벽』 70호, 1926.6)이다.

> 지금은 남의짱—빼앗긴들에도 봄은오는가

1연에서 시인은 독자에게 물음표를 던지면서, 역사적 상황에 비판적인 물음을 던지도록 유도한다. 사실 이 한 구절의 질문에 이 시의 핵심이 들어 있다고 해도 과언이 아닐 것이다. 이어서 봄의 땅기운에 취한 시인의 모습이 그림처럼 펼쳐진다.

> 나는 온몸에 해살을 밧고
> 푸른한울 푸른들이 맛부튼 곳으로
> 가름아가튼 논길을따라 꿈속을가듯 거러만간다
>
> 입슐을 다문 한울아 들아

내맘에는 내혼자온것 갖지를 안쿠나
네가끌엇느냐 누가부르드냐 답답워라 말을해다오.

바람은 내 귀에 속삭이며
한자욱도 섯지마라 옷자락을 흔들고
종조리는 울타리넘의 아씨가티 구름뒤에서 반갑다고웃네.

고맙게 잘자란 보리밧아
간밤 자정이 넘어 나리든 곱은비로
너는 삼단가튼 머리를 깜앗구나 내머리조차 갑븐하다.

혼자라도 갓부게나 가자
마른논을 안고도는 착한도랑이
젖먹이 달래는 노래를하고 제혼자 엇게춤만 추고가네.

나비 제비야 깝치지마라
맨드라미 들마꽃에도 인사를해야지
아주까리 기름을바른이가 지심 매든그들이라 다보고십다.

2~7연에 이르는 시인의 발걸음 가볍기 그지없다. 하늘과 바람・종다리・보리밭・도랑이 등 모든 자연과 사물이 시인과 합일되어 나타나고 있다. 그야말로 슬픔과 절망의 정조보다는 희망과 기쁨의 물결이 시에 넘치는 듯하다. 그러나 상황은 7연의 끝에 '그들' 곧 노동을 하는 농민들을 보고 싶다는 바람이 표현되면서부터 달라진다. 이어 8연부터는,

내 손에 호미를 쥐여다오
살찐 젓가슴과가튼 부드러운 이흙을
발목이 시리도록 밟어도보고 조혼땀조차 흘리고십다.

강가에 나온 아해와가티
짬도모르고 끝도업이 닷는 내혼아

무엇을찾느냐 어데로가느냐 웃어웁다 답을하려무나

나는 온몸에 풋내를 띄고
푸른웃슴 푸른설움이 어우러진사이로
다리를절며 하루를것는다 아마도 봄신령이 접혓나보다
그러나 지금은—들을 빼앗겨 봄조차 빼앗기겟네(강조—인용자)

시인은 관조적이고 낭만적인 시적 분위기에서 탈피하여, 8연에 이르면 자신도 "좋은 땀"을 흘리고 싶다는 지식인적 고백을 하고, 9연에 이르면 자기 자신의 혼을 찾는 우스운 존재로 자책하기도 한다. 그래서 10연에 이르면 시인은 어린애 같은 풋내를 띠고 자신의 서글픈 심정을 "푸른 웃음 푸른 설음"이라고 표현하다. 그리고 마지막 행에 이르러 심상을 역전시켜 "그러나 지금은—들을 빼앗겨 봄조차 빼앗기겠네"라고 하여 자신의 방황보다도 더 중요한 원인은, 그리고 자기를 방황하게 만드는 근본적인 원인은 들을 빼앗겼다는 현실임을 강조한다. 아울러 "그러나"라는 반어로 강조되고 있는 뒷 문장으로 인해, 이런 현실 속에 빼앗는 가해자는 이처럼 아름다운 자연의 봄기운마저 앗아갈 거대한 적대세력으로 표상된다. 여기서 가려져 있는 가해자는 일제와 그 친일주구들 혹은 신민지 현실을 포괄하는 다의적 의미를 상징하고 있다.

게다가 형식에 있어서도 이 시는 서두와 전개, 발전과 휴식, 하강과 비약에 이르기까지 너무도 완미(完美)하게 얽혀져 있다. 이 시에는 어떤 메마른 호소나 도식적인 형식이 없다. 혁명적 격정이 넉넉하게 시에 담겨져 있는 것이다. 이런 의미에서 이 시기에 무산(농민)계급의 시각에서 민족성을 담아낸 상화의 시편들은 임화・유완희・박팔양과 더불어 초기의 모범적인 프로시편으로 평가[13]받기도 했다. 단순히 프로시편으로서가 아니라, 이 시는 한국 자유시의 단계를 한 단계 올려놓은 작품이다.

13) 안막, 「조선프롤레타리아 예술운동 약사」, 『사상월보』, 1932.1.

이외에 이 시기에 발표된 색다른 계열의 시를 보여주고 있어 주목되고 있다. 그것은 바로 자연을 노래한 시들이다. 「반딧불」·「금강송가」·「청량세계」 같은 시가 이와 같은 계열에 있다. 그런데 이러한 시편에 대한 연구는 다소 도외시된 경향이 있는데, 1925년경에 쓰여졌다고 부기되어 있는 대표적인 시 한편을 살펴보도록 하자.

> 金剛! 너는 보고 있도다 — 너의 淨偉롭은 목숨이 엽대여 있는 가슴 — 중향성 품속에서 생각의 용솟음에 끄을려 참회하는 벙어리처럼 침묵의 예배만하는 나를!
>
> 金剛! 아, 朝鮮이란 이름과 얼마나 融和된 네 이름이냐… 이 表現의 背景意識은 오직 마음의 눈으로만 읽을 수 있도다. 모—든 것이 어둠에 窒息되었다가 웃으며 놀라깨는 曙色의 榮華와 麗日의 新粹를 苗寫함에서—계서 비로소 웃으며 熱情과 美의 源泉인 青春—光明과 智慧의 慈母인 自由—生命과 永遠의 故鄕인 默動을 볼 수 있느니 朝鮮이란 指奧義가 여기 숨었고 金剛이란 너의 奧義의 集中統覺에서 상징화한 존재이여라.
>
> (…중략…)
>
> 金剛! 오늘의 歷史가 보인 바와 같이 朝鮮이 죽었고 釋伽가 죽었고 地藏 彌勒 모든 菩薩이 죽었다. 그러나 宇宙生成의 路程을 밟노라—때로 變化되는 이 過度現像을 보고 묵은 그 時節의 朝鮮얼굴을 찾을 수 없어 朝鮮이란 그 生成全體가 죽고 말았다 — 어리석은 말을 못하리라. 없어진 거이란다맛 묵은 조선이 죽었고 묵은 朝鮮의 사람이 죽었고 묵은 네 목숨에서 겻방살이하던 印度의 모든 神像이 죽었을 다름이다. 恒久한 青春 — 無限의 自由 — 朝鮮의 生命이 綜合된 너의 存在는 永遠한 自然과 未來의 朝鮮과 함께 기리 누릴 것이다.(강조—인용자)
>
> —「金剛頌歌—衆香城 향나무를 더우 잡고」(1925년 작품), 1·2·5연

대체로 밝은 이미지로 금강산을 찬양하고 있다. 시인은 금강산을 가볍게 묘사하지 않고 조선의 영혼과 결부지어 엄숙하게 미화하고 있다. 아마도 현실의 중압을 견디지 못하고 "참회하는 벙어리처럼 침묵의 예배만하는" 시인은 국토사랑에 귀의함으로써 안정감을 얻으려는 듯하다. 안정감을 지향하려는 태도는 "성전"이니 "참회"니 하는 종교적 표현을 통해

서 자연이란 대상 위에 거의 성스러운 이미지를 덧씌우고 있다.

그런데 5연에 이르면 "조선이 죽었다"란 말이 표현을 달리 해서 3번 반복해 나온다. 이렇게 볼 때 이 시에서 말하는 금강산 찬양은 단순히 금강산이란 자연물을 찬양하는 데 그치는 게 아니라 조선의 영혼이 살아 있다는 객관적 대상물로 표현되고 있는 것이다. 그렇다면 여기서도 역시 시인은 조선혼을 역설하여 일제에 항거하는 시적 실천을 하고 있다고 판단하면 너무 이른 속단일까.

그렇게 보아도 좋다고 여겨지는 이유는 끝연의 마지막에 이르러 "아 自然의 聖殿이여! 朝鮮의 靈臺여!"라는 대목처럼 더욱 생생하게 살아나는 표현 때문이다. 「청량세계」라는 시편도 이에 비견할 만큼 주목된다.

> 그러나 네 마음에 뉘우친 生命이 굽이를 치거든 망령되게 絶望을 말고 저-편 하늘을 바라다 보아라. 검은 구름 사이에 흰구름이 보이고 그 너머 저녁놀이 돌지를 않느냐?
>
> 오늘 밤이 아니면 새는 아침부터는 아마도 이 비가 개이곤 말 것이다.
>
> 아, 自然은 이렇게도 언제든지 時日을 준다.
>
> —「淸凉世界」(『黎明』 2호, 1925.6), 9연

자연을 예찬하면서 절망하지 않고 꺾이지 않는 그 생명력으로부터 다시 힘을 북돋자는 내용을 담고 있다. 그래서 시인은 8연에 "그 생명도 조선아 가졌느냐?" 하고 근원적인 생명력을 조선이 지녀야 한다고 역설하기도 한다. 그러므로 이와 같은 자연시 계열의 시편들도 간접적인 저항성을 담고 있다고 여겨진다.

정리하자면, 이 시기는 그의 창작의욕이 가장 왕성한 시기였다. 현실도피적 낭만주의를 보이던 그의 시는 현실을 예리하게 비판하는 시로 바뀐다. 그 소재는 두 가지로 나눌 수 있는바, 경향성과 자연미를 담은 민족주의의 시이다. 다시 말해 하나는 식민지에서 고통받는 하층계급의 고통을 "바라보는" 비판적 리얼리즘적 경향의 시이다. 또 다른 하나는 자연을 찬

미하면서 민족혼의 생명력을 추동하려는 시도였다. 여기까지만 본다면 이러한 평가도 나올 만하다.

> 리상화는 한 시대와 한 세대를 대표하는 시인이다. 그는 조선 프로레타리아 시문학을 건설한 열렬한 선구자의 한 사람이며 그 첫 세대를 빛나게 한 성좌이기도 하다. 1920년대 조선 로동 계급은 일제를 반대하는 민족 해방 투쟁의 령도 계급으로 민족적 계급적 해방 투쟁의 선두에 섰을 뿐만 아니라 프로레타리아 문학을 배태하고 낳은 어머니이기도 하였다.[14)]

이러한 평가는 한 시기만을 확대해 본다면, 부분적으로 타당한 면이 없지 않다. 그러나 한 시인에 대한 평가는 부분뿐만 아니라, 전체에 흐르는 일관성 속에서도 판단되어야 할 것이다. 위의 인용문만을 두고 보자면, 이상화 시인은 시대적 질곡과 비극적 패배 속에서도 궁극적인 승리를 확신하는 '혁명적 낭만주의자'와 비슷하게 생각된다. 그러나 그의 시에는 비장함과 처절함은 있으나 거기서 어떤 궁극적인 승리의 울림 혹은 투쟁에의 역동성을 얻기는 힘들다. 그렇다고 그의 시를 낙관과 해학으로 인간의 미래에 대한 영원한 신념을 보여주는 '혁명적 낙관주의'로 보기도 어렵다. 장편소설 『격정시대』 등에서 보여주는 '혁명적 낙관주의'의 탁월한 미학을 보여주는 김학철은 그것을 이렇게 설명하고 있다. "우리 조선의용대는 혁명적 낙관주의로 충만된 애국자들의 집단이었다고 해도 과언은 아닐 것 같다.(…중략…) 장난기와 농담은 언제나 우리와 더불어 있었다. 아무리 어려운 경우에도 장난기는 우리를 떠나지 않았고 또 아무리 위급한 고비판에도 재치있는 농담은 역시 오갔다."[15)] 우리는 김학철의 소설에서, 절박하기 짝이 없는 상황에서도 낙관적 달관(達觀)을 버리지 않고 우스개와 객담을 일상화하고 있는 주인공을 만나게 된다.

그러나 이상화의 중기 시에서 이러한 '혁명적 낭만주의'나 '혁명적 낙

14) 방연승, 「시인 리상화」, 『현대작가론』 1, 조선작가동맹출판사, 1961, 128면.
15) 김학철 자서전, 『최후의 분대장』, 문학과지성사, 1995, 201면.

관주의'를 만나기는 어렵다. 또한 이 시기에도 사실 시인은 작품 내에 화자로 출현하면서도 시적 대상과는 엄격히 거리를 두고 관찰자의 시점으로만 머물고 있다. 그래서 감동의 폭이 적으며, 결국 그의 작품은 일제에 대한 직접적인 저항이라기보다는 참혹스런 대상을 '바라보는' 비판적인 저항의 성격을 보여준다 하겠다. 따라서 필자는 그의 중기 시를 낭만주의를 토대로 비판적인 현실인식을 내포하고 있다는 의미에서 '비판적 낭만주의'라고 명명하고자 한다.

한편 그 어조는 초기 시와는 달리 다소 차분하지만 아직 영탄법 등의 감정이 고조된 상태가 사라진 것은 아니다. 이후로 그는 몇 가지 사건을 치른 후에 적극적인 의미의 시를 발표하지는 못하고 자연을 매개로 하여 민족의 애수를 절망적으로 읊은 시를 발표하기 시작한다.

3. 절망적인 고백시 : 1929~1941

그럭게 팔월에 네가 간 뒤
그 해 십월에 내가 갓치어
네어미 간장을 태웟더니라.

지내간 오월에 너를 엇고서
네어미가 정신도 못 차린 첫칠날
네아비는 쏘다시 갓치엇더니라.

(…중략…)

하로 해를 네겨테서 못지나본것
한가지로 속시원히 못해준것

감옥방 판자벽이 얼마나 울엇든지.

웅히야! 너는 갓구나
웃지도 울지도 꼼짝도안코

—「哭子詞」, 4・5・11・12연

그는 1928년 대구의 한 지서를 습격한 일로 검거되고, 1935년 독립운동을 하던 그의 맏형 상정(相定) 장군을 만나고 왔다는 이유 등으로 일경에 체포되어 옥고를 치르게 된다. 그리고 그 동안에 태어난 지 얼마 안되는 아들(소실에서 난 아들)이 죽은 일 등이 시인 이상화에게 닥친다. 감옥에 있다 나온 그가 할 수 있는 일이란 "웅희야! 너는 갔구나"라며 곡(哭)하는 것뿐이었다. 일련의 상황은 그가 더 이상 붓을 들 수 없도록 침묵하게 만들었고, 급기야 현실적인 시는 쓰지 못하도록 억압하고 있었다.

시인은 적극적인 민족의식으로 인해 감금되고 자신의 자식 웅희가 죽는 줄도 모르고 "감옥방 판자벽이 얼마나 울었는지"(11연)라고 표현하여 자신의 슬픔을 '감옥방 판자벽'에 이입시키기도 한다. 이런 상황 아래 정상적인 시 창작은 불가능했는지 그의 시는 자연을 매개로 한 절망적인 어조의 고백시로 경도된다. 후기 시의 그런 대표적인 경향은 「역천(逆天)」(『詩苑』 2호, 1935.4)이란 시에서 만나게 된다.

이때야말로 이나라의 보바로운 가을철이다
더구나 그림도같고 꿈과도같은 좋은밤이다
초가을열나흘밤 열푸른유리로 천정을한밤
거기서 달은 마종왔다 얼굴을 쳐들고 별은 기대린다 눈짓을 한다
그리고 실낫같은 바람은 길을끄으려바래노라 이따금 성화를 하지 않은가.

그러나 나는 오늘밤에 조하라 가고프지가 않다
아니다 나는 오늘밤에 조하라 보고프지도 않다.

—「逆天」, 1・2연

가을이란 대상을 서정적으로 시에 개입시키면서, "이 나라의 보배로운 가을철이다"라는 표현으로 평범하게 시작한다. 이어서 꿈과 같고 달과 별을 보는 행복스런 시간 같지만, 사실 시인의 감정은 그리 편안하지만은 않다. 그러기에 밤이 '가고프지도 않고', '보고프지도 않은데'라고 이어서 한탄한다.

> 걸림없이 사는듯하면서도 걸림뿐인 사람의세상—
> 아름다운때가오면 아름다운 그때와 어울려 한뭉텅이가 못되여지는 이사리—
> 꿈과도같고 그림같고 어린이마음우와같은 나라가잇서
> 아모리 불러도 멋대로못가고 생각조차못하게 지쳤을떠는 이설음
> 벙어리같은 이아픈설음이 츩넝쿨같이 몇날몇해나 얽히여 트러진다.
>
> **보아라 오늘밤에 하늘이 사람배반하는줄알었다**
> **아니다 오늘밤에 사람이 하늘배반하는줄로알었다.**
>
> —「逆天」, 5・6연(강조—인용자)

식민지 상황 아래서 자연을 노래해도, 인간을 노래해도 속이 후련해지지 않는 시인은 하늘을 원망하고 있다. 이 시에서는 민족주의 사상의 일관성을 느낄 수도 있으나, 『백조』 시대에 보여지던 패배적이고 절망적인 정조와는 다른 내성적이고 비관적인 비판성을 담고 있다. 이런 비관성은 단순히 패배주의로 평가하기보다는 당시 상화뿐만 아니라, 임화나 리찬 같은 프로시인에게서도 나타나는 이른바 '내면화 경향'인바, 그 이유는 식민지 통치의 상상할 수도 없는 강압성에 있는 것이다. 따라서 거기서 비롯된 시인들의 비관성은 민족주의를 담고 있는 시인들이 할 수 있는 최소한의 대응이라고 평가된다.

그의 심경이 몹시 절망에 빠졌다는 사실은 1927년 서울생활을 단념하고 낙향한 후 거의 시를 발표하지 않으면서, 나라걱정과 한편으론 또다시 데카당스적인 생활에 젖어 들어갔다[16]는 전기적 사실이 뒷받침해준다. 마침내는 처절한 자기 아픔을 토해내는 모습을 보이기도 한다.

하이야튼 해는
떨어지려 하야
헐떡이며
피뭉텅이가 되다.

샛붉던 마음
늙어 지려하야
고라지며
굼벙이집이 되다.

하로 가운대
오는 저녁은
너그롭다는 하늘의
못속일 멍통일러라.

一生 가온대
오는 젊은은
복스럽다는 사람의
못감출 설움일러라.

—「서러운 諧調」(『문장』 25호, 1941.4) 전문

이 시를 마지막으로 상화는 1943년 43세의 나이로 대구 명치정(지금 계산동 2가 84번지) 자택에서 위암으로 세상을 떴다. 사망하기까지 발표는 하지 않았으나 끊임없이 시 창작을 해왔음이 사후 미발표작이 정리되면서 밝혀졌다. 그런데 후기 시에서 나타나는 절망적인 어조를 그가 중산층 출신의 인텔리이기에 나타나는 현상으로만 단정짓는 논자도 있다. 북한문학사에서는 이상화의 후기 시에 대해서는 거의 조명하지 않고 있다.[17] 그러나 그의 내면적인 시를 계급적으로만 해석하는 의견은 너무 계급회귀

16) 백기만, 「상화의 생애와 예술」, 『상화시집』, 정음사, 1973, 128면.
17) 『문예상식』, 평양 : 문학예술종합출판사, 1994, 166~197면.

론적인 도식일 것이다. 이상화의 후기 시를 도외시하는 북한문학사에도 문제가 있다. 사실 성급하게 친일시를 발표했던 다른 이들에 비하면 이상화는 끝까지 나름대로 비관적 역사 앞에서 진솔하게 몸부림쳤던 시인이었다. 상화의 절망은 그뿐만 아니라 당시 모든 작가들이 경험한 아픔이며 상화의 말기 모습은 식민지 지식인의 비극적 모습의 한 단면인 것이다.

이처럼 상화의 후기 시는 구체적인 현실보다는 자연은 매개로 하여 식민지 조국에서 살아가는 아픔을 비극적으로 읊조린다. 시의 제재는 자연이 많이 나타나고 감정은 차분히 가라앉아서 식민지 치하의 비애를 읊고 있다. 시의 어조는 체념 섞인 비애의 어조가 눈에 띈다.

4. 비판적 낭만주의 시인

이제 모든 변모과정을 통해 공통적으로 드러나는 특성을 정리하려 한다.

첫째는, 시에 등장하는 화자의 문제인데, 그는 모든 시에 걸쳐 일인칭 화자의 시점을 사용하여 시인 자신이 작품에 직접 개입하고 있다. 물론 시라는 장르의 특성이 가장 주관적이고 고백적인 특질을 지니고 있음을 부인하는 바는 아니다. 그런데 그 고백이 지나쳐 시적 대상과 밀착되어 있는 경우가 많았다. 때문에 그의 시는 많은 경우 감상적이고 영탄적인 분위기를 이루고 있다.

그래서, 둘째는 절망적인 어조의 문제이다. '나'의 고백에 의존하는 그의 시에 나타난 어조는 염세적이고 어둡고 절망적인 어조가 전체 시를 지배하고 있다. 물론 세계관에 따라서 그런 어조 역시 초기의 퇴폐적인 세계관에 덧씌운 어두운 어조에서, 중기의 비판적인 절규의 어조를 거쳐, 후기에 이르러 다소 자조적인 어조를 띠고는 있지만, 상화는 끝내 초기 시에서부터 보이는 '나'의 절망적인 어조에서 벗어나지 못했다고 평가된다. 어차피 낭만주의문학의 주인공은 궁극적으로 '나'인 것이다.[18] 이 지점에서 상화가 보인 저항의식의 한계는 자명해진다. 그의 저항은 탄력 있고 직접적인 저항이라기보다는 우회적이고 비판적인 시적 실천이었다.

주관주의적 편향에서 다각적인 자기 갱신을 통해 객관적인 민족의식에 이르는 길을 택한 1920년대의 대표적인 시인 이상화. 필자는 '비관적 낭만주의'와 리얼리즘 지향의 '비판적 낭만주의'라는 개념으로 그의 시를 소개해 보았다. 초기 시에서 보인 시인과 현실과의 불화, 그 낭만성은 그의 모든 시에 일관되게 나타난다. 중기 시에서 비판적 리얼리스트로서의 지향성이 보이긴 했다. 그러나 그는 근본적으로 낭만주의자였고, 후기 시로 갈수록 낭만주의적 경향은 강화되고 있다.

그러나 그러한 의미에서 역설적으로 어두컴컴한 동굴 안에서도 굴복하지 않고 민족적 서정을 끊임없이 노래했다는 의미에서, 이상화의 시는 우리에게 긍정적인 의미의 비극성을 전해준다 하겠다. 그가 끝까지 비극적인 세계에서 비관하고 비판하고 절망하였기에, 어떤 의미로든 끝까지 정면 대결을 하였기에, 그의 비극성은 역설적으로 가장 현실적이었고, 아름답기까지 하다. 바로 이러한 미덕은 식민지 시대에도 우리에게서 가장 소중한 그 무엇이 살아 있었다는 증표라 할 수 있을 것이다.

---

18) 이상섭, 『문학비평용어사전』, 민음사, 1981, 44면.

만남을 향한 설화적 열망

문병란의 「직녀에게」

문병란, 그에게는 여러 편의 명시가 있지만, 독자들에게 가장 잘 알려져 있는 시는 단연 「직녀에게」일 것이다. 그의 시를 보면 사람들은 곧바로 광주를 연상하곤 한다. '광주의 대부'라고까지 말한다. 아닌 게 아니라 시인 김준태는 이런 말을 하기도 했다.

> 문병란 선생은 광주라는 땅에서 빼놓을 수 없을 만큼 사랑과 존경을 받고 있는 시인이다. 학생들은 서점가의 어디에서나 그의 시를 즐겨 찾고 있으며, 그들의 부모들인 어른들은 그의 꾸밈없는 노랫가락을 무슨 콧노래처럼 흥얼거린다.[1]

이만치 그의 시와 삶은 광주라는 지역적 특성과 결부되기도 한다.

그런데 한편으로는 이런 점이 그의 시를 적잖게 협소화시키기도 한다. 그가 쓴 시를 모두 광주라는 지역적인 문제로 협소화시켜 해석하는 문제

---

1) 김준태, 「영원한 청춘시인 문병란」, 『땅의 연가』(문병란 시선집), 창작과비평사, 1981 142면.

가 생기는 것이다. 실상 광주라는 '고난의 마을'은 우리 민족의 수난사를 함축하는 상징적인 장소이기도 한데, 많은 사람들은 그 넓은 의미를 접어 두고 지역적인 의미로만 축소시켜 생각하고 있다. 이런 문제는 벗어나야 할 것이다.

그래서 이 글은 그런 좁은 선입관을 접어 두고, 그의 시를 좀더 시 자체에서 살펴보려고 한다. 특히 주목되고 있는 그의 시 「직녀에게」가 담고 있는 문제를 되도록 세세히 검증해 보려고 한다.

이제 살펴보자. 정말 "그는 청마(靑馬) 유치환(柳致環) 선생의 대륙적인 골격에다가 다형(茶兄) 김현승(金顯承) 선생의 청교도적 고백정신을 함유한 우렁차고 뜨거운 가슴의 폭을"[2] 지녔는지.

1. 이별의 아픔, 만남의 기쁨

「직녀에게」는 그의 시편 중에 가장 널리 알려진 시다. 또한 남과 북에서 각기 노래로 만들어져 지금도 많은 사람들이 즐겨 부르는 애창곡이기도 하다. 모두 26행 단연으로 이루어진 이 시는 1976년 월간 『심상』지에 발표되었다. 그 뒤 이 시는 여러 판본에 실리게 되는데, 일월서각에서 출판된 문병란 시선집 『새벽의 서(書)』(1983. 앞으로 '일월서각본'이라 줄인다)와 창작과비평사에서 낸 『땅의 연가』(1981. '창비본'으로 줄인다)는 그 대표적인 예이다. 그리고 뒤에 최성수와 손경목이 엮어 낸 『선생님과 함께 읽는 우리시 100』(실천문학사, 1991)에도 실려 있다. 그런데 문제는 위 세 권에 실린 「직녀에게」가 모두 다르다는 점이다. 일월서각본(220면)을 보면 창비본과

2) 김준태, 위의 글, 146면.

다르다. 띄어쓰기도 차이가 있지만, 우선 형태가 서로 다르다. 창비본은 26행 단연으로 짜여져 있는데 반해, 일월서각본은 1연(22행)과 2연(3행)으로 나뉘어 있다. 그런데 이러한 분련(分聯)은 대지작업 중에 "이별은 이별은 끝나야 한다"라는 구절이 빠지면서 일어난 일이 아닌가 생각된다. 다른 책은 더 많이 다르다. 아닌 게 아니라 시인의 증언[3)]에 따르면, 일월서각본이나 실천문학사본[4)]은 교정 실수로 시가 달라졌다고 한다. 그래서 인용자는 1993년까지 10쇄를 거듭한 창비본을 결정본으로 삼아 분석하기로 했다.

이별이 너무 길다
슬픔이 너무 길다
선 채로 기다리기엔 은하수가 너무 길다
단 하나 오작교마저 끊어져 버린
지금은 가슴과 가슴으로 노둣돌을 놓아
면돗날 위라도 딛고 건너가 만나야 할 우리,
선 채로 기다리기엔 세월이 너무 길다
그대 몇 번이고 감고 푼 실을
밤마다 그리움 수놓아 짠 베 다시 풀어야 했는가
내가 먹인 암소는 몇 번이고 새끼를 쳤는데,
그대 짠 베는 몇필이나 쌓였는가?
이별이 너무 길다
슬픔이 너무 길다
사방이 막혀 버린 죽음의 땅에 서서
그대 손짓하는 연인아
유방도 빼앗기고 처녀막도 빼앗기고
마지막 머리털까지 빼앗길지라도
우리는 다시 만나야 한다
우리들은 은하수를 건너야 한다

---

3) 1994년 5월 10일 서울 강남구에서 인터뷰.

4) 비교적 자상하고 정확한 감상노트를 담고 있는 이 책은 8행에 '실을'을 '실올'로 교정실수했고, 21행과 22행 사이를 띄어 2연으로 구분된 시로 잘못 옮겨 놓았다.

오작교가 없어도 노둣돌이 없어도
가슴을 딛고 건너가 다시 만나야 할 우리,
칼날 위라도 딛고 건너가 다시 만나야 할 우리,
이별은 끝나야 한다
말라 붙은 은하수 눈물로 녹이고
가슴과 가슴으로 노둣돌을 놓아
슬픔은 슬픔은 끝나야 한다, 연인아!

—「직녀에게」 전문

이 작품은 중국을 중심으로 농경사회인 동양권에 널리 퍼져 있는 '견우직녀설화(牽牛織女說話)'를 시적 변용하여 만든 작품이다. 그러나 꼭 이 설화를 알지 못하더라도 위 시를 읽으면 헤어진 연인을 만나고 싶어도 만날 수 없는 애달픈 아픔을 느끼게 된다. 그러나 이 글은 정확한 의미 분석을 위한 비평문이니 시의 배경을 이루는 '견우직녀설화'의 본래 모습을 먼저 짚어 보려 한다. 그래야 철저한 분석이 가능해질 것이기 때문이다.

이 설화는 견우와 직녀가 한 해에 한 번 만났다는 칠월칠석(七月七夕)의 유래설화다. 시기적으로 매년 칠월칠석이 되면, 두 별이 은하수를 가운데 두고 그 위치가 가까워지게 되는데, 이러한 사실로부터 설화가 생겨났다. 설화의 내용인즉슨 이렇다.

원래 직녀는 옥황상제[天帝]의 손녀[5]로 길쌈을 잘하고 부지런했다. 직녀는 옷감 짜는 여신으로 온종일 베틀에 앉아 옷감에다 별자리・태양빛・그림자 등을 짜 넣었다. 그 모습이 얼마나 아름다운지 하늘을 도는 별들도 그녀가 하는 일을 지켜보기 위해 멈추어 서곤 했다. 옥황상제 역시 매우 사랑하여 은하수 건너편의 하고(河鼓)에 사는 목동 견우(牽牛)와 혼인하게 했다. 그러나 이들 부부는 신혼의 즐거움에 빠져 매우 게을러졌으므로 옥황상제는 크게 노하여, 은하수를 가운데 두고 그들을 영원히 떨어

5) 출처에 따라 옥황상제의 딸이라는 자료가 있고, 딸이 아니라 손녀라는 자료가 있지만, 이 시를 분석하는 데는 그리 중요한 문제가 아니다.

져 살게 했다. 한 해에 단 한 번, '일곱 번째 달 일곱 번째 날의 밤[七月七夕]'에만 같이 지내도록 했다.

하지만 은하수 때문에 칠월칠석날도 서로 만나지 못하자, 보다 못한 까마귀와 까치들이 하늘로 올라가 머리를 이어 다리를 놓아주었다. 그 다리를 '까막까치가 놓은 다리'라 하여 '오작교(烏鵲橋)'라 하며, 칠석이 지나면 까막까치가 다리를 놓느라고 머리가 모두 벗겨져 돌아온다고 한다. 또한 이날 오는 비는 '칠석우(七夕雨)'라 하여, 그들이 너무 기뻐 흘리는 눈물이라고 하며, 이튿날 아침에 오는 비는 이별의 눈물이라고 전한다.

이런 설화적 토대에서 작가는 시로 변용(變容)하여 생산해 낸다.

우선 지적되어야 할 점은 이 시의 화자가 견우(牽牛)라는 점이다.[6] 이것은 「직녀에게」라는 제목을 보자마자 느껴진다. 그래서 이 시는 남성적인 목울대로 처음부터 웅혼하게 시작되고 있다.

> 이별이 너무 길다
> 슬픔이 너무 길다

짧은 한숨 같은 이 말은 화자가 얼마나 그리움과 쓸쓸함에 취해 살아왔는지를 잘 보여준다. "이별이 너무 길다"라는 말과 "슬픔이 너무 길다"라는 말을 한 행씩 분리함으로 인해 독자는 아연한 그리움을 느끼게 된다. 그러나 아직 그리움의 원인을 알 수가 없다.

만나려면 오작교를 통하는 방법밖에 없는데, 알고 보니 단 하나 있는 까마귀들의 다리마저 끊어져 있는 상황이다. 칠석날 견우와 직녀 두 별의 상봉을 위해 까막까치가 모여 은하(銀河)에 놓는다는 오작교(烏鵲橋)마저 끊어져 있는 것이다. 도대체 만날 길이 없는 깜깜 절벽의 상황이다. 현실은 '오작교마저 끊어진' 불가능의 상태다.

---

6) 반대로 직녀를 시의 화자로 내세운 「직녀의 노래」(1981)도 있다. 뒤에서 말하겠지만 「직녀의 노래」에서는 현실적인 이미지가 더 많이 반영되고 있다.

어쩔 수 없는 상황에서 시인은 “지금은 가슴과 가슴으로 / 노둣돌을 놓아”야 한다고 강변한다. 본디 ‘노둣돌’이란 말을 타거나 내릴 때에 발돋움으로 쓰려고 문 앞에 놓은 발디딤돌을 말한다. 어떤 새 출발을 의미하는 상징인 것이다. 그러니까 가슴과 가슴으로 노둣돌을 놓는다는 의미는, 새 출발을 행해 ‘맨몸’ 혹은 ‘죽음’으로 노둣돌을 놓는다는 결연한 의지의 표현이 아닌가. 그래도 그 길은 쉽지만은 않다. “면돗날 위라도 딛고 건너가 만나야 할 우리”이고 “선 채로 기다리기엔 세월이 너무” 길기에 적극적으로 찾아 헤매 만나야 할 상대인 것이다.

이후에 시인의 원래의 설화를 펼쳐 놓는다.

그대(織女)는 나(牽牛)를 기다리며 밤마다 수놓아 짠 베를 다시 풀고 다시 잣기도 한다. 한편 나는 암소를 키우며 그대를 기다리는 풍경이 삽입된다. “내가 먹인 암소는 몇 번이고 새끼를 쳤는데, / 그대 짠 베는 몇필이나 쌓였는가?”라는 설의법으로 쓰여 아픔은 얼마나 강조되고 있는가. 그러고는 다시 회상(Erinnerung)된다.

> 이별이 너무 길다
> 슬픔이 너무 길다

또다시 반복이다. 서두와 중간에 “이별이 너무 길다 / 슬픔이 너무 길다”가 두 번 반복되어 그들의 그리움이 다시 강조되고 있다. 이제는 서두와는 달리 마치 두 행 사이에 긴 은하수가 있는 것처럼 느껴질 정도로, 그 아픔은 누누하고 이를 데 없는 그리움 자체다. 지루하게 느껴진다. 반복되어 강조되지만 실상은 휴지부의 역할도 감당하고 있다. 이토록 단순하기 이를 데 없는데도 불구하고, 어떤 힘이 느껴지는 이유는 무엇일까? 민요의 후렴부처럼 쉼인 동시에 힘이 되는 기능이 아닐까? 이런 단순성에 대해 시인은 이렇게 말한다.

> 특히 전라도적 이미지나 가락에 의존하는 것은 민중의 한의 원천이 바로 이 고

장에 있고 민족의 역사적 상황을 상고할 때 그 한의 원형이 이곳에 있다고 보고 있기 때문이다. 이는 편협한 지역적 감정과는 관계없이 민중시의 가락을 구하다보니 내 생태적 욕구에서 저절로 우러나온 것이 아닌가 싶다.7)

말하자면 그의 단순미는 역사적인 전통, 그러니까 민요적인 집단미학의 표현인 것이다. 이런 단순성은 우리 민중의 보편 정서인 동시에 시인 자신의 정서인 것이다. 이런 단순성을 기조로 현실적인 이미지가 삽입된다.

사방이 막혀 버린 죽음의 땅에서, 연인은 어디라도 도망갈 수 없는 채 갇혀 손짓만 하고 있다. 거기서 유방도 빼앗기고 처녀막도 빼앗긴다. 가히 아비규환(阿鼻叫喚)의 상황이다. 하지만, 지옥과 같은데도 불구하고 화자는 절규한다. "우리는 만나야 한다"고. 여기엔 어떤 마침표도 없지만 강하게 강조되고 있다.

그리고 시는 다시 원래의 견우와 직녀의 설화로 돌아온다.

우리들은 은하수를 건너야 한다
오작교가 없어도 노둣돌이 없어도
가슴을 딛고 건너가 다시 만나야 할 우리,
칼날 위라도 딛고 건너가 만나야 할 우리,
이별은 끝나야 한다
말라붙은 은하수 눈물로 녹이고
가슴과 가슴으로 노둣돌을 놓아
슬픔은 슬픔은 끝나야 한다, 연인아!

여기서는 어떤 설명이 필요 없을 것이다. 앞서 풀어져 있던 이야기의 마치 후렴부처럼 반복법을 통해, 화자의 애절함을 증폭하여 시화(詩化)하고 있는 것이다. "말라붙은 은하수"를 "눈물로 녹이"자는 설득이 삽입되고 마지막으로 참을 수 없는 기다림으로, "연인아!"라는 호격(呼格)으로 글을 맺는다. 시를 연 구분 없이 한 호흡 그대로 적어 놓아 그 그리움이 절

---

7) 문병란, 「自敍」, 『5월의 연가』, 전예원, 1986, 14면.

절 배어 나오고 있다. 숨쉴 틈 없이, 절절한 사랑, 철철 넘치는 아픔과 열정만이 남아 있을 뿐이다.

그런데 열정이 철철 넘치는 만치 그의 시는 평면적이다. 단순하기 이를 데 없다. 그의 시에는 상징주의니 초현실주의니 하는 기법적 실험이 좀체 보이지 않는다. 「직녀에게」란 시는 그의 대표적인 시작법의 전형인 것이다. 아닌게 아니라 그는 「시(詩)」라는 시의 후반부에서 이렇게 말하기까지 한다.

> 시인아!
> 시를 버려라, 연연한 마음 속에
> 이미 시는 없고
> 부드러운 혀끝에 박힌 가시,
> 천년의 여의주는 깨어졌다
>
> 보다 뜨거운 가슴을 위하여
> 보다 피아픈 운율을 위하여
> 시인아 시를 버려라
> 시인아 시를 배반하여라

그는 묵묵히 서 있는 기도 같은 시, 황홀히 젖는 달빛 같은 시, 낡은 연미복 같은 시, 연금술사의 마술 같은 시를 "버리라"고 말한다. 내용보다 형식에 치우친 기교적인 시풍이나 언어세공적인 시를 당연히 거부하고 있다. 단순하기 이를 데 없는 시적 표현으로 깊고 넓은 감동을 불러일으킨다. '삶을 대하는 성실성, 이것이 그의 시를 힘있는 것으로 만들어 주고 있는 것'(신경림)이다. 분단의 아픔이나 동학에서 죽은 님들, 혹은 님과 이별해 있는 그 누구에게라도, 이 시의 단순한 이미지는 독자 맘대로 읽혀질 수 있는 것이다.

2. 설화의 시적 변용

이제 「직녀에게」의 주제를 짚어 볼 차례인데, 우선 주제에 앞서 이 시와 연관되어 있는 견우직녀설화의 시적 변용에 관해 알아보도록 하자.

이 설화의 발생 연도는 확실하지 않지만 중국 후한 때에 만들어진 효당산(孝堂山)의 석실 속에 있는 화상석(畵像石)의 「삼족오도(三足烏圖)」에 직녀성과 견우성이 보이는 것으로 보아 전한(前漢) 이전으로 소급될 수 있다고 한다. 이 설화의 가장 오래된 예는 양나라의 『형초세시기(荊楚歲時記)』에서 발견된다고 한다. 이밖에 동양권에는 무수히 많은 문인들의 시문의 주제로 사용되어 왔다.8)

우리나라의 경우, 409년에 축조된 평양 부근의 덕흥리 고구려 고분벽화에는 은하수를 가운데 두고 앞에는 소를 끌고 가는 견우, 뒤에는 개를 데리고 있는 직녀가 그려져 있다. 죽어서 천상세계로 가는 이를 아쉬워하며, 만남을 상징했던 견우와 직녀의 모습을 고구려인은 무덤의 벽에 그렸던 것이다. 그리고, 『고려사』 공민왕조에 왕이 몽고인 왕후와 더불어 견우 직녀를 안뜰에서 제사 지낸 기사가 기록상으로 처음 보인다. 또한 일찍이 고려 때 이인로(李仁老)의 「칠석우」·이제현(李齊賢)의 「칠석」·이곡(李穀)의 「칠석소작(七夕小酌)」, 조선시대에는 정철(鄭澈)의 「차광한루운(次廣寒樓韻)」·김정희의 「칠석칠률(七夕七律)」, 여류시인의 것으

▲ 덕흥리 고구려 고분에 그려진 소의 얼굴이며 걸음걸이가 해학적이다. 견우와 직녀 사이에 조금 시커먼 그을음 같은 것은 칠월 칠석날 두 사람을 위해 날아온 까마귀이다.

8) 한국정신문화원, 『한국민족문화대백과사전』, 웅진출판, 1991, 811~812면.

로는 이옥봉(李玉峰)의 「칠월칠석」 · 운초(雲楚)의 「강루칠석(江樓七夕)」 · 정일헌의 「칠석」 등을 들 수 있다. 그밖에 「춘향전」을 비롯한 여러 고전소설, 「규원가(閨怨歌)」 · 「해조가(諧嘲歌)」 · 「과부가」 · 「농가월령가」 · 「화조가」 · 「사미인곡」 같은 가사 또는 시조 · 민요 등에도 견우직녀설화가 주제로 되어 있는 칠월칠석의 민속과 함께 오랜 세월 동안 우리 민족정서에 중요한 영향을 미친 이야기로 평가된다. 이만치 이 설화는 신앙과 함께 우리나라 전국에 전승되어 있는 민족적인 설화라고 할 수 있다.9)

이 설화가 우리 민족에게 아직도 회자(膾炙)되는 이유는 아마도 우리 역사가 안고 있는 비극적인 상황에서 연유될 것이다. 아들과 어미가 헤어지고 부부가 헤어질 수밖에 없는 처절한 현실을 겪으면서 자신도 모르게 설화의 아픔과 자신의 아픔을 동일시하는 현상이 생긴 것이다. 아마 사람들은 「직녀에게」라는 제목만 보아도 아득하게 체험되어 있는 아픔을 끄집어내며, 읽기 전에 이미 '준비된 감동'에 젖어드는 지도 모르겠다.

특히 이 시를 읽을 때, 많은 사람이 그 주제를 1980년 광주항쟁 때 죽어 간 영혼들을 위로하기 위해서인 추모시로 읽기도 한다. 그 흔적으로 "사방이 막혀 버린 죽음의 땅에 서서 / 그대 손짓하는 연인아 / 유방도 빼앗기고 처녀막도 빼앗기고 / 마지막 머리털까지 빼앗길지라도 / 우리는 다시 만나야 한다"는 다분히 광주사건의 현장을 연상케 하는 대목에 이르러서다. 물론 이 대목으로 인해 우리는 광주항쟁의 비극적인 상황을 상상할 수도 있다.

그런데 「직녀에게」라는 시는 광주항쟁 이전인 1976년에 발표되었다. 물론 시의 상징적인 측면이 광주항쟁의 비극적인 모습을 투영(혹은 '예견')할 수도 있다. 그렇지만 조금 더 넓혀 생각한다면 "사방이 막혀 버린 죽음의 땅에 서서" 우리의 여성들이 "유방도 빼앗기고 처녀막도 빼앗기고 / 마지막 머리털까지 빼앗"기는 상황이 비단 광주항쟁 때뿐이었겠는가?

---

9) 김석하, 「견우직녀설화의 문학적 전개」, 『국어국문학』 49 · 50집, 1970.

「직녀에게」가 포괄하고 있는 역사성에 대해서는 이어 발표된 「직녀의 노래」라는 시를 통해 더욱 구체적으로 확인할 수도 있다.

가위 눌린 길고 긴 악몽 속에서
생이별의 기나긴 서른 네 해 속에서
부르다 부르다 쇠진한 임의 목소리여
그날의 오작교도 그리 사연도 없이
두 눈 부릅뜬 사나운 철조망,
돌아오지 못하는 다리 끝에 서서
누가 우리로 하여금
하나의 눈 먼 꽃이 되게 하는가
선 채로 기다리다
차갑게 굳어버린 돌이 되게 하는가
두드려도 두드려도 열리지 않는 벽,
날마다 미루나무는 키가 커 가는데
자꾸만 두 눈은 아득히 멀어 가는데
악마들은 사방에서 모여들어 껄껄대며
식칼 들고 벌이는 피의 사육제,
죽음의 잔치는 계속되는데
끊어져 버린 오작교여
기나긴 이별이여

—「직녀의 노래」(1981)

위 시에서 시인은 "서른네 해"라 하여 분단조국의 상징을 좀더 명확히 드러내고 있으며, "악마들은 사방에서 모여들어 껄껄대며 / 식칼 들고 벌이는 피의 사육제"라는 구절로 외세에 침탈된 한반도의 비극적 상황을 상징적으로 드러내고 있다. 그렇다고 이 시를 좁혀서만 생각할 게 아니라, 넓게는 몽고군의 침입과 임진왜란, 아니 조금 가깝게는 일제 때의 정신대와 6·25 때의 그 많은 미군 위안소의 양색시들…… 이런 사건들을 우리는 더 넓게 연상해낼 수 있을 것이다. 시인 스스로가 역시 「직녀에게」를 분단을 극복하고 통일을 지향하는 통일시 유형으로, '비련(悲戀)의 연가'[10]

로 소개하고 있기도 하다. 그러나 시는 독자에게 주어진다면 그때부터 시의 주인은 독자의 몫이다. 「직녀에게」의 가장 포괄적인 호소는, '견우와 직녀의 이야기에 비유하면서 그때 같은 아픔이 하루빨리 사라지기를 염원'하는 내용일 것이다. 바라건대, 이 시를 유연성 있게 개개인의 그리운 사랑은 물론 좀더 넓게 우리나라의 역사 전체를 더듬어 가면서 읽었으면 싶다. 평범한 두 연인의 연애시로 읽어도 좋으리라. 이렇게 읽다가 그 안에 담긴 뼈저린 상처와 만난다면, 얼마나 풍요한가? 어떤 열매라도 담을 수 있는 시의 상징이란 얼마나 넓은 그릇인가?

3. 가인(佳人)의 노래

그의 노래는 한 편의 노래처럼 읽힌다. 아니 불려진다. 그 자신의 "유행가 가락 따라 / 나도 모르게 왔네"(「하동포구」)라는 고백 때문일는지. 그의 시에는 이미 노래가 숨어 있다. 그 노래는 하나같이 진정성이란 달디단 열매를 담고 있다. 특히 「직녀에게」는 남에서는 물론 북한에서도 노래[11]로 불려지고 있다. 「직녀에게」란 시는 한 가인(佳人)의 노래다. 이 노래를 부르는 우리는 얼마나 아름다운 가인(佳人)이 되는가?

하지만 지나친 산문적인 진술에 의존하여 시의 이면에 깔린 이야기(설화)가 구체화될 때, 그만치 독자가 끼여들 '상상력의 재미'는 줄어들고, 시의 맛도 가시는 게 아닐까? 이런 우려에 대해, '작가 중심'의 텍스트로 쓰여진 「직녀에게」는 그 재미없음을 아슬아슬하게 넘어서고 있다. 그 월장

10) 문병란 강연집, 「갇힌 소리 열린 소리」, 『새벽을 부르는 목소리』, 동아, 1987, 72면.
11) 1980년대 말, 북한에서 제작된 카세트 테이프 <처녀로 꽃필 때>에는 「직녀에게」가 성악곡으로 작곡되어 실려 있다.

의 요체는 독자가 시인의 열정에 동감하고 있기 때문이다. 아무튼 바로 이 지점에서 울림이 생겨난다. 물론 시인의 열정에 공감하지 않는 이에게 이 시는 지루하고 상투적인 패러디에 불과할 수도 있다.

감동 없는 문학이 넘쳐나는 때일수록 진정성의 울림을 지닌 열매를 맛본다는 기쁨을 얼마나 크나큰 만끽인가. 「직녀에게」는 우리의 무딘 일상을 충격적으로 때린다. 부패에 둔화되어 있는 우리의 무딘 정서를 역사적 진실이란 힘으로 흔들어 깨우는 것이다. 찢기고 패인 상처를 진실을 향한 설화의 언어로, 그리움의 언어로 차분히 감싸고 있는 데서 시의 성공이 맺힌 것이다.

길 찾기 나선 세 시인*

정현종 · 이진명 · 문부식의 시편

요즘(1992.9) 작가들은 말수가 적어졌다. 도대체 길이 없다고들 한다.

몇몇 소설에 대해 이런저런 상(賞)을 주고는 있지만 그다지 좋은 작품이랄 만한 얘깃거리가 잡히지 않는다. 원초성을 변조하려고 만들어진 김종구란 인물이 추상적으로 혹은 영웅적으로 과장되어 그려져 있는 양귀자의 「숨은 꽃」이나, 꼼꼼한 문체로 죽은 역사에서 희망을 짚어내는 최윤의 「회색눈사람」, 역사의 의미를 말장난으로 해체시킨 박일문의 『살아남은 자의 슬픔』 등이 이것이건만, 요즘 소설들은 모두 '글쓰기과정 그려내기'와 '과거회상주의'에 젖어 있다. 그나마 양귀자나 최윤에게는 솔직함과 문체의 아름다움이 설핏 빛나건만, 장난스런 박일문의 그것은 경박스러움을 장기로 삼고 있다. 도대체 이즈음 소설문학이 1970년대의 걸작보다 나은 것이 무얼까.

엇비슷하게, 시에서도 썩 좋은 작품은 보이지 않는다. 이렇다 할 시집이

---

* 이 글은 『연세춘추』(1992.9.28)에 발표되었던 글을 수정 · 보완한 것임.

출판되고 있지 않다. 그래서 그리 떠들썩하지도 않다. 이런 날, 우리는 정현종 · 이진명 · 문부식의 시에서 차분히 읊조리는 속엣 말을 엿들을 수 있다.

문단에서는 시집 『한꽃송이』(문학과지성사)에서 정현종이 이제는 추잡스런 세상 속에 가슴과 머리를 디밀었다고 기뻐하고 있다. 훨씬 예전에 개인적 고민을 넘어선 그의 시적 대상은 이젠 자연에 닿더니, 이내 생명의 원천과 그것을 보존하려는 땀 배인 노동에 접근하고 있다. 원초성과의 에로티시즘과 비인간주의에 대한 항거가 교호하는 시집이다.

> 우리들은 살아가는 게 아닙니다
> 우리들은 죽어왔습니다, 문자 그대로
> 석탄을 캐내면서
> 우리는 묻힙니다
> 우리를 캐내는 사람은 아무도 없습니다
> 진폐증이라지요?
> 그건 여러 병 중의 하나가 아닙니다
> 처음부터 기약된 죽음입니다.
> 우리는 죽기를 살기 시작하는 것입니다
> 우리는 우리가 캐내는 석탄만도 못합니다.
> 우리의 마지막 부탁이 있습니다
> 우리가 죽으면 우리를
> 막장에 묻어주세요
> 거기서 석탄이 되겠습니다
>
> —「석탄이 되겠습니다—죽어가는 광부들의 유언」 전문

다소 산문적인 진술이지만 그의 진솔한 시적 변화를 반가워하는 사람들도 많아졌다. 생명에 대한 애틋한 마음을 담아낸 「다람쥐를 위하여」, 장가 못간 시골청년을 빗대어 불균등한 사회를 꼬집은 「이 나라의 처녀들아」, 열악한 노동조건을 '죽어 가는 광부'의 입을 빌려 속 쓰리게 그려낸 「석탄이 되겠습니다」, 절대평화주의를 반어적으로 주장하는 「요격시」 연작에서부터, 천진난만함이 반짝이는 「바보 거북이」에 이르기까지 그의

시는 하나같이 가슴 아리고 또 어여쁘다.

시적 변화도 그렇거니와 그 솜씨도 또한 평론가 김주연의 말마따나 "신의 살아있음의 누설"이라고나 할까. 희망을 그려내기가 무척 힘든 시대 속에서, 그가 좀더 뼈저린 아픔과 절망을 그려내길 바라는 사람들도 더러 있다.

이진명의 시집 『밤에 용서라는 말을 들었다』(민음사)는 우리를 무척이나 조용하게 만든다. 수도원에서 모차르트의 클라리넷 소네트를 들으며 침묵의 아침을 산책하는 기분이 이럴까. 그의 시집은 향기로운 차(茶)다.

> 조용하여라.
> 한낮에 나무들 입 비비는 소리는.
> 마당가에 떨어지는 그 말씀들의 잔기침.
> 세상은 높아라.
> 하늘은 눈이 시려라.
> 계단을 내려오는 내 조그만 애인을
> 똑바로 바라보지 못하는 때처럼.
> 눈시울이 붉어라
> 萬象이 흘러가고 萬象이 흘러오고.
> 조용하여라.
> 한해만 살다 가는 꽃들.
> 허리 아파라
> 몸 아파라
> 물가로 불려가는 풀꽃의 헤진 색깔들
> 산을 오르며 사람들은 빈 그루터기에 앉아 쉬리라.
> 유리병마다 가득 울리는 소리를 채우리라.
> 한 개비 담배로 이승의 오지 않는 꿈.
> 땅의 糧食을 이야기하리라.
> 萬象이 흘러가고 萬象이 흘러오고
>
> —「淸談」 전문

세상 사람들에게 "조용하여라"라고 슬쩍 권하는, 그녀의 시는 갇혀 있다. 숲에 갇혀 있고, 실내에 갇혀 있고, 거리에 갇혀 있고, 겨울과 저녁의 쓸쓸함에 갇혀 있다. 그런데 갇혀 있으면서도, 열려 있다. 이상하다. 내면성의 확대를 통해 세상을 본다고나 할는지. 다소 관념과 형이상학의 울타리에 머물러 있지만 시를 다루는 꼼꼼한 자세는 거칠게만 쓰는 다산성 글쟁이들에게 눈뜸의 계기를 줄 성도 싶고.

빼놓을 수 없는 이 계절의 시는 『노둣돌』(창간호, 두리, 1992)에 발표된 문부식의 시편들이다. 그것은 오랫동안 잠들어 있던 우리의 울증을 슬쩍 흔들어 깨운다. 그의 시편은 이미 『월간중앙』(1989년 1월호)에 10편을 발표된 바 있거니와, 다소 복고풍적인 시틀에 진솔성을 담아 한편의 시를 꽃피운다.

> 어디 핀들
> 꽃이 아니랴
>
> 감옥 안에 핀다고
> 한탄하지 않고
>
> 갇힌 자들과 함께
> 너희들 환한 얼굴로 하루를 여나니
>
> 간혹
> 담을 넘어 들려오는 소식들은 밝고
>
> 짐승처럼 갇혀도
> 우리들 아직 인간으로 남아
> 오늘 하루 웃으면서 견딜 수 있음을
>
> 어디 핀들
> 꽃이 아니랴

감옥 안에 핀다고
한탄하지 않고

갇힌 자들과 함께
너희들 환한 얼굴을 하루를 여나니

—「꽃들 · 1」 전문

감옥 안에 사는 수인(囚人)의 삶을 꽃으로 상징하고 있는 소품이다. 소품이지만 여기에는 6년 9개월을 지냈던 시인 혹은 장기수들의 지루한 일상이 격앙되고 뻔한 옥중시로 표현되어 있지 않다. 오히려 어두운 얼굴을 "환한 얼굴"로 반전(反轉)시키면서, 희고 깨끗한 모국어로 "짐승처럼 갇혀도/ 우리들 아직 인간으로 남"은 이들을 묘사하므로 깊은 울림을 전해주고 있는 것이다. 지루할 만하면 끝을 맺고 하는 긴 시도 있지만, 짧은 시로 이어진 연작시 「꽃들」에서는 진실을 향한 지고한 인간주의가 돋보인다. 다소 고루한 시도 있지만 그에게서 속 쓰린 진실성을 배울 수 있다. 「별」과 「올해도 미류나무 잎사귀만 피었다 지고」 같은 시는 얼마나 잔잔하고 얼마나 예리한지.

비교컨대, 정현종의 시가 자연의 생식기에서 거둔 맑은 동동주 같다면 이진명의 시는 성찬식을 위해 담가둔 짙은 포도주 맛이다. 한편 문부식의 시는 동해바다처럼 투명한 소주, 아주 쓴 소주 같다고나 할까. 하여튼 세 시인이 주조한 술은 진하게 익었으니, 곰삭여 읽으면 값비싼 보약이 될 듯도 싶고.

약자의 리얼리즘, 풍자시*

김진경 시집 『닭벼슬이 소똥구녕에게』

1. 풍자

풍자(諷刺 : satire)는, 아이러니와 비슷하면서도 아이러니보다 날카롭고 노골적인 공격의도를 품은 채 대상의 약점을 '비꼬아 말한다', 비꼬면서도, 기교주의처럼 말장난에서 머물지 않고, 또는 냉소주의처럼 단순한 비난과 파괴를 목적으로 하지 않는다. 그 비난과 공격 뒤에 교정과 개량의 목적을 지니는 풍자기법은 사실 우리 문학에서 그리 새삼스런 수사법이 아니다.

멀리는 민담에서 판소리로 전승되다가 18세기경에 소설로 작품화된 「흥부전」에도 풍자의 원형이 녹아 있다. 곧, 부자인 놀부를 공격하면서도 흥부를 부자로 만드는 이야기의 결말은 바로 민중의 풍자적 심리를 의미한다. 봉건계급사회에 사는 흥부가 놀부의 독점적인 욕심과 고집에 대별되

* 이 글은 『실천문학』(1991년 겨울호)에 발표되었던 것임.

는 삶을 사는 것 자체가, 고귀함에 대한 평민의 비천함으로 양반사회를 풍자하고 골계화(滑稽化)하는 것이다.

가깝게는 채만식의 단편 「치숙」·「레디메이드 인생」이나 「논 이야기」가 조롱, 멸시의 태도로 풍자대상을 날카롭게 비꼬고 있다. 시에서는 1930년대에 권환의 풍자시와 그에 따른 풍자시 논쟁, 그리고 1970년대에 김지하의 담시 「오적」 등의 우리 문학을 기름지게 일구어놓았는데, 우선 1930년대의 작업을 살펴보자.

일제의 말기적 탄압이 전 시기보다 더 강고해졌던 1930년대에 권환, 이병각 등의 시인이 풍자시를 발표했었는데, 당시 논의의 대상이 되었던 권환의 시를 보자.

> 미령(美齡) 부인이여
> 저 기리기리 흘러가는 양자강을 보시우 우리도 저 양자강의 물과 같이
> 기리기리 이 향락의 봄동산을 지킵시다
> (…중략…)
> 송자문이 큰 배에 가득 꿔어오는 이 지화덩이는
> 우리들의 이 동산을 훨씬 더 아름답게 꾸밀 수 있겠지요
> 이태리·불란서에서 연방 사가져오는 비행기들은
> 지긋지긋하게 이 동산을 헐[壞]여고 오는 주모(朱毛)들을 막어주겠지요
> 동쪽 서쪽에서 야만스럽게 날뛰는 남색옷 입은 동무들은
> 우리들의 이 동산을 튼튼하게 보호해주겠지요
> 삼민주의가 다 뭐야
> 그것은 입술에서만 살었고 속으로는 심장까지 썹어 먹은 지가 벌써 오래다
>
> 뭣뭣을 배척한다는 것이 뉘를 항쟁한다는 건
> 귀찮은 국민들의 말썽에 못 익여
> 불기 실허도 부는 피리소리다
> 이 봄동산의 톡톡한 거름[肥料]이 되어주는 지주, 매판은행가들 말고
> 다른 수억만 중화국민이야
> 굶어 죽든지 마저 죽든지

전신대 레-루가 엇던 놈의 손에 다 가든지 말든지
커다란 땅덩이가 엇던 놈들의 손에 다 지저지든지 말든지
살진 중화의 산과 들이 뼈다귀만 남든지 말든지
그 꼴은 내 눈만 돌리면 그만이다

—권환, 「향락의 봄동산」(『조선일보』, 1933.9.26. 강조-인용자)

장개석을 화자로 삼아 국민당 정권의 반동적인 본질을 폭로하고 있는 이 시는 장개석의 이기적인 욕망을 주요 풍자대상으로 삼고 있다. "기리기리"라는 표현은 '영원히'라는 뜻으로 혹은 '빠듯하게'라는 뜻인 '기리기리[ぎりぎり]'라는 일본어 표현으로 "향락의 봄동산"을 지키려는 파시스트의 욕망을 더욱 부각시키고 있다. 그런데 장개석이 이끄는 파시스트의 탐욕스런 모습을 부각시키는 데는 얼마간 성공을 했을지 모르겠으나, 파시즘의 본질을 드러내는 데는 성공하지 못한 것이 아닌가 한다. 가령 중국 공산당의 존재는 "이 동산을 헐여고 오는 주모"라는 표현으로 미미하게 등장할 뿐이고, 결정적이게도 장개석의 국민당 정권을 풍자하는 것이 조선의 현실과 무슨 관계가 있는지는 오리무중이다. 이러할 때, '기리기리'라는 표현은 단순한 말장난에 지나지 않았다고 비평할 수도 있는 것이다.

이처럼 대상의 부정적 본질을 비판하고 폭로하지만 그 세계관이 튼튼치 못할 경우, 그런 풍자는 사회현실에서 그 본질과 문제가 무엇인지를 가볍게 여긴 탓에 일종의 냉소주의나 말장난으로 귀착하고 만다. 결국은 과도한 형식 구성이 그 '구조상' 내용의 근본적인 모순을 재생산하는 꼴이 되고 만다.

때문에 윤곤강은 풍자시를 "시니시즘과 기지와 냉소 이상을 벗어나지 못했다"(「시에 있어서의 풍자적 태도」, 『조선일보』, 1933.11.25~29)고 지적하고, 아울러 문학적 태도 혹은 기법의 측면에서 풍자를 소부르주아문학의 것으로 규정함으로써 프로시에서의 가능성을 배제하고 있다.

한편 임화 역시 풍자시에 대해 비판적인 시각을 보이며, 풍자의 영역은 프로시가 아닌 후진계급, 농민, 소시민 일부로 하여금 부정적 현실로

부터 자기 정화를 이루어내게끔 하는 요소로 파악(「1933년을 통해 본 조선의 시문학」, 『조선일보』, 1934.1.1~12)했지만, 이후에는 권환의 풍자시를 "프롤레타리아 시가 개척할 일반방향, 양식상 경향으로 높이 평가되어야 할 것이다"(「진보적 시가의 작금」, 『풍림』, 1937.1)라면서 상반된 견해를 보인다. 아울러 최재서(崔載瑞)가 「풍자문학론」(『조선일보』, 1935.7.21)을 통해 풍자문학을 주장한 적이 있다. 그러나 그의 풍자문학론을 포함한 1930년대식 풍자론은 그 개념이나 본질 혹은 유머, 아이러니 등의 구분 등이 체계화되지 않은 상태였다.

여기서 1930년대의 풍자시 논쟁의 성과를 정리하면, 기법적 측면의 편향으로 말미암아 '정치성이 약화되었다'라는 비판으로 요약할 수 있다. 다시 말해 현실문제를 정면으로 부딪치지 않고 우회함으로써 시적 실천의 유발을 삭감시킨다는 결론이었다. 또한 기존의 진리가 허위였음을 발견했을 때, 새로운 진리 혹은 대안을 위해 풍자적 기법을 쓸 수밖에 없었고 1930년대 부근의 한국적 상황이 어느 정도 이를 요청했다는 점도 짚어진다.

그 후 풍자시는 1970년대 속칭 '긴조(긴급조치)시대'에 김지하의 「오적」에 이르러 다시 개화한다. 또한 그가 쓴 시론 「풍자냐 자살이냐」(1970)는 풍자시의 창작방법론에 대한 적극적 논의를 주장한 글로 주목된다.

그는 이 글에서 "폭력은 그 폭력의 피해자 속에서 비애로 전환되는 것이다. 해소되지 않고 지속되며, 약화되지 않고 날로 갈수록 더욱더 강화하는 동일한 폭력의 경험과정은 무한한 비애 위에 더욱 무한한 비애를, 미칠 것 같은 비애 위에 더욱 미칠 것 같은 비애를 축적한다"라고 하여 풍자시가 개화하는 시대를 "미칠 것 같은 비애"의 시대라고 칭했다. 그런데 그 비애의 응어리는 "패배한 시인을 자살에로 떨어뜨리듯이 그렇게 또한 시적 폭력에로 그를 떠밀어 올리는 강력한 배력(背力)이며 공고한 저력"이다. 그래서 이러한 부정의 배력이 "미는 힘에 의거하여 드디어 시인은 시적 폭력에 이르고 드디어 시적 폭력으로 물신의 폭력에 항거한다"고 설명한다. 그래서 그는 악몽의 현실에서 인간적 생의 욕구가 좌절함에도 불구하고, 시적 폭력의 힘으로 풍자성을 선택한다. 여기에 강조해서 주장하는 대목은 세계관의 문제다.

> 저항적 풍자의 올바른 형식은 암흑시에 투항한 풍자시여서는 안되며 풍자시를 위장한 암흑시여서도 안된다. 그것은 민중 가운데에 있는 우매성·속물성·비겁성과 같은 부정적 요소에 대해서는 매서운 공격을 아끼지 않았지만, 민중 가운데에 있는 지혜로움, 그 무궁한 힘과 대담성과 같은 긍정적 요소에 대해서는 찬사와 애정을 아끼지 않는 탄력성을 그 표현에 있어서의 다양성의 토대로 삼아야 하는 것이다. 저항적 풍자의 밑바닥에는 올바른 민중관이 자리잡고 있어야 한다.

올바른 민중관, 바로 이 세계관을 풍자시가 지녀야 한다면서 그는 걸맞는 형식으로 전통적인 민요·담시·판소리 등의 형식을 적극 채용할 것을 주장한다. 이 글에서, "풍자가 아니면 해탈이다"라고 말한 김수영의 논리에서 출발하고 있는 지하는 이후 이런 논리 아래 많은 풍자시를 창작해낸다.

「오적」(『사상계』, 1970.5)을 통해 식민지 재생산구조에서 독버섯처럼 커온 소수 특권층의 부정부패상을, 「앵적가」(『창조』, 1971.7)에서는 "밸없고 뼈없는 자 애오라지 바라는 것 그거 제 한몸 안명보신(安命保身)뿐"인 기회주의자의 모습을, 「소리내력」(『창조』, 1972.4)에서는 심화되어 가는 빈부의 격차에 시달리고 억압받는 민중의 한을, 또 「분씨물어(糞氏物語)」는 일본의 경제침탈과 기생관관을 희화적 수법으로 비꼬고 있다. 이렇게 담시의 '정치지향성'은 억압적인 현실에 효과적으로 대항하기 위한 시적 폭력(=정치적 비판)에 기초한 예술적 무기의 본질적 성격인 것이다.

그가 쓴 담시의 구조는 화자의 목소리가(지하는 이 소리를 '민중의 소리'라 하여 '비어(蜚語)'라고 칭한다) "내 이러이러한 이야기를 해보겠다"라는 투의 말로 시작하여 마지막에 가서는 "이러한 이야기가 전해온다"라는 말로 끝을 맺는다. 이런 방법은 서정시가 갖는 주관성의 한계, 즉 '나'라는 1인칭 화자를 통해 사회에서 받은 객관적 충격을 시인의 관념 속에서 내면화시켜 결국에는 해소시켜버리는 것과는 달리 현실의 대립 및 갈등을 있는 그대로 반영하는 객관적 태도를 보장해준다.

그만큼, 그의 풍자는 대상과 독자 그리고 화자 사이에 비판적인 거리를 마련하고 있으며, 이런 비판적인 거리에서 풍자를 거친 비애는 다시 비애를 거친 풍자로 돌아간다. 이것은 단순한 순환적 회귀가 아니라 발전을 의미한다. 다시 말해서, 극한의 좌절에 빠져들어가 완전히 패배하고 마는 것이 아니라 되살아나는 것이다.

그가 1970년대에 풍자성을 주장한 것은 문학운동의 시각에서 보면 충분히 가치 있는 판단이었다. 대안이 없는 시대에 민중의 증오심을 풍자문학으로 담아낸 높은 성과는 쉽게 베어낼 수 없는 부분이다. 다만 김수영의 오류를 "민중으로서 살지 않았다는 점에 그 중요한 원인이 있다"(「풍자냐 자살이냐」)고 지하 스스로 지적했으면서도, 스스로 '민중에게서 멀어져' 냉소주의에 자리한 작금의 현상은 그 자신의 한계가 아닐 수 없다.

각설하고, 지금까지 논의된 풍자시, 시인의 상상력을 억압하는 시대에 창작되어 온 풍자시가 지닌 문제점을 정리해 보면 아래와 같다.

① 풍자의 영역은 농민과 소시민 부르주아의 영역이다(임화, 김수영).
② 그러나 풍자시는 시니시즘과 기지 이상을 벗어나지 못했다(윤곤강).
③ 최대한의 성취는 민중성의 획득에 의해서만 가능하다(김지하).
④ 시대적 한계를 유념할 때 풍자(시)문학은 양식상 높이 평가되어야 한다(임화, 최재서, 김지하).

결국 풍자의 형상화란, 반드시 시대적인 강자와 그에 대항하는 약자의 대항논리가 뚜렷해야 한다. 다만 이 양식이 지닌 본래적 한계는 전망을 안 가지면 냉소로 떨어지고, 굳이 전망을 제시하려 들면 종종 관념적인 비약이 되기 쉽고 이때는 이미 풍자의 경계를 넘어선다는 점이다. 결국 부패한 사회의 본질적인 문제를 정확히 지적하여 독자가 스스로 전망을 찾도록 자극하는 것이 올바른 풍자시이고, 이때의 풍자시는 강자에 대한 '약자의 리얼리즘'이 될 것이다. 물론 여기서 '약자'란 의미는 현실의 모습이지 작품 내적인 모습이 아니다. 또한 '약자'의 리얼리즘이란 의미는, 리얼리즘론 자체가 현실의 부정적인 모순을 들추어낸다는 의미와 통하거니와, 풍자문학의 경우엔 그 대립이 더욱 명료함을 뜻한다.

그런데 풍자시가 융성했던 1930년대, 1970년대, 그리고 1980년대 말과 지금 현 시기를 살펴보면 어떤 공통점이 짚어진다. 그것은 다름이 아니라, 그 시대가 긴급한 상황인데도 긴급하지 않은 만화방창(萬化方暢)의 시대인 양 몽롱하게 하는 '마약의 시대'였다는 사실이다. 그래서인지, 1980년대의 5공시대로 접어들면서 풍자시는 다시 고개를 들어, 그 성과는 『친애하는 국민 여러분』(황토, 1989)에 모아졌다. 또한 1990년대에 들어 유하의 『무림일기』(중앙일보사, 1990)와 송제홍의 『오월은 푸르고나 민자네 세상』(들꽃세상, 1991)과 김진경의 『닭벼슬이 소똥구녕에게』(실천문학사, 1991) 등이 연이어 간행되고 있어 그 성과가 주목되고 있다.

이런 상황을 대하면서, 이 글은 1990년대에 간행된 여러 풍자시집 중에 김진경의 시집을 중심으로 풍자시의 가능성과 그 문제점을 짚어보려 한다. 그의 시집을 택한 이유는 그 시집이 우리에게 생각거리를 많이 제공하기 때문이다. 그러므로 이 글은 김진경의 시집 한 권을 넘어, 리얼리즘 시의 한 방법으로 시도하는 '풍자시의 가능성'에 대한 일종의 탐사이다.

2. 풍자시의 가능성

풍자시라 하면, 풍자의 대상에 따라 ① 개인 공격의 저급한 풍자, ② 정치권력을 비판하는 정치적 풍자, ③ 인류 전체를 고소하는 풍자, ④ 자기가 자기를 해부하고 비판하고 욕하는 자기 풍자로 나눌 수 있겠다. 시집

제목부터가 지독하게 풍자적인, 김진경의 풍자시집 『닭벼슬이 소똥구녕에게』(이하 『닭벼슬』로 약칭)는 주로 항목 ②의 대상을 취하고 있는바, 그 공격대상은 다시 두 가지로 나눌 수 있다.

첫째는, 주요 풍자대상으로 사람들 돈 혹은 무기로 환치시키고, 한반도를 모순의 질곡 속에 밀어 넣은 제국주의에 대한, 거의 증오심에 가까운 비판이다.

이라쿠에서만 싸우고 있냐
우리 농민들두 들판에서 미국돈허고 싸우구 있지
으메 워츠키 가다 보니께
잘허믄 후쎈인가 뭔가 허구
우리 농민허구 한편 되긋다.

—「즌쟁이야 사람이 허지 무기가 허나」에서

위 시는 "사람이 겔국엔 이기는 거여 / 사람이 싸우지 무기가 싸우냐" 라는 단언으로 맺는다. 다만, 지독히도 소박한 마음씨에서 우러난 전망을 담기에 비시대적인 속단주의 혹은 맹목적인 인간신뢰가 엿보이지만, 시인이 비꼬아대는 풍자대상의 허위는 충분히 드러나고 있다. 이만치, 시인은 시집 전편에 걸쳐, 농업부문을 소멸시키는 외세문제를 조직적으로 감당해내지 못하는 상황을 가슴 아파하면서, 역설적으로 풍자적인 대항을 하는 것이다.

두 번째의 풍자대상은 모순의 질곡에서 태어난 현정권에 대한 비판이다.

구국에 결단을 허구서
당신덜이 손을 맞잡구 웃구 있는
신문지루다가 밑을 닦어유
당신덜은 똥 위에 떨어져서두
큰 활자루 구국에 결단이라구 떠들구 있는디
그깐 구국에 결단이야

즈이덜은 변소깐에서두 허구 있쓔

—「구국에 결단이야 즈이덜은 변소깐에서두 허구 있쓔」에서

3당 합당을 통한 민자당 결성을 야유한 이 시는, 독재자 이승만의 사진을 밑씻개로 하자는 김수영의 시 「우선 그놈의 사진을 떼어서 밑씻개로 하자」처럼, 인간이 가장 더럽다고 여기는 배설물을 통해 그 대상자들을 더럽게 비꼬아댄다. 청와대 비서관들을 상징으로 부패한 관료들이 한탕 해먹은 사실을 풍자한 「청와대가 농민회만두 못허네유」도 마찬가지이다. 여기서 필자가 김진경의 풍자대상을 두 항목으로만 나누고 있지만, 이 두 항목 사이에는 그야말로 다양한 분단상황의 모순된 삶이 시로 표현되고 있다.

삶이 지닌 모순의 어떤 처방을 위해 작가가 전략적 입지점(立地點)으로 풍자라는 기교를 선택한다고 가정하면, 김진경은 제국주의에 결탁한 파시즘 때문에 침체된 국면을 타개하기 위해, 악을 확대·야유·매도하기 위해 풍자시를 선택한 듯싶다. 그렇다면, 김진경은 그의 풍자시를 어떤 형식으로 엮어놓았을까.

앞서 우리 현대시에서의 풍자시사를 잠깐 살펴보았는데, 이 흐름과 비교하여 『닭벼슬』이 지닌 특이한 미덕을 짚어보면 몇 가지 항목으로 요약된다. 첫째는, 화자를 농민으로 두었다는 점이다. 이때 농민은 흥부가 되고 풍자하는 대상은 놀부가 된다. 이번 시집에서 시인은 민중의 탈을 쓰고 민중의 '심부름꾼'으로 목소리를 대변하는 셈이다.

화자를 농민으로 둔 예로, 『삶의 문학』 동인이 발표한 공동 창작시 「옹매듭두풀구유」에서 입심 좋은 대여섯 명의 농민들 목소리를 담아 시도되었던 적이 있었다. 그런데 김진경의 시는, 마치 임화가 노동자 여동생의 탈을 쓰고 끌려간 오빠를 부른다든지(「우리 오빠와 화로」) 혹은 노동자의 탈을 쓰고 「네거리의 순이」를 부르듯이, 시인 자신이 특정한 인물의 목소리를 빌려 호소력을 끌어내는 일종의 배역시(配役詩)이다.

김지하의 「오적」에서의 화자가 민중을 보는 제삼자라면, 김진경에 이르면 농민으로 서 있다. 비교컨대 시인이 서정적 화자를 농민으로 삼았다는 점은 그만치 주체의 문제에 대해 고민했음을 보여주는 것이고, 주체문제에 있어 하나의 발전이라고 여겨진다.

그런데 『닭벼슬』에 등장하는 농민들은 무척 겁이 없고 오만하기 이를데 없다. 마치 골리앗 앞에서 돌팔매를 돌려대는 겁없는 다윗 마냥 오만하다. 하지만 오늘의 시기가 진보적인 세계를 지닌 사람들을 자칫 패배주의로 몰고 갈 우려가 있는 시기임을 유념할 때, 시인이 그런 오만한 농민의 자신만만한 말투는 상당한 목적성을 품고 있는 것이며, 바로 이러한 농민의 전형이 『닭벼슬』을 개성있는 풍자시집으로 이끌고 있는 동시에, 이제까지 신경림과 고재종 등이 가꾸어 온 농민시의 밭에 또 다른 씨앗을 심었다고 여겨진다.

그 중에서도, "대학 못 간 거 섭섭헐 거라구 대학 귀경까지 시켜주네유", "오토방 타구 싶어 안달혔던 거 / 워츠키 알었는지 백바가지꺼지 턱주대유"라고 말하는 전투경찰의 입을 통해서 "오랑캐덜(미제—인용자) 대가리를, 그리고 그 밑에 그 자식덜 대가리를" 몽둥이로 치고 싶다는 얘기를 담아낸 「태권도 실력 참 엄한 데 쓰구 있쓔」는 그 화자의 특이성(다만 뻔히 예상되는 권선징악식 깨달음으로 끝나는 뒷부분이 되레 감동을 덜하게 하지만)이 주목된다.

한편, 풍자를 하는 화자의 담화를 '있는 그대로' 담는 일은 중요하다. 마치 「구운몽」의 양반투의 말부림과는 달리, 「흥부전」이 판소리 가락이 녹아든 평민의 숨결을 담고 있듯이 말이다. 김진경의 시집은 그 작업을 게을리 하지 않았던바, 중요하게 보여지는 두 번째 항목은, 민중의 말부림을 있는 그대로 복원했다는 성과이다.

비교컨대, 백석과 이용악이 북방의 언어를 통해서 북방정서를 드러냈고, 김영랑과 박재삼이 남방의 언어를 통해 각기 남방정서를 대변하고 있음에 비해, 중부지역의 말부림을 성실하게 담아낸 역작은 필자의 능력 밖인지는 모르나 잘 떠오르지 않는다. 그런 의미에서 볼 때 김진경의 시도는 중부지역의 목소리에 삶의 깊이를 담고 있다는 점에서 주목된다. "농민(농민—인용자)이 짓는 살(쌀) 먹을 사람 많여"(「뿌리가 없으믄 썩는겨」) 투의 순수한 우리 농민들의 이바구, 그 정확한 말부림. 바로 이런 저학력 농투사니의 능청스러운 말부림이 김진경의 풍자시를 정점으로 이끌고 있는 것이다.

여기서 지역의 '정서'라는 의미에는 단순히 한 지역의 표피적인 말씨뿐만 아니라, 그 말부림에 젖은 그 지역의 사회언어학적인 담론을 안고 있다. 다시 말해, 단지 언어의 옷만 빌린 것이 아니라, 그 옷을 입은 농민들의 '맴(마음)'을 정확히 담아내고 있다. 바로 이 점, 삶의 구체적 질감을 형성화하는 데 정확했다는 사실이 중요하다. 한편으로, 김진경 시인이 두 번째 시집 『광화문을 지나며』(1986)가 교사의 입장에서 쓴 시라면, 『닭벼슬』은 그가 그리워하던 '그리움의 대상'을 실체화한 풍자시집이라고 평가된다.

고향 사람에 대한 애정과 강자에 대한 증오가 애절한 만큼, 이 시집에 나타난 충청도 사투리는 단지 지역적 특성만을 대변하는 언저리를 한껏 넘어선다. 그 말부림은, 높은 '중앙'에 대별되는 낮은 '변방'의 사람들. 곧 천대받는 사람들을 대변하는 것이다. 가령, 「말이사 있지유」라는 시에서는 "말이사 있지유. 정의라넌 말. 힘센 눔덜이 즈덜 맘대루 털어다 쓰구, 뭐라구 허먼 줘어박구 쥑이구. 그 모든 지랄의 이름으루다가 정의라넌 말이 있지유"라고 하여 '정의 · 자유 · 민주 · 민족 · 평화'라는 말의 진정한 의미가 지배자의 논리 혹은 제국주의 논리에 따라 맘대로 변경되는 것을 지적한다. 잇대어,

> 우덜의 정의넌 헐린 집더미 밑에
> 우덜의 자유넌 감옥에
> 우덜의 민주넌 남영동 대공분실에

우덜의 민족언 누이의 찢겨진 처녀막 위에
우덜의 평화넌 금남로 희미한 핏자국 위에

있다고 지적하면서, 정의·자유·민주 등 단어의 진정한 의미를 그만큼, 국가가 정한 표준어라는 세계에 반해, 방언의 세계는 민족적이고 민중적인 성서라고 시인은 말하고 있다.

『닭벼슬』의 세 번째 미덕은 자기 성찰의 면모를 지니고 있다는 점이다. '풍자의 성공을 좌우하는 문제는 단순히 기교의 문제가 아니라, 그것은 바로 세계관의 문제가 결정적'이라는 루카치의 지적(김혜원 역, 「풍자의 문제」, 『루카치의 문학비평』, 세계, 1990)처럼, 풍자를 해내는 작가와 서정적 주인공이 지닌 세계관은 중요하다. 그 예로, 시적 주인공이 자신의 아들을 매개로 현실을 풍자하는 시를 보자.

야, 이눔아
비싼 밥 멕여 학교 졸업시켜노니께
그래두 제 밥벌인 헌다 싶어 안심혔는디
요번에 보니께
니가 아주 우스운 데 댕기드라
그 머시냐 우르광 라운든지 뭔지 싸우러 댕겨와서
동네 젊은 것들이 그러는디
니 댕기는 데다 똥탄을 냅다 던지구 왔다구
션하다구 웃구 난리가 났어
니 댕기는 농촌진흥인지 뭔지 그게
농민을 즈이 멋대루 오뿌로 이하로 줄이느니 마느니 하는
갸하구 한통속으로 싸가지가 읎다믄서
구린내 난다구 찌푸리지 말구 잘 새겨라 이눔아
니두 농사짓구 거름 줘봤잖여

—「뿌리가 없으면 썩는겨」에서

시인은 청자를 농협에 다니는 '호로자식(아들)'으로 설정하여, 농민의 아

들인 그를 아버지가 호되게 나무라는 방식을 택하고 있다. 이러한 자기 '계급' 성찰이 중요한 이유는 역사적인 예를 빌려도 알 수 있다.

사실 화자를 농민으로 할 경우에 대중화의 한 전망을 보여준다는 장점이 있지만, 자칫 잘못하면 농민의 말을 절대유일의 진리로 과신한 결과 운명주의 나아가 비과학적인 경험주의에 빠질 우려가 있음을 조심해야 할 것이다. 우리는 비과학적인 계급주의가 초래한 잘못을 1920년대 중반의 신경향파에서 경험한 바 있다. 또한 김수영이 풍자시를 쓰면서 소시민계층의 속물성 내지 비겁성 등 우리 사회의 진보를 가로막는 부정적 요소를 파악해내려고 애썼다는 점을 떠올릴 수 있다. 다행히 김진경의 많은 시는 비과학적인 세계관을 뛰어넘고 있다. 위의 시뿐만 아니라 방송매체의 교활성을 깨닫지 못하는 '미련한 여편네'를 꾸짖는 「동상이몽」 혹은 「이라쿠만 즌쟁인감유」라는 시만 보아도 그가 지향하는 농민의 전형이 어디에 닿아 있는지 알 수 있다.

이만큼, 그가 과학성을 유지할 수 있는 까닭은, 네 번째 미덕이기도 한데, 주제의식을 끈질기게 놓치지 않고 있기 때문이다. 그는 시의 메시지를 끝까지 끌고 나가 대중성을 얻겠다는 고집스러움을 보여준다. 바로 그 이유, 끈질긴 주제의식 때문에 그의 시는 단순한 기교나 냉소주의에 떨어지지 않는다. 다만 뒤에 말하겠지만, 주제의식이 적당하면 시는 옹골차지지만, 주제의식으로 모든 걸 설명하려고 과잉될 때는 시를 늘어지게 하는 요인이 되기도 한다.

그의 많은 시들 중에 화자의 말부림과 그 세계관 그리고 끈질긴 주제의식이 잘 어우러진 일품을 들자면,

> 아버지 참 묘하게 됐쓔.
> 아부지가 만날 이등박문이허구 혼동허넌
> 그래근가 뭔가 허넌 눔을 지가 지키구 있쓔.
> 누가 혹시 화염병이라두 던지까
> 누가 혹시 떼거지루 점거농성허러 들어올까

비가 오나 눈이 오나
똥개처럼 미대사관 앞에 레시바를 끼구 서 있쓔.

로 시작되는 「미대사관을 지키구 있쑤」라는 시이다.

여기서 화자는 미대사관을 지키는 전투경찰이다. 그런데 화자는 자기의 처지를 단순히 자조만 하지 않고, "이등박문인지 그래근지를 지키넌/ 억지춘향 노릇 증말 못헐 짓이구먼유"라면서 각성의 계기를 경험한다. 그리고 나서는 되레,

느그덜은 포위되어 있어.
원제 느그가 준 총이 느그를 겨눌지 모르니께
원제 느그가 준 칼이 느그 목을 겨눌지 모르니께
싸게 싸게 가!
존 말헐 때 가란 말여!

라고 내뱉음으로 깊은 비애감과 증오심에서 골리앗에 삿대질하는 당돌한 다윗의 면모를 뻗댄다. 이 시가 힘을 발휘하게 되는 이유는 풍자의 근본적인 힘을 깊은 비애감에서 터뜨리고 있다는 점이다. 즉 제국주의의 파수꾼으로 푸른 나이에 미대사관을 지키고 서 있는 전투경찰의 깊은 비애감(혹은 자기 모순의 아픔)에서 시는 출발한다. 그 구조 역시 주목할 만한데, 처음엔 화자 자신을 풍자하다가 뒤로 가면서 청와대와 제국주의를 풍자하는 복합적인 풍자적 얼개를 지니고 있다. 바로 이러한 점이 이 시를 다시 읽게 만든다.

결국 농민을 화자로 택하고, 토박이 말투를 구사했고, 자기 성찰을 했으며, 끈질긴 주제의식을 지녔다는 점에서, 『닭벼슬』은 냉소주의와 기지를 넘어 풍자성을 획득했다고 판단된다.

3. 약자의 리얼리즘

이제, 『닭벼슬』에 부분적으로 드러나는 몇 가지 아쉬움을 소략해 보기로 하자. 이런 아쉬움을 짚는 이유는 이 시집의 문제점이 농민문학을 쓰려는 다른 시인이 쓴 작품에서도 최소공배수를 이루기 때문이다.

첫 번째 아쉬움은 시적 긴장이 풀어져 있는 문제이다. 농민의 말부림이나 생각을 이토록 길게 늘어지게만 표현한 것도 문제가 있다. 물론 느릿느릿하면서도 할 말 다하는 충청도 사투리의 의미도 있겠으나, 하루 일을 끝낸 후 내뱉는 '가장 짧은 한숨 속에'도 농민의 삶이 녹아 있지 않은가. 자칫하면 농민의 모습을 하염없이 투정만 부리는 푸념꾼으로 전형화시킬 우려가 있다. 이것은 민중이 화자가 됐을 뿐만 아니라, 시인 자신이 화자가 됐을 때도 엇비슷하다. 가령 「1조 2천억」과 같은 시는 "58번까지 출석을 부르다 보면 / 참담"한 교육실정에서 "작업반장 같은 고민"을 하게 되는 화자의 고심을 담고 있다. 자기 성찰의 무게를 지니고 있는 이 시는 "나도 모르게 증오의 사상을 가르친다 / 떠드는 너희들의 폭동을 진압하는 법을 생각한다"는 자책으로 시를 마무리한다. 결국, 이런 결말부를 통해 시인은 독자에게 자책하도록 요구하고 있는데, 혹시 이 시는 독자를 자책으로 인도하는 것이 아니라, 절망으로 인도하고 있지는 않은지 의문스럽다.

사실 이 시를 천천히 읽다 보면 길게 늘어진 서술시, 읽기에도 조금은 지루하다 싶을 형식과 맞물려 자신의 처지를 숙명으로 받아들이거나, 우리의 처지를, '제에길!' 하는 자조와 넋두리 섞인 절망으로 받아들일 여지도 있다. 차라리 내용은 그대로 살리되 「확인」과 같은 단아한 단형시 형태로, 혹은 실험시 「전철」에 "무뇌아처럼!"과 같은 촌철살인적인 이미지의 효과를 이용해 자책과 능동적인 반응을 자극함이 어떨까.

두 번째는, 시 형식을 다양화하지 못했다는 아쉬움이다. 그는 한편의 시에서 화자를 한 사람으로만 고정시키는 형식을 택하고 있다. 물론 이러한 방법은 그만치 독자가 한 편, 한 편 읽을 때, 별 생각 없이 편히 읽을 수 있게 한다. 그러나 바로 이 점, '별 생각 없이 읽을 수 있다'는 점이 문제이다. 풍자시의 최종목적이 독자를 넘어 그 공격대상까지를 자각시키는 데 있다면, 시 형식은 좀더 다변화되고 실험적이어야 하지 않을까. 물론 유하가 발표한 「미란타 2」 같은 몇 편의 시처럼 재치있는 말장난과 요설이 지나쳐 냉소나 현실도피로 치달으면 안될 얘기지만, 현실의 골조를 통찰한 가운데 우리 풍자문학의 자랑스러운 유산인 민요, 노동요, 단시, 판소리, 탈춤 대사 등에서, 혹은 짧은 벽시나 아예 몽타주 기법 같은 현대적 실험에서 풍자적 그릇을 빌릴 수는 없을까.

시 형식의 문제와 더불어, 세 번째는 배역시를 쓸 경우의 문제점이다. 배역시에서 배역의 성격을 분석하는 일은 작품과 대중 사이의 관계를 풀어보는 열쇠가 되기도 한다. 그만치 배역시에서 배역의 성격과 말부림 혹은 지적 능력을 구성하는 데에는 세심한 연기력이 필요하다. 다시 말해서, 배역시의 성공은 시인의 연기가 배역과 얼마나 밀착해 있는가 하는 점에 의해 판가름난다. 『닭벼슬』에서 배역은 대부분 '깨달은 농민'으로만 설정하고 있는데, 바로 '깨달은 농민'을 화자로 삼았다는 점이 이 시집의 장점인 동시에 한계가 될 수도 있다. 그런 한계 중에 하나는 화자들 대부분이 하나같이 놀라울 정도로 체계적인 사회과학적 지식을 지니고 있는 면모, 게다가 화자들 모두가 똑같은 리듬에 똑같이 지독한 충청도 사투리를 쓰는 얼굴, '그 얼굴에 그 얼굴'인 모양새에 다소 싫증이 난다는 점이다(그래서 그런지, 화자를 노태우에 두고 쓴 연작시 「주례방송」은 참신하게 읽혔다).

예컨대, 앞서 서정적 화자의 지적 능력이나 말부림이 중요하다고 지적했는데, 서정적 화자의 세계관과 멀어진 말부림을 쓰면 뭔가 공허한 느낌이 들곤 한다.

> 유물론이 시상의 근원을 물질루 본다구 허지마는

그려두 사람언 특별헌 물질 아니겄쓔.
그러니께 사람이 시상의 주인이 되는 거지유
—「고르바죠프씨에게 한마디 허겄시유」에서

바로 이런 부분이 설득력이 없고, 왠지 공허하게 느껴지는 이유는 무슨 까닭일까. 이런 정도의 유식한 농부(이 정도의 의식을 지닌 농민은 있지만)의 입을 빌릴 필요가 있을까. 설령 시적 주인공이 전위적인 농민이라 하더라도, 그 유식한 농부는 “프로레슬링인가 레타리안가 독잿가는 왜 원망해유”라면서 왜 자꾸 부러 무식한 척하려고 할까. 능청스럽게 ‘배역인 체’ 연기하는 대목치고는, 웬지 어색하지 않은가. 시인이 과잉된 주제의식이 미처 서정적 화자의 말부림으로 용해되지 않고 사투리만 입혀 표현한 부분은 아닌지. 체계적인 지적 능력이 사회과학적인 말투가 아니라 생활에서 우러난 말부림으로 용해되었어야 하지 않을지. 시인 자신의 모습을 최대로 감춘 채, 배역의 전형으로 비꼬아대는 방법이 더 호소력이 있지 않을는지.

배역과 그 말부림에 대한 필자의 의문은 예서 멈추지 않는다. 가령, 사투리 구사가 대중성과 무슨 관계가 있는지. 우스운 얘긴지 모르나, 충청도 지역의 사투리만을 씀으로써 오히려 다른 지역 사람들에게 대중성을 잃을 우려는 없는지, 또한 요즘은 듣기조차 힘든 지나친 사투리를 쓰는 것이 시읽기(加讀力)를 방해하고는 있지 않은지. 만약 여러 지방 사람들의 사투리가 얽힌 대화체를 시에 적절히 이용하면 어떨는지. 또한 사투리를 대화체에만 의존한 점도 시에 ‘찍은 국화빵’ 같은 단순함을 준 게 아닌지. 이를테면, 허수경이 시에서 묘사나 독백투 혹은 대화체에서 다양하게 사투리를 사용했던 방법 등이 다양하게 고려되어야 할 터이다.

이외에 주목되는 시들은 기독교를 패러디화하여 풍자한 시편이다. 기독교를 소재로 한 그의 시들은 예언자적 지성을 갖추고 있기에 윤동주·박목월·박두진·황금찬 등으로만 표상되어 온 기독교시사에 고정희 시인의 시와 더불어 귀중한 자산으로 남을 것이다. 그런데 「제국주의를 위한 주기도문」이나 「그분」, 「마샬군도의 하느님」처럼 '파시즘의 하느님', 곧 백인신학(=제국주의 사상)을 비판하는 시는 싸늘하기만 하다.

물론 "형사 나부랭이한테 쫓겨서 산 속을 헤매는" 젊은 예수의 모습을 그린 시 「어떤 주님」을 보면 시인이 참신앙을 얼마나 갈망하고 있는지를 예증한다. 그러나 그의 칼은 너무 예리하며 접근하기엔 너무 싸늘하다. 기존의 잘못된 기독교를 예리하게 비판은 하되 예언자처럼 '참시대의 길'과 '사랑의 조직화'를 대언하는 고언을 그에게 바라는 것은 절대 무리가 아님을 알면서도 말이다.

이만치 갖가지 생각을 해보는 이유는 김진경의 시도가 그만큼 우리에게 고민을 주는 동시에 가능성을 제시하고 있기 때문이다.

> 니눔은 큰 도둑눔 아녀
> 도둑놈이기만 허믄 다행이지
> 조선땅에서 한자리 헌 눔치구
> 일본소든 미국소든 소똥구녕 아닌 눔 있었냐
>
> —「닭벼슬이 소똥구녕에게」에서

사실 우리 시에서 볼 때, 서사시나 장시 혹은 풍자시라는 표제를 붙이고 출판되었어도, 그런 장르적 면모에 걸맞는 작품집은 그리 흔치 않다. 그러나 앞서 살핀 대로 김진경의 시집은 풍자시집으로서 나름의 요건을 갖추고 있다.

1990년대에 들어섰건만 우리 시는 아직도 동어반복적인 생산품을 제작해내고 있다. 뿐만 아니라, 현시기에 벌어지는 리얼리즘논의 또한 이론주의적 편향이 반복되고 있는 형편이다. 이러할 때 '구어체 풍자시'를 통해 리얼리즘 시의 성과를 보여준 이 시집은 중요하게 평가되어야 마땅하다. 아울러 김진경의 풍자시가 지닌 장단점은 그 자신의 문제를 넘어, 현재 문학이 처한 시적 성취도를 반영하는 것이며, 내일의 시를 위한 밑거름이 될 것이다.

닭벼슬과 소똥구녕—가장 낮은 자리에서 가장 높다는 자리를, 가장 우회적이면서 가장 직설적인 말부림으로 쏘아대는 약자의 리얼리즘. 김진경의 풍자정신이 우리 시사에 기록될 성과는 '리얼리즘 시창작방법론에 또 다른 물꼬를 열었다'는 평가이다.

유린당한 누이의 역사

이성복, 「정든 유곽에서」

나는 누구인가. 나는 어떤 나라에서 살고 있는가. 과연 한국인이란 종족은 어떤 역사적 계보를 가졌나 하는 문제를 한번쯤은 생각해 보았을 것이다.

1970년대 말부터 독창적인 시세계를 펼쳐 보인 시인으로 평가받고 있는 시인 이성복, 그의 탐색은 바로 이 물음에 첫발을 디디고 있다. 1980년에 간행된 그의 첫 시집 『뒹구는 돌은 언제 잠 깨는가』는 이런 물음에 대해 시집 전체가 우리 시대의 집단적 삶을 이야기하는 서사적 구조를 갖고 있다. 악마적인 세상에서의 삶에 대해 시로 상징해 보인 이 시집에 실린 시 중에, 1977년 계간지 『문학과지성』에 발표된 그의 첫 발표작 「정든 유곽에서」는 불우한 시대의 존재에 대한 시인의 쓰라린 생채기다. 시인 이성복이 읽는 한국인의 아픔은 무엇일까. 그 아픔의 각질은 얼마나 두꺼울까. 그 두께의 무게는 한국인이란 집단의 정치적 무의식을 어떤 식으로 짓누르고 있는가. 이제 조심스럽게 그 시를 빌려보자.

1

누이가 듣는 音樂 속으로 늦게 들어오는
男子가 보였다 나는 그게 싫었다 내 音樂은
죽음 이상으로 침침해서 발이 빠져나가지
못하도록 雜草 돋아나는데, 그 男子는
누구일까 누이의 戀愛는 아름다와도 될까
의심하는 가운데 잠이 들었다.

牡丹이 시드는 가운데 地下의 잠, 韓半島가
소심한 물살에 시달리고 흘러들었다 伐木
당한 女子의 반복되는 臨終, 病을 돌보던
靑春이 그때마다 나를 흔들어 깨워도 가난한
몸은 고결하였고 그래서 죽은 체 했다
잠자는 동안 내 祖國의 신체를 지키는 者는 누구인가
日本인가, 日蝕인가 나의 헤픈 입에서
욕이 나왔다 누이의 戀愛는 아름다와도 될까
파리가 잉잉거리는 하숙집의 아침에

2

엘리, 엘리 죽지 말고 내 목마른 裸身에 못박혀요
얼마든지 죽을 수 있어요 몸은 하나지만
참한 죽음 하나 당신이 가꾸어온 꽃을
보여주세요 엘리, 엘리 당신이 昇天하면
나는 죽음으로 越境할 뿐 더럽힌 몸으로 죽어서도
시집 가는 당신의 딸, 당신의 어머니

3

그리고 나의 별이 무겁게 숨쉬는 소리를
들을 수 있다 혈관 마디마다 더욱
붉어지는 呻吟, 어두운 살의 하늘을
나는 방패연, 눈을 감고 쳐다보는
까마득한 별

그리고 나의 별이 파닥거리는 까닭은
말할 수 있다 봄밤이 노곤한 무르팍에
머리를 뉘히고 달콤한 노래 부를 때,
戰爭과 굶주림이 아주 멀리 있을 때
유순한 革命처럼 깃발 날리며
새벽까지 행진하는 나의 별

그리고 별은 나의 祖國에서만 별이라
불릴 것이다 별이라 불리기에 後世
찬란할 것이다 백설탕과 식빵처럼

口味를 바꾸고도 광대뼈에 반짝이는
나의 별, 우리 韓族의 별

―「정든 유곽에서」 전문

1. 유린당한 누이와 유곽(遊廓)의 나라

1 말의 결마다 비극적 이미지가 치밀하게 포개져 있는 시 한 편이다. 기괴한 시적 상상력, 냉소적인 무기력, 느닷없는 잠언적 말투, 마력적인 울림, 자서전적인 서사구조 때문에 난해하기만 하다. 언뜻 읽어보면 유린과 순결이 팽팽히 맞서는, 아니 순결이 처참하게 유린당하는 지옥을 표현한 듯싶다. 그 긴장된 힘, 어떤 사회적 문제를 자신의 내면으로 혹은 누이라는 상징으로 모아놓은 저 풍요한 상상력, 독특한 인식방법의 핵심은 무엇일까.

그의 시 언어는 현실을 또 다른 '굴절된 현실'로 창조해 놓고 있다. 언어와 언어끼리 충돌하며 '언어들과의 관계 속에서 움직이는 언어'의 세계를 펼쳐 보이고 있다. 그러므로 그의 시를 분석하는 열쇠는 시 언어를 '언어에 대한 언어의 관계'로 보고 읽어보는 작업에 있다. 언어와 언어 사이, 행간과 행간 사이에 팽팽히 맞서는 긴장의 빈틈을 메워 가는 작업. 그런 길, 그러니까 언어의 숲이라는 거친 숲길을 통과해야 하지만, 그가 읽어내는 세상 읽기의 방식과 만날 수 있다. 먼저 첫 단락을 보자.

> 누이가 듣는 音樂 속으로 늦게 들어오는
> 男子가 보였다 나는 그게 싫었다 내 音樂은
> 죽음 이상으로 침침해서 발이 빠져나가지
> 못하도록 雜草 돋아나는데, 그 男子는
> 누구일까 누이의 戀愛는 아름다와도 될까
> 의심하는 가운데 잠이 들었다.

느닷없이 부딪치는 문제는 '누이'에 대한 사건이다. 전혀 정보가 없는 상태에서 읽다보면 이 '누이'가 시인의 누이인지, 아니면 어떤 인물인지 쉽게 이해되지 않는다.

그러다가 첫 단락 2연에 가면 1연에서 알 수 없었던 누이의 이야기는 중단되고, '소심한 물살에 시달리'는 한반도의 영상에 '벌목(伐木), 당한 여자(女子)의 반복되는 임종(臨終)'의 영상이 겹쳐진다. 이쯤 되면 이 시가 갖고 있는 여성적 이미지의 정체를 조금은 느낄 수 있지 않을까. 이것은 한 여성의 개인적인 삶이라기보다는 유린당하고 있는 한반도의 비감한 역사가 투영되어 있는 상징[1)]이 아닐까.

좀더 말하자면, '누이'라는 상징은 시인의 실제 누이라기보다는(물론 그

---

1) 더불어 이경수는 2연 첫 행의 "牡段이 시드는 가운데 地下의 잠"이란 구절에서 '牡段'은 중국을 상징한다고 지적했다(「유곽의 체험」, 『외국문학』, 1986년 가을호). 그 이후에 '日本인가'라는 표현이 나오듯이, 전후사정을 보아 꽤 근거 있는 추론이다. 그런데 이 말은 단순히 중국세력을 상징한다는 의미와 아울러, 풍경을 묘사하면서 상상의 세계로 인도하는 표현이 아닐까. 이것은 2연 말미의 '하숙집 아침'에 볼 수 있는 실제 풍경에 상징적 의미를 겹쳐놓은 작법일 수도 있는 것이다.

럴 수도 있겠지만), 식민지와 신식민지의 삶을 버텨온 한국인의 비감한 역사, 곧 유린당한 역사를 상징하는 게 아닐까. 가령, …… 당나라군의 침략, 몽고의 침탈, 임진왜란, 병자호란, 한말의 양요, 갑오경장, 아관파천, 일본의 군국주의, 정신대, 한국전쟁, 미군과 기지촌 등등을 생각해 볼 때 떠오르는 수치스러움의 근원은 무엇인가. 비유컨대, 그것은 집단적으로 순결을 잃은 '유곽(遊廓)의 체험'이 아닐까.

이성복이 포착해낸 한국사의 기저(基底)는 바로 이 유곽의 체험이다. 다시 말하자면, 이 나라는 국제적으로 공인된 역사적인 '공창(公娼)의 나라'다.[2] 한국인이 살아온 모습은 이 유곽에서 외세에 몸을 빼앗기며 살아온 창녀의 흐느낌, 곧 유곽에서의 삶인 것이다. 시인의 눈에 보인 그 관계는 '오랑캐 / 누이' 관계로 구체화되기도 한다.

> 오랑캐들이 말 타고 산을 넘어올 것 같았다. 귀기울이면 누이는 낮게, 낮게 소리쳤다 치욕이야, 오빠, 치욕이야! 내가 몸 비틀면 누이는 날아가 버렸다.
>
> —「자고 나면 龜甲 같은 치욕이」, 『남해 금산』(1986)

꼬리치는 요녀의 천박함으로 풍자되기도 한다.

> 여직원은 우리들에겐 불친절했지만 **佛蘭西 사람**만 보면 꼬리를 쳤고
>
> —「불란서 대사관」에서(강조—인용자)

이런 천박함을 알면서도, "누이의 戀愛는 아름다와도 될까"라고 자문하면서 잠에 드는 시인의 모습은 얼마나 수동적인가. 이런 비극 속에서, "가난한 몸은 고결하였고"라고 자책한다. 여기서 독자는 시인의 선민의식이나 자기의식에의 탐닉을 엿볼 수 있다. 이것은 모더니즘 특유의 정신적 고립주의(isolationism)의 징후가 아닐까. 세속에 빠져들기보다는 자신의 고독

---

2) 한국역사를 '공창의 역사'로 파악하는 상징은 이성복이 처음은 아니다. 가령 남정현의 풍자소설 『분지』, 천승세의 소설 『황구의 비명』, 혹은 김명수의 시 「日蝕」에서도 그런 상징은 원형적 상징으로 드러나고 있다.

한 존재에 빠져들어 타락한 일상에서 탈출(도피?)하는 것이 아닐까.

당연히, 시인은 "그래서 죽은 체 했다"라며 부도덕한 현실의 흐름에 모른 체 한다. 그러나 그 괴로움은 얼마나 깊을까. 그 괴로움 때문인지 참을 수 없는 '청춘(靑春)의 무게' 때문인지 그는 느닷없이 소리지른다.

> 잠자는 동안 내 祖國의 신체를 지키는 者는 누구인가
> 日本인가, 日蝕인가 나의 헤픈 입에서
> 욕이 나왔다 누이의 戀愛는 아름다와도 될까
> 파리가 잉잉거리는 하숙집의 아침에

바로 이 대목은, "늦게 들어오는 남자(외세)"에 유린당하는 누이, 곧 비극적인 한국역사가 지닌 아픔을 직설적으로 표현해내는 외침인 것이다.

이어서 일본(日本)을 태양이 달에 의해 가려지는 일식(日蝕)으로 표현한 것은 단순한 말놀이[3]가 아니다. 일식이란 현상은 세상을 온통 붉은색이나 칠흑 어둠으로 바꾸어 놓는 현상이다. 곧 이것은 역사의 본질을 왜곡된 거짓 역사로 가려놓는 일본에 대한 정확한 비유다. 이만치 현실을 정확히 파악하면서도, 시인은 '수동적'으로 괴로워한다. '싫었다 : 누구일까 : 잠든다 : 죽은 체 했다 : 욕이 나왔다'는 등 온통 폐쇄적인 수동성에 잠겨 "누이의 戀愛는 아름다와도 될까"라고 걱정만 한다. 유곽이란 상황이, 거주자들에게 무기력 · 마비 · 비관 · 체념 · 숙명론을 강요하는 것이다. "여러 번 흔들어도 깨지 않는 잠, 나는 잠이었다"(「어째서 이런 일이 벌어졌을까」)라는 삶이나 "모두 병들었는데 아무도 아프지 않았다"(「그날」)라는 삶이 유곽에 사는 백성의 삶인 것이다. 어떤 희망도 없다. 하지만 그렇게 살 수

3) 김현은 「따뜻한 비관주의-이성복의 시세계」(『젊은 시인들의 상상세계-말들의 풍경』, 문학과지성사, 1992, 123면)에서 "이성복이 노리는 것은 대상의식에 나타나는 바로 그 순간의 양태이기 때문에 의미의 세련성이나 조소성을 갖고 있지 않다"(123면)라고 말한다. 그래서 그는 이성복이 일본을 '日蝕'으로 표현한 것이 단순한 말놀이라고 한다. 그러나 필자가 보기엔 이런 말놀이는 '암흑상황'을 상징화해내는 현실에 대한 강한 조소성을 지닌다고 여겨진다.

밖에 없었을까.

2 두 번째 단락은 화자가 바뀌져 있다. 마치 마리아 독백처럼 슬픔에 가득찬 독백, 화자인 누이가 스스로 말하는 대목일 수도 있고, 시인 자신의 목청이 스며 나온 대목으로 읽을 수도 있다.

> 엘리, 엘리 죽지 말고 내 목마른 裸身에 못박혀요
> 얼마든지 죽을 수 있어요 몸은 하나지만

'엘리(Eli)'라는 말은 '높다'라는 뜻을 가진 중동의 아랍어다. 성경에서는 사무엘이 아이 적에 모신 제사장(「역대상」, 24:1－3)의 이름이기도 하지만, 예수가 십자가에서 죽을 때 '엘리 엘리 라마사박다니'(「마태복음」, 27:46) 곧 "나의 하나님, 나의 하나님, 어찌하여 나를 버리셨나이까"라고 외침으로, 육체적 고통을 넘어선 영혼의 고통을 비감하게 표현하고 있다. 예수의 쓰라림을 위로할 이는 주위에 아무도 없었던 상황처럼, 시인 이성복은 한반도의 상황을 그런 어쩔 수 없는 죽음 직전의 상황으로 파악하고 있다. 시인 역시 애처로운 절망 속에 지고의 존재를 불러대며 비참한 슬픔의 무게를 견뎌내는 것이다.

두 번째 단락에서의 외침 곧 "엘리, 엘리 죽지 말고 내 목마른 裸身에 못박혀요"라고 한 것은 십자가에 못 박힌 조국의 모습을, 십자가에 못 박힌 한 여인으로 치환해서 그려내고 있는 것이다.

여기에 비극의 주인공, '당신의 딸, 당신의 어머니'가 등장한다. 이 어머니는 가족들에게 살아갈 힘을 제공해 주는 원천적인 힘이다. 외세로 대체된 "아버지의 부재(不在)"를 메워 주는 존재일 수도 있다. 하지만 조국이 유린당하는 상황에서는 아무런 힘도 없다. 오히려 "죽음으로 월경(越境)할 뿐"이고 유린당하고 "더럽힌 몸으로 죽어서도/시집 가는 당신의 딸, 당신의 어머니"인 비극적인 군상(群像)일 뿐이다.

③ 세 번째 단락에서는 '별'이라는 상징이 주목된다

> 나는 방패연, 눈을 감고 쳐다보는
> 까마득한 별

별이라는 상징은 조국의 아픔을 극복하게 해 줄 하나의 전망일까. 그 별은 "무겁게 숨쉬는 소리를" 내면서도 "유순한 革命처럼 깃발 날리며/새벽까지 後進"해간다. "별이라 불리기에 後世/찬란할 것이다"라는 말 속에는 어떤 전망의 함수가 포함되어 있지 않을까. 그러나 현실로 돌아왔을 때, 그 별이 빛나는 상황은 그리 황홀한 상황만은 아니다. 그것은 주린 자의 "광대뼈에 반짝이는/나의 별"인 동시에 "우리 韓族의 별", 그 천박한 삶인 것이다.

결국 유곽을 탈출할 해결의 실마리는 없다. '별'이란 아픈 유곽을 벗어나고자 하는 막연한 피난처일 뿐이다. 갇혀 있는 자가 꿈꾸는 몽상일 뿐이다.

> 그리고 나의 별이 파닥거리는 까닭은
> 말할 수 있다 봄밤의 노곤한 무르팍에
> 머리를 눕히고 달콤한 노래 부를 때

이처럼 어머니나 누이의 여성적 이미지를 표상하는 '봄밤'의 노곤한 무르팍에 머리를 눕히고, 달콤한 노래 부르며, 긴긴 밤을 꿈꿔 보는 도피의 자리가 별인 것이다. 그러므로 별에는 어떤 구체적인 전망이 담겨 있지 않다. 당연하다. 유곽의 거주자들은 무기력·마비·비관·체념·숙명론이 지하(地下)의 양식이니까. 당연히 그들은 "보이지 않는 감옥(監獄)으로 자진해"(「1959」)가거나, "약속된 불빛"(「이동」)이 안 보이는 세계로, "먼 나라"(「口話」)로, "폭력이 없는 나라"(「아들에게」), "몸도 마음도 안 아픈 나라"(「다시, 정든 유곽에서」)로 갈 수밖에 없다. 이것이 바로 유곽의 세계인 것이다. 얼마나 끔찍한가. 이런 유곽이 '정든' 유곽, 정들었다고 하니, 너무도 끔찍하여 시인은 꿈만 꿀 수밖에 없고, 이런 시대에서는 차라리 "빈말이 따뜻한 시대(時代)"(「아들에게」)인, 극도로 비참한 시대인 것이다. 그러므로 '별'이라는 상징은 희망 혹은 변혁을 향한 탄착점이라기보다는 종말론적인 울림으로 다가온다.

그러므로 그 별은 "나의 祖國에서만 별이라 / 불릴 것이다"라는 고백은 얼마나 비극적인 인식인가.

④ 몇 가지 주목할 문제가 있다. 시를 읽으려 하자마자 부딪치는 문제는, 잘 읽히지 않는 음률이다. 읽으려 하다가 어디서 숨을 쉬어야 할지 턱턱 숨이 끊긴다. 독특한 리듬, 그는 시에서 리듬을 끊어 친다. 이성복 나름의 해체적 리듬(혹은 내재적 리듬)이란 이런 것일까.

"죽음 이상으로 침침해서 / 발이 빠져나가지 못하도록"이라고 쓰는 게 일반적인 시작법인데, 그는 "죽음 이상으로 침침해서 발이 빠져나가지"라고 숨차게 읽도록 만든 다음에 행갈이 하고 "못하도록 잡초 돋아나는데, 그 남자는 / 누구일까"라고 써댄다.

그가 노리는 것은 무엇일까. 그것은 고정관념의 파괴에서 비롯된 것이 아닐까. 그는 일탈과 해체의 기법으로 전통, 그러니까 전통적 서정시에 반항하고 있다. 아니 도전하지도 않는다. 그 자신이 갖고 있는 나름의 광기로 그의 세계를 표현할 뿐이다. 좀더 정확히 말하자면, 시대적 내용이 파괴적이므로 그 내용에 젖줄을 대고 있는 형식은 '이미 파괴된 형식'으로 나타날 수밖에 없는 것이다.

또 한 가지 주목할 문제가 있다. 그는 현실적인 삶과 정신적·내면적인 삶을 구분하지 않는다. 이 양자가 두루 아우러져야 인간의 총체적인 모습이라고 생각한다. 가령, 추상적인 언어로 관념의 세계를 구성해 놓다가도 "파리가 잉잉거리는 하숙집의 아침"이라는 현실적인 시공간을 그려 놓는 것도 그렇다. 현실과 정신세계와 아우러진 그의 시세계는 온갖 현실적인 시적 자료들이 상상력의 상징들과 교묘히 얽혀 있다. 이런 시각이 인간을 총체적으로, 원초적으로 볼 수 있다고 파악하는 것이다.

2. 정든 유곽

한 나라를 창녀촌으로 표현하는 상상력. 왜 이렇게 은유적으로밖에 표현해낼 수 없었을까. 창조적인 예술가들을 초토화시키던 당시 유신공화국의 칠흑같은 어둠이 원인의 한편일 수도 있다. 또한 시의 맛을 극대화하려는 창작가의 잠재심리에서 비롯된 것일 수도 있겠다. 분명한 점은 시인 자신이 분명 '가해받은 자의 입장'에서 한반도를 보면서도, 어떤 긍정적이거나 적극적인 자세를 상정하지 않고 폐쇄적인 시각에서 현실을 해체시키고 있다는 점이다. 그렇다고, 결국 당대 현실과의 진지한 대결에서 나온 문학적 성취로 보기는 어려울까? 아니다. 이런 시도 역시 모순된 현실에 대한 시인의 진지한 대결방식 중의 하나일 것이다.

살펴보자면 「정든 유곽에서」라는 시 한편은 이성복의 첫 시집 『뒹구는 돌은 언제 잠 깨는가』에서 중요한 자리를 잡고 있음을 볼 수 있다. 이 시집에는 43편의 시가, 오래 묵어 껍질 벗겨진 늙은 나무를 형성하고 있는데, 곰곰이 읽어보면 시인이 시의 배열에 얼마나 신경을 썼는가를 알 수 있다. 이 한 권의 시 나무는 「1959」 「정든 유곽에서」가 나무의 뿌리 부분을 차지하고, 시집을 마무리하는 「다시, 정든 유곽에서」·「이제는 다만 때아닌, 때늦은 사랑에 관하여」라는 시편이 나무의 꽃 부분을 차지하면서, 전체 시집에서는 유곽(遊廓)의 이미지가 가장 중요한 이미지로 표상됨을 볼 수 있다.

시인은 이 유곽 속에서 삶을 한 권의 시집 안에 치밀하게 짜 넣고 있다. 그리고 "자신이 병들어 있음을 아는 것은 치유가 아니라 할지라도 치유의 첫 단계일 수는 있기 때문이다"(첫 시집의 뒷 표지에서)라는 말로 겨냥하고 있는 탄착점의 거리를 드러낸다. 결국 그는 정든 유곽을 떠나지 않겠다는 "빈 말이라도"(「아들에게」) 끄집어내 첫 시집을 맺는다.

> 이제는 정든 유곽에서 빠져 나올 수 없는 한 발자국을
> 위하여 질퍽이는 눈길과 하품하는 굴뚝과 구정물에 흐르는
> 종소리를 위하여 더럽혀진 처녀들과 비명에 간 사내들의
> 썩어가는 팔과 꾸둘꾸둘한 눈동자들 위하여 (…중략…)
> 까치의 암록색 꼬리에 취하여 노래하리라 정든 유곽
>
> —「이제는 다만 때아닌, 때늦은 사랑에 관하여」(강조-인용자)

한국인의 역사를 극명하게 표현해낸 「정든 유곽에서」를 발표하면서 문단에 나온 이성복 시인. 그는 첫 시집 『뒹구는 돌은 언제 잠 깨는가』(1980) 이후 『남해 금산』(1986) · 『그 여름의 끝』(1990) 등의 시집을 간행했다. 이후 그의 시는 점점 더 깊어지고 인간주의의 냄새를 짙게 우려내면서, 그의 시가 갖고 있는 '해체적인 현실주의'(?)는 계속 지속되고 있다.

우리 역사의 생채기를 핥게 하는 통증을 주는 시 「정든 유곽에서」, 정든 유곽? 정들었다는 말, 이 얼마나 슬픈 비극적 조국의 계보학인가.

자잘한 생명이 삶의 기쁨으로

최승호 명상시집 『달맞이꽃에 대한 명상』

인간이 만들어낸 예술이 추구하는 아름다움 중의 하나는 자연의 세계에서 그 의미를 찾는 것이다. 그걸 '자연의 생기(生氣)'라고 해도 될까. 가령, 영화 <백야>와 <지젤>에도 출연했던 소련의 무용수 미하일 바리시니코프의 무용을 보면서 찬탄을 아끼지 않는 이유는 그가 새처럼, 정말 새처럼 몸을 가볍게 놀리는 자유로움 혹은 자연스러움 때문일 것이다. 사람들이 주목하는 이유는 그의 몸이 가볍다는 것보다는 그의 몸놀림에서 새의 자유로움, 자연의 생기(生氣)를 자신도 모르게 체험하고 있기 때문일 것이다.

명작이란 독자들에게 잊혀졌던 자연의 생기를 새삼 눈뜨게 하는 것이 아닐까. 시인 최승호가 펴낸 명상시집 『달맞이꽃에 대한 명상』(세계사, 1993)이 바로 그런 책이다. 마치 훨훨 나는 새의 자유로움 같은, 자연 속에 숨어 있던 자잘한 기쁨을 알려주는 소중한 책이다.

1. 세속도시는 '거대한 변기'

10여 년 전 강원도 탄광촌에서 아이들을 가르치다가 세속도시로 나와 자본과 비틀어진 문명을 향해 칼을 찔러댔던 시인이 최승호이다.

1954년 춘천에서 태어난 그는, 1977년 『현대시학』으로 등단, '오늘의 작가상'을 받은 첫 시집 『대설주의보』(1983)에 이어, 『고슴도치의 마을』(1985), 『진흙소를 타고』(1987), 『세속도시의 즐거움』(1990) 등의 시집으로 알려진 주목받는 중견시인이다.

시적 탐구가 날로 깊이를 더해 감을 보여준 그의 시는, 평론가 김현이 '거대한 변기의 세계관'이라 할 정도로 현대물신사회를 끔찍한 비극성으로 담아냈다.

> 조금씩 떠밀려 가는 이 느낌
> 이제 나는 하찮고 더럽다
> 흩어지는 내 조각들 보면서
> 끈적하게 붙어 있으려 해도
> 이렇게 강제로 떠밀려가는
> 便器의 生
>
> —「꽁한 인간 혹은 변기의 생」에서

시인 자신이 여러 편의 시를 통해 이 세계는 '거대한 변기의 세계'라며 신음하고 있다. 그리고 어쩔 수 없이 떠밀려 가는 인생을 한탄하며 "이제 나는/내가 아니다 내가 아니다"라며 괴로워한다. 스스로 '변기(便器)의 생'이라 고백하고 있는 끔찍스러움이라니.

게다가 세 번째 시집인 『진흙소를 타고』에 보면, "빌어먹을 오랜 안간 힘과 후회 뒤에/우리를 편히 쉬게 하는 것은 죽음이다"(「쥐며느리」)라며 인간에게 남은 휴식터는 죽음의 자리뿐이라고 역설한다. 이만치 그의 충격적인 전언 중의 하나는 죽음을 향해 가는 인간을 똥자루에 비유하는 것이다. 그의 시는 문명의 종말론적 상황에 대한 단말마적인 몸부림이나 강한 적의가 참담하게 서술돼 있다. 도시에서의 삶을 '꾸물대며 죽어 가는 희망'이라는 식으로.

그렇지만 시인은 이런 끔찍한 사회를 도피하거나 허무맹랑하게 초월하지 않고, 일상생활의 비극을, 그 죽음의 세계를 그대로 껴안으려고 한다. 세상을 널찍한 감옥으로 파악하거나, 혹은 인간은 똥덩이에 불과하고 세상은 변기통에 불과하다고 비유하면서도 철저히 현실사회에서 떠나지 않는다. 이런 식, 너무도 비정한 관찰자로서, 절망적인 관찰자로서, 그는 절망의 무저갱을 탐색해왔던 것이다. 그러면서도 그는 이런 소망을 시로 쓴 적이 있다.

> 잎사귀 달린 詩를, 과일을 나눠주는 詩를
> 언젠가 나는 쓸 수도 있으리라 초록과 금빛의 향기를 뿌리는 詩
> 잎사귀 달린 詩, 과일을 나눠주는 詩

참으로 끔찍한 인식세계를 보여주었던 그가 "잎사귀 달린 詩, 과일을 나눠주는 詩"를 보여주기 시작하는 단초는, 역설적이게도 그가 절망과 죽음의 무저갱을 몸소 체험하고 나서이다. 1992년 몸을 다쳐 상처만 안긴 서울을 훌훌 떠나더니, 한때 사랑했던 사람까지 잃은 쓰린 마음까지 겪은 그는 고향땅 춘천에다 지친 나래를 접어 내렸다. 서울을 떠난 그간의 나날을, 시인은 이렇게 기록하고 있다.

"정신없이 앞으로 달리다 어느날 차에서 내렸습니다. 불안한 마음을 어느 정도 가셔내고 주위를 둘러보았을 때 패랭이꽃이 지천으로 피어 있었죠. 아직도 내 마음 속에 버려야 할 것이 많다는 것을 알았죠."

절망 속에서 만난 패랭이꽃!

바로 여기서부터 시인의 새로운 성찰이 시작된다.

"대도시에서 내가 뿜어낸 욕망의 열기를 그릴 수 있다면, 그것은 아마 자동차가 내뿜은 매연이나 하수구에서 피어오르는 냄새를 닮았을 것이다"(「흔적의 지도」)라며, 1980년대 도시에 문명비판적 시각을 담아냈던 그는 이제 자연 속에 들어와 자신의 삶을 '단순한 왕복과 회전운동'이 아니었던가 회의하기 시작한다. 그러면서 자연 속에 사는 수많은 생명들을 만나면서 회복기(回復期)를 보여주고 있다.

이 시집에는 숱한 자연물과 생물들이 나온다. 마치 파브르의 곤충기를 읽는 느낌이랄까. …… 달맞이꽃 · 억새꽃 · 들국화 · 강아지풀 · 코스모스 · 호박꽃 · 옥수수 · 모과나무 · 토마토 · 무 · 꿀 · 파 · 수박 같은 꽃이나 채소에서부터, …… 돼지 · 호랑이 · 말 · 검은 고양이 따위의 동물들. 그리고 늙은 말잠자리 · 소금쟁이 · 말거머리 · 누에 · 메밀잠자리 · 나비 · 푸른 잠자리 · 자벌레 · 쇠똥구리 · 명주 잠자리 · 무당벌레 · 하얀 지네 · 반딧불 따위의 온갖 자질구레한 곤충들과, 까마귀 · 굴뚝새 · 생쥐 · 칠면조 · 방울새 · 멧새 · 오리 · 물오리 · 산비둘기 같은 조류(鳥類)들. 아울러 맹꽁이 · 두꺼비 · 뱀 · 지렁이 · 도마뱀 · 도룡뇽 · 자라 · 개구리 같은 파충류 계통에는 특별한 관심이 모아진 걸 느낄 수 있다. 또한 새우 · 열목어 · 가재 · 해마 · 메기 · 민달팽이 같은 수생(水生)동물에도 관심을 버리지 않는다. 흡사 자연물 어느 것 하나에도 관심을 놓치지 않으려고 집요하게 꾸며 놓은 식물 · 동물도감처럼 보인다.

우리에겐 잊혀진 동물인 해마(海馬)에 대한 시도 있다.

> 해마(海馬)를 그림으로 보여주지 못하는 것이 유감이다. 언제 기회가 닿으면 해마를 꼭 보기 바란다. 해마는 키가 **담뱃갑 높이쯤** 되는데 퍽 기괴하게 생겼다. 공룡을 손가락만하게 축소시키면 아마 흡사한 모양이 될 것이다. 전체의 크기와 모양은 그렇다손치더라도, 부분적으로 보면 머리는 말대가리 모양에 주둥이는 철관을 박아놓은 것 같다. (…중략…) 그런 해마를 나는 **새우젓 틈**에서 **보았다. 죽은 해마새끼**를 생각하면 **주머니가** 텅 빈, 아빠해마의 고독한 **표정이** 떠오른다.
>
> —「해마」에서(강조—인용자)

시인은 해마의 키가 "담배갑 높이쯤"이라고 한다. 그리고 '공룡의 축소판'과 흡사하다고 한다. 이런 형상화가 어떤 의미와 연관되는가는 곧 뒤의 해명에서 느끼게 된다. 시인은 죽은 해마의 모습에서 '새우젓 틈'과 같은 긴장된 공간에서 살다가 죽어 가는 "주머니가 텅 빈, 아빠해마의 고독한 표정"을 연결시킨다. 곧 세속사회에서 공룡처럼 꿈을 갖고 살지만, 담뱃갑 높이밖에 안되는 꿈의 크기로 살다가 고독하게 죽어 가는 현대인의 모습을 해마에 은유하고 있는 것이다.

이외에도 '땅에 버려진 허물'과도 같은 데서 삶의 의미를 발견해내는 혜안(慧眼)은 집요하기만 하다. 그는 모든 대상물에서 시적인 의미를 뽑아낸다.

2. 부질없는 욕망

시인은 새로운 세계에 눈뜨기 시작한다. '허물을 벗는 눈뜸의 세계'(「허물」)를 찾아가는 것이다. 그 눈뜸의 탐색은 밖에 있는 사물을 통해 자신의 삶을 성찰해 보는 방법을 통해서 진행되고 있다. 온갖 사물들에 대한 묘사에는 뒷부분에 반드시 작가 자신의 성찰이 보태져 있다. 보태져 있다고 했지만 그 보탬은 무척 자연스러워 문장 안에 자연스럽게 '스며 있다'는 표현이 더 올바를 것이다.

'세속도시의 즐거움'에서 끔찍함을 겪어 온 그는 거기서 탈피하여 다른 즐거움을 찾은 것이다. 아니, '자연세계의 즐거움'에서 세속도시의 끔찍함을 되묻고 있다. 그런 까닭에, 이 물음에는 즐거움만 있지 않고, 가벼운 통증도 많다. 가끔은 괴로운, 그러나 이 괴로움은 즐거운 통증으로 느껴진다.

그가 가장 괴로워하는 인간이 가진 병세는 욕심이란 증세다. 개인적으로는 상한 몸과 외로움을 겪고, 세상은 온통 돈잔치와 부도덕으로 판치는 이 지경에 그는 소란스런 이 시절을 굽어보며 어떤 생각을 하고 있을까.

이 시집에서 「허물」·「나비」·「소금쟁이들」·「메밀잠자리」·「소나무」·「겨울 옥수수밭」·「산골교회」·「방울새들」, 이런 시편들이 욕망의 부질없음과 가난의 넉넉함을 빛내고 있다.

> 짐짝을 등에 지고 날거나, 헬리콥터처럼 짐짝을 매달고 날아가는 나비를, 나는 본 적이 없다. 나비는 바늘처럼 가벼운 몸 하나가 있을 뿐이다. 몸 하나가 전 재산이다. 그리고 무소속이다. 그래서 자유로운 영혼과 같다. 무소유(無所有)의 가벼움으로 그는 날아다닌다. 꽃들은 그의 주막이요, 나뭇잎은 그를 피할 그의 잠자리다. 그의 생은 훨훨 나는 춤이요, 춤이 끝남은 그의 죽음이다. 그는 늙어 죽으면서 바라는 것이 없다. 바라는 것이 없기 때문에 죽을 때에도 그는 자유롭다.
>
> —「나비」 전문

바라는 것, 즉 욕심을 털어 낸 삶—이것이 오늘 우리에겐 실로 쉽지 않은 숙제이리라. 오직 제 한 몸의 포만감을 채우려다 종내 망신살만 뻗치는 이들을 빗대며 시인 최승호는 '나비'의 가벼움을 쓴 것이 아닐는지. 또 '소라 껍질을 모자처럼 뒤집어쓰고' 걸어가는 ('기어가는'이라고 안 쓰고 의인화형 '걸어간다'라고 쓴 부분에 주의하면서 읽어보자.) 모습을 그려낸 시구도 빌려보자.

> 여기 자신을 완벽하게 감춘 뛰어난 게가 있다고 하자. 모자가 걸어간다. 게는 보이지 않고 모자가 기우뚱거리며 걸어간다. 그런 삶은 얼마나 힘이 들까. 내가 생각하기에, 그는 모자 속에서 질식해, 죽어서도 모자를 무덤으로 뒤집어 쓰고 있을 것이다.
>
> —「모자를 뒤집어쓴 게」에서

'모자'는 인간의 끝없는 욕심을 상징할 것이다. 수많은 욕망을 머리에 이고 살아가는 우리네 모습이 '모자 쓴 게'의 모습이 아닐는지 최 시인은 되묻는다. 그러면서 "그는 모자 속에서 질식해, 죽어서도 모자를 무덤으로 뒤집어쓰고 있을 것이다"라고 표현한 대목은 땅 두께 만한 욕심으로 살아가는 사람들이 당도할 얼마나 끔찍한 종말인가.

보다 더한 경고도 있다. 이것은 끈질기게 물고 있으면 죽고, 부담 없이 버리면 살 수 있는 이치(理致)의 이야기이다. 이야기의 시작은 아이들이 개울가에서 가재를 잡으려는 풍경에서부터 시작된다. 아이들이 막대기 끝에 실을 매달고, 그 실 끝에 죽은 개구리를 한 마리 묶어 바위 밑 가재굴을 향해 던진다. 이것이 가재낚시인데, 아이들은 가재들이 컴컴한 바위 밑에 기어 나와 집게발로 개구리를 덥석 찝어대기를 기다리는 것이다. 한참을 기다린 뒤에야, 드디어 가재를 잡는다.

> 가재는 물속에서 하늘로 올라온다. 개구리 뒷다리를 하나 찝은 채 하늘로 올라온다. 그러더니 눈이 너무 부셨는지 물 속으로 첨벙 떨어져 버렸다. 그래, 놓으면 살고 찝고 있으면 죽는다.
>
> —「가재 잡는 아이」에서

시인은 욕망에 사로잡힌 인간군상은 파멸에 이를 수밖에 없음을, 가재에 비유해 강조하는 것이다. 가재처럼, 인간의 욕망은 '붙잡는' 데에 집중해 있다. 그러나, 그것은 참 삶에서 '떨어지는' 계기에 불과하다고 시인은 경고한다. 말 그대로 "놓으면 살고 찝고 있으면 죽는다." 그러나 우리는 얼마나 많은 것을 붙잡고 있는가.

3. 추억의 분실물 보관소

앞서 이 시집을 명상시집이라고 했는데, 사실 산문으로 이루어진 이 책은 묘한 장르적 개념을 낳고 있다. 첫째 주목해야 할 점은 모든 글에 이야기 즉 사건이 있다는 사실이다. 그것은 산문시로서의 조건이 되기도 한다. 둘째는, 시 내면에 자리잡고 있는 내재율의 울림이다. 묘하다. 그의 글에는 리듬이 일렁이고 있다. 가벼우면서도 무거운 이미지를 담은 리듬을 구사하는, 그리고 하나의 사건을 담고 있는 이 글모음은 마땅히 산문시집이라 해도 무방할 터다. 그런데 음악적 울림과 더불어 중요하게 보아야 할 대목은 이 시집이 갖고 있는 영상적 이미지다.

사실 최승호의 글은 하나같이 그림으로 느껴졌다. 회화적 이미지가 뚜렷하다. 그것은 때로는 서양화 같기도 하고 때로는 동양화 같기도 하다. 공통점은 어떤 여백의 아름다움, 생각할 수 있는 빈터를 남기고 있다는 느낌이랄까.

> ① 간밤 추위에 저수지가 얼어붙었다. 물오리들이 주둥이 댈 틈도 없이, 꽝꽝 얼어붙은 것이다. 저수지가 거대한 판유리 같다. 너무 조용하다.
>
> —「겨울 저수지」에서
>
> ② 겨울산은 침대 없는 호텔과 같다. 개구리며 뱀들이며 다람쥐가 겨울 내내 장기 투숙하여 겨울잠을 자는 것이다. (…중략…) 겨울산은 등불 없는 호텔과 같다. 캄캄한 속에서 그들은 겨울을 넘겨야 한다. 입이 모두 돌멩이처럼 딱 붙은 채.
>
> —「겨울산」에서

'거대한 판유리' 같은 그림 속에 그는 그 싸늘한 고요의 한 복판을 향해 주먹만한 돌멩이 하나를 던져 놓는다. '쩡, 소리가 나면서' 돌멩이가 썰매를 타듯 저수지 한 가운데로 미끄러져 가는 영상. 이게 최승호가 그리고 있는 화폭이다. ①의 그림은 물을 담뿍 찍어 그린 수묵화를 떠올리게 한다.

②를 보면 겨울산에 대한 시각적 이미지가 그대로 드러난다. 겨울산의 '침대 없는 호텔' 같다거나 혹은 '담요 없는 호텔' 혹은 '등불 없는 호텔'로 비유하면서 포근한 이미지를 반복해서 사용한다. 그리고 고요한 겨울산의 침묵을 "입이 모두 돌멩이처럼 딱 붙은 채"로 비유한 표현은 담백한 풍경화를 떠올리게 한다.

「있음의 신비, 혹은 추억의 분실물 보관소」라고 부제를 붙인 이 시집은 세상의 작은 것들을 향해 소리 없이 열려 있다. 인간에게 너무도 소중한 그 무엇을 다시 찾으라며, 시인이 만든 "추억의 분실물 보관소"가 이 명상시집이다. 슬픔을 전제로 하지도 않았고, 가인(歌人)의 낭창한 가락도 드러내지 않았다. 그렇다고 직접적인 노동의 광경도 없다. 있다면 자연 속에 움직이는 생물체의 '있음' 그 자체, '있어보려는' 힘겨운 존재의 모습들에서, 살아 있음의 힘겨움을 묘사해낼 따름이다. 성인들이 그랬듯이, 오래 전에 들여다보기를 잃어버린 것들을 태연하고 깊게 들여다볼 뿐. 그래서 그 울림이 오래간다. '아! 이런 것이 있었지' 하는 반성과 함께 빈 속에 울려 퍼지는 투명에 가까운 기록들.

뉴스나 신문에서 신물나게 마주치는 내용이 오로지 돈이야기뿐인 세속도시, 눈을 씻고 귀를 씻기 위해서라도 한번쯤 이 시집에 몸 담글 만하다. 하지만 이 시집을 단순히 읽음으로 만족한다면 그것은 또 다른 도피에 다름 아닐 것이다. 이 책은 쉽게 후딱 읽어치울 수는 없는 책이다. 게으른 황소가 되새김질하듯 느물느물 읽어야 한다. 그리고, 읽고 배운 기쁨과 맑음으로 세속도시의 피톨을 돌려야 할 것이다.

낮은 차원에서 높은 차원으로*

이산하 장시 「한라산」

1. 분단의 생활화 증상

남 · 북의 선은 한낱 영관급 장교 두 명에 의해 30분 만에 외세의 횡포로 그어졌다. 군사 대국인 미국과 소련의 흉정이 바둑판에 포석처럼 놓아진 것이다. 미소 양군에 의한 '한반도 분할점령'이라는 흉정은 미국의 주도하에 소련과의 얄타협정(1945.2.4~2.11)을 통하여 실현되었다. 물론 분단의 원인을 외세의 횡포, 곧 '국제형 분단'에만 돌리는 인식은 분단의 원인에 대한 완전한 해명이 될 수는 없다. 알다시피 분단의 원인은 '국제형 분단'뿐만 아니라, 분단을 부추겼던 친일파와 무비판적 우익세력에 의한 '내쟁(內爭)형 분단'도 덧붙여져야 한다. 지금도 국제형 분단과 내쟁형 분단은 그대로 지속되고 있으며, 그로 인한 모순된 현실은 각 개인의 삶 속

* 이 글은 『숙명』(1989)에 발표되었던 글을 수정 · 보완한 것임.

에 아픔으로 저며든다. 그래서 우리는 분단 이데올로기의 괴리의식 속에 늘상 자신도 모르게 어질머리로 살아간다.

문학이 단순한 말부림이 아니라, 사람 사는 모양새의 드러냄이라는 소박한 사실주의 일반론으로 되새기자면, 오늘 우리의 일상 현실에 앙금져 있는 '분단의 생활화 증상'을 작품으로 드러냄은 그리 새삼스런 일은 아니다. 그런데 세칭 사실주의적 문학이라 하면서, 실상은 세태문학과 풍자문학이라는 테두리에 머물거나, 나아가 자연주의적 취미에 안주하기도 하는데, 1980년대의 민족문학은 좀더 목적성이 있는 작품을 요구해왔다.

남쪽이든 북쪽이든 한반도에 사는 누구 하나 제외됨이 없이 핵우산과 핵지뢰밭에서 참화를 피할 수 없는 현실, 조희연이 말하듯 남쪽은 "신식민지라고 얘기하기에도 부끄러운 정도의 군사적 요인"[1]이 자주성을 지니지 못한 현실에서 민족이 요구하는 바는 '자주성'이다. 1980년대 민족문학운동은 탈중심화 현상 속에서 질과 양 모두 커다란 진보를 보았는데, 이제 필요로 하는 문학은 분단 이데올로기의 생활화로 인한 낱낱의 삶에서부터 형상화하는 것이 아닐까.

이산하의 서사시 『한라산』(1986)은 소박한 사실주의적 드러냄을 거부하는 창작요구에서 출발한다. 그 욕구 이면에는 분단의 고착화를 원하는 세력에 대한 철저한 극복의 의지가 놓여 있다. 뿐만 아니라 이 작품은 민중적 정서의 양식화 문제에 있어 표현의지와 표현방식 사이에 생기는 길항(拮抗)을 유념하게 한다.

1) 조희연, 『한국사회의 성격과 민족운동의 과제』, 창작과비평사, 1987, 61면.

2. 제주도와 반제문학

지난 대통령선거에서 평민당 후보는 제주시 유세를 통해 '4·3 항쟁'의 진상을 밝히겠다고 공약했다. 다음날 『조선일보』는 '4·3'을 제주도민이 공산폭도에 의하여 80여 명 정도 학살된 사건이라고 소개하였다.

한 마을에서 100명 이상 떼죽음을 당하는 장면을 보았다는 사람이 적지 않게 살아 있고, 정부측 자료인 『한국편람』(1956)에서조차도 4만 명이 죽었다는 사실이 오늘날에 와서 80여 명으로 은폐·축소·조작된 이유는, 당시 한반도 이남을 점령하여 재판권·발포권·교전권 등 모든 권리를 가진 미군정청과 이승만 정권에 의하여 '4·3'이라는 역사적 비극이 저질러진 탓이며, 2차 대전 후 아시아에서 최초로 봉기한 반미운동이었기 때문이다. 이같은 이유로 남한은 물론 미국에서도 '4·3'에 대한 정보는 차단되어 있으며, 북한에서까지 60년경부터는 이 사건을 남로당과 연관지어 사건 자체를 말살시키려는 경향이 존재하는바, '4·3'은 현대사에 있어 금단의 지역으로 남아 있게 되었다.

이젠 승자도 패자도 없이 피해자만 남아 있는 이 은폐된 생채기를 다시 문학의 형태로 과감히 드러낸 이산하의 『한라산』(『녹두서평』 1, 1986)은 그 충격적인 역사적 소재를 문학으로 형상화하여 문단과 학계에서 주목받고 있다.

그런데 소재적 차원에서 뿐만 아니라 『한라산』의 표현기법에 있어 몇가지 특징을 보여주고 있다. 첫째로 주목되는 점은 '서사적 서정성'이다. 이것은 시인의 구체적인 서사인식에서 비롯되는데,

생솔연기 자욱히 맵기만한 가슴
짐승같은 세월이 짓밟아간 가슴
멧돼지 지나간 보리밭 헝클리듯

쑥밭이 다 돼버린 그 가슴이 멍이지만
비바람에 삐걱이는 바라지를 열어
어머니, 이럴 땐 자랑도 좀 하세요
어머니의 젖꼭지는 전사를 길렀다고

—「진군을 기다리는 아들을 위하여」(제2장, 5)

이 시에 드러나는 서정성은 개인적 추상성과 결별한, 구체성을 지닌 서정성이다. 1~4행에 '가슴'의 이미지는 "생솔연기 자욱"하고, "보리밭 헝클리듯 쑥밭이 다 돼버린" 공간적 개념이며 아울러 "짐승같은 세월"이 짓밟은 시간적 대상이다. 말하자면 수탈받은 제주도의 역사와 그 땅을 상징한다. 이것은 5행에서 비바람에 삐걱이는 "바라지"[2]를 열면서 극적 전환이 시도된다.

6행에 이르면 '가슴'이란 상징은 어머니의 모성적 이미지와 연결된다. 또한 가슴 부위에서 "젖꼭지"라는 원색적인 단어를 사용하여, 시인은 독자에게 전사의 애틋함을 절실히 전달한다. 그래서 어머니의 가슴은 대지의 가슴이고, 전사를 낳았으며, 전사가 사랑하는 가슴이다. 이처럼 '가슴'이라는 부분적 대상은 시인의 서사적 자아를 토대로 하여 포괄적인 상징성과 구체적인 갈기를 지닌 서정성을 함축한다. 그것은 또한 서술적 표현으로 엮어져, 독자가 빠른 호흡으로 시를 읽게 한다. 1984년 이전에 창작된 이산하의 초기 시는 개인 실존에 대한 밑도 끝도 없는 관념놀이로 일관되어 있다. 물론 혹자는 연작시「존재의 놀이」같은 시도를 '독특한 상상력'이라 칭찬하기도 한다. 개인적 존재의 탐구에만 전력하던 그가 비로소 인간 실존에 적극적 의미를 부여하게 된 계기는 학교를 제적당한 후 재야운동권에서 조직훈련을 체험하고, 지하신문인「자유언론」의 발간에 참여하면서부터이다. 바꾸어 말하면 시인의 확고한 사회적 실천은, 초기 시의 모더니즘적 추상성으로 가득 찬 말부림을 당찬 의지를 내포한 '서사

2) 비바람벽의 위쪽에 낸 작은 창.

적 서정성'의 『한라산』으로 전이시킨 토대가 되어준 것이다.

두 번째로 주목할 점은 서사양식의 기법을 확대시킨 일이다. 일반 독자가 이 시를 읽게 되면, '4·3'이라는 소재에서 오는 충격 이외에 맥아더 포고문(제1장), 인민유격대의 격문(제4장), 격문의 인용문, 대화체 문장 등을 시적 변용 없이 그대로 삽입시킨 서사양식에 당혹하게 된다. 그래서 서사시라는 표제에 의의를 달 수도 있다. 그러나 '루카치'류의 특정한 시대와 서구적 서사시관에서 나온 말로부터 벗어나, 문학형식이 태어났다가 죽는 '역사적 존재'로 파악하는 열려진 시각에서 장르를 본다면, 그렇다면 『용비어천가』는 조선왕조의 합리화를 위해 쓰여진 한글을 이용한 서사시로 파악할 수 있듯이, 『한라산』 역시 신동엽·김지하·신경림·하종오의 노력, 즉 전통과 현대성을 접맥시킨 서사적 기법을 계승하여 양식적 실험에서 어느 정도 문학적 성취를 이루었다고 평가할 수 있겠다. 그러므로 『한라산』은 실제 역사적 사료의 삽입과 시적 형태의 다양화로 독자를 지루함으로부터 구조해내는 동시에 역사적 사료에 접근시켜 역사의 진실을 인식하게 해주는 서사기법으로 나름의 '확대된 서사양식'의 공간을 보여준다고 하겠다.

그렇지만 『한라산』은 명료한 서사적 서정성과 서사기법의 확대라는 장점 이외에 몇 가지 지적되어야 할 점도 지닌다. 작가가 강력한 역사의식을 가지고 작품창작에 임하려 할 때 작품은 철저하게 정확한 사료를 토대로 하여 그 위에 상상력을 부여해야 한다. 그렇지 않을 경우에 작품은 추상적 주관주의의 오류를 드러낼 수도 있다.

『한라산』에 나타난 작가의 역사의식을 검토하면, 첫째로 무장투쟁을 할 수밖에 없었던 역사적 당위성에 대한 배경 설명이 부족하다는 점이 지적된다. 알다시피 역사적으로 제주도민은 본토를 포근하고 아늑한 땅으로 여기지 않고 불안과 착취를 가져다주는 화근의 땅으로 인식하다. 고려 때 삼별초의 장수 김통정이 제주도에 쫓겨 들어와 항거한 난리(1271)는 그만두더라도, 삼별초 항쟁 이후, 탐라총관부 설치를 계기로 원의 지배를 받은 것은 뼈아픈 상처로 서려 있다. 이후에 세곡이 지나쳐서 일어난 제주민란(1863), 역시 같은 거납(拒納)운동이었던 방성칠의 난(1898), 그리고 제주도 내의 천주교도가 관권과 결탁함으로 도민의 반항을 불러일으킨 제주도 교란 또는 이재수의 난(1901) 등, 숱한 어려움에 반대하여 제주도민이 철저히 항쟁해 온 전통을 지니고 있다. 특히 이재수의 난부터 제국주의(프랑스→일본→미국)와 봉건적인 육지인의 이중적 착취에 대항하는 민중항쟁의 역량이 축적되어 왔다. 이러한 전통 아래 일제 식민지 1920~30년대에는 적색농민조합을 조직하여 끈질기게 일제에 항거했다. 이같은 역사적 경험의 뿌리에서 1946년 9월 10일에 조직된 제주도 인민위원회가 시작될 수 있었고, 웅변대회·연예대회·체육대회 개최와 당시 유일한 신문이었던 『제주민보』의 간행 등을 통해 대중에게 파고드는 인민위원회의 조직화사업이 '4·3 사건'의 배경이 되었다. 그런데 『한라산』 1장에는 반역의 역사에 대한 배경이 배제되었으며, '4·3'을 단지 '3·1 독립기념도민대회' 이후 단정반대를 계기로 즉자적으로 나타난 사건처럼 구성한 급진주의를 보인다. 만약 『한라산』이 '4·3'의 배경을 충분히 서술했다면, 항쟁의 당위성과 사실성은 더욱 증폭되었을 것이다.

두 번째 문제점은 가해자와 피해자의 관계에 대한 작가의식에 관해서이다.

> 2차대전 후 미국은 필리핀을
> 영국의 식민지 이란을
> 프랑스의 식민지 베트남을
> 일본의 식민지 한국을
> 각각 말아먹었다
>
> 미국은 처음부터
> '해방군'이 아니라 '점령군'
> 그들은 반드시 한국인 동포를 이용해 싸웠다.

현지에 허수아비 파쇼정부를 세우고

—「움직이는 세계」(제1장)

시인은 가해자인 미국을 중심으로 작품을 이끌어간다. 그런데 도민에 대한 학살 원흉을 미국으로만 강조하다보니 그 활동대인 '경찰과 서북청년회'의 행위가 가려져서, 항쟁과 학살에 대한 역학관계가 한국민중과 미제간의 대립이라는 도식주의가 작품 전면에 표출되고 있다. 실상 자기 민족을 죽이는 데 앞장섰던 이들과 그들의 입장을 다면적으로 증언함은 우리에게 절실하고 더욱 설득력 있는 부분이 되었을 터이다.

이같은 급진주의와 도식주의는 자료를 대하는 작가의 역사인식에 있어서 과잉된 주관성에도 문제가 있지만, 부족한 사료에 의존할 수밖에 없었던, 작가가 처한 상황에도 문제가 있다.

그래서 세 번째로 걸리는 점은 삶이 배제된 서술양식, 곧 현장체험의 부재이다. 우리가 논문을 읽었을 때와 그것을 시로 변용했을 때 감흥에 차이가 있음은 무슨 까닭일까? 그것은 전자가 역사를 '인식'하게 하는 반면에 후자는 '시적 감동으로 체험'하게 한다는 이유일 성싶다. 그래서 '인식'과 '시적 체험'이 어우러질 때 서사시의 내용성은 독자의 가슴에 전달되는 것이다.

그 예로 「비밀회담」을 볼 수 있다. 이 부분은 국방경비대 제9연대 연대장이었던 장창국의 증언(『중앙일보』, 1983.1.14~1.21)을 토대로 김익렬과 김달삼의 담판을 압축적으로 보여주면서 행 구별을 시켜놓았는데 긴박한 현장감을 살리기 위한 시인의 표현방식은 어느 정도 응축과 긴장의 효과를 얻고 있다. 그러나 대부분의 경우는 사료의 단순한 행 구별로 독자를 시적 체험의 영역까지 인도하지 못하고 마는 아쉬움을 남겼다. 사료를 시적 상상력으로 변용시키는 데에 이르지 못했다는 점, 아울러 실생활이 부재한 자료의 나열에 그친 점도 지적된다

흔히들 박노해의 「손무덤」·「이불을 꿰매면서」·「소를 찌른다」와 같

은 생활체험의 시가 「천만 노동자의 가슴 속에 너를 묻는다—고 이석규 동지 추모」처럼 선동가의 낭송을 위해 철저히 슬로건적인 발상법으로 제작된 시보다 더욱 감동적이라 한다. 그 이유는 왜일까?

이유는 아마도 앞의 시들이 '현장체험의 질료'로부터 시적 상상력을 발휘하는 까닭일 게다. 가령 『한라산』에, 원나라에 굴복했을 때 최후까지 저항한 김통정의 전설이 남아 있는 항파두리 얘기가 녹아 있다면, '4·3' 당시 많은 사람이 경찰에 학살당하고 잘린 모가지가 대나무에 꽂혀 있었던 관덕정(觀德亭) 얘기는 그만두더라도, 또는 백석(白石)이나 이용악처럼 있는 그대로의 자연어를 노출시킨 눌박한 사투리의 끈끈함은 그만두더라도, 제주도민의 아픔이 서린 민요 「이어도사나」 같은 걸죽한 한풀이, 할망(할머니)의 주절대는 이바구 등 삶의 진득한 냄새가 배어 있다면, 독자는 '4·3'의 현장에 더욱 근접할 수 있지 않았을까.

어떤 이는 귀향형 소설이며 회고적이고 '4·3'의 비극을 모호하게 했다는 현기영의 「아버지」(1975)·「순이삼촌」·「도령마루의 까마귀」·「해룡 이야기」와 미국의 문제가 간접적으로 드러나는 김석범의 「화산도」·「까마귀의 죽음」의 한계를 『한라산』은 은폐된 진실을 명료하게 폭로함으로 넘어섰다고 한다. 그러나 전자가 현장에 배인 재래적 정서를 통하여 설득력 있게 우러나온 작품임에 비하여, 『한라산』은 제주도의 특수성을 얘기하면서도 이를 보편적 정서로 드러내지 못했다는 한계를 지닌다. 전자의 작가들은 당시 비극적 상황을 직접 경험했기에 냉엄한 객관적 시점을 지니지 못하는 한계가 있을지 모르나, 친족공간을 바탕으로 한 삶의 동질성을 확인시켜주고 있다. 그런데 반대로, 현장의 삶과 어느 정도 거리를 지니는 『한라산』의 표현은 시적 감동의 폭을 그만치 좁혔다는 아쉬움을 남긴다.

3. 전위(前衛)적 현실인식

필자는 『한라산』을 읽고 '전위(前衛)의식'에 대하여 새삼 생각하게 되었다. 이제 분단을 주제로 한 민족문학은 역사적인 소재나 전위성에 의해서만 이루어질 수는 없다. 요청되는 것은 전위의식과 보편적인 정서와의 강고한 결합이며 따스한 만남이다.

그런데 가령 1980년대 분단문학 중 조정래의 『태백산맥』이나 홍희담의 「깃발」이 부분적으로 다룬 외세문제를, 『한라산』이 전면적으로 다루었다는 전위성만으로 높이 평가함으로써, 민족문학이 담보해야 할 보편적 정서(혹은 대중성)를 허위의식을 조장하는 『홀로서기』류에게 양보한다면 『한라산』의 투쟁적 서정성은 그야말로 홀로 서게 될 성싶다. 대중이 없는 전위성이란 자칫 소시민적 급진주의, 더 나아가 하나의 '이념숭배'로 빠질 경우도 있음을 경계해야 한다.

『한라산』의 전투적 현실의식은 아직 대중성과 다소 거리를 두고 있다. 그 거리감이 표현방식의 풍성함을 통해 좁혀지기를 바란다. 『한라산』은 몇 가지 흠에도 불구하고 제주도의 4·3 항쟁을 시로 담아낸 기억에 남을 작품으로 남게 될 것이다.

죽음의 상처와 묵시적 상상력

임동확의 시

한편의 시를 읽는다는 행위는 어떠한 의미를 지닐까. 그것은 시집 속에 담긴 한 개인의 욕망과 억압 혹은 체험을 들여다보는 일이고, 아울러 시인의 경험을 공유해서 새로운 인식의 지평을 넓힐 수 있는 기회까지 갖는다면, 그것은 분명 기분 좋은 통증일 것이다. 좀더 전문적으로 시를 읽어가자면, 작품 뒤에 숨어 있는 시인의 정치적 무의식 혹은 욕망을 더 잘 읽어낼 수도 있을 것이다. 이러한 정치적 무의식과 욕망은 고정되어 있는 것이 아니라 시인의 삶을 통해 끊임없이 변화하고 그 영역을 넓히거나 방향을 바꾸기도 한다.

그렇다면 1980년대를 거쳐 1990년대를 잇는 시인의 시를 읽는다는 행위는, 시인의 체험세계를 들여보면서 그의 욕망과 억압을 읽는 일일 터이고, 아울러 역사 속에서 한 인간에게 형성되는 정치적 무의식과 욕망의 징후들을 짚어내는 일일 것이다. 하지만 이 시기에 시를 발표한 시인의 시적 이력을 짚어낸다는 작업은 그리 쉽지만은 않다. 여기엔 시대적 징후와 더불어 시인의 깊은 개인적 고뇌가 맞물려 있는 것이다. 이런 생각으로 필자가 시인 임동확이 내놓은 세 권의 시집을 읽으면서 주목하려는 점은 그가 갖고 정치적 무의식의 변화양상이다.

시인 임동확은 '오월 광주'라는 원체험이 짙게 깔려 있는 시집 『매장시편』(민음사, 1987)과 『살아 있는 날들의 비망록』(민음사, 1990)을 냈으며, 시인들의 암중모색이 이루어지고 있는 시기에 『운주사 가는 길』(문학과지성사, 1992)이라는 세 번째 시집을 냈다. 그의 시적 이력을 살펴보면서 역사적 상황 속에서 살아가는 한 시인의 몸부림을 어설프게나마 접할 수 있다면 싶다. 이제 잔잔한 품격을 지닌 그의 시집들을 열어본다.

1. 살아남은 자의 절망과 희망

그가 우리에게 처음으로 다가온 것은 『매장시편』(1987)이라는 한 권의 시집을 통해서이다. 그는 이 시집을 통해 '광주'라는 집단적 묘사에 새로운 표현과 인식의 길을 열어주고 있다. 우리에게 '오월의 시'하면 다가오는 이름은 김준태나 김남주 혹은 '오월시 동인' 등이 보여준 '분노와 투쟁의 시'였다. 그런데 임동확이 우리에게 보여준 시적 인식은 매우 독특한 것이었다. 그것은 전면적인 분노도 아니요, 그렇다고 화해도 아니요, 자기 비판과 자기 비하에서 비롯된 일련의 확인작업이었다. 그것은 원체험자로서 객관적인 거리를 거의 유지할 수 없는 고통에서 나온 생산물이었다. 피 냄새 묻은 제도와 폭력 앞에 무력하기 만한 인간을 체험한 시인은 광주를 신성시하지도 못하고, 부끄러움과 자책(自責) 속에서 죽은 자들과 함께 신음한다. 객관적인 거리를 둔 채 시인은 오월 광주를 "짐승의 시간"(16면) 혹은 "벌목시대"(86면)라고 명명한다. 그런 까닭에 산자들에게 남은 전리품은 "쓰디쓴 환멸의 잔해뿐"(25면)이며 부끄러움이다.

그대여, 용서하소서. 나를 위선자로, 방관자로, 그리고 홀로 피해의식에 젖은 방랑자로 만든 거리와 함께. 그리고 그대 뺨을 때리던 죄 많은 손과, 그대를 땅바닥에 넘어뜨린 발목과, 그 혓바닥의 배신을 용서하소서

—「近況」에서

라면서 시인은 살아남은 자들이 보아야 할 '적(敵)'을 예리하게 지적한다. 시인은 적을 "자상한 남편"이거나, "능력있는 직업인", "눈만 뜨면 예수와 화해를 부르짖는 광신도" 혹은 "언어와 도덕을 가르치는 수도자"로 표현한다. 특별히 나쁜 사람이 아니라, 자기만의 이득을 위해 역사를 외면하는 '우리 자신'을 시인은 고발하고 있다. 그러면서,

이것만으로도 현상수배는 가능하지 않겠는가. 증거를 은폐하려 할수록 과장되고 세심한 몸짓, 범죄자들의 질탕한 환락, 가증스런 자선, 너무나도 인간적인 호소, 그리고 신을 닮은 위엄과 허세.

저들의 법정은 거리가 될 것이다. 저들의 현장검증도 수천수만의 증인과 함께 그곳에서 이루어질 것이다. 지상에선 뿌린대로 거둔다. 아무도 거기에서 예외일 수는 없다.

—「적은 이런 용모를 하고 있었다」에서

라면서 독자의 반성을 유도하는 그는 단순히 분노하지 않고 투쟁을 역설하지도 않는다. 다만 학살자들을 고발하고 스스로 괴로워하며 광주 문제는 바로 우리 자신 속에 숨어 있음을 고발하면서 고백하고 있는데, 연상적으로 연결된 이미지를 이용하는 이 시점의 표현방법에는 마적 암시력을 지닌 은유적 세계를 시에 담아낸 파울 첼란이나 무의식적인 욕망을 끊임없이 반복했던 귄터 아이히 같은 서구적 시작법[1])을 떠올리게 한다.

그 뒤에 보여준 또 한 권의 시집 『살아 있는 날들의 비망록』(1990, 이제

---

1) 이에 대해 김현은 이렇게 말한다. "임동확의 『매장시편』은 괜찮은 시집처럼 보인다. 이성복을 비롯한 젊은 시인들의 영향이 없는 것은 아니나, 첼란과 같은 독일시인들의 맥을 잇는 것 같아 보이기도 한다."(「행복한 책읽기」, 『문예중앙』, 1991년 겨울호, 281면)

『비망록』으로 줄여 쓴다)도 광주라는 생채기를 꼼꼼하게 고백한다는 점에서 『매장시편』과 연속성을 지닌다. 그는 이 시집에서도 원죄와도 같은 체험의 의미화와 역사화, 그리고 삶의 체계가 뿌리부터 송두리째 유린되고, 그 의미가 철저하게 탕진된 살아 있음의 의미를 복원하는 문제에 그의 관심을 집중시키면서, 이런 관심 자체가 "위로받을 수 없을 상처와 / 지울 수 없는 공포"(84면)라고 말한다. 『매장시편』과 마찬가지로 『비망록』에도 "비루먹고 저주받은 연대"(14면)로 명명되는 오월 광주에 대한 부끄러움의 정서가 가득하다.

> 그러나 나는 알고 있다.
> 누구도 그 말만은 삼가 왔지만
> 우리들 모두 숨겨진 가해자라는 것을
> <살아 있음>이 결코 축복이 아니라는 것을
>
> —「아무도 그 말만은 하지 못했다」에서

> 내가 눈을 떴을 때, 내 정든 목숨이 다할 때까지
> 떼죽음 당하는 벗들의 환영을 보았나니
> 고르지 못한 강바닥에 여울져 오는 부끄러운 낯짝을 보았나니
> 이제 나를 더욱 고통스럽게 따라붙어오라
>
> —「물에 비친 영상」에서

"더욱 고통스럽게 따라붙어오라"는 뼈아픈 자책(自責)만치, 그는 부끄러움을 이기려 노력한다.

> 다시 비바람 치는 그 거리에 서자
> 이제 산 자에게도 축복의 눈길을 건네기로 하자
>
> —「잃어버린 우산」에서

> 너희에게 이곳에서 희망을 가르쳐 주기로 했다.
>
> —「다시, 이곳」에서

어찌 번개를 본 자가 천둥을 두려워하랴

—「거울을 보며」에서

고통스런 자리를 찾아 아픔의 기억을 잊지 않는 가운데 희망을 노래하자는 대목은 얼마나 뼈저린 울림인가. 이것이 살아남은 자가 할 수 있는 첫 번째 노력이라면, 두 번째 행동은 좀더 능동적이며 적극적이다.

이제 도망자여
어디서나 너의 고향을 떳떳하게 얘기하라
언제나 구경꾼인 이방인의 광장에 서서
그날의 소식을 전하라

—「서대문행」에서

이런 명령형은 시인의 내면 속에서 얼마나 치열한 갈등 끝에 나오는 발언일까. 이만치 때때로 자기 고백적인 표현을 지닌 임동확 시의 어조는 비장하며 때로는 신념에 차 있다. 최하림의 말을 빌자면, "'5월'을 소비하려 하지 않으며, 시가 갖는 사랑의 힘으로 살육행위를 감싸려 하지도 않는다. 그는 시의 조화와 감동의 세계를 거부하며 '너의 안락함 뒤의 엄청남 부정과 / 너의 너그러운 미소 뒤에 감추어진 적의를 / 그리고 나의 평화의 호소 속의 지독한 위선'을 보려고 한다."[2)]

하지만 그의 시 속에 채워진 무형의 인물들의 삶에는 여전히 비장한 비관주의와 환멸로 가득 차 있다. 그것은 임동확 시인의 정치적 무의식인 동시에 1980년대 한국인들이 공유하고 있는 집단무의식이 아닐까.

---

2) 최하림, 「체험과 문학」, 『살아 있는 날들의 비망록』(임동확 시집 해설), 민음사, 1990.

2. 현실의 갈등과 고향회귀

1990년대의 시는 1980년대의 역사적 깊이와는 전혀 다른 내용을 갖고 있다. 1980년대는 그 시기를 특징지웠던 시적 상징이 비교적 뚜렷했다면, 1990년대는 패배와 좌절로 상징되는 길 없는 시대이고, 도대체 열쇠구멍이 보이지 않는 닫힌 문과도 같다. 이런 시기와 맞물려 최근에 발표된 시들은 자연을 소재로 순수서정으로 회귀한다든지 혹은 개인의 내면적 성찰에 집착한다든지 하면서 암중모색을 도모한다. 임동확의 세 번째 시집 『운주사 가는 길』(1992, 이제 『운주사』로 줄여 쓴다)은 바로 이런 시기에 출판됐다. 이번 시집에서도 그는 아직도 광주의 그림자에서 벗어나지 못하고 있다. 그러나 시집 중반부를 지나면서 그는 고향으로 회귀하려는 성향을 보이고 있으며, 회귀(回歸)를 통해 원초적 힘을 얻으려는 시도를 보이고 있다.

그래서 시집 『운주사』에서 짚이는 첫 번째 항목은, 현실의 삶과 과거의 기억 속에서 탄탄한 삶의 공동체성을 회복해 보려는 시인의 의지다. 시인은 과거의 기억 속에서 좀체 헤어 나오지 못하고 있다. 그러나 그는 현실을 직시하려고 애쓰고 그런 현실 속에서 문제가 있는 점을 지적하는 데 주저하지 않는다. 가령, "잘못 길든 것일까 / 차바퀴에 여지없이 치여 / 몸통이 온통 으깨어진 참새 한 마리 / 아침 출근길을 가로막는다 / 방금 전까지만 해도 공중을 / 포르릉 날아다녔을 것 같은 / 그 작고 가련한 존재의 잔해들 / 그게 못내 애처로운 듯 / 등교하던 고려 중학생 몇 명도 / 가만 피해서 지나간다"는 한 사건을 표현해낸 시를 보자.

> 대열을 이탈한 자들에게 가해진
> 지극히 우연 사고, 아니면
> 그걸 가장한 집단의 테러쯤이야

얼마든지 묵인된다는 듯이
그 현장들을 희미하게 재워가며
자동차는 연이어 질주해오고
이미 발각당한 세상의 꿈속을
거칠게 횡단한다. 이제 그렇듯
누구에게도 책임을 물을 수 없는
날들이 당당하게 지나가고
그리하여 날개만 남은 기억들이
죽음의 길바닥마다 납작해져 있다
어느 편에도 손들어주지 못하는
참으로 무감동한 시대가 점령한
도로 위엔 제 영혼의 밑창에 묻어나는
피의 얼룩으로 사무쳐가고

—「날개만 남은」에서

그가 말하고 싶어하는 것은, "누구에게도 책임을 물을 수 없는 / 날들이 당당하게 지나가"는 무참하기 이를 데 없는 '역사의 폭력'이다. 그것은 방금 전까지 포르릉 날아다니던 생명을 무참히 밟아버리는 폭력이다. 그리고 난 뒤 "어느 편에도 손들어 주지 못하는 / 참으로 무감동한 시대가 점령한 / 도로 위엔 제 영혼의 밑창에 묻어나는 / 피의 얼룩으로 사무"친다. 그러나 그것도 비가 내리고 세월이 지나가면 잊혀질 수도 있고, 아니 잊혀질 것이다. 시인은 바로 이러한 세월의 무정함과 잊혀짐의 무정함을 차분히 드러내는 데 주목하고 있다.

한편 그는 잊혀지지 않는 역사의 기억과 더불어 독재자로 향한 일반인들의 관성을 지적하기도 한다. 그래서 독재자는 "죽어서도 명령을 하고" 있거니와 "아무런 이유 없이 자백을 강요당하고 / 또다시 이웃을 고발하게"(「그는 죽어서도 명령하고 있다」) 만드는 참혹한 잠재기억이다. 바로 우리 내면에 한번 조성된 억압심리는 쉽게 사라지지 않고 계속해서 강고하게 작용하고 있다는 말이다.

하지만, 이토록 역사의 무정함이 참혹한데도 그는 아직도 "제 피로 깃발을 물들일 자" "그 깃발로 제 몸을 두르며 / 마지막까지 아름다울 수 있는 자"(「깃발」)를 찾아 나선다. 그러면서 과거의 아픔들은 "아무도 헛되이 여기에 이르지 않았다" "이제 그 날의 사랑은 / 지금도 어디서든 계속되고 있나니"(「노 젓는 침묵」)라며 희망을 강변한다. 그리고 그는 우리가 지녀야 할 자세를 '기차'라는 상징을 통해 나타내 보이고 있다.

> 객차와 객차 사이에
> 분명 길이 있다
> 하나로 묶여 달려가면서
> 결국 하나가 아니다,
> 제각기 요동치는 틈 속에
> 하나의 변기,
> 하나의 수도꼭지를 공유하면서도
> 서로 다르고
> 또 같은 전체 속에
> 끊긴 희망의 기적이 울고 있다
> 그러니 살아 있는 그 나라로 가려면
> 저렇듯 격렬하게
> 서로의 상처를 핥아주며
> 제 목적지에 닿아야 한다
> 비록 조금 연착하더라도
> 누군가 원한다면
> 아무리 작은 역이라도
> 그냥 스쳐 지나지 않으면서
> 혹은 단 한 사람을 위해서라도
> 저 거대한 胴體를 멈추면서.
>
> —「사이—통일호 2」 전문

여기서 기차는 연대(連帶)의 상징이며 조직의 상징일 듯도 싶다. 현실주의 시각에서 말하자면 민중연대성을 의미할 수도 있겠으나, 어느 독재계급에 의해 성급히 나가는 것에 대해 시인은 반대하고 있다. "누군가 원한다면 / 아무리 작은 역이라도 / 그냥 스쳐 지나지 않으면서 / 혹은 단 한 사람을 위해서라도" 거대한 동체(胴體)를 멈추는 공동체이다. 거대한 동체(胴體), 곧 '큰 찻자'와 같은 생명공동체인 것이다. 그냥 쉽게 말하면 사람이 서로 돕고 살아가는 모습을 그려냈다고도 할 수 있다. 보다 중요한 점은, 이것은 임동확이 꿈꾸는 이상적인 공동체의 모습이 아닐까 하는 점이다. 그는 그런 이상적인 공동체를 고향을 통해 복권하려 하고, 그의 이상향인 고향을 무참하게 파괴하는 현대 자본주의의 강폭함을 폭로해낸다.

바로 이러한 고향회귀 성향이 『운주사』에서 보이는 두 번째 특성이다. 그의 세계관을 상징하는 주인공이 '1미터 20센티에 멈춘 성장의 키'를 갖게 되는 이유는 "모든 숲속의 정령들이 살해되는 것을 / 모든 열락이 와르르 결딴나는 소리를"(「내 고향 살구나무」) 듣고 난 뒤다. 그런데도 그는 예나 지금이나 온전한 모습으로 서 있는 고향집 살구나무와 마주하면서 '검열 없던 유년의 일부와 해후'하면서 다시 현실로 돌아온다. 그가 고향으로 돌아가는 시를 쓰는 한 대목은 바로 새로운 눈뜸을 위한 쉼의 터전이기 때문이다. 이 고향은 「동네 한바퀴」나 「고향 가는 길」 같은 단순한 쉼터이기도 하고, 한편으로 창녀이든 포주이든 용접공이든 월급쟁이든 자영업자이든 "신분을 따져 묻지 않는 따스하고 / 관대한 모성의 탯자리"(「그들이 온다」)이며 "가속도가 붙은 저 고의적 파멸에 대한 / 무의식적 저항, 눈물어린 투정" 처럼 파멸로 치닫고 있는 현대인들의 마지막 쉼터로 상징되기도 한다.

한편 세 번째 항목으로 이와 다른 한편에는 자본주의의 폭력성을 고발하려는 의도로 쓰여진 시들도 있다. 가령 "대한제국 시절이었다"라는 약간의 풍자적 말부림으로 시작되는 「도화원기」에서 시인은 군대 주둔지와 별장 혹은 주차장과 댐이 들어서 파괴된 고향을 등지고 도시로 이주해 청소부로 일하다가 그만 트럭에 치여 죽은 한 촌부의 죽음에 대한 비극적 이야기를 담아내고 있다. 이런 의미에서 그의 고향회귀는 서정주가 『신라초』에서 보여주었던 류의 회귀본능과는 자리를 달리한다.

한편 임동확은 『벌초』의 이재무나 『하늘밥도둑』의 심호택이 보여준 고향 묘사와는 다른 자리에 있다. 살가운 과거를 추억하는 일은 우리 가슴에 애틋한 감정을 번지게 하지만, 현재적 삶의 치열함에 비하면 한가로울 뿐이다. 게다가 임동확은 과거의 추억조차도 추상화시키는 까닭에 그의 고향은 보다 더 과거 쪽으로 상당히 경사되어 있다. 비교컨대, 임동확은 고향 언덕에서 고향땅을 어른의 눈으로 잔잔하게 바라보고, 심호택은 고향에서 씨레기국을 끓여먹고, 이재무는 고향땅에서 천진난만하게 뒹굴고 논다. 이재무나 심호택은 농경적 문화에 일체감을 지향하고 있어 그들의 고향은 가히 '물질적 고향'이다. 이에 반해 임동확의 고향인식은 대상과 거리를 둔 '정신적 고향'으로의 서경적 묘사나 추상적 묘사가 강하다. 사색의 대상이 되고 있다는 오독(誤讀)까지도 가능할 정도다. 하지만 고향인식으로 현재적 삶을 점검하고 혹은 자본주의의 폭력성을 지적하려는 몸짓에서는 이들 모두가 동일성을 보여준다.

그렇다하더라도 아직도 그의 시는 어둡기만 하다. 아직 환멸이나 뜻없음에서 벗어나지 못하고 있다. 전 시기에는 오월 광주라는 '과거의 기억'에 대한 환멸과 그것을 이기기 위한 희망의 시로 가득 차 있었다면, 『운주사』에서는 '미래 없는 현재의 전망'에 대한 절망 속에서 고향을 찾아 회귀해 들어간다. 이것은 1990년대 초입에 지식인들이 공유하는 집단무의식의 한 부분이 아닐까.

바로 이 지점에서 시인은 스스로 시의 자리를 성찰하며 고민한다.

> ① 그런데도 누가 지금 온실의 재배사처럼 빼빼 마른 도식의 철사줄처럼 쳐 놓은 채 때아닌 잎을 피우고 꽃을 피우라 하는가. ② 가증스럽게도 전혀 그들 조차 동의하지 않는 생리를 운운하며 거리의 판매대로 끌어내려는가. (…중략…) 그러므로 시인이여! 너의 본분은 누구의 지시도 받지 않은 유폐된 섬의 중심에 서 있는 등대와 같다. 그러나 어쩔 수 없이 군중 속으로 끌려와 돌을 맞은 여인네의 운명을 닮아있다.
>
> —「풍란」에서(번호－인용자)

"마른 도식의 철사줄"을 강요하는 ①은 1980년대 민중적 미학의 도식성을 지적하는 부분으로 생각되며, 반면에 시를 거리의 판매대로 끌어내리려는 ②는 1990년대의 만연된 부정적인 상업주의적 폐해를 지적한다. 그래서 시인의 본분은 "누구의 지시도 받지 않은 유폐된 섬의 중심에 서 있는 등대" 같은 외롭고 고독한 존재이고, 때문에 끊임없이 탐색한다. ①과 ②를 보면 그가 시의 독창적 존재에 대해 얼마나 진지하게 고민했는지 알 수 있다. 그러나 중요한 점은 1980년대의 문학적 유산을 청산하거나 단절하는 것이 아니라, 그 시정신을 끌어안으면서도 과거의 "철사줄"에 갇히지 않고 신선한 시작법으로 새로운 울림을 자극하는 일이 아닐까.

3. 묵시적 상상력

물론 쉬운 문제가 아닐 것이다. 그래서 시인의 탐색은 아직 진행형이다. 지금까지도 진행중인 그의 시세계는 광주항쟁의 비극을 묵시적 상상력으로 드러냈고, 거기서 다시 고향회귀본능과 삶의 문제를 근원부터 다시 성찰하려는 태도를 엿보인다. 이러한 자기 성찰은 그저 수동적이라는 꼬리표로 부정적으로만 평가하기엔 너무 섣부르다. 시대적 징후 앞에 터무니없는 전망을 내세우는 일은, 턱없이 절망이나 비관을 읊조리는 행위보다 더 부정적인 경우가 많다. 제대로 고민하는 일, 치열하게 뒹굴면 뒹굴수록 과거의 기억은 우리를 거듭나게 할 것이다. 그 거듭남 속에서 좀더 확실한 내일이 보일지도 모른다.

그의 시는 결벽증에 가까울 정도로 긴장된 밀도를 유지하려고 애쓴 흔적이 엿보인다. 그래서 그의 시는 관찰할 대상이 정해지면 인간의 실존을 그 대상과 접맥시키기 위해 무척이나 꼼꼼한 묘사력을 발휘해낸다. 가령,

흰 담비는 "절대로 진흙탕인 / 이른바 역한 냄새 나는 곳이면 / 아예 처음부터 들어서질 않는데"라는 묘사에서 "모조 가죽옷을 걸칠 수밖에 없는 자들"의 관계를 엮어내는 치밀함이 그렇다. 그는 순간적인 재치나 경구로 시를 조작하지 않는다. 그만치 그의 엄숙한 자기 성찰은 치열하기만 하다. 바로 그런 긴장된 정신력이 범속한 산문의 수준으로 떨어지는 것을 막고 있다. 그러나 조금은 지루하다. 기왕의 생산물과 비교할 수밖에 없는바, 『운주사』는 실험정신이 충일 했던 『매장시편』에 비하면 그 긴장감이나 문학적 감동이 덜하다. 『매장시편』에 비하면, 『운주사』는 시 형태가 대부분 산문적이며 길뿐만 아니라, 짧은 단형시를 거의 찾아볼 수가 없거니와, 가끔은 지루하다.

이제는 그의 시편에 드러난 시적 표현방법 혹은 일관된 정치적 무의식을 살펴볼 차례다. 첫째, 그는 대상과 '엄격한 거리를 두고' '그 자신으로부터' 묘사해낸다. 대상에 대한 일체감을 그의 시에서 찾아보기는 힘들다. 게다가 그는 대상을 선택하면 그 대상을 있는 그대로 묘사하지 않고 정신의 필터에 여러 번 걸러 추상화시킨다. 가령 이때 개입되는 표현장치들은 대환란, 대홍수, 노아의 올리브잎 등의 기독교적 이미지가 대입되기도 한다. 때문에 이웃의 삶이나 고향의 삶이라 하더라도 삶의 세세한 결에 대한 묘사는 하지 않는다. 그래서 역사라든지 고향이라든지 하는 것도 추상화된 상태에서 다가온다.

둘째, 이런 까닭 때문인지는 모르나, 바로 이런 거리감 때문에 그는 현실 속으로 가슴을 디밀지 않는다. 그의 모든 시는 현장에 정신을 디밀어 써진 시다. 그러므로 그의 시는 땀 냄새와는 가깝지 않다. 때문에 그의 시를 민중적 인간주의라고 쉽게 단언할 수 없다. 단지 그는 인간에 대한 절실한 '청교도적 연민감'에 충만하다. 어떤 이는 그의 이런 연민감이 진보성을 표방하고 있기는 하지만, 필자가 보기엔 있는 그대로 인간에 대한 엄숙함 혹은 솔직함일 뿐이다.

임동확 시인의 솔직함이 어느 방향으로 갈지 아직은 모른다. 필자는 그의 솔직하고 진지한 여행에 기꺼이 주목하고 싶다. 그가 가는 길에 더 많은 동행자들이 있었으면 싶다. 그리고 죽음의 기억과 고향의 늪에 빠져 있기보다는, 이젠 그 질곡에서 좀더 다른 시를 보여주기 바란다. 좀더 희망하고 좀더 절망하기 위해, 세상 속으로 한층 육박해 들어가길 기대해 본다.

5부

한국 현대시사의 사회역사성

한국 현대시의 '기차' 이미지 333

독립군가 노랫말 분석 347

분단극복과 시의 실천 371

해체 혹은 구비적 상상력 412
— 1980년대의 시

길 없는 길 441
— 1992년도 하반기 시단평

한국 현대시의 '기차' 이미지

누구나 기차에 얽힌 이야기를 하나쯤 가지고 있다. 대학시절에 기차로 통학했던 이도 있을 성싶다. 새벽기차를 타고 언 발을 스팀 위로 올려놓고 사르르, 졸던 기억. 학교가 끝나면 화물칸을 타고 시멘트 포대 위에 이 모양 저 모양 글을 써대던 소중했던 순간들. 퇴근길에 지쳐 고개 숙인 이들의 그림자들. 혹은 문학기행류를 쓰면서 전국 각지를 찾아다니며 동석했던 사람들과 나누었던 이야기들, 낱낱이 하나의 고향 역사였다.

혹은 강의하는 보따리장사로 먼 거리 대학으로 기차 타고 다니는 이도 있다. 사람들, 사람들 이야기가 기차 칸칸마다 가득 가득 담겨져 기차는 움직인다. 그렇다. 기차는 하나의 담론(談論)이다. 이 담론에는 사람들의 땀 냄새며, 입 냄새며, 살아온 세월의 설움, 농담 따위들이 담겨져 있다. 그 속에 앉아 있는 우리는 숱한 이야기 속에 흔들린다. 평안히 앉아 있는 것 같지만, 사람들이 거쳐온 세월의 이력을 여행하고 있는 것이다.

1. 배고픈 이민열차, 일제시대

기차에 관한 시는 많다. 정확히 말해 이런 시들은 기차를 말하기보다는 기차가 싣고 있는 '이야기(談論)'를 담고 있다. 짐작하듯이 우리시에서 기차에 대한 첫 보고는 근대화의 상징으로 표현되고 있다. 육당 최남선의 「경부철도가」(1908)와 같은 가사류가 그렇다. 이 시는 전편 268행으로 5・6행 짜리 4, 5연이 합쳐져, 초기 창가에 비해 무려 10배 정도로 긴 장편 기행체 정형시이다. 그 3절을 보자.

> 關王廟와 蓮花峰 둘러보는 중
> 어느덧에 龍山驛 다달았도다
> 새로 이룬 저자는 모두 日本집
> 이천여명 日人이 여기 산다네.

철도의 개통과 함께 서구문화의 충격이 이 시에 담겨 있다. 경부선의 시작인 남대문역에서부터 종착역인 부산역까지, 차례로 여러 역의 풍물을 소개하고 있는데, 용산역에 이르러 "이천여명 日人"이 모여 사는 1900년대의 풍물을 기록하고 있다. 그런데 이 시 여기저기에는 생활의 주도권이 일본인에게 있다는 것이 묘사되어 있다. 가령 "일본사람 저희들 지저귀면서 / 그때일이 快하다 서로 일컬어 / …… / 日本 남자 大和魂 자랑하는데"(16절), 혹은 "淸潔하게 꾸며논 旅館 / 이는 대개 日本人 營業이라니"(22절)라는 표현에서 식민지의 풍경은 예고되고 있다. 이렇게 그런 가사류가 노래하고 있는 우리의 근대화에는 슬픔의 상처가 묻어 있기도 하다.

> 팥 되나 먹을 데 신작로 나고
> 쌀 되나 먹을 데 철로길 되네
> 아리랑 아리랑 아리리요
> 이 땅엔 거지만 늘어간다

초가집 팔려서 기와집 되고
기와집 헐려서 벽돌집 되네
아리랑 아리랑 아라리요
길 가는 보따리 늘어간다.

—윤석중, 「거지행진곡」(『동아일보』, 1929.5.27)에서

가장 전통적인 민요 「아리랑」의 가락을 빌어, 일제에 의해 강행되는 허울만의 '근대화' 속에 소리 없이 쓰러져 가는 조선농민의 비참한 삶을 잘 보여주는 절창이다. 신작로와 철로길이 생기면서, 초가집이 기와집으로, 그 기와집이 벽돌집으로 변해 가는 근대화 과정이 잘 나타나고 있다. '신작로(新作路)'라는 말이 새로 생긴 이유는, 그런 길이 만들어지기 전, 조선의 길이 대부분 오솔길 혹은 수레 정도가 다닐 수 있는 좁은 길이었기 때문이었을 것이다. 오솔길 같은 길이 없어지고, 큰 길과 철로 길이 생겼으니, 얼마나 신나는 일일까. 그런데 이런 좋은 상황에서 개인의 삶은 오히려 황폐해지는 엉뚱한 상황이 발생하고 있다. 거지만 늘어가고, 길 떠나는 보따리만 늘어갔던 것이다.

'늘어가는 거지떼'는 러일전쟁(1904.2~1905.9) 이후 구체적으로 창출되고 있는 '정치적 난민'의 모습이라 할 수 있겠다. '신작로'나 '철로길'이라는 외형적인 화려함 속에 감추어진 조선 농민의 고통은 집단적인 유이민현상 또는 떼거리로 몰려다니며 구걸하는 말 그대로 '작대구걸(作隊求乞)'이었다. 이런 류의 아리랑은 그 내용이 약간씩 변형되어, 이 무렵 전국 각처에서 불려졌던 것 같다. 예컨대 '문전의 옥답을 다 팔아먹고 거러지 생활이 웬일이야' 등의 「함경도 아리랑」이 그것이다. 그 배경을 좀더 구체적으로 볼까.

남녀노소 30명의 시골 사람들이 남자와 이불보퉁이와 의복가지를 짊어지고 여자는 어린 것들을 업고, 머리에는 비와 쌀주머니를 이고 두 손에는 짚신짝을 들고 올목졸목한 어린 자식들을 앞뒤로 세우고 휘어치는 찬바람을 무릅스고 멀리 생면부지의 산골로 간다

—『동아일보』, 1926.1.3

거의 매일이다시피 1926년 27년도 신문에는 「풍년을 등진 간도이주군(間島移住群)」 등의 제목이 적지 않게 실려 있다. 따지고 보면 토착지주들의 수탈적 횡포도 대단했지만, 더 무섭고 더 흉포한 적은 바로 극악스러운 농민의 대적, '동척(동양척식회사)'이었던 것이다. 일제시대의 기차에 대한 상징은 슬프게도 이런 어처구니없는 현실, 즉 1920년대부터 해방기까지 유랑 이주 혹은 간도 이주를 배경으로 나타나고 있는 것이다.

> 나란히 늘어선 네다섯 대의 트럭 위에 마치 화물처럼 만적(滿積)한 노소남녀. 큰 보따리 작은 봇짐들을 안고 끼고 그들은 약속이나 한 듯이 모두 무겁게 입을 다물고 주위의 이곳저곳만 응시하고 있다. …… 차가 발동을 시작하니 어인 일인가. 소위 낙천지(樂天地)로의 장(奬)한 동정에 터져나오는 이 울음소리는! …… 엿반대기를 들고 오는 노파가 있다. 꽁꽁 매었던 두루주머니를 끌어 동전 몇푼을 억지로 들이미는 중년 여인이 있다. "게삼아 잘 가거라" "잘 가거라. 초년아!" 하는 나이찬 계집애들의 목멘 부르짖음이 들린다.
>
> — 李燦, 「북관점경」(『조선일보』, 1937.4.16)

시인 리찬은 당시의 상황을 처참하게 묘사하고 있다. 1930년대 국책이민 시대 전조선에 걸쳐 광범위하게 연출되고 있는 상황이 잘 드러나고 있다. 이미 사람은 사람이 아니라 짐짝과 다름없이, '만적(滿積)'된다. '몸 파는 여인'으로 쉽게 떨어졌음직한 '나이찬 계집애들의 목멘 부르짖음'도 유난히 돋보인다.

2. 죄수처럼 개찰구로

경제적 이유도 중요하지만, 특히 일제의 '국책 이민'정책이 조직적으로 실시돼 만주사변(1931) 이후 상당수의 사람들이 짐짝처럼 아무렇게나 '이민열차'에 실려 만주 등지로 떠나갔던 것이다. 일본 이민, 멕시코 이민, 하와이 이민도 있었지만 대다수는 만주로 향했다. 그 시기의 많은 시들은 그런 수많은 이농민의 역사적 삶을 그리고 있다. 함형수의 「차중쾌주(車中快走)—함경도에서」(『조선일보』, 1935.8.1), 리찬의 「북만주로 가는 월이」(『대망』, 풍림사, 1937), 임화의 「야행차속」(『현해탄』, 동광당서점, 1938), 황순원의 「밤차」(『현대조선시인선집』, 학예사, 1939) 등이 주요한 사례다. 이런 시의 비극적 현실을 떠받쳐주고 있는 강력한 시적 상관물로서 '두만강 · 압록강 · 영산강 · 낙동강' 등이 자주 등장하면서, 기차는 외로움이라는 밤의 이미지와 결합하고 있다.

① 람포불에서 부우염한 대합실에는
젊은 여인과 늙은이의 그림자가 크다랗게 흔들렸다.

네가 가문 재가 어드케 눈을 감으란 말인가

경편열차(輕便列車)의 기적이 마음을 흔들 때
여인은 차창에 눈물을 글성글성하였다.
— 박남수, 「거리」(『초롱불』, 동경삼문사, 1940)에서

② 모여서
수많은 소리 속에서
멀어져 가는 노래 소리

노래를 웅얼거리며 광장에 서성이어
슬픔도 없는 마음

모두들 개찰구로 끄을린다
줄을 지어 내 또한 어린아이와 같이
발을 맞최인다

죄수와 같이

— 황훈, 「야행열차」(『조광』, 1942.10)에서

젊은 며느리와 늙은 시아버지를 멀리 갈라놓은 만주행 '경편열차의 기적' 소리에 아프게 깔린 어느 이름 없는 북도 늙은이의 무뚝뚝한 사투리가 시 ①에 날카롭게 스며 있다. 외롭게 살면서 죽음을 기다려야 하는 노인의 심정이 "네가 가문 내가 어드케 눈을 감으란 말인가"라는 애절한 음성에 잘 담겨 있다. 이 슬픔은 바로 우리 민족의 슬픔이기도 했다.

②의 상황은 더욱 슬프다. 너무 슬퍼서 슬픔마저 포기한 '슬픔도 없는 마음'들이 묘사되어 있다. 이건 마치 가지런히 줄을 맞추어 이민열차에 '선적' 당할 차례를 기다리는 '죄수'의 모습이다. 유랑시라고나 할까. 간도로 이민 가는 이들의 슬픈 모습은 처량하기만 하다. 이런 시들 중에서 으뜸 가는 절창을 한편 뽑으라면, 오장환의 「북방의 길」(『헌사』, 남만서방, 1939)이 떠오른다.

눈덮인 철로는 더욱이 싸늘하였다.
소반 한 귀퉁이 옆에 앉은 농군에게는 송아지 냄새가 난다
어린애는 운다 철다구니 울 듯
차창이 고향을 지워버린다
어린애가 유리창을 쥐어뜯으며 몸부림친다

— 오장환, 「북방의 길」 전문

'송아지 냄새'가 잘 암시하듯 제 몫을 찾을 길 없는 가을걷이를 떨쳐버리고 방금 고향을 뜬 듯한 젊은 농부가 처량하게 이민열차를 기다리고 있는 모습이 떠오른다. 겨울 혹한보다 싸늘하게 느껴지는 '눈덮인 철로', 어느새 스러져 사라지는 차창 밖의 고향풍경, 그리고 점점 멀어져 가는 제 집을 돌아다보며 몸부림치는 어린애의 애틋한 모습 등을 형상화한 이 시는 '이민열차'의 전형적인 모습이랄 수 있다.

3. 꿈 실은 귀향열차, 해방기

해방기에 대부분의 시들은 기쁨에 달떠 있다. 조국으로 돌아오는 해방기의 기차는 그저 달떠 신나기만 하다. 해방의 상징이며 해방의 세계로 돌진해 나가는 기차이기도 하다. 이런 시들의 인식은 이제 해방이 되었는데 무엇이 걱정이냐는 투다. 그러나 '미완의 해방'을 우려하는 시인의 예언자적 지성은 아직 불안하기만 하다.

무엇을 실었느냐 화물열차의
검은 문들은 탄탄히 잠겨졌다
바람 속을 달리는 화물열차의 지붕 위에
우리 제각기 드러누워
한결같이 쳐다보는 하나씩의 별

두만강 저쪽에서 온다는 사람들과
쟈무스에서 온다는 사람들과
험한 땅에서 험한 변 치르고
눈보라 치기 전에 고향으로 돌아간다는
남도 사람들과
북어 쪼가리 초담배 밀가루 떡이랑
나눠서 요기하며 내사 서울이 그리워
고향과는 딴 방향으로 흔들려 간다

— 이용악, 「하나씩의 별」(『이용악집』, 동지사, 1949)

짐짝처럼 '이민열차'에 실려 만주 등지로 떠나간 지난날보다도 한층 비참하게 '바람 속을 달리는 화물열차의 지붕 위에' 마치 성가신 덤처럼 볼썽사납게 얹혀져 오는 '만주, 시베리아 귀향 이민'의 가엾은 겉모습이 인상깊다. 비참하기만 한 그들의 처지와 '하나씩의 별'이 선명한 대비를 이루면서 아프게 형상화되어 있는 이 시에 이미 그 시기 '귀향이민'의 결코 심상치 않은 미래가 짙게 암시되고 있다. 단호히 거절하듯 탄탄히 잠겨진 '화물열차의 / 검은 문들', 미처 고향땅에 당도하기도 전에 세차게 몰아닥칠 '눈보라', 그리고 '고향과는 딴 방향'의 또 다른 타향의 모습 속에 알 수 없는 미래에 대한 그들의 불안감이 스며 있다.

그런 한편 이용악은 불안한 감성에 머물지 않고, 기차 이미지를 연대의 이미지로 쓰기도 했다.

> 누구를 위한 철도냐 누구를 위해 동트는 새벽이었나 멈춰라 어둠을 뚫고 뿜으며 달려온 우리의 기관차 이제 또한 우리를 좀먹는 놈들의 창고와 창고 사이에만 느려 놓은 철길이라면 차라리 우리의 가슴에 안해와 어린것들 가슴팍에 무거운 바퀴를 굴리자.
>
> (…중략…)
>
> 며츨째냐 농성한 기관구 테두리를 직히고 선 전사들이여 불 꺼진 기관차를 끼고 옳소 옳소 외치며 박수하는 똑같이 기름 베인 검은 손들이어 교대시간이 오면 두 눈 부릅뜨고 일선으로 나아갈 전사 함마며 핏겔을 탄탄히 쥔 채 철길을 베고 곤히 잠든 동물들이여

9월 총파업의 철도파업 당사자들을 언제 깨어날지 모를 '잠든 동물들'이라 하여, 영웅적으로 부각시키고 있다. "불꺼진 기관차"를 중심으로 구호를 외치고, "철길을 베고" 노동자들이 잠들었다는 표현에서, 기관차와 철길(강철)은 노동자들을 서로 연결시켜주는 연대의 이미지로 기능한다. 이 작품은 힘있는 가락으로 노동자가 투쟁하는 모습을 생생하게 그려내고 있다. 이 시의 가락이나 묘사는 당시 다른 좌파 시인들이 보여준 생경하고 도식적인 시도들과 대조를 이룬다. '남조선 철도파업단에 드리는 노래'라는 부제가 붙은 이 시 「기관구에서」(『문학』, 1947.2)에서 이처럼 기차는 강철의 이미지와 연대의 이미지로 쓰이고 있다. 이런 이미지는 1980년대 김정환의 『기차에 대하여』나 백무산의 『만국의 노동자여』 등으로 계승된다.

4. 피난열차 혹은 파괴된 열차, 1950년대

끝없이 서로 합(合)치 못할
슬픈 운명(運命)으로 제련된 두 줄 레일이려
(…중략…)
경부선(京釜線)이여
가난한 백성들의 서름과 노염을
침목(枕木)처럼 깔고 너는 달리느냐
눈이 멀도록 기다리는
우리의 새나라를 실어올 날은 언제냐

시인 김상훈이 「경부선」(1948.1)이란 시에서 분단의 아픔을 이미 예고하며, 괴로워하는 구절이다. 시인의 애절함을 비웃기라도 하는 양, 국토는 차갑게 분단되었다. 우리에게 남아 있는 영상은 총탄과 포탄에 파괴되어 녹슬어 가는 기차의 이미지뿐이다. 그리고 통일을 기다리는 늙은 시인의 허망함뿐이다.

삶을 위한 싸움 속에
자유를 위한 신음 속에
우리 모두 대열져 섰거늘

이윽고 목메인 평화의 아침이 열리면
그 무슨 주저도 없이 달려갈
아이들의 열차를 기다려서

어머니
돌아가시면 안됩니다
돌아가시면 안됩니다.

1948년 『예술조선』으로 등단하여, 시집 『나비와 광장』 등으로 모더니스트의 면모를 확실히 보여준 김규동 시인은 1950년대 들어서면서, 분단의 아픔을 '돌아가시면 안됩니다'라는 구절을 반복하며 거의 직설적으로 토로하고 있다. 위 시 「열차를 기다려서」는 그 대표적인 예라고 할 수 있다.

아 사랑하는 두 손목을 떼어놓고
오가며 울어주던 성묘길을 막아놓고도
미친 짐승처럼 울지 못하는 녹슨 마음들
남과 북을 오가던 열차는 운행을
가로막는 자는 누구냐

아 녹슨 철로에 귀를 대어 보면
아득히 피흐르는 소리
가슴으로 가슴으로 달려가는
고구려 무사의 말발굽 소리

참으로 우리들
닫힌 가슴들을 펑펑 터트리며
번득이는 햇볕으로 녹슨 레일을 닦아내고
한줌씩의 땀방울을 뿜어
쓰러진 기관차를 다시 일으켜 세워야 하거늘
아, 총구 사이로만 서로 건너다 보는 눈망울이여
피안처럼 돌아앉아
칼을 갈고 있는 슬픈 그림자여
아! 녹슨 쇠덩이는
오늘도 북을 향해 우짖고 있다.

강인섭의 「녹슨 경의선」(1969)에 오면, "오늘도 북을 향해 우짖는" 그 절규는 거의 하늘로 치솟고 있다. 기차를 상징으로 통일에의 바람을 최고조로 고양시킨 시라고 판단된다.

5. 이농의 밤열차, 1970년대

꿈으로 부푼 새마을 기차가 1970년대는 달리고 있다. 서울에서 살면 얼마나 잘 살게 될까 푸른 꿈을 안고 기차를 타고 오는 이농민(離農民)들이 서울역을 얼마나 웅성이게 했던가. 이런 이미지들은 이성부·신경림·황명걸 등의 시에서 간간이 드러나고 있다. 그런데 1970년대 기차에 관한 명상을 총체적으로 드러낸 시는 '막차는 좀처럼 오지 않았다'는 말로 시작하여 1980년대 벽두에 나타난다.

> 산다는 것이 때론 술에 취한 듯
> 한 두름의 굴비 한 광주리의 사과를
> 만지작거리며 귀향하는 기분으로
> 침묵해야 한다는 것을
> (…중략…)
> 자정넘으면
> 낯설음도 뼈아픔도 다 설원인데
> 단풍잎 같은 몇 잎의 차창을 달고
> 밤열차는 또 어디로 흘러가는지
> 그리웠던 순간들을 호명하며 나는
> 한줌의 눈물을 불빛 속에 던져 주었다.

이농 갔던 사람들이 간간이 고향을 찾아 돌아오는 장면이다. 전라선 후미진 작은 역에서 본 풍경은 1970년대 농촌의 자화상인 것이다. 곽재구의 등단작품인 「사평역에서」(『중앙일보』 신춘문예, 1981)는 이제까지 기차가 담고 있는 슬픔과 뼈아픔을 한꺼번에 담고 있는 상징성을 보여주는 전형적인 명작이다.

6. 강철기차, 1980년대

1980년대 기차는 연대의 상징이었다. 시인 김정환의 기차도 그렇다. 이 시대의 기차는 먼저 '강철 이미지'로 현현된다. 강철은 정복, 혹은 초월적 난폭성을 상징한다. 이때 초월적 난폭성은 강한 사물을 매개로 지상의 삶을 초월하는 것을 의미한다. 예를 들어, 이육사의 「절정」이란 시에서 '겨울은 강철로 된 무지갠가 보다'라는 구절을 보자. 여기서 강철은 '무지개'와 대비된다. 따라서 고체, 지하의 어둠, 견고함 등을 상징한다. 그것은 또한 정복에의 의지를 상징할 수도 있다.

먼저 김정환의 시집 『기차에 대하여』는 기차라는 이미지를 총체적으로 부려쓰고 있는 시다. 늘 힘차게 발사되고 있는 기분을 주는 그의 시는 생명의 원동력, 철의 규율, 강철로 단련된 조직 등 '무장된 기차'를 인식하게 된다. 그러면서도 그는 새로운 운동양식을 꿈꾼다.

기차는 구식이다.
음침한 시대가 끝났다는 듯이
기름묻은 이슬이 검게, 선로 위에 반짝인다
아직 젖어 있는 것은 무엇인가
1950년대를 생각한다
강철이 강철과 부딪쳐
이간이 밤과 미래를 열망했던 시절
눈동자여 젖어 빛나던
검붉은 눈동자
이 매니큐어의 세상에서
기차는 구식이다
암울한 시대가 끝났다는 듯이

—「검붉은 눈동자—기차에 대하여 1」(1980)

'암울한 시대가 끝났다는 듯이' 시인 김정환은 새로운 운동논리를 찾아 나선다. 그래도 기차는 민중연대의 의미를 갖고 있다. 기차는 달리기 위한 '전진'의 상징이며, 또한 칸칸이 이어진 '연대(Solidarity)의 상징'이기도 하다. 얼어붙은 시대를 파들어 가는 포크레인은 변혁의 운동력을 상징한다. 그리고 기차가 달려가는 저편에서 그리운 얼굴들이 환하게 다가온다.

이제 그 얼굴들은 추억의 얼굴이나 슬픔의 얼굴이 아니라 환하게 다가서는 노동의 얼굴이다. 그 얼굴들은 미장이·벽돌공·노가다·노점상·교도관 등 낮고 볼품 없는 이웃들의 얼굴이며 시인 자신의 얼굴이기도 하다. 이들이 서로 어깨를 엮고 단결해 나가는 상징물인 셈이다. 어깨에 쌓인 눈을 털고 함께 어깨 걸고 썩썩 앞으로 나아가는 1980년대 연대의 열차는 영원히 기운차고 역동적일까. 그것은 시대의 숙제일 것이다.

7. 1990년대를 넘어

연대성의 의미가 거의 총체적으로 구현된 시로는 임동확의 「사이-통일호 1」(1992)을 볼 수 있다. 여기에 이르러 집단의 목적성과 개인의 자유가 조화하는 명상적 사유가 드러난다.

> 객차와 객차 사이에
> 분명 길이 있다
> 하나로 묶여 달려가면서
> 결국 하나가 아니다.
> 제각기 요동치는 틈 속에
> 하나의 변기.
> 하나의 수도꼭지를
> 공유하면서도

서로 다르고
또 같은 전체 속에
끊긴 희망의 기적이 울고 있다.
그러나 살아 있는 그 나라로 가려면
저렇듯 격렬하게
서로의 상처를 핥아주며
제 목적지에 닿아야 한다
비록 조금 연착하더라도
누군가 원한다면
아무리 작은 역이라도
그냥 스쳐 지나지 않으면서 혹은 단 한사람을 위해서라도
저 거대한 동체(胴體)를 멈추면서

가는 길이 하나인데, 객차는 같으면서도 서로 다르다. 임동확은 두 가지로 말한다. ①'서로의 상처를 핥아주며' 달려야 하며, ②'조금 연착하더라도' 그리고 '단 한사람을 위해서라도' 거대한 동체를 세울 줄 아는 조직, 혹은 그런 넉넉한 역사여야 한다는 것이다. 임동확에 이르면 '개개인의 자유가 있는 연대'의 의미로 연대성이라는 의미가 좀더 분화되는 것을 볼 수 있다.

한국 현대시는 이처럼 다양한 방법으로 한국의 역사와 사회를 담아 내왔다. 일제시대는 배고픈 이민열차, 해방기는 꿈 실은 귀행열차, 한국전쟁기는 피난열차와 파괴된 열차, 1970년대는 이농이 빚은 밤열차, 1980년대는 민중연대를 상징하는 강철 기차 등 다양한 상상력으로 기차를 통해 현실의식을 담아냈던 것이다.

이제 기차는 어떤 이미지를 시인에게 줄 것인가. 기차는 하나의 시대사를 반영하는 상징이다. 이제 후로 기차는 어떤 이미지를 가득 싣고 우리에게 접근해 올 것인가. 기차는 시인에게 달려온다. 엄청난 이야기를 싣고.

독립군가 노랫말 분석

1. 살아 있는 정신

한 민족의 문화란 개인이나 공동체 전체 성원을 통해 춤·노래·그림·문학 등의 표현매체로 드러나고, 이러한 집적물을 통해 그 민족문화는 생명을 얻는다. 그래서 한국문화는 비천하건, 시대에 뒤떨어졌건, 또는 고급문화이건 민중문화이건, 결국 변용되거나 소멸되거나, 지속되어 흐르면서 '살아 있는 정신'이 된다. 개국 이래 중국·일본·서구문화에 휩쓸리며 내적 마찰과 외적 패배를 겪으며 오늘까지 민족문화의 빈곤상태를 보는 우리의 눈은 서구화된 다양성에 가려져 볼 것을 못보고 있다. 이러한 문제의식에서 독립군가 노랫말을 분석함은 살아 있는 정신과 대화하려 한다. 일제하 민족 허무주의 극복을 위한 노래, 한국시문학에서 소외되고, 한국 노래사의 아픔이기도 한 독립군가의 주인과 아무 편견 없이 애정을 가지고 대화하는 것이다.

독립군가의 분석은 독립군가의 시대적 배경을 알아보고, 노랫말의 수사체계(rhetoric system)를 분석하고, 그 군가에 나타난 의식체계, 즉 이념적 특성(ideology)을 찾아내어 수사와 의식의 상호비교를 내용으로 한다. 이러한 연구를 하려는 데에 두 가지 문제점을 만나게 되었다.

첫째는, 가장 큰 문제로 자료상의 제약이다. 대부분의 독립군가는 민요적 특성에 따라 작곡·작사자 없이 구전되는데, 이는 창가나 외국노래의 가락에 집단적으로 창작되어 출처가 묘연하기 때문이다. 이에 『독립운동연감』과 상해임시정부 기관지로 발행된 『독립신문』, 그리고 『대한매일신보』를 조사했고, 독립군가 보존회에서 생존해 있는 독립군 출신자들의 노래를 녹음·채집해 엮은 『광복의 메아리』(교학사, 1982)라는 독립군가곡집을 얻게 되었다. 그래서 위의 자료, 102개의 노래가 본고의 연구자료로 한정되었다. 둘째 문제는 노래라는 특성이다. 이는 노랫말 외에 곡조라는 특성을 무시할 수 없는 까닭이다. 그러던 중 필자는 두 번의 독립군가 발표회에 참가하게 되었다.[1)] 예컨대 고향회상이나 강렬한 투쟁의식은 느리고 단조의 음율로, 반대로 승리와 결투는 빠르고 장조로 된 평균율의 쉬운 곡을 독립군이 불렀고, 또한 서구곡조(찬송가)·중국곡조 등 외국 음율이 많았음을 지적할 수 있다. 그래서 곡조의 문제는 본 글의 범위에 넘어서고 또한 가사만을 대상으로 해도 별 무리가 없을 것이다.

연구절차로는 독립군가의 시대적 배경(2)을 통해, 역사적인 전반적 고찰을 보게 된다. 그리고 일반 노랫말의 특성(3-1)을 다룸으로써 독립군가의 표현방식 분석을 위한 방법론을 정리하고, 표현방식(3-2)을 수사체계를 통해 분석한 후, 그와 비교되는 독립군의 의식체계(3-3)를 알아보고자 한다.

1) 연세대학 호우회 발표(1983.9.12), 독립군가보존회 주최로 흥사단 발표(1984.8.22).

2. 독립군가의 시대적 배경

50년간에 걸쳐 전개된 독립운동의 역사를 돌이켜 보면 크게 두 산맥이 솟아 있다. 그 하나는 '의병 → 독립군 → 광복군(혹은 항일빨치산)'으로 이어지는 무장투쟁의 노선이었고, 다른 하나는 '애국계몽 → 33인 → 상해임시정부'로 이어지는, 외교 · 언론 · 교육 등의 방법으로 독립을 얻어낼 수 있다는 비폭력적인 노선이다.[2] 이 두 노선은 서로 협조하며 일하기도 하고, 3 · 1 운동 때 두 노선의 대립은 선명하게 된다. 그들이 부르던 노래들은, 애국계몽 노선은 해외독립분자들과 연결되어 주로 지식인의 의도적인 노래인 데 반하여, 독립운동권에서 만들어진 노래는 민요적 보편성으로 더욱 지속적이었을 것이다. 이제 독립군 이전 문화시대적인 배경을 알아보자.

독립군가는 '애국독립가류'의 가사와 그 이전부터 전래되어 왔던 민요와의 관계가 초기 배경이다. 이 밖에도 1860년 시기에 최제우가 만든 최초의 국문가사집 『용담유사(龍潭遺詞)』, 그리고 조선 말 신재효의 판소리가 배경이 될 것이다. 그 중에 개화기 가사(歌辭)는, 표면적으로 대단한 시류성(時流性)을 띠고 강력한 에너지[3]를 발산하고 전개되었다는 동적 측면과, 내면적으로의 밑바닥에 전통적 언어에 유착된 민요, 민간 전승물 등이 놓여 있다는 정적 측면을 동시에 지닌다.[4] 개화 전 기간에 나타나는 율문양식을 총괄하는 개화기 가사는 ① 한문으로 된 가사, ② 종교적인 가사, 가령 찬송가, ③ 의병들이 지은 노래, ④ 개화를 찬양한 것, ⑤ 애국가류, ⑥ 교

2) 이에 관해서는 이광린, 『한국 개화사 연구』, 일조각, 1969; 고려대 아세아문제연구소, 『일제하 연구총서』, 민중서관, 1974; 김의환, 『의병운동사』, 박영사, 1974; 이강훈, 『무장독립운동사』, 단문당, 1975; 박성수, 『독립운동사 연구』, 창비신서, 1980.

3) "가사는 일정한 사실을 기술해서 전달 또는 주창하는 것을 본질로 삼는 교술(敎述) 장르이다." 조동일, 「가사의 장르규정」, 『어문학』지, 한국어문학회, 1969.12.

4) 김윤식, 「개화기 가사와 개화기 소설」, 『한국문학사』, 민음사, 1973.

가류, ⑦ 사회고발 등으로 나뉘어진다.[5)]

개항과 함께 밀려들어 온 외래문화의 홍수 속에 전통적인 문화체계가 급속히 와해되고, 외래적인 문화양식들이 새롭게 자리잡은 시기에 전통 민요, 가사양식은 함몰되고 있었다. 이때부터 조선조 9대 성종 때부터 시작되었고, 4·4조, 3·4조의 문학형식으로 시의 형태인 가사는 서구의 음율을 입어 불리어지는 창가로 된다.

> 가사는 오랜 역사를 지닌 교술시이나 창가는 개화기에 새로 창출된 교술시이다. 가사가 급박한 시대적인 호흡에 맞도록 유장한 것보다 힘찬 것을 나타내기 위해서 짧아지고 분련체로 되는 변화가 더욱 극단화되어 영(詠)의 문학이 창(唱)의 문학으로 바뀌면서 창가가 이루어진 것이다. 창가는 창의 문학이면서도 가사의 본질이었던 교술을 부정하지 않고 새 시대의 것으로 발전시켰다.[6)]

조동일의 말대로, 창가는 새로움과 전통성을 모두 갖춘 새 시대의 것이었다. 대중문화에 급속히 퍼진 찬송가와 창가의 형식으로, 개화를 주장하는 애국계몽운동의 근대적 감각과 연결되면서 탄생한 것이 최초의 창가 형태인 '애국·독립가류'이다. '애국·독립가류'는 한국에서 서양음악의 영향으로 이루어진 최초의 서구노래 형태이기도 하다.[7)]

'애국·독립가류'의 전통은 1904년경을 전후하여 창가라는 명칭으로 사용되었고, 학교의 교과과정으로 사용되기 시작하면서 초기 창가기를 맞게 된다. 초기 창가 가운데 특징적 위치를 차지하는 것은 육당 최남선에 의해 주로 이루어진 계몽적 창가였다. 주로 일본 창가의 영향으로 이루어진 계몽적 창가는 『소년』·『청춘』지를 중심으로 청소년의 계몽을 일차적 목표

---

5) 대체로 신문에 나타난 개화기 가사는 『독립신문』 23수(首), 『황성신문』 15수, 『대한매일신보』 34수, 『제국신문』 7수 등인데, 초기에 대부분 애국가 혹은 독립가라는 모습을 띠고 있다.

6) 조동일, 「개화·구국기의 애국시가」, 『한국근대문학사론』(임형택·최원식 편), 한길사, 1982, 141면.

7) 김창남, 「한국 유행가의 성격 형성 과정」, 『오늘의 책』, 한길사, 1980년 여름호.

로 삼고 있었다. 그러나 그의 등장도 창가의 형성기가 지난 다음의 일이었다. 창가 형성기의 작사자가 특정한 전문가에 의한 것이 아니고, 산재한 일반 국민의 누군가의 참여에 의해서 이루어졌다는 점은 창가 가사의 자연발생적인 형성을 무엇보다도 뚜렷이 증명해 준다.[8] 이러한 창가의 탄생은 독립군가 가사 형성에 문화적 배경이 된다. 그런데 개화기 가사와 창가가 지닌 강력한 고발정신은[9] 권력층의 지배계급에 탄압되고 일본 총독정치에 의해 표면적으로 완전히 숨통이 끊긴다. 그러나 많은 부분이 독립국가 노랫말로 잔존하게 된다.

이제는 정치사회적인 배경을 통해 독립군가의 변천을 살펴보자.[10] 을미의병으로 알려진 제1기 의병전쟁(1896~1910)은 1894년의 청일전쟁, 갑오개혁, 이듬해 명성왕후 시해, 단발령 등 일련의 사건이 배경이다. 특히 단발령은 전국 재야 유생들을 격노시켰고, 거기에 농민경제의 파탄, 누적된 반일감정이 배후에 짙게 깔려 있었다. 외적(外敵) 일본과 야합한 내적(內賊) 관료들의 폭거에 대항하여, 유생들 중심의 의병군이 일어났던 것이다. 1차 의병군은 유생 의병장 중심이었고, 그들의 의식구조는 처변삼사(處變三事)·토적복구(討賊復舊)·개화망국론(開化亡國論)이다. 1차 의병전쟁은 9개월 동안 계속되었고 그 후에는 다소 산발적이었다. 이 시기에 불려진 의병가는

• 국기가(國旗歌, 1900년대)—국내 각 지방 학교 학생들과 만주 독립군 진영에서

---

8) 조연현, 「창가가사의 형성과정」, 『한국현대작가연구』, 새문사, 1982. 조연현은 주로 『독립신문』에 나타난 창가들을 고찰하여, 저명(著名) 가사의, 즉 일반인의 추상적인 의욕과 정열, 무저명(無著名) 가사, 즉 언론인 작사의 과격한 비판정신과 고발정신을 비교 분석하였다.

9) 『대한매일신보』의 「사회등」란에는 사회 비판의식을 가진 「근고자학회(勤告者學會)」·「희감교조(喜感交條)」·「매음녀야」·「일진회야」 등의 방대한 고발의식의 4·4조 장시(長詩)가 실려 있다. 최해청 편, 『대한매일신보발췌록』, 대구 청구대 출판부.

10) 이 부분의 시대구분은 박성수 교수의 구분에 따른다. 제1기 : 의병전쟁(1896~1900), 제2기 : 제2차 의병전쟁(1905~1910), 제3기 : 광복군과 임시전쟁(1910~1945). 박성수, 『독립운동사 연구』, 창작과비평사, 1980, 9면.

부른 노래

- 소년행진가(1900년대)－안창호 작사, 학생과 의병이 같이 부른 노래.
- 의병격중가(義兵激衆歌, 1900년대)
- 의병창의가(義兵倡義歌, 1900년대)
- 장검가(1900년대)－안창호 작사, 점전학교시대부터 불려진 노래
- 혈성대가(血誠隊歌, 1900년대)－안창호 작사, 돌격대인 혈성대가 부른 노래

그러나 위의 노래보다 원래 있던 민요들이 더 많이 불리어졌을 것이다. 독립군의 지도권을 가진 유생을 제외하고 대다수가 농민이었다는 점을 생각한다면, 당연히 민요조가 더 많이 불렸을 것이다.

제2기 의병전쟁(1905~1910)은 제1차 의병전쟁 이후 10년 만에 일어났으나 그 사이에는 서학당(西學黨)·영학당(英學黨)·활빈당(活貧黨) 등의 계속적인 항쟁이 이어졌었다. 광무연간에 벌어진 이들 운동의 이름은 각기 달랐으나 그 구성과 구호는 의병전쟁과 거의 다름없었다. 1905년 9월 노·일 휴전 성립을 전후하여 삼남각지에 의병이 일어났다. 이때에 평민의병장으로 신돌석(申乭石, 1878~1908), 유생의병장 남원의 최익현이 활약했다. 이 시기에는 유생과 농민의 불협화음과 편견이 점차 완화되어지고[11] 민족의식도 성장해 갔다. 1907년 정미조약이 한국군 해산령을 도화선으로 더 크게 터진 의병전쟁의 결과는 1910년대 일제 헌병의 무단정치(武斷政治)였다. 일제 10년 무단정치는 분명 의병전쟁에 대한 반동체제였고 보복정치였다.

이 시기의 의병군가로는 다음의 것들이 있다.

- 병식행보가(兵式行步歌, 1908)－안창호 작사, 평양대성학교 교련시 부른 노래. 국내는 물론 만주 독립진영의 각 학교의 교련 때 불려졌음.
- 소년군가(1910)－젊은 용사들이 부른 노래
- 용진가(1910)

11) "의병을 지원한 사람들 가운데에도 전체의 40%에 달하는 평민이 참가했고 이리하여 현역 의병장과 좌종사를 모두 합하여 계산하면 양반이 77명(35%), 평민이 145(65%)이라는 대비를 보이고 있는 것이다."(박성수, 『독립운동사 연구』, 창비신서, 1980, 222~223면)

• 봉기가(1910)－만주와 노령의 독립진영이 부른 노래
• 국치추념가(1910.8.29)－나라 잃은 치욕을 추념하는 노래
• 신흥무관학교 교가(1910)－이회영 형제와 이상룡·김동삼 등이 세운 신흥강습소가 신흥무관학교로 발전하여 3,500여명의 독립군 간부를 길러낸 학교의 군가
• 기좌창의군행소(畿左倡議軍行所)－창의가(1907)[12]

1919년 3·1 운동은 처음 20일 동안은 도시에서 벌어진 평화적 시위운동으로, 주모자는 근대적 교육을 받은 학생들이었으나, 21일 이후의 농민 봉기와 다름없는 시위운동의 주모자는 서당교육을 받은 지방 유생의 후예들이었다.[13] 이에 전후하여 노령·간도·중국·미주의 교포들은 일제히 독립운동을 벌였다. 이때부터 러시아·중국·서구음조의 이국음율이 독립군가의 곡조에 섞인다. 그런데 상해에 수립된 임시정부 지도자들은 독립운동의 기본전략을 외교노선에 두고 일본제국주의자들과 다름없는 열강의 도움을 빌어 조국광복을 달성하려는 야망에 들떠 있었다.

이 시기로부터 제3기인 광복군과 임시정부의 시대(1910~1945)로 들어선다. 1925년 이후에는 독립군에 사회주의 세력이 만연되어 쿠츠크·상해·서울에 고려공산당이 창단된 뒤 사회주의 독립운동은 국내외에 깊게 침투되었다. 사회주의 계열의 노래가 이때에 생긴다. 「해방가」·「출정가」 등이 대표적이다. 1930년대 일본제국주의자들의 대륙침략이 감행되자, 사회주의 독립운동에 대항하기 위하여 1940년 광복군이 창단되었으며 건국강령이 선포되었다. 허나 독자적인 군사행동의 자유는 중국국민당에 박탈당하고 중국 보조군의 굴욕을 감수하였다. 한·중 군사합작 당시 부른 노래 「만강홍(滿江紅)」, 한·중 군관학교 교가 「황포군관학교(黃埔軍官學校)」, 중국 민중의 항일 투쟁가 「장성요(長城謠)」·「사절가(四季歌)」가 있으나 본 연구에서는 제외하기로 하자. 대부분의 중국 국민당이나 중국 인민이 만

12) 작자는 밝혀지지 않고, 안동 학가산 부근에서 발견. 원문은 전하지 않고 일본군이 입수해서 일역한 것이 국사편찬위원회 소장 『暴徒に關する編冊』에 들어 있다.
13) 박성수, 앞의 책, 222~223면.

든 노래이기 때문이다.

그리고 얄타협정(1945.2.4~2.11)으로 한반도의 분단이 결정되자 중국이 지지하던 광복군과 조선혁명군은 해방과 동시에 사실상 소멸되고 말았다. 이때의 독립군가는,

- 독립운동가(1919)－임시정부 제23호로 지정된 독립운동가(독립운동연감) 61면.
- 독립군행진곡(1920.2.17)－상해 임시정부기관지 『독립신문』에서
- 항일전선가(1920)－독립군 노래
- 작대가(作隊歌, 1919.6.24)－만주독립군 진영에서 부른 노래(중국민요조)
- 석전사가(析戰死歌, 1920년대)－청산리전쟁을 앞두고 결사적 투쟁을 노래(이범석 작가 · 작곡)
- 신태식 창의가(1920)－경북 문경 출신의 의병장 신태식이 지음. 신태식(1864~1932)이 투옥 후 1920년 가을에 의병전쟁을 회고해서 지었다. 모두 636구의 장편이며, 기병 · 전투 · 투옥 · 출옥의 전 과정을 생생하게 다루고 있다. 형식에서는 고전 가사와 다름이 없다.

지금까지 문화 · 정치 · 사회적인 배경에서 독립군가의 변천을 알아보았다. 이제부터 독립군가의 노랫말에 분석하면서 접근해 보기로 하자.

3. 독립군가 노랫말

시와 노래가 근원적으로 같다는 의미에서, 문학사에서는 운문문학을 '시가'란 용어로 쓰고 있다. 『상서(尙書)』에서도 "시는 뜻을 말한 것이고 노래는 길게 뽑은 것[詩言志歌永言]"이라 하였고 서정시라는 뜻이 'lyric'이란 단어가 'lyre'라는 악기를 뜯으며 부르던 노래라는 의미에서 나온 것임을 생각하면 시와 노래의 기원적 동질성을 동서양 모두 가지고 있었던

것이다. 음성을 매체로 하는 언어의 존재는 문자의 발명에 선행하듯이 입에서 전해지는 노래가 선행하였고 그 후에 가사가 기록되기 시작하였다. 동양시의 고전이라는『시경』역시 당시의 노래가사를 모아 추린 것이다. 이 가사가 어느 때부터 따로 발전하여 문학적 장르인 시로 불리게 되었지만, 그래도 시와 노래의 내재적 공통점은 리듬이고, 시와 노래가사의 외부적 공통점은 그 표현기술이라 할 수 있겠다.

이 장에서는 그 표현기술을 '상징'과 '얘기'로 설명하고, 독립군가의 '수사체계'에 대해 분석하려 한다.

1) 일반 노랫말의 특성

시적 연출은 '상징'과 '이야기'로 나누어진다고 생각한다. 그러면 본래 시였던 노래가사의 표현술도 '상징'과 '이야기'로 이루어진다. 표현으로의 '상징'과 '얘기'의 의미는 무엇인가. 먼저 '상징'이란, A 보조관념과 B 주관념이 1 : 1 대응하는 은유와는 달리, 하나의 언어 보조관념으로 A, B, C, D ……, 즉 '1 : 多'의 상상력을 유발시킨다. 또한 전혀 이질적인 두 사물, 곧 이미지와 관념이 아닌 내면적인 유사성을 암시하거나 진술하는 표현양식이다.[14] 특히 시적 상징은 우리들의 경험에 새로운 진리발견을 향한 도약대가 된다. 이것은 사람들에게 감화력을 가지고 전달되어 어떤 본원적인 사실에 대한 계시를 충격적으로 이루어낸다. 그것은 재현하는 '이야기'와 달리 표현하는 것이다. 이러한 언어표현은 노래가사에서도 자주 일어나는데, 예를 들자면 시인 고은의 작사「작은 배」(조동진 노래)를 들 수 있다.

배가 있었네

14) 이승훈,『시론』, 고려원, 1979, 151~153면.

작은 배가 있었네
아주 작은 배가 있었네
작은 배로는
떠날 수 없네
멀리 떠날 수 없네
아주 머얼리 떠날 수 없네

전체 가사가 '이야기'로 된 듯하지만, 여기에서 작은 배란, 물 위에 작은 배 자체, 혹은 거대한 시대적 상황 속에 멀리 떠날 수도 없는 젊은이의 고뇌, 혹은 살아가는 일생에 싹트는 젊고 어린 시절의 돌아봄, 혹은 사랑에 실패한 후에 자기 자신을 보는 모습 등의 다의적인 의미를 상상하게 한다. 그리고 이 상상력은 곧바로 충격과 직결되어 마음의 풀무를 운동시키고 초월적인 상황을 상상하게 된다. 그래서 상징은, 첫째로 '이야기'보다는 감동의 폭이 지속되는 '충격지속성'이 있고, 둘째 제한된 사회상황에서는 고등적 차원의 위장전술로 쓰이기도 하는 것이다. 이와 같은 예로 일제하의 대중가요, 홍난파 작곡의 「봉선화」(1937)에서 민족성을 자극하는 표현술을 볼 수 있다. 반면에 그 단점으로는 상징적 표현은 제한된 청자를 가지게 된다. 즉 상징을 흡수할 만한 언어추리력은 무든 이에게 있는 것이 아니고, 특히 고등 언어교육을 받지 못한 대중은 '상징'보다는 일대일 대응의 은유에 친밀해 있는 것이다. 그러한 은유는 '이야기'에서 가장 큰 수사 역할을 해낸다.

그러면 '이야기'란 무엇인가. 미국의 철학자 어번(W. M. Urban)은 언어가 발달하는 과정을 ① 흉내내거나 그대로 기록하는 모사적 단계(the imitative or copy stage), ② 유추적 단계(the analogical stage), ③ 상징적 단계(the symbolic stage)가 있다고 말하였다.[15] 어번은 가장 원시적 형태를 모사라 하였는데 사물과 그것을 표현하는 언어는 아무런 관계나 차이가 없다. 그러나 유추적

15) W. M. Urban, *Language and Reality : The Philosophy of Language and Principles of Symbolism*, New York : Arno Press, Inc, 1939, p.182.

단계에 이르면 비교해 보는 비유의 방법이 필요하게 된다. 다른 사물을 들어 원관념을 부각시키는 것인데, 더구나 상징적 단계에 이르면 원관념과 보조관념의 결합밀도가 강하여 원관념은 숨어버리고 보조관념만 나타나는 비유의 가장 고등한 형태가 되는 것이다. 이때에 필자는 '이야기' 표현술을 모사와 유추단계로 보는 것이다.

'이야기'의 표현술은 삶의 모습을 그대로 재현하는 것이다. 이것은 상징보다 쉬운 표현방식으로 이해의 청자도 그만치 넓어진다. 이 쉬운 표현술은 직접적인 제시와 목표를 뚜렷이 제시할 수 있기 때문에, 민요나 판소리 혹은 뚜렷한 운동가 그리고 대부분의 독립군가는 '이야기'의 표현술에 의존하고 있다.

또한 '이야기'와 '상징'이 교묘히 어우러진 노랫말도 가능해지는데, 예컨대 김민기의 초기 노래인 「인형」을 들 수 있다.

> 아가옷을 입힐까~ 색동저고리 입히지
> 치만뭘로 할~까~ 청바지로 입혀야지
> 청바지에 색동옷 입고~
> 하하하하 바보 인형아~
> 색종이를 오려서 예쁜인형 만들어
> 선생님께 보이고 엄마한테 드려야지
>
> —김민기 작사 · 작곡

처음에 이 노래는 단순히 재미있는 바보 인형의 '애기'로 느껴진다. 허나 한국의 문화적 상황을 경험하고, 혼혈시대임을 느끼는 이는 이 노래의 아픔을 공유하게 된다. 이는 색동저고리와 청바지의 대립을 통해, 한국적인 문화와 서양적인 문화의 대립을 보여준다. 1절(색동저고리 : 청바지), 2절(뾰족구두 : 예쁜 고깔), 3절(웃는 입 : 우는 눈)의 모순된 이미지를 대립시키고 있는 것이다. 사물의 환유법적 대립을 시도해서 X와 ~X의 대조, 모순의 결합을 표현한다. 뿌리 없는 청년문화의 모순을 인식한다면 '하하하하' 웃음소리는 실존과 의식의 부조화이고, '바보 인형'은 우리 자신임을 알게 된다. 또한 선생님께 보이고 엄마에게 드리는 행위는 권위로 법제화된 1970년대 사회를 얘기하면서 상징한다. 음악적 형식에도 A-A'-B-A의 두도막 형식이고 전체적으로 장조스러움이 주조를 이루지만 B에서 단조 음율이 곡전체를 불안하게 만드는 음율적 기술도 대단하다. 이렇게 노래 「인형」은 이야기와 상징의 이중구조를 가진 노래다.

그리고 위의 표현술을 위해서는 수사체계(rheoric system)가 필요하게 된다. 이에는 비유법과 강조법, 그리고 변화법이 사용되게 된다. 이제 수사체계로 독립군가를 분석하며 '이야기'의 노래와 '상징'의 노래를 살펴보자.

2) 독립군가의 표현방식

(1) 비유법

비유법에는 제유(synecdoche)와 환유(metonymy), 그리고 직유(simile)와 활유법·의인법이 있다. 임동권 교수는 민요에서 가장 두드러지게 나타나는 비유법은 제유법과 환유법이라 한다.[16] 예를 들자면 "새야 새야 파랑(八王) 새야 녹두밭에 앉지 마라" 하는 민요에서도 '녹두꽃'은 '녹두장군'이란 전봉준의 별명을 환유로 사용한 예이다.[17] 그런데 독립군가에서는 은유(metaphor)와 직유(simile)가 많이 쓰였다. 이는 일상적인 노동과 관련을 가지는 기능요들에는 은유에 의한 형상화가 그리 두드러지지 않은 반면 뚜렷한 목적과 사회적 태도의 신념이 강하게 나타난 독립군가에는 목적과

---

16) 임동권, 『한국민요연구』, 이우출판사, 1980.

17) "민요에 있어서 그 형상화가 환유나 제유에 의해 이루어진 경우가 많은 것은 민요가 관념적 정서가 아닌 생활 속에 노래였던 까닭이다. 특히 민요 가운데에서도 기능요에 속하는 것들에서 환유와 제유에 의한 형상화가 많이 있는데 그것은 민중들이 일상에서 접하는 구체적인 사물을 통한 형상화가 가장 자연스럽게 이루어질 수 있었던 때문이다." 김대행, 『한국시의 전통연구』, 개문사, 1983, 101면.

신념을 위해 자연히 은유와 직유가 많이 쓰일 수밖에 없었을 것이다.

1절　쾌하다 장검을 비껴들었는
　　오늘날 우리 손에 잡은칼은
　　요동만주에 크게 활동하던
　　동명왕의 그칼이
2절　청천강 수병을 격파하던
　　을지공의 그칼이
3절　한산도의 왜적을 격파하던
　　충무공의 그칼이

—「장검가」

여기에는 지금 '우리 손에 든 칼'이 주관념이 되고 '과거의 선친들의 칼'이 보조관념으로 일대일 대응되어 표현된 것을 볼 수 있다. 이와 같은 구조로 쓰인 노래는 「장검가」·「용진가」 등이 있다.

(2) 강조법

강조법에는 반복법(repetition)과 대조법(contrast), 그리고 비교법과 점층법이 있다. 강조법은 모든 노래에 가장 대표적으로 사용되는 수사법이라 할 수 있다. 그 중에서도 반복법은 그 단순성과 손쉬운 의미전달의 성격으로 가장 많이 쓰인다.

대한사람 대한으로 길이 보존하세

— 안익태 작곡, 「애국가」

대한사람 대한으로 길이 보존보세

— 윤치호 작사, 「애국가」

번쩍번쩍 번개같이 번쩍번쩍 번개같이
번쩍 날랜칼이 빛을내어

—안창호 작사, 「장검가」

나가나가 싸우려 나가 나가 나가
싸우려 나가 자유의 종이

—「독립군가」(1910)

만세만세 만세 만세
우리민국 우리동포만세
만세만세만세 만세 만세
대한민국 독립 만만세라

—「3 · 1절 노래」(1919)(강조—인용자)

"'대한(大韓)' 사람은 '대한'으로" 또는 "번쩍번쩍 번개같이" "나가나가 싸우려 나가" "만세 만세 만만세"로 동형을 반복하고 이와 같은 문맥을 병렬적으로 두고 있다. 또한 이러한 문맥 사이에는 같은 말의 반복 사이에 다른 말이 끼이지 않는 첩어법(epizeuxis)으로 구성된 부분이 많다. 예컨대 "번쩍번쩍" "나가나가"의 짜임이다. 그리고 반복의 지루함을 피하기 위한 음악적 재고도 특이한 것이다.[18] 그런데 첩어부와 동형반복으로 이루어진 부분은 민족 해방의 단어(대한, 만세) 또는 상징과 함께 일어나고, 노래 전체구조에서 반복부분이 후렴부나 뒷부분에 위치하여 의미를 더욱 강화하는 역할을 한다.

대조법(contrast)은 상반된 이미지를 전제로 하여 그것들을 대조 비교함으로 보다 강력하게 표현하는 수법이다. 대조법은 민요에서 자주 나타난다.

---

18) 첩어부에 음악적 변화를 둔 예, 『광복의 메아리』, 교학사, 1982.

① 음높이의 변화

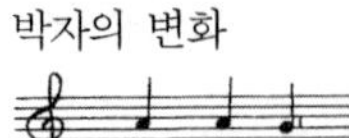
나가 나가(독립군가, 1910, 45면)

② 박자의 변화

번쩍 번쩍(장검가, 40면)

아린아해 밥달라고 발버둥질 치는데
영감님은 술만먹고 양산도만 하누나[19]

제국주의의 경제적 침탈로 배고파 우는 어린 아해와 생활기반을 잃고 술과 양산도의 아픔에 빠진 영감님을 대조함으로써 일제시대 아픔을 공동체적으로 표현한 민요이다.

계림의 견마가 될지라 해도
일본의 칭신은 못하겠노라
일사를 결심한 박제상충성
우리들은 모범으로 삼아야겠다

—「영웅의 모범」(1910)

계림의 견마가 되는 것과 일본의 칭신(충신)을 대조시키면서 또 한편 견마나 충신이 되려는 소식민지 자세보다는 죽음을 결심한 박제상의 충성을 대조시키는 이중적 대조의 짜임이 보여지고 있다. 이 노래는 1절에 박제상의 충성, 2절에 종과 하녀를 대조시키면서 일본에 대항하는 석우로 맹세, 3절에 조준봉 칠백의사, 4절에 이순신 장군 같은 선현의 모습을 다른 이의 행동과 대조법을 이용하여 영웅의 모범을 더욱 강조하고 있다.

민요와 비교해 보자. 민요의 형식은 아주 다양하게 보이지만 간명하게 정리되어 있다. 교환창으로 부르거나, 선후창으로 부르거나, 독창으로 부른다. 교환창은 노래 부르는 사람들이 두 패로 나누어서 한 마디씩 주고받으면서 부르는 방식이다. 선후창은 앞소리꾼 한 사람이 사설을 메기면 뒷소리꾼 여럿이 여음을 부르는 방식이다. 그런데 독립군가는 세 번째 독창 민요방식의 가사에 서양가락의 노래이기 때문에 교환창의 민요나 선후창의 민요에서 나오는 대조법의 회수보다 대폭 그 수가 줄어둔 것으로 생각된다.

---

19) 임동권, 『한국민요집』, 동국문화사, 1961, 850번 자료.

송신자의 의미를 더욱 정확히 전달하기 위해 쉬운 수사체계를 가진 독립군가 노랫말이 공감을 용이하게 했던 특수성을 알아보자.

첫째로, '이야기'로 된 노랫말이다. 독립군가는 농민과 평민 그리고 유학생으로 신분구조의 문화 속에서, 보다 보편적인 공감을 유추적 단계를 통해 '얘기'로 표현되고 있다. 그리고 '얘기' 노랫말을 위한 수사체계는 비유법에서 주로 밝혀졌다.

둘째로, '단순하게' 만들어졌다는 점이다. 뚜렷한 목표와 목표를 향한 강조를 위해 반복법과 대조법을 통해 단순한 전달방식을 택하고 있는 것이다.

셋째로, 대상을 '극단적으로 대조시키고 있는' 문제이다. 이는 대조법을 하여 극적인 은유로 청자를 자극시키는 방법이다. 이는 적군에 대한 항쟁심을 고취시키기 위해 군가에서 많이 나타난다. 극단화에 사용된 단어에 대하여는 다음 장에서 의식체계와 연관시켜 알아보자.

3) 독립군의 의식체계

근래에 와서 문학사회학은 깊이 연구되고 있다. 사실주의 이후의 마르크시즘의 문학사회학이나 사회주의 리얼리즘은 '문학작품의 내용과 집단의식의 내용 사이에는 관계가 있다'고 한다. 또한 골드만(Goldmann)은 「구조발생론적 분석」에서 "작품세계의 '구조'가 어떤 사회집단의 '의식구조'와 같거나 인지할 수 있다"[20]고 주장한다.

이와 같은 시각에서 독립군가를 고찰할 때, 독립군가의 작품세계의 구조를 분석한다는 것은 그 노래와 집단의식의 내용 사이에의 관계뿐만 아니라 독립군의 의식구조를 인식하는 작업이다.

---

20) L. Goldman, 조경숙 역, 『소설사회학을 위하여(*Toward the Novel Sociology*)』, 청하, 1982.

(1) 항쟁의식

적에 대항하는 독립군의 의식은 시대별로 구분될 수 있는데, 1900년대 군가에서 간신배 척출의 노랫말을 많이 볼 수 있다.

2. 한양성중 바라보니
   원수놈이 왜놈이오
   원수놈이 간신이라(……)
3. 의병들아 일어나서
   왜놈들을 쫓아내고
   간신들을 타살하여(……)

—「의병격중가(義兵激衆歌)」(1900) — ①

3. 「나」자한자 쓰고나니
   나라파는 저대관은
   남산첩경 쫓아가서
   혼야항쇠 일만삼고
   자기사는 불충하니
   논박해도 무용이라
   답답할사 이내심회
   저인물을 어찌할고

—「국문가(國文歌)」(『대한매일신보』, 1909.10.22) — ②
(강조－인용자)

간신배에 대한 연민과 복수심이 표현되어 있다. ①에서는 간신배에 대한 서술비교와 강력한 복수심이 나타낸다. ②는 연민과 동정에 해학적인 골계미(滑稽美)가 드러난다.

우리의 칼이 한 번
빛나는 곳에
악마의 여러머리 추풍낙엽

—「장검가」, 1900(강조－인용자)

'악마의 여러머리'는, 러시아·일본·중국·간신배 등의 분화에서 오는 19세기 말의 제국주의를 상징한다. 그리고 간신배에 대한 적개심이 '악마의 여러머리'에 대한 적개심으로 전환되고, 이어 악마의 머리가 결국 섬나라 일본을 향하게 되는 방향성이 구체적이고 확실하다. 이것은 당연히 그 당시의 역사적 배경 때문이다.

3. 외국군 때문에 좌절된 그혁명
상처는 깊이도 동학은 자랐네

— 동학혁명군 추모가

2. 천고의한 우리원수 그누구인가
삼도왜놈 제국주의 조작아닌가

— 광복군 항일전투가(1940)

동학혁명 시대에 '외국군'은 섬나라 원수 '삼도왜놈 제국주의'로 확연해지고 이러한 이야기의 의미를 증폭시키기 위해 '끓는 피'·'칼' 등의 자극적인 보조관념을 사용하고 있다.

(2) 조상과 후손의 명예

독립군의 신분을 보면 초기 1차 의병군은 유생 의병장 중심이었고, 2차에 와서 전체 40%에 달하는 평민이 참가했다는 점에서, 봉건적 질서 안에서 유생이 주도가 된 그들의 유교적 의식을 짐작할 수 있다.

우리선조 단군께서 나라집을 창립하여
태백산에 강림하사 우리자손 주시셨네
거룩하다 거룩하다 거룩하다
대황종의 높은성덕 거룩하다

—「단군가」, 『대한매일신보』(1909.8.6) — ①

대한천지 우리나라 성자성신 계승하여

오백여년 성은으로 문명치세 이뤘도다.
이나라의 백성들아 무상공부 하였느냐
무슨면목 가지고서 선황선조 뵈올소냐

—「의병창의가(義兵倡義歌)」(1900) — ②

①은 단군을 내세워 민족적 긍지를 찾자는 것이다. 그리고 그들의 유교적 의지와 신재효가 '단군 기자 동방'이라 했던 것과 통하는 입장을 보여 준다. ②는 '성자신손'과 '선황선조'에의 충효관이 드러나 있다. 이 구절 뒤에 몇 개의 노래가 적에 대한 격퇴로 이어지는 것이 특이한 점인데, 안창호가 짓고 1900년에 점전학교 학생들이 부르던 때부터 불려진 「장검가」(1900)는 조상에 대한 숭모의 정신과 적의 격퇴가 잘 대조되어 있다.

1. 쾌하다 장검을 비껴들었네
   오늘날 우리손에 잡은칼은
   요동만주에 크게 활동하던
   동명황의 그칼이 방불하고나
2. 청천강의 수병을 격파하던
   을지공의 그칼이 오늘날다시
3. 한산도의 왜적을 격파하던
   충무공의 그칼이 완연하고나

—「장검가」(1900)

"요동만주 넓은 뜰을 쳐서 파하고 여진국을 토멸하고 개국하옵신 지란의 용진법 / …… / 몰살하옵신 이순신과 을지공의 용진법대로 / 배를 갈라 만국회에 피를 뿌리고 육혈포로 만군 중에 원수 쏴죽인 이준공과 안중근의 용진법대로"(「용진가」, 1910) 또는 박제상의 충성, 조준봉과 칠백의사, 이순신 장군과 용맹전략, 곽재우의 용맹성, 최익현의 절개, 안중근의 의기를 드는 「영웅의 모범」(1910) 등의 노래가사는 항일 영웅들의 의기를 이야기한다. 이 노래에 제시된 영웅들은 민족의식을 앙양하고 외적에 대한 적개심을 고취하려는 데 없어서는 안될 인물들이었다. 또한 순열추모의 노래는 비장한 각오를 위한 노래였다.

- 동학혁명기념가(1920년대)－천도교에서 만들어짐
- 동학혁명군 추모가(1920년대)
- 선열추념가(1920)－만주독립군 진영에서 추도식 때 부른 노래
- 순국용사 추모가(1920년대)－임정산하 남만주 서로군정서 독립군의 전몰용사 추모식에 부른 노래

그들의 의식은 후손들에게 좋은 나라를 물려주기 위한 의지의 표명으로도 나타난다.

> 천고의 치욕이 예서 더할까
> 후손을 위하여 눈물 뿌려라
>
> —「국치추념가(國恥追念歌)」(1910)
>
> 하나님 저희들은 굽히지 않고
> 천만대 후손의 자유를위해
>
> —「석전사가(析戰死歌)」(1920), 이범석 작사 · 작곡

'천만대 후손의 자유를' 노래하는 위 노래의 배경은 유교적인 가족주의 사상이다. 가족주의적 사고는 집단에 결합의 밀도를 긴밀하게 한다.

유교적 사고는 의병가의 작자가 양반 · 유학자이기 때문에 생긴 것이라 할 수 있다. 유교적 전통을 사상적 근거로 삼는 것은 유인석 · 최익현 등을 지도자로 하는 위정척사론계 의병의 공통적인 입장이었는데, 이는 또한 왜적에 대한 '정신적 우월감'을 보장해 주었다. 그러나 독립군가는 양반과 유학자의 독창적 작품이라기보다는 구전과정에서 민중과의 합작으로 이루어진 것이다. 의식적으로 양자가 함께 항일사상과 구국정신에로 수렴된 것이다. 결론적으로 조상과 후손의 명예에 대한 유교적 사고는 첫째, 순열추모, 둘째, 모범영웅을 본받아 투쟁, 셋째, 후손에게 광복의 자유

를 주려는 의식 전체적으로 가족주의적 유교주의가 민족주의와 연관되는 내용이다.

(3) 고향의식

1. 철모르고 연약한 어린이몸이
정－깊은 고향을 등져버리고
급행열차 한구석에 몸을실은지
어－언간 십여년이 흘러갔구나
4. 이내몸이 돌아갈날 언제이런가
이천만－ 우리동포 손목을잡고
무－궁화 삼－천리 넓은강토에
태극기－ 휘날릴날 그때이로다

—「이향가(離鄕歌)」(1920)

위 노래는 1920년대 만주독립군 진영에서 널리 불려진 노래이다.

독립군들이 고향을 떠난 것은 초기 의병 때부터이기도 하지만, 1909년 9월 1일 이후 약 2개월 간에 걸쳐 전라남도 의병에 대해 실시된 일본군 최대의 토벌작전, 남한대토벌이 주요한 계기가 되었다. 일본군은 이 작전에 보병 2개 연대와 해군 수뢰 정대를 동원하였을 뿐만 아니라 현지 헌병 경찰병력을 총동원하였다.[21] 남한대토벌로부터 시작된 의병의 이동은 노령·간도·만주로 몰리었다. 그리고 광복군(김구)과 연안의 조선혁명군(김무정)과 간도 장백산의 조선인민혁명군(김일성)으로 나누어졌다. 고향을 회상하는 노래는 만주 지역에서만 나온 것이 아니다. 미국에서도 고향생각은 아픔 자체였다.

1. 어머니여 아버지는 어데가셨오
이－렇게 오래도록 안오시나요

---

21) 박성수, 『독립운동사연구』, 창작과비평사, 1980, 189면.

학교에서 오는길에 설어웠다오.
아버지가 보고싶어 울었답니다.
2. 아버지는 저먼곳에 가셨느니라
거기가서 우리동포 가르치신다
머지않아 기를메고 돌아오리니
그때까지 공부잘고 기다리거라
3. 아버지를 찾아나는 떠나갈테요
강을건너 산을넘어 어느곳이던
남북만주 넓은들에 찾지못하면
만리장성 넘어라도 찾아갈테요

—「아버지를 찾아서」(1920년대)

그들의 의식은 단순한 고향회상을 넘어 복수심에 자극되기도 하지만, 대부분 노래가 "적막한 가을고향"(「망향가」, 1920년대) "굽이굽이 험악한 내 고향길이라"(「망향곡」, 1920년대)의 서정적 표현으로 고향을 회상하며 아픔을 달래는 내용을 가지고 있다.

(4) 광복의식

1. 무슨일을 먼저할까 란신적자 목을잘라
왜적퇴치 연후에라 보국안민 하여보세
2. 현인군자 제사하면 삼가오륜 밝아지니
의정척사 깃발아래 한데뭉쳐 싸워보세

—「의병창의가(義兵倡義歌)」(1900년대)

위 노랫말은 독립군가의 해방의식을 가장 잘 보여준다. 간신배 척출 → 왜적격퇴 → 보국안민 · 유교정치 · 위정척사의 내면적 논리구조를 가지고 있다. 역시 유교적 정치이념이 깔려 있다. 그러나 대부분의 독립군가는 무궁화 삼천리 · 금수강산 · 빛 · 종소리 · 아침 · 깃발 · 만만세 · 우리나라 만세 · 달려가자 식의 좀 모호한 상징으로 광복된 나라를 표현한다. 물론 짧은 노랫말에서 논리적 이론을 찾아본다는 것은 범위에 넘치는 것이다. 보다 중요한 것은 논리적 구조를 안 가지고 있다는 것보다, 독립군의 모든 의식이 항쟁의식을 통해 광복의식으로 귀결되고 있는 것이다. 그래서 광복의식은 첫째, 전체 가사의 구조에서 3절 또는 후렴절에 위치하여 전반부의 항쟁의식을 고취시키는 데 쓰이고 있다는 것이며, 둘째, 위의 상징적 표현은 그들에게 투쟁을 위한 정신적 자극을 주는 '충격 지속성'으로 초월적인 정신 힘을 주었을 것이다. 셋째, 수사법적으로 언제나 강조법의 반복법(repetition)과 결합하여 나타난다. 이때 구체성이 없이 반복되는 경우를 보면 다소 허망하다. 그러나 그것은 민족적 역량이 없었기 때문이 아니고, 근대적 군사력이나 이를 뒷받침할 산업력이 없었기에 초래된 비극적 패배의 극복을 위한 '의지의 반복'이다.

4. 고함

우리는 2장에서 문화·역사적 배경하에 독립군가를 배열하여 시대적 인식에 접근하였고, 3장에서 일반적 노랫말은 '이야기'와 '상징'으로 구별됨을 밝힌 후, 상징으로 된 가사의 '충격지속성'과 '이야기'로 된 가사의 '직접적 운동성'을 알아보았다. 독립군가의 표현방식을 수사체계로 보았을 때 독립군가의 표현방식을 수사체계로 보았을 때 독립군가는 직유법과 반복법의 초보적인 수사체계를 이용했음과 노랫말의 단순화문제 극단화문제를 살펴보았다. 마지막 독립군의 의식체계는 ①극적인 항쟁의식, ②유교정신에 입각한 가족의식, ③고향의식, ④해방의식으로 살펴보고, 의식체계, ①·②·③은 직유법과 은유법으로 표현되고, 상징화된 ④는 반복법과 연결됨을 밝혔다.

이 노래들은 실제 온 독립군이 울며 웃으며 불렀던 것들이다. 그것은 일종의 신화작용(神話作用)[22]을 일으켰을 것이다. 이 노래들은 거의 비예술적이다. 허나 식민지 시대의 한 특징에서 '심리적 카타르시스'가 더 중요한 것이었다. 1920년대에 사조의 전시장같이 조선에 유입되는 서구사조와는 상관없이, 또는 전문적인 시인의 시만큼 기교적으로 세련되거나 고도의 기술은 지니지 않았으나, 외세에 항거하는 각종의 입장을 두루 선명하게 나타내고 있는 노래다.

음수율의 문제를 예로 들자면, 당시 4·4조 대구 형식에서 분절식 칠오조라는 일본가사체 리듬으로의 이행은 대략 최남선 이후가 고비였을 것으로 추측되고 있다.[23] 그런데 독립군가는 7·5조는 없고 대부분 고전가사와 마찬가지로 2음보씩 짝을 지어 4음보를 1구로 써놓았고, 반드시 노래가사로 지은 것인지 의심스러울 때도 있었다. 이는 독립군들이 타문화의 접촉기회가 적었던 것도 있겠지만 그들의 입장을 선명하게 하기 위해서 일단 전통적으로 생활화된 음수율을 택한 것으로 추측된다.

가락의 문제에 있어서도 고유의 가락이 아닌 이유에서 오는 전통적 생명리듬의 단절도 볼 수 있으나 당시 퍼지기 시작한 이국가락을 반대급부의 사용으로 이를테면 가사 바꿔 부르기식의 방법으로 그들 입장을 밝히고 있다. 그래서 독립군가는 일제하에 영탄조와 패배의식의 비극성으로 상징화된 대중가요와는 달리 상업적이지 않고[24] 주제의식이 뚜렷한 '이야기' 노랫말을 가졌다. 진정 우리 노래사의 살아 있는 정신으로 독립군가는 단순한 새의 노래와는 다르다. 매가 부른 울음이다. 고함[喝]이다.

---

22) 카시러가 사용한 이 용어는 정치적 기능이라는 이성작용에 대응하는 것으로 비합리적 유언비어의 기능을 뜻한다.

23) 김윤식, 「개화기 가사의 문제점」, 『한국문학사』, 민음사, 1973, 94면.

24) 일제하 대중가요는 대중조작화를 위한 수단이었다. 문화정책시대에는 서정가곡으로 「타향살이」(1933)·「황성옛터」(1927)·「봉선화」 등의 비극적 민족성의 노래를 장려 보급하고, 1937년 이후 문화암흑시대에 들어서면 「애국 행진곡」·「태평양 행진곡」 따위의 노래로 대중을 조작했었다. 김웅교, 「한국정치와 대중가요」, 『연세춘추』, 1984.5.28 참조.

분단극복과 시의 실천*

1. 시의 실천

일제 36년 동안 농촌에서 공장에서 그리고 감옥에서 싸워왔던 열정은 새로운 독립국가를 건설하고자 하는 염원에서였다. 그러나 1945년 일제가 물러갔지만 한반도는 강대국의 세계질서 재편과정 속에서 분단과 새로운 예속을 강요당하게 되었다. 분단은 사회를 외세 의존형으로 고착화시켰으며, 이에 대항하여 1980년대 후반기에 이르러 통일운동은 다시 쟁점이 되었다. 이같은 통일운동은 갑작스레 제기된 것은 아니다. 분단된 이래 부단한 통일논의가 있어 왔으며, 시인들은 통일에 대해 그때마다 자신의 생각을 담은 시를 발표해왔다. 이렇게 통일논의와 병행해 온 시인들의 '시의 실천'은 이제 시문학사의 한 줄기를 형성하고 있다. 그래서 이

* 이 글은 고은 · 김동규 편, 『그대는 북에서 나는 남에서』(1988)에 발표되었던 것을 수정 · 보완한 것임.

글은 통일운동의 과정에 따라, 사회가 변하기를 바라는 '변혁'적 상상력을 담은 '시의 실천'(혹은 '시적 실천')을 점검하려는 의도에서 작성되었다.

이같은 고찰을 위해서는 평가의 기준이 마련되어야 한다. 그 기준으로 첫째, 시기적으로 분단문학의 출발점은 당연히 1945년 얄타체제의 구축으로부터 시작되어야 한다는 것이다. 지금까지 분단문학의 초점은 6·25라는 가시적 사건에만 고정되어 왔는데, 이같은 시점은 6·25라는 분단고착화 전쟁의 '원인자'를 희석화시켜 왔다. 그래서 분단과 그 극복의지를 담은 시적 실천은 8·15부터 그 전개과정을 살펴보아야 한다. 그리고 만약 8·15 직후의 문학활동을 간과하게 될 때 우리는 식민지시대로부터 해방공간으로 이어져 오는 문학운동의 중요한 초석을 잃어버리게 될 것이다. 임헌영은 "분단문학을 논하는 방법론은 과감히 8·15까지 소급해야 하며, 결과론으로서의 분단만이 아니라 원인론으로서의 분단에 관한 모든 문제를 수렴해야 된다"[1]고 지적했는데, 이제는 그 시기적 앞당김과 더불어 연구평가의 잣대도 다만 분단문제라는 소재적 차원이 아니라, 분단극복(=통일지향)이라는 적극적인 시각으로 비평되어야 한다.

둘째로, 분단극복을 위한 시의 실천은 정태론적인 시각이 아니라 문학 '운동'사적 전망에서 검토되어야 한다. 1980년대 민중문학론은 기층민중계급의 생활정서와 역사의식에로 작가가 밀착하여 작품화할 것을 요청했다. 분단 이래 지금까지의 통일을 위한 시문학은 단지 정태론적인 시각이 아니라 운동론적 시각에서 재고되어야 한다.

이와 같이 첫째, 분단문학의 출발은 8·15 직후, 둘째, 민족해방운동으로의 문학'운동'이라는 점은 무척 중요한 잣대이다. 두 가지 잣대로 분단시대의 문학을 논할 때 그 전개과정을 시기적으로 나눌 필요가 있다. 대체적인 시기 구분은 아래와 같다.

제1기－반외세문학의 재건기(1945~1949)

---

1) 임헌영, 「분단의식과 민족문학」, 『민족의 상황과 문학사상』, 한길사, 1986, 243면.

제2기－반공문학의 시기(1950~1959)

① 멸공문학

② 문명비판의 증언문학

③ 동질성 회복의 시

제3기－반외세문학의 복원기(1960~1969)

제4기－참여적 분단문학의 확산기(1972~1979)

제5기－반외세 민족문학의 전성기(1980년대)

그런데 이 글은 8·15 직후의 시문학에 대한 연구성과가 축적되지 않은 상태(1988)에서 쓰여졌다는 제약성을 지닌다. 더구나 북한에서 쓰여진 작품들을 다루지 못했다는, 자료의 부재에 따른 제약성을 지닌다. 그러므로 이것 또한 '통일문학사'를 위한 반쪽의 문학사임을 면할 길이 없다. 그래서 이 글 역시 분단의 한계선에서 출발하며, 반쪽의 문학사라도 게을리할 수 없다는 촉박함에서 출발한다.

2. 반외세문학의 재건기(1945~1949)

해방된 지 일주일도 채 안되는 8월 20일. 미군 비행기가 서울 상공에 나타나 '하지 중장 휘하의 미군이 곧 조선에 상륙한다'는 내용의 전단을 살포한다. 이로써 서울 시민들은 남한의 미군 진주를 처음 알게 되었다. 이어 8월 24일자 『매일신보』에 "조선에 관하여서는 자유독립의 정부가 수립될 때까지 미국과 소련의 분할점령하에 두고 각각 군정이 시행될 것으로 보인다"고 기사화되어 한국민은 8·15가 '미완성의 해방'임을 점차 인식하게 되었다.

이후 분단 고착화 과정에 대해, 노중선은 연구결과들을 종합하여 「분단시대에 있어서의 통일논의의 전개」[2]에서 말하기를, 첫째로 미・소 양군의 남북 분할점령에 대한 최초의 공식문건 초안이 1945년 8월 11일과 14일 사이에 미국무성과 육・해군조정위원회(SWNCC)에서 작성되었다는 것, 둘째로 당초에는 비록 38선이 미・소양군의 한반도 남북진주의 경계선일 뿐 정치적 의미는 없는 것이었다고 하더라도 미・소의 한반도 남북분할점령은 한반도 분단의 단초가 되었다는 점, 셋째로 이같은 남북분단 결정이 당사자 우리 민족구성원 그 누구와도 단 한마디 상의도 없이 온전히 외국세력에 의해 확정되었다는 점은 분명해졌다고 지적하였다. 이처럼 한반도 남북분할점령은 8・15 이전에 이미 언급된 것이고, 이런 까닭에 엄밀한 의미에서 분단문학은 '8・15 직후부터'를 그 기원으로 잡아야 한다.

일본군의 무장해제를 구실로 남북한을 나누어 점령한 미・소 양군은 각각 자국의 편의에 따른 통치 형태를 한반도 남북에 각각 적용함으로써 이 땅에 비극적 분단고착화의 계기를 만들었다. 남쪽에서는 미군정이 우익정치집단과의 유대강화와 좌익에 대한 공격이라는 기본원칙에 따라 '임정'과 '건준' 그리고 '인공' 모두를 부인하였다. 이어 '모스크바 3국 외상회의'(1945.12)에서 결정된 신탁통치에 대한 좌우세력의 찬・반 논쟁은 민족을 좌우로 분열시켜 비극적 남북분단체제로의 길을 터놓았다. 그리고 이승만의 '정읍발언'(1946.6.3)에 이은 극우파의 공개적인 남한단독정부 수립안은 진정한 해방을 갈망하는 이들을 크게 실망시켰다. 이때 김구는 "나는 통일된 조국을 건설하려다가 38선을 베고 쓰러질지언정 일신에 구차한 안일을 위하여 단독정부를 세우는 데는 협력하지 아니하겠다"(「3천만 동포에게 읍소한다」, 1948.2.10)고 하여 자주독립 통일정부의 수립을 위해 남북 지도자회의 소집을 주장하였다. 물론 이 주장은 하지의 미군정 당국으로부터 전면거부를 받고 있었기에 실패의 운명을 면하기 어려웠다. 그러나 이에 문화인들은 「103인 연서남북회담 지지성명」을 발표했다. 민족분단

2) 노중선, 「분단시대에 있어서의 통일논의의 전개」, 『변혁과 통일의 논리』, 사계절, 1987, 162면.

을 저지하고자 한 이 성명서는 이병기 · 박계주 · 염상섭 · 송지영 · 유진오 · 임학수 · 김기림 · 고경흠 · 정진석 · 정지용 · 허준 · 박태원 등이 1948년 4월 14일에 민족적 자주독립의 의지를 서명한 것이다. 송남헌은 이를 당시 "김구와 김규식이 남북협상만이 구국의 길이라고 주장하도록 만든 계기가 되었다"[3]고 평가하였다. 하지만 이러한 호소는 미군정에 의해 '착각을 가진 자', '공산주의자'로 매도되었다.

이같은 8 · 15 직후는 일제식민지 아래 프로문학(1925~35)과 함께 근대 민족운동사가 전개된 이래 가장 진지하고 폭넓은 미학 논쟁이 전개된 시기였으며, 창작과 사상의 자유가 상대적으로 가장 널리 확산된 기간이기도 했다. 다시 말하자면 진정한 민족문학의 재건을 위한 치열한 논쟁기였다. 사실 이 기간이야말로 통일을 위해 보다 올바른 노선을 선택할 수 있는 투쟁의 기로였으며, 그만치 운동사적 오류도 지적되는 시기이다.

이같은 배경에서 당시 문단을 간단히 살펴보려면 두 단체에 대하여 언급해야 한다. 실상 두 단체는 모두 나름의 1930년대 문학적 성과를 계승하고 있는바, 하나는 임화 중심의 문학가동맹이고 다른 하나는 우익 성격의 한국문학가협회이다. 전자는 문건과 프로문학동맹의 결합(조선문학자대회, 1946.2)이고, 후자는 조선문학가협회와 청년문학가협회의 결합이었다. 이들은 각각 공산주의와 자본주의의 이념 선택의 의미를 지녔으며, 양자가 모두 민족문학 건설이라는 명제를 내세웠다.

이러한 미완성의 해방은 당시 민중에게 새 세상의 '개벽'으로 인식되었고 그래서 문단은 온통 낭만적 격정에 휩싸여 높은 목소리에는 좌 · 우익 구별이 없었다. 이때 8 · 15를 맞는 기쁨을 노래한 시집은, 중앙문화협회(우파)가 낸 『해방기념시집』(1945)과 우리 문학사(좌파)의 『횃불』, 그리고 문학가동맹(좌파)의 『연간조선시집』 등이 있다.

먼저 우익단체의 전신인 중앙문화협회가 엮은 『해방기념시집』에는 낭

3) 송남헌, 『해방 3년사』 2, 까치, 1985, 55면.

만과 환희의 격정으로 "독립만세!"를 외치는 시가 가득하다. 홍명희의 「눈물 섞인 노래」·「아메리카」, 오장환의 「연합군 입성환영의 노래」는 미군을 완전한 해방군으로 인식하는 역사인식을 보인다. 그러나 시간이 지남에 따라 민중과 문인들은 고통스럽던 식민지시대와 새로운 미군정시대가 별로 다를 바 없음을 인식하게 되었다. 따라서 한반도 남쪽은 좌우익의 상황이 어떻든 분명 친일세력이 친미세력으로 이어지는 연속성으로 양각된다. 그래서 염상섭의 단편소설 「양과자갑」(『해방문학선집』, 1949.3)은 일본말이 자리했던 기득권의 자리에 미국말이 더크게 자리함을 아프게 도려내고 있으며, 채만식의 「미스터 방」(『대조』, 1946.6)은 미군의 진주에 따른 미국시대·출세지향성 사회풍조를 여실히 고발한다. 그런데 이 시기의 작품 중에, 미군정 하의 농지개혁과 남한단독정부수립의 의미를 민중의 편에서 인식한 작품이 있다. 이러한 시각에서 시를 검토하면 양운한의 시가 돋보인다.

> 내 나랏말보다 아직도 왜말과 양어를
> 더 잘 쥐절대는 무리들이여
> 내 나라 찾으려는 동족과 정의를
> 왜놈께 팔아먹던 무리들이
> 또다시 눈알에 비수를 품고
> 양팔엔 외세를 들고 대드는……
> 말몬의 흡반(吸盤)인 찝차를 타고
> 그대들은 대체 어데로 가려는 것인가
> 황금이 정의라는 나라
> 원자탄을 가지었다고 울러메는 아메리카런가
> 억울과 두개골로 성을 쌓고
> 피로 단청을 한다는 전신(戰神)의 궁전이런가
> 정의와 민족을 저바리고
> 이세와 간통을 하던 무리들이여
> 상습을 버리기 싫거든
> 땅개 같은 찝차를 탄 채로

옛날의 정부를 찾아서 이 땅을 떠나거라
그리하여 달일랑 별일랑
농부랑 태양일랑
우리 모두 다같이 마음 놓고
우리의 하늘 푸르른 푸름 속에
높이 펴덕이는 우리의 깃발을 쳐다보리라

— 양운한, 「팔일오에 부치는 노래」(『개벽』, 1948.8) 전문

'왜놈께 팔아먹던 무리들'이 이제는 '원자탄을 가지었다'는 아메리카에 붙어 있는 현실을 고발하고 있다. 이름만 일제에서 미제로 바뀌었지 그 구조는 본질적으로 같음을 드러내는 시다. 외세는 이 땅에서 떠나야 함과 민족자주국가 수립을 "우리의 깃발"로 상징화한 시인의 자주적 의지가 돋보이는 시다. 이 시의 서정적 표현의 이면에 깔린 작가의 현실인식은, 미군정기(1945~48)의 모순관계를 '미군정과 남한 민중 사이의 뚜렷한 적대적 모순관계'로 보는 인식이다. 그것은 반제·반봉건 민주주의변혁이라는 현실적 규정력을 담고 있는 소위 '진보적 리얼리즘'의 창작방법에 의해 지도되었다. 문학대중화운동으로서의 '진보적 리얼리즘'의 슬로건 아래 창작된 소설로 이근영의 「고구마」(『신문학』, 1946.6)는 해방 직후 토지소유자로의 부푼 꿈을 지녔던 한 늙은 소작농민의 꿈이 새로 들어 온 미군정과 그것에 결탁한 봉건 지주의 방해로 무산됨을 보여주고 있으며, 이동규의 「오빠와 애인」(『신건설』, 1945.12)에는 재미유학생이 미군정이라는 배경으로 공장노동자의 자주화운동을 방해하고, 그것에 대항하는 노동자의 적극적인 의지가 그려져 있다. 이러한 적극적 의지는 시문학에서 『전위시인집』(노농사, 1946)과 『문학예술』에서 잘 나타난다. 이 두 시집에 나오는 유진오·이병철·박산운·김상훈 등의 시는 일제하 카프시운동과의 연속성 문제와 시의 리얼리즘 성취라는 점에서 매우 주목된다. 이들의 시와 함께, 약소국가의 민족해방의지를 담은 배인철의 「쪼·루이스에게」, 미군정에 대항하는 '남조선 파업단에 드리는 노래'인 이용악의 「기관구에서」 그리고 안막과 유진오의

시는 남한이 자주화가 안되어 민족모순이 노골화되는 것을 직시하고 있다. 특히 김상훈(金尙勳, 1919~?)의 시는 그 치열함이 두드러져 보인다.

> 미제국주의자들이여!
> 그대들은 아무 때도
> 우리가 부르는
> 흑노의 애가를 듣지 못할 것이다
>
> 점점 커가는 우렁찬 건설의 노래와
> "물러가라—"고 외치는
> 불길같은 고함을 들을 것이다
>
> —김상오(金常午), 「우리는 모멸로써 그것을 돌려 보낸다」
> (『문학예술』 창간호)에서

이같은 철저한 반외세 인식은 오장환의 「2월의 노래」, 안막의 「그대는 북에서 나는 남에서」에 그리고 "조국과 함께 나는 여기 눈보라 속에 있다"며 지리산의 빨치산 투쟁을 그대로 시로 쓴 유진오의 「조국과 함께」에서 잘 드러난다. 또한 "끝없이 서로 합(合)치 못할 / 슬픈 운명(運命)으로 마련된 두 줄 레일이여"로 시작되는 김상훈의 「경부선」은 주목할 작품이다. 일본의 군수품을 나르던 경부선이 이제는 미제물품을 나른다는 역사적 배경을 절제된 표현으로 담은 이 시는 작가의 표현의지와 그 표현방식이 밀도를 지닌 수작이라 할 수 있겠다.

한편 우익측 문학단체인 청문협(청년문학가협회)의 결성(1946.4.4)단계에 이르면 우익측 민족문학의 개념은 문협이 설정한 이념보다 더욱 보수화되고 있다. 따라서 이 청문협에 의한 민족문학은, 그들 스스로 말하는 소위 '순수문학'일 수밖에 없었으며, 분단고착화가 정착되는 과정에 합승해, 계급문학을 배격하면서 '멸공'을 이념적 바탕으로 삼아 분단시대의 한국문학을 주도하는 세력으로 부상한다. 더욱이 미해결된 친일문학자(서정주·모윤숙·노천명 등)가 순수문학에 합세하면서 반공문학은 더욱 뚜렷한 모양새를 가다듬게 되었다.

결국 남한은 대한민국정부수립(1948.8.15)을 선포하였고, 북한은 조선민주주의 인민공화국(1948.9.9)을 선포하면서 분단이 고착화됨에 따라, 남한에서는 가장 우익 보수적인 청문협이, 북한에서는 계급예술 주창세력인 예맹이 문화예술의 주도권을 담당함으로써 사실상 통일된 민족문학의 싹은 잘려나가게 되었다. 이처럼 남/북에 각각 별개의 정부가 수립되더니, 불과 2년도 채 못되어 6·25의 참극으로 말미암아 통일은 더욱 멀어지는 상황에 빠지게 되었다.

3. 반공문학(1950~1959)

6·25는 민족의 '조국통일'을 위한 통일전쟁보다 미·소의 양국체제를 확실히 하기 위한 '분단전쟁'의 성격이 짙다. 이 시기에 이승만 정권의 통일에 대한 기본방안은 첫째, 국제정치사회에 제시하는 통일방안 즉 '유엔감시하에 총선'과 둘째, 대내용 통일정책 즉 '북진통일'이라는 두 가지였다. 통일에 대한 이같은 입장은 6·25가 발발되는 과정에서 외세에 의한 '무력북진통일'정책으로 더욱 격화되었다. 특히 6·25 후로는 '북진통일'만이 요란히 선전되었다.

6·25 시기의 시에 관한 연구자료는 풍부히 찾아볼 수 있는 형편이 못된다. 자료의 소실도 문제이지만, 그나마 남은 자료의 천편일률적인 '멸공'의 핏대 선 목소리도 문제거리다. 중요한 것으로 『연간시집』[4] 등의 전쟁시선집과 조영암·유치환·김영삼·김순기·이영순을 비롯한 몇몇 개

4) 김용호, 『연간시집』, 이설주 편, 문선당, 1953.

인시집이 있다. 이 자료들을 통해서 단편적인 논의를 소급해 보면 전후 1950년대에 분단 문제를 담은 시문학은 첫째 반공의지(정확히 말하면 '북진통일의지')를 담은 '멸공(滅共)문학', 둘째 전쟁의 현장과 비극성 그리고 그 속에서의 개인적 허무주의나 휴머니즘을 노래한 '증언문학', 셋째 평화통일의 의지는 못 담았더라고 해도 '민족적 동질성의 회복'으로 분단극복문학의 단초를 보이는 양상으로 나눌 수 있겠다.

1) 멸공문학

6·25가 발발하자 문학인들은 총대를 잡고 선무공작을 벌이거나 혹은 지하로 숨거나 혹은 남으로 피난하여 어두운 혼란 속에 잠겨버렸다. 국제적 냉전의 이념은 국내에서는 '북진통일' 구호로 대신되고 문학도 사회적 상황에 영향을 받아 '승공(勝共)' 내지 '멸공'의 원색적인 이념문학이 박영준의 「빨치산」(1952.5), 김장수의 「백마고지」(1953) 그리고 선우휘의 「불꽃」(1957.7)에서 보였다. 문총에 소속된 시인 고희동·모윤숙 등은 시민들의 동요를 진정시키려고 국방부정훈국의 권유로 중앙방송을 통해 시민위안시국강연을 하였다. 그리고 피난길에 조지훈·서정주·김송·박목월·이한직 등은 '문총구국대'를 결성하였고, 다시 대구 부산으로 내려가 '종군작가단'을 조직했다. 이들은 적극적으로 전장에 참가하여 격시(檄詩)를 낭독하거나, 후방에 내려와서 문학의 밤·문인극·시국강연·벽시운동·시화전을 열었다. 그리고 군가를 작사하여, 선무와 위안으로 동족에 대한 적개심을 북돋았다.[5] 한편 북쪽에서도 '미제와 이승만이 도발한 침략 전쟁'에 반대하여 "문학예술은 강한 정론성과 함께 불타는 적개심으로, 승리에 대한 확고한 신념과 대중적 영웅성과 강인성을 담아야 한다"[6]며 작가예술인

---

5) 자세한 것은 『해방문학 20년』, 정음사, 1971 참조.

6) 「전체 작가 예술인들에게 보낸 김일성의 담화」(1951.6.30), 『북한문화론』, 북한연구

들이 '전선문학'에로 참여할 것을 요구하였다. 이 시기에 반공지향 목적시의 전형은 모윤숙에게서 잘 드러난다. 그녀는 서울이 수복되자 전쟁의 가열찬 현장과 더욱 밀착된 거리에서 적극적으로 노래함으로써, 당시 목적시의 한 전형이 되었고, 이후에 모범적인 반공애국시로 한동안 국정교과서에 수록되어 있었다.

> 내 손에 범치 못할 총자루, 내 머리엔 깨지지 않는 철모가 씌워져
> 원수와 싸우기에 한번도 비겁하지 않았노라
> 그보다도 내 핏속엔 더 강한 대한의 혼이 소리쳐
> 나는 달리었노라. 산과 골짜기, 무덤 위와 가시숲을
> 이순신 같이, 나폴레옹 같이, 씨이자 같이
> 조국의 위험을 막기 위해 밤낮으로 앞으로 앞으로 진격
> 진격!
> 원수를 밀어가며 싸웠노라
> 나는 더 가고 싶었노라, 저 원수의 하늘까지
>
> (…중략…)
>
> 조국이여! 동포여!
> 나는 그대들의 행복을 위해 간다.
> 내가 못이룬 소원, 물리치지 못한 원수
> 나를 위해 내 청춘을 위해 물리쳐다오.
>
> — 모윤숙, 「국군은 죽어서 말한다」, 5연 · 7연에서

전체 12연의 시에서, 4연부터 11연까지는 죽어가는 국군 소위가 유언을 남기고 있다. 그 중에 인용한 대목은, 5연의 유언 대목과 7연의 시인의 호소가 담긴 부분이다. 이 시를 가리켜 평론가 김재홍은 "적극적인 참여의식을 표출하면서, 예술성을 잃지 않고, 시적 감동을 불러일으킨다"[7]고

소, 1979 재수록.

7) 김재홍, 『한국전쟁과 현대시의 응전력』, 평민사, 1980, 27면.

평가했다. 물론 이 시는 도도한 율문 속에서 전쟁 의욕의 고취와 적개심과 승전의식의 고양을 통하여 적극적인 참여의식을 내용으로 하며 절제된 예술성을 보인다. 그런데 이것이 바로 목적문학으로서의 '반공애국시의 시범'(김재홍)일까. 반공시 또는 멸공시의 범주에는 넣을 수 있으나 과연 '애국시'라 할 수 있을까.

위 시를 쓴 모윤숙의 애국이란 어떤 것일까. 2차 대전 때 일본군은 아직 "고운 피 고운 뼈"(모윤숙, 「어린 날개—히로오카[廣岡] 소년 학도병에게」, 『신시대』, 1943.12)를 면치 못한 소년들을 동원하여 전열에 서게 했다. 이 시에서 시인은 "네가 날아가는 곳에 꽂은 웃으리 잎은 춤추리라"고 하면서 소년병들의 출정을 축복했다. 이렇게 불과 몇 년 전에 일본을 조국으로 부르며 대미항전을 부르짖던 시인은, 「국군은 죽어서 말한다」 등 미국을 동맹국으로 하는 열광적인 격시(檄詩)를 발표한다. 일본군의 성전(聖戰)을 위해 적지 않은 친일시(親日詩)와 논설을 발표했던 그녀는 해방 후 철저한 반공주의자가 되어 1972년에는 공화당 전국구 국회의원이 되기도 했다. 친일시 「지원병」에서 "눈은 하늘을 쏘고 그 가슴은 탄환을 물리쳐 / 대동양의 큰 이상 두 팔 안에 꽉 품고 / 달리어 큰 숨 뿜는 정의 용사"라는 구절과 멸공시 「국군은 죽어서 말한다」에서 "물리치지 못한 원수 / 나를 위해 내 청춘을 물리쳐다오"라고 하는 시인의 의식을 우리는 어떻게 이해해야 하는가.

여기서 위 시를 쓴 모윤숙의 역사인식은 이승만 정권체제의 '북벌통일'에 입각해 있음을 알 수 있다. 이러한 멸공문학은 북조선 사람을 같은 동족으로 인식하는 것이 아니라, 무찔러야 할 '원수의 무리'로 각인되어 있다.

> ① 우리의 '서울'을 불사르고
> 아버지와 남편을 끌어가고
> 죄없는 사람들은 죽이고 간
> 우리의 원수를 찾아서

'원수'를 갚아다오!
아버지의 시체는 '의정부'에
눈을 뜬 채 쓰러져 있었다.

— 노천명, 「북으로 북으로」, 4·5연

② 적을 쏘라
침략과 공산군을 사격하라
내 몸뚱어리가 벌집처럼 터지고
빨건 피로 화할 때까지

— 박인환, 「신호탄」에서

③ 이리히 곱듸 고은 근화판도(槿花版圖)를
오랑캐 붉은 피로 물들게 하라

— 조영암, 「열도(熱禱)」에서

6·25 전란의 진행과정에 무력북진통일은 더욱 격화되는데, 이에 따라 시문학은 더욱 가열찬 멸공문학으로 형상화된다. 돌려 말하면 전쟁이란 인간의 이성을 온통 마비시켜, 동족이니 민족이니 하는 따위는 휴지나부랑이로 던져졌다. ①은 남쪽 민족의 가족사적 비극을 들어 적개심을 북돋고 있으며, ②는 실지 전투에 임하는 한 장교의 목소리를 실어, ③은 무궁화[槿花]로 꽃 피워진 한반도라는 그림을 원수의 피로 적셔 보자는 살벌한 명령조로 투쟁의욕을 북돋는 목적시의 절정을 보인다. 그리고 유치환은 "겨레의 원수 김일성 박헌영 무정(務亭) 괴수들을 / 압록강 넘어 달아나기 전 / 뒤통수를 갈겨라 / 발굼치를 쳐라"(「反擊」)라며 '원수의 괴수'가 구체적으로 호명된다. 이러한 멸공시를 쓴 시인 대부분은 6·25 전 우익단체 청년문학가협회의 회원(유치환은 회장)이었다. 우익적 경향을 지닌 시인이 쓴 이런 멸공시는 당대에는 즉시성과 유격성을 담아 국방군의 참전의욕을 드높이는 데 일정한 공헌을 한 것은 사실이다.

그런데 여기서 필자가 '원수'라는 단어를 집어 언급하는 것은 언어의 폭력성이 나쁘다고 지적하는 것이 아니다. 멸공시의 표현방식(폭력적 언어를 구사했던 멸공시를 쓴 시인과 그 제자들이 민중시의 폭력성을 순수시라는 이름으로 비난했는데)이 거칠어서 싫다는 게 아니다. 주목하고자 하는 것은 표현방식 아래 깔린 그들의 인식구조이다. 그들은 친외세에 의해 유지되는 지배이데올로기를 의도적으로 선택하고 있었던 것이다. 그들은 '반공=애국'이라는 인식을 지니고 있는데, 그 이면에는 실상 '반공=지배이데올로기'이라는 인식이 놓여 있었다.

물론 이 평가는 각 개인에 따라 좀더 신중해야 한다. 그런데 확실한 것은, 그들이 지지하던 이승만 정권체제의 통일방안도 모두 그 실현성이 없는바, "유엔감시하 총선론은 외교선전용을 벗어나지 못했고, 북진통일 역시 대내적으로 반공이데올로기를 심화시켜 반공독재를 위한 수단에 불과하였다"[8]고 성유보가 지적한 것을 보면 멸공시들이 분단지향성과 이승만 체제에 기여하고 있음은 여실히 드러난다. 아울러 이때부터 휴전선에만 있던 외형적인 분단은 내면적인 각종 단절로 이어지게 되었다.

2) 문명비판의 증언문학

전쟁의 체험은 시인에게 큰 영향을 미치게 된다. 역사와 현실 · 개인과 사회 · 시대와 공간의 역학적 대응관계에서 시인도 새로운 수용과 응전방식을 스스로 마련하지 않으면 안되었기 때문이다. 이런 까닭에, 몇몇 시인은 반전(反戰)을 내용으로 하거나, 비극적 상황을 드러내 휴머니티를 아프게 양각시키는 증언문학을 시도한다.

전쟁체험의 현장에서 쓰여진 시들은 직설적인 상황묘사와 인위적인 절규 및 감탄사의 나열로 채워진 것이 대부분이다. 짧은 해방공간의 와중에

8) 성유보, 『한국민족주의론』 2, 창작과비평사, 1983, 119면.

시인들이 전쟁의 아픔을 직접 수용할 만한 예술적 표현이나 여유를 쉽사리 얻지 못한 까닭도 있을 성싶다. 그래도 당시에 어느 정도 예술적 성취를 보이는 증언문학 양태의 시집은 이영순의 『연희고지』, 장호강의 『총검부』, 김순기의 『용사의 무덤』, 구상의 연작시 『초토의 시』 등이 있다. 이 중에 해방 후 원산에서 동인지 『응향(凝香)』 사건으로 월남한 구상은 직접 종군하면서 9·28 수복을 전후하여 연작시 「초토의 시」를 통해 전쟁의 비극적 상황을 성공적으로 형상화시킨다.

구상의 시는 전쟁체험이 몰고온 비극에 그 모티프를 두고 있다. 그는 비극을 개인적 차원에서 끝내거나 혹은 남쪽의 시각에서만 바라보는 것이 아니라, "조국아! 심청이 마냥 불상하기만한 너로구나 // 시인이 너를 불를량이면 / 목이 맨다"(「초토의 시 15, 휴전협상 때」)며 운명에 의해 심청이 인당수에 빠지듯, 외세에 놀아나는 조국을 운명적 차원에서 바라보고 있다. 이것은 앞서 말한 멸공문학과는 차이를 지닌다. 또 다른 예로

> 악몽이었던 듯
> 어젯밤 전투가 걷혀간 자리에
> 쓰러져 남은 적의 젊은 시체 하나
> 호젓하기 한떨기 들꽃같아
>
> 외곬으로 외곬으로 짐승처럼 너를 좇아
> 드디어 이 문으로 넣은 것
> 이 악착스런 삶의 폭풍이 스쳐간 이제
> 이렇게 누운 자리가 얼마나 안식하랴.
>
> — 유치환, 「들꽃과 같이」에서

멸공문학이 다분히 격정적이고 선동적인 목적성을 지닌 데 비하여, 유치환은 오히려 전쟁의 비극적 상황을 싸늘한 응시자로서 리얼하게 묘사함으로써 비극정신을 고양하는 데 힘쓰고 있다. 쓰러져 남은 적(인민군)의 시체를 한 떨기 들꽃으로 보는 시인의 눈빛은 짙은 인간애를 보여준다.

시집 『보병과 더불어』(1951)는 비극적인 전장을 증언자의 입장에서 바라보면서 자유를 수호하기 위한 험난한 노정을 낮은 목소리(「원수의 피로 씻는 지역」, 「반격」을 제외하고)로 이야기한다. 그런데 그의 시집에는 역사의 현실이 명확히 보이지는 않고 구름·영혼·허공·무한 따위의 숱한 추상어의 남발로 관념성을 드러낸다.

또한 조지훈은 다부원(多富院) 전투가 끝난 후 참혹한 광경을 보면서 "죽은 자도 산 자도 다함께 안도의 집이 없고" 바람만 부는 다부원에는 "고등어 냄새 썩고 있는" 듯한 시체 냄새만 남아 있다고 싸늘하게 증언한다. 그렇게 함으로써 목숨의 소중함과 허망함을 밀도 있게 묘사한다. 그리고 전쟁의 폭력성을 고발하고 아울러 그 인간성 파괴에 반항하는 휴머니즘적 태도를 취하고 있었다. 그런데 이들의 운명론적·휴머니즘적 태도란 현실에 대하여 일정한 거리를 지닌 채 문명사의 시각에서 조망하는 회색인의 태도와 그리 다르지 않다. 6·25라는 근대사 초유의 가장 비극적인 원체험으로 인하여 이 땅의 많은 인간과 작가들은 식민지시대 이상으로 패배주의와 허무주의에 깊이 빠지게 되었다. 그래서 전후 증언문학은 허무주의와 실존주의에 빠르게 전염된 새로운 양상을 보인다. 풀어 말하면, 세계사적 보편성보다 한국적 특수성만을, 평범한 인간성의 전형보다는 개인적 특이성을 추구하는 문학 풍조가 손창섭을 대표하여 나타나기 시작했다. 손창섭의 「혈서」(『현대문학』, 1955.1), 「미해결의 장」(『현대문학』 6호, 1955.6), 서기원의 「이 성숙한 밤의 포옹」(『사상계』, 1960.10)은 1950년대 토양에서 자랄 수 있는 허무의식의 절정을 보여주었다. 외래사조의 영향을 다분히 박은 장용학의 「요한시집」(『현대문학』, 1955.7)도 그러한 범주에 포함된다고 하겠다. 시의 경우, 조향·김경린·박인환·이봉래·김규동 등이 중심으로 모인 '후반기' 동인들은 1930년대 김기림·정지용·김광균이 추구하던 모더니즘시의 방법과 정신을 계승하면서 실존주의적인 허무의식을 짙게 드러낸다. 그들에게 전쟁은 역사와 현실 이면에 가장 중요한 단계로서의 주체로 실존하는 '개인의식'을 발견하는 결정적 계기가 되었던 것이다. 그들은 전쟁을 파괴된 도시문명의 그늘에서 불안과 공포, 절망과 허무의 비극적 인식을 지적드라마로 형상화했다. 그들은 전후 한국사회의 병적 징후를 대변하는 일종의 허무주의적 자폐현상(自閉現象)에 매몰되어 있었다. 따라서, 그 자체가 전쟁으로 인한 실존의 폐허를 반영하는 일종의 증언문학이다. 그러나 그들의 시는 분단극복을 위한 의지와는 멀게 느껴진다. 거대한 전쟁체험을 도저히 감당할 수 없는 '파리 목숨만도 못한' 개인적 실존에 깊이 매몰되었던 까닭이다.

3) 동질성 회복의 시

민족적 비극의 원인을 다시금 반추하고 동질성 회복을 위한 호소는 박봉우와 김창숙의 시에서 나타난다.

박봉우의 「휴전선」은 1956년 『조선일보』 신춘문예를 통해 발표된 작품인데, 분단을 소재로 한 시의 방향전환을 이룬 하나의 기점이 되었다.

> 山과 山이 마주 향하고 믿음이 없는 얼굴과 얼굴이 마주 향한 항시 어두움 속에서 꼭 한 번은 천둥 같은 火山이 일어날 것을 알면서 요런 姿勢로 꽃이 되어야 쓰는가.
>
> 저어 서로 응시하는 쌀쌀한 풍경
> 아름다운 風土는 이미 高句麗 같은 정신도 같은 이야기도 없는가.
> 별들이 차지한 하늘은 끝끝내 하나인데…… 우리 무엇에 불안한 얼굴의 意味는 여기 있었던가.
>
> 모든 流血은 꿈같이 가고 지금도 나무 하나 안심하고 서 있지 못할 廣場. 아직도 정맥은 끊어진 채 休息인가 야위어가는 이야기뿐인가
>
> —「휴전선」, 1·2·3연

남쪽과 북쪽을 각기 '산'으로 상징화하면서, 서로 대극적인 '요런 자세'에서는 '화산(火山)'이 터지듯, 다시금 민족적인 비극이 빚어질 수밖에 없다고 시인은 역설한다. 별들이 차지한 하늘도 끝끝내 '하나'인데, 꽃이 사는 세계는 분단되어 "서로 응시하는 쌀쌀한 풍경"의 세계이다. 3연에 가면 꽃의 상징 대신 튼튼한 '나무'가 나오지만, 지금 이곳은 "나무 하나 안심하고 서 있지 못할 廣場"이다. 들리는 이야기는 만주를 지배한 고구려의 정신이나 삼국을 통일한 신라의 정기가 아니라 "야위어가는" 이야기, 이를테면 서로 반목 질시하는 것뿐이다. 4연에 오면 '꽃'의 의미는 "아무런 罪도 없이 피어나(태어나)" 분단의 모순 속에 살아가는 조국의 숱한 생명임을 알게 된다. 그래서 시인은 비극적인 이 상태에서 모진 겨우살이를 "얼마를 더 살아야 하는가 아름다운 길은 이뿐인가" 하고 탄식한다. 그리고 5연은 1연을 다시 반복하여 시의 형태적 미학에 안정된 모양새를 주면서 동시에 "요런 姿勢로 꽃이 되어야 쓰는가" 하여 아픔을 다시 강조한다.

또한 이 시는 풍부한 상징성으로 말미암아 다만 남북의 분단뿐만 아니라 분단으로 내재화된 민족 성원 각자 얼굴 속에서 서로 신뢰하지 못하게 하는 분단이데올로기의 문제점도, "믿음이 없는 얼굴과 마주 향한 얼굴", "불안한 얼굴이 의미"라는 표현으로 지적해낸다. 모진 겨우살이처럼 반공 일변도의 웅변과 1950년대식 허무주의문학이 팽배한 가운데서, 분단비극의 상징인 '휴전선'을 노래함으로써 전후세대의 아픔을 웅변한 박봉우의 절창은 민족적 양심의 싹을 조금씩 키워낸다.

통곡할 만한 슬픈 열정과 젊은이다운 뜨거운 저항의식은 다른 시에서도 그가 자란 전라도의 풍요한 흙 냄새를 품고 풍겨온다. 그래서 "그의 言語는 광목폭을 찢어 만든 깃발 같은 것이다"라고 김현승이 「박봉우의 인간과 시」(박봉우 시집, 『4월의 화요일』, 1962)에 쓴 평가는 대단히 적절하다고 여겨진다. 이렇듯 "시방의 자리에서 얼마를 더 살아야 하는가"라는 질문으로 현실에 대하여 저항하는 그의 몸짓은 그의 모든 시에서 처절하게 드러나며, 특히 「나비와 철조망」에서는 더욱 비극적으로 양각된다.

壁, 壁…… 처음으로 나비는 壁이 무엇인가를 알며 피로 적신 날개를 가지고도 살아야만 됐다. 바람은 다시 분다. 얼마쯤 날면 我方의 따스하고 슬픔 鐵條網 속에 안길

—「나비와 철조망」에서

분단의 벽과 철조망을 넘으려는 한 마리 나비의 몸짓은 민족적 동질성 회복을 시도하는 애절한 투쟁이다. 그래서 나비의 날개는 "피로 적신 날개"로 표현된다.

이러한 안타까움은 심산(心山) 김창숙에게서도 처절하게 보인다. 일제하에 오랫동안 감옥생활을 하던 중 두 다리가 마비되어 자유롭게 기동을 못하면서 민족시를 써온 그는 민족분열의 항구화를 걱정하여 김구와 함께 남한 단독선거를 반대하였고, 이승만 정권의 부패 독재화에 대하여 정면투쟁을 하였다.

"슬퍼라, 삼팔선이 나라의 허리를 끊었구나[哀三八之斷腰]"라 하여 8·15와 더불어 생긴 분단을 뼈아프게 괴로워 한 심산은 도연명의 시로부터 영향을 많이 받았다. 그러나 그는 도연명이 초연주의(超然主義)인 데 반하여 현실과 대결하는 적극적 인간형을 가르쳐 준다. 그는 민족적 비극의 원인을 예리하게 주시하는 응시자이다.

밤낮없이 맹렬히
폭격하네

뉘라서 알았으랴
미·소 간의 패권 다툼
남과 북에
원한의 단서 열게 할 줄을

—「도시는 잿더미가 되고—1950년 여름」 전문

1연만 보면 현장체험에서 비롯된 증언시와 별다른 차이를 볼 수 없다.

그런데 2연에 오면 단순한 비극적 상황의 고발이 아니라, 비극의 이면에 있는 원인자, 곧 "미 · 소간의 패권다툼"이란 문제가 4행의 짧은 행간에 집약된다. 간단히 각각 4행인 2연으로 엮어져 있으며, 관념적인 상징이 아닌 자연어로 누구나 쉽게 시를 공감하도록 창작되었다. 이 시보다 더욱 적극적인 의지는 「통일은 어느 때에」에서 보이는데,

아아, 조국의 슬픈 운명이여
모두가 돌아갔네
한 사람 손아귀에.
아아, 겨레가 슬픈 운명이여
전부가 돌아갔네
반역자의 주먹에.

평화는 어느 때나
실현되려는가.
통일은 어느 때에
이루어지려는가
밝은 하늘 정녕
다시 안 오면
차라리 죽음이여
빨리 오려므나

—「통일은 어느 때에」, 6 · 7연

죽음(1962)을 눈앞에 두고 쇠약한 몸으로 병상에 누워 지은 것으로 기록되어 있는 시다. 통일이 정녕 실현되지 않으려면 "차라리 죽음이여 / 빨리 오려므나"라고 아파하면서 늙은 애국지사는 목숨과 분단을 대비시켜 통일에의 의지를 부르짖고 있는 것이다. 그런데, 그가 애절하게 통일을 외칠 즈음인 휴전협정(1953년 7월 27일)이 준비되는 과정에서도, 남한측은 옵저버로 참석하여 "북진통일방안은 변화가 없음"을 천명하였고, 결국 분단이 고착화되었다. 이후 조봉암은 1957년 10월호 『중앙정치』에 기고한 논문 「평화

통일에의 길」에서 '정치적 · 평화적 수단에 의한 민족통일'을 호소하고 있다. 이 평화통일정책과 주장은 대한민국의 주권을 부인하는 반국가적 행위라 하여 용공혐의로 입건되었다. 그리하여 조봉암을 비롯한 진보당 간부들은 검거되어 재판에 회부되었을 뿐만 아니라 마침내 당수 조봉암은 1959년 7월에 사형에 처해졌고, 이후 통일논의는 금기시되었다.

이같이 살벌한 시기에 발표된 박봉우와 김창숙의 시는 민족문학의 새로운 싹으로 평가된다. 그렇지만 이것은 아직 적극적 의미의 분단극복문학이라 할 수는 없겠다. 앞서 말한 멸공시 · 증언시 그리고 동질성 회복의 시는 모두 소재론에 입각해서 분단문학이란 틀에 수렴할 수는 있겠다. 그러나 분단'극복'문학을 최소한 한쪽 이념에 치우친 것이 아닌 통일지향의 문학이라 범주화한다면, 1950년대 시문학은 상당 기간 동안 전쟁문학 또는 반공문학의 차원에서, 비록 박봉우와 김창숙의 시가 있다손 치더라도, 흡족한 분단극복문학으로 승화되지 못했다.

4. 반외세문학의 복원기(1960~1969)

'이 땅이 뉘땅인데 오도가도 못하느냐'
'한국문제를 한국인의 손으로!'
'실업자의 일터는 통일에 있다.'

4 · 19 민권승리가 단지 한 독재정권의 붕괴에 있지 않고 종국적 목표는 '남북분단문제의 해결'이라고 자각한 학생세력은 토론회와 강연회를 통해서 민족통일에 관하여 논의하게 되었다. 1960년 11월 서울대 민족통일연맹이 결성되어 「대정부 및 사회건의문」을 채택하여 통일논의의 물꼬

를 트더니, 1961년 4월 19일 4·19 1주년을 맞이하면서 "조국분단의 전 책임은 국제공산주의와 독점자본주의 및 그들의 추종자인 반민족적 사대주의자들의 냉전청부행위에 존재한다"고 선언하고 위의 구호를 외쳤다. 자유당의 무력북진통일은 이미 자취를 감추고 모든 정당이 평화통일론을 주장하게 되었다. 이 중 가장 활성화되던 통일논의는 혁신세력이 앞을 다투어 발표한 영세중립국화를 위한 통일방안이다.

그러나 4·19의 성과에 의해 집권하게 된 민주당의 장면 정권은 "정부는 유엔 결의를 존중하여 한국 전역에서 유엔 감시하의 자유선거를 실시한다"고 말함으로 과거 자유당 시대의 '북진통일론'을 포기한다는 표명을 밝혔지만, 본질에 있어서는 이승만 정권의 통일노선에서 한 발짝도 전진하지 못했다. 그래서 1961년 5월 20일 판문점에서 학생회담을 연다고 하였을 때 '강경저지'를 표명했다.

이후 5·16 군사정권은 민주공화당을 발족한 뒤 1963년 9월 선거공약에서 통일방안을 제시하였고, 그 이후로도 계속되었지만 근본적인 기조는 1964년 11월 학생의 날 대통령 치사에서 "유엔 감시하의 남북자유선거 이외에는 어떠한 통일방안도 있을 수 없다"[9]는 발언에서 보듯 '선건설 후통일' 지향이었다. 그렇지만 이 시기 역시 본질적으로 이승만 정권의 경우와 장면 정권의 경우와 다를 바 없이 반공적 입장에서, 자주화 통일이나 군비축소를 논하는 자는 반공법 위반혐의로 즉각 구속되고, 대부분 중형에 처해졌으며, 일부는 사형, 일부는 옥사하는 '친외세 통일론'의 시대였다.

4·19 혁명과 더불어 민족문학은 1950년대 중반 이후 전후문학파가 일구어낸 반전·평화사상으로의 참여문학론의 위상에서 그 절정을 이루었다. 소설은 구식민지와 신식민지의 관계성을 외세추종형의 해바라기 지식인에게 전형화시켜 교묘하게 풍자해낸 전광용의 「꺼삐딴리」(『사상계』, 1962.7)가 있고, 분단의 비극을 민족 주체성과 전통성이 무참하게 풍비박산

9) 김학준, 『남북한 관계의 갈등과 발전』, 평민사, 1985, 59면 재인용.

되는 한 농촌의 상황을 서정적으로 깊게 묘사한 하근찬의 「왕릉과 주둔군」[10]이 있다. 또한 1964년 한일협정 반대운동과 더불어 이른바 '신항일문학'이 고조되었고, 분단으로 인한 가정의 파괴를 미군과 관련지어 풍자한 남정현의 「분지」[11]는 빼어놓을 수 없는 수작이라 할 수 있다.

시는 1950년대식 멸공시가 역시 주류를 이루고 있지만, 반면에 박봉우·신동문·이인성 그리고 장시 「미8군의 차」[12]를 쓴 정공채 등이 현실적인 치열성에 과감히 도전한 것으로 평가된다. 또한 "광야를 달리는 벅찬 울음으로 메마른 논밭을 흔들어 놓던 경의선, 그 거대한 기관차를 잡초 위에, 쓰러뜨린 자가 누구인가"라고 되물은 강인섭의 첫 시집 『녹슨 경의선』(1969)은 비상한 호소력으로 민족에게 자각(自覺)을 깨우쳤다. 특히 진솔한 소시민의식의 자학을 김수영은 직정적인 언어로 표현했다.

> 이유는 없다—
> 가다오 너희들의 고장으로 소박하게 가다오
> 너희들 美國人과 蘇聯人은 하루바삐 가다오
> 美國人과 蘇聯人은 「나가다오」와 「가다오」의 差異가 있을 뿐
> 말갛게 개인 글 모르는 백성들의 마음에는
> 「美國人」과 「蘇聯人」도 똑같은 놈들 가다오 가다오
>
> (…중략…)
>
> 선잠이 들어서
> 그가 모르는 동안에
> 조용히 가다오 나가다오
> 서푼어치값도 안되는 美·蘇人은
> 초콜렛, 커피, 페치코오트, 軍服, 手榴彈
> 따발총……을 가지고

---

10) 하근찬, 「왕릉과 주둔군」, 『전후정예작가 신작 15인집』, 육민사, 1963.
11) 남정현, 「분지」, 『현대문학』, 1965.3.
12) 정공채, 「미8군의 차」, 『현대문학』, 1963.12.

寂寞이 오듯이
寂寞이 오듯이
소리없이 가다오 나가다오
다녀오는 사람처럼 아주 가다오!

—김수영, 「가다오 나가다오」, 2·5연에서

"가다오 너희들의 고장으로 소박하게 가다오/너희들 美國人과 蘇聯人은 하루바삐 가다오"처럼 직접적인 언어가 담담하게 서술되는 무기교의 기교로 쓰여진 시이다. 어눌한 담화 속에서도 갑작스레 "초콜렛, 커피, 페치코오트, 軍服, 手榴彈" 같은 극단적인 이미지 효과를 사용하여, 탄탄한 정신의 대담성을 터뜨리곤 하는 것이 그의 시작법이다. 이 시 역시 그의 다른 시 「적」·「잔인의 초」·「하, 그림자가 없다」처럼 비정한 사회에 대응하는 참여시의 양상을 보이지만, 그 기저에는 소시민적 허망함 또는 본능적 방어의식이 도사리고 있다. "비숍女史와 연애를 하고 있는 동안에는 진보주의자와/사회주의자는 네에미 씹이다 통일도 중립도 개좆이다"(「거대한 뿌리」)라고 내뱉듯 말하는 그의 냉소는 소시민적인 반발의식으로 끝나는 면이 있다. 그런데, 그의 냉소(비판이 아닌)는 외부로 향하는 것 같지만 실상은 자신에게 돌아오는 자학이 되곤 한다. 마찬가지로 그가 "가다오, 나가다오"라고 외세에 권유하고 있지만 그것이 큰 고함으로 들리지 않는 이유는 그 자신이 소시민 지식인의 허망한 자리에서 "이유는 없다/가다오"라고 내뱉듯 얘기하기 때문이다. 그의 입장은 계급인식을 지니지 못하고, 변혁주체로도 참여하지 못한 한 냉소주의자의 입장이다. 그렇기에 그의 작품은 운동성을 담지하지 못한 채 단순한 냉소적 풍자에 머물고 있다. 그러나 그의 위치는 그리 가볍지만은 않다. 1968년 초반에 김수영은 이어령과 '자유 대 불온의 논쟁'(『조선일보』, 1968.3)을 벌여, 문학과 정치를 일원론으로 파악할 것을 주장함으로써 시에서는 사고의 유연성과 탄력성을, 평론에서는 민족문학이 가야 할 길을 제시하는 등, 민족문학에 귀중한 성과를 남기었다. 김수영의 이같은 소시민적 세계관은 나름의 한계를 지니지만 1970년대 민중문학의 기반이 되어 주었다.

김수영이 차가운 직관으로 민족모순을 직시했다면, 신동엽・박지수・한무학은 단순한 반영미학이 아니라 대립물에 대한 '운동론적 극복논리'를 표방한다. 먼저 신동엽은 서사시 『금강(錦江)』에서 갑오농민전쟁과 3・1운동 그리고 한국전쟁과 4・19를 '하늘'의 이미지와 연관시켜 민족자주화의 이념을 작품 내에 의미부여하고 있다. 그런데 『금강』에서는 분단의 문제가 그리 확연히 드러나고 있지는 않다. 제25장에 인진아의 사랑과 아픔에 6・25의 참상을 대입시키면서 동학의 의미를 밝히고는 있지만, 그 주제는 비극적인 사실(史實)을 차용한 자주적 민족국가의 수립인데도 불구하고 작가의 관념성으로 인하여 그 역사인식이 불투명하다. 실상 분단의 비극과 그 극복을 주요내용으로 담은 것은 그의 시극 「그 입술에 파인 그늘」(1966)이다.

> 남 통일이 이렇게 쉽게 이루어질 줄은, 조국의 일부분이 지금 이곳에서 통일되었구료.
> 여 아아아
> 남 우린, 아까까지 싸워 왔지만, 우리의 아랫배가 싸운건 아니었어. 껍질이 싸웠어. 껍데기가 껍데기끼리 저희끼리 싸웠던 거야.
> 여 모자
> 남 모자끼리 싸웠어. 지아씨의 모자와 내 모자가 저희끼리.(담담한 표정으로, 장난스런 손짓을 하며) 치고 받고 해왔던 거야.
>
> —신동엽, 「그 입술에 파인 그늘」, 『신동엽전집』, 339면

시인은 이 극에서 주인공인 남녀 두 인물의 나라를 ㄱ・ㄴ으로 기호화함으로 한 민족에겐 남・북의 구별이 있을 수 없으며, 이데올로기로 인한 전쟁에는 어느 쪽도 승리자가 될 수 없다는 작가의 의도를 인물설정에서부터 상징화하고 있다. 그리고 부상자・노인・유아・동학군・일군・청군은 조역이다. 그들은 각기 나름의 성격을 구축한다기보다 주인공의 상황

과 환경을 관객에게 인식하도록 도와주는 배경의 한 요소이다. 다시 말해서 두 인물의 갈등을 가속화시켜 주고, 두 인물 성격의 한 부분이기도 한 차위적(次位的) 인물이다. 가령 한쪽밖에 볼 수 없는 안대를 낀 절름발이 부상자는 한쪽 이데올로기만 강요당하여 그 이데올로기가 모든 것의 판단기준이 되는 한국인의 전형성을 상징한다. 또한 작가는 마지막 장면에서 두 주인공이 가고자 했던 중립지대(동굴)로 가지 못하고 제트기의 기관포 사격에 죽도록 만든다. 역사적 운명의 불가사의한 힘에 의해서 두 주인공이 죽는 비극적 패배를 보여줌으로써, 신동엽은 이념의 세계에 절대적인 힘을 부여하고 있고, 이러한 절망과 체념이 극의 표면적 주제이다.

그렇지만 패배 가운데서 두 주인공이 이념 또는 그 밖의 그 무엇과도 화해하지 않고 '자기 자신과 화해'함으로써 인간에 대한 가치를 부정하고 있지 않음은 그 이면적 주제라고 할 수 있다. 다시 말해서 두 주인공의 비극적 죽음은 그 표면적 주제를 의미하며, 반면에 자기 자신과의 화해, 즉 민족통일에의 전망은 그 이면적 주제라 할 수 있겠다. 그래서 이면적 주제로서 극에서 내포하는 통일방안은 첫째, 두 주인공이 「청산별곡」을 부르며 같은 '우듯자리'를 확인하듯, 동질성을 회복하자는 주장이 담겨 있으며, 둘째로 껍데기인 외세를 인식하면 그것을 몰아내고 '동굴', 즉 아무 제도나 국가도 없는 숲에 있는 중립지대로 가자고 한다. 그런데 여기서 그가 말한 '동굴'의 상징은 다소 무정부주의 또는 비과학적 이상주의로 낭만화되고 있음이 문제시된다.

그래서 그런지 그는 이후 68년경에 미발표 유고인 「전통정신(傳統精神) 속으로 결속(結束)하라」는 글에서 당시 북한작가동맹 위원장이 제의한 남북한 문화교류에 대하여 다음과 같이 제의한다.

> 우리는 종전후 15년간 북한은 북한대로, 남한은 남한대로 너무 이질적인 강압 속에서 운명해 왔다. (…중략…) 조국의 자주적 통일을 원하는 비정치적 문화단체나 개인들로 구성된 南北文化交流準備委員會의 常備委員을 조성하기 위해 자유로운

분위기를 중립지대나 기타 비정치적 지역에 마련하도록 우리들은 구체적인 방법을 모색해야 할 줄 안다. 북한정부나 남한정부는 순수한 문화인(문학인 · 예술인)들의 자유로운 교류를 위해 제반 편의를 제공할 마음의 준비를 갖추어야 할 때다.

이 글의 서두에는 미 · 소 양 세력에서 벗어나 우리 자신이 조국의 역사적 주인임을 자각하고, 통일된 나라를 위해 날짜를 택하여 판문점이나 임진강의 완충지대에서 그리운 사람들끼리 모여 '아리랑'을 합창해 보자는 제안이 있다. 이것은 예술가적인 관념성 혹은 낭만성이라기보다 통일정책에 융통성을 발휘해야 한다는 제안과 더불어, 통일의 중요한 전제는 민족 동질성의 회복임을 역설하는 것이다. 가령 동 · 서 독일대표가 국제회의 석상에서 만나 휴식시간에 「보리수」를 합창했던 사실을 기억하면, 그의 제안은 단순한 말장난이 아님을 알 수 있다. 그래서 위의 글과 연관하여 「그 입술에 파인 그늘」의 내면적 주제를 확인하자면 그것은 '민족의 정서적 통일을 기반으로 한 중립적 대통일안'임을 알 수 있다. 이것은 신동엽이 당시 풍미했던 혁신계의 중립화통일안에 어느 정도 동의했다는 것으로 보인다. 그러므로 「그 입술에 파인 그늘」은 신동엽의 그의 통일의지를 대중에게 직접 현시화하기 위해 만들어졌고, 이것을 위한 신동엽은 시극이라는 장르를 선택했음을 알 수 있다. 민족시인 신동엽은 이처럼 민족 동질성에 대하여 가장 깊게 고민한 시인이었다. 그에 대한 평가는 김수영과 구분되어야 한다. 그는 상당부분 8 · 15 직후 반외세 민족문학의 맥을 계승하고 있다.

신동엽과 더불어 1960년대 시인 중에 새로이 기록되어야 할 인물은 1950년대부터 시를 발표해 온 박지수와 한무학이다. 냉전시대에 박지수란 이름은 그리 잘 알려진 인물은 아니다. 그는 중립화평화통일론을 제출했다가 반공법위반으로 문제시된 진보당 사건(1957)에 연루되었다가 불우한 일생을 마친 시인이다.

박지수가 분단된 상황 아래 생각하는 이북은 모윤숙 · 노천명 · 서정주 ·

조영암이 부르짖듯이 '원수의 무리'는 아니다. 박지수의 「아 유월(六月)」이란 시를 보면 이북 동포는 "미워하기 전에 / 그렇게 원수로 맺어지기 전에 / 너와 나의 오붓한 내일을 염원했어야 할" 이웃이다. 그런데도 이웃을 원수로 부르게 하는 이 사회를 보고 통분하는 그는 시인들과 소년들에게 차라리 말문을 달고 "六月을 명상하라"며 괴로워한다. 그의 작품 중 수작으로 평가되는 「단장(短章) 7」을 보면

덤불 덩쿨
엉클어진
온통 가시덩쿨

백두산에 불을 질러
네 염통에 불을 질러
성냥 개피에라도 불을 부쳐
막혔던 길을 트자

한라산에 불을 질러
내 허파에 불을 질러
부싯깃에라도 불을 부쳐
막혔던 강을 트자

불을 붙인다고 했는데 무엇에 불을 붙이는지, 즉 무엇의 의미가 시의 전반부에는 선명하게 인식되지 않는다. 다만 막혔던 길과 강을 트기 위해서는 네 염통과 내 허파로 상징되는 자기 희생 그리고 우리가 지닌 기본적인 기득권(성냥개피, 부싯깃) 따위의 온갖 희생이 전제되어야 한다고 역설한다. 그리고 백두산과 한라산이 제시되므로 막혔던 길과 강은 '분단'의 이미지임을 인식하게 된다. 그리고 그 길트기, 곧 분단극복을 위해서 태워져야 할 것이 다시 강조된다. "덤불 덩쿨 / 헝클어진 / 온통 가시덩쿨 // 네 덤불 / 내 덩쿨에 / 불을 질러라." 끝연까지 읽게 되면 반복되는 의미 속

에 '덤불 덩쿨'이란 상징은 여러 결의 의미망을 형성한다. 즉 그것은 백두산과 한라산 두 지점을 잇는 길과 강을 가로막는 장애물, 가령 외세·매판세력·분단의식 따위의 온갖 장애물을 상징한다. 이러한 장애물을 태우자는 시인의 열망은 치열한 행동의지로 표명된다. 또한 1연은 4연에 다시 반복되므로 안정된 모양새와 강조의 효과를 얻고 있어, 역동적인 형식의 총체성을 얻고 있다.

신동엽·박지수와 함께 기억되어야 할 시인은 한무학이다. 민족정서의 양극화현상으로 인한 정서적 공감대의 붕괴현상을 괴로워 한 한무학은 공산주의를 상징하는 '붉은' 꽃이라 하여 진달래를 진달래로 못 부르고, 북조선의 상용어라 하여 동무를 동무로, 조선을 조선으로 못 부르는 상황을 개탄하였다. 그래서 "어차피 못부를 바에야/오는 마음 가는 옷섶에/검은 喪章이나 달고 가게 해 주려므나"(「어차피 못부를 바에야」)라며 분단시대를 일종의 민족적인 죽음의 시대로 상징화하였다. 다른 시에서 한무학은 한반도의 대외적 관계를 과학적 인식을 기반으로 서정적으로 표현해 낸다.

> 받아 먹기만 하면서도
> 배고파만 가는 이유는 무엇이며
> 주기만 하면서도
> 배만 불러가는 이유는 무엇인가
>
> —「조국은 아직 먹구름 모양 여기 묵묵하다면」, 1연

시인은 두 존재에 대한 역학관계를 마치 수수께끼를 내듯 독자에게 묻고 있다. 현실인식을 지닌 독자라면 쉽게 문제에 답할 수 있다. 그것은 바로 분단으로 인하여 고통을 겪는 주변국민과 원조만 해주어도 배만 불러가는 중심국과의 종속관계이다.

한국의 1960년대란, 제2차 대전 이후 일부 저개발국가가 그랬던 것처럼 매판적 자본과 지주의 뿌리가 잘리지 않고 여러 가지의 변신으로 잔

존하면서 구중심국가이던 일본에서 신중심국가인 미국의 정치·군사·정보·경찰·문화 등의 기구를 도입하여 그 속에서 새로이 성장하는 재벌과 군부와 신중산계층 등이 결탁하였다. 그래서 예컨대 토지개혁에 나타난 이해 대립의 해결방식과 같은 대중의 변혁요구는 외세와 결탁한 군부 등과 충돌하게 되는데 그 모순이 첨예화된 것이 바로 4·19와 5·16이었다. 이와 같은 인식 아래 한무학은 신동엽과 더불어 민족모순으로 인한 계급모순의 심화를 통감하고 있었다. 그래서

배고파만 하는 이유로 하여
여기 국가는 무성해 가도
조국은 이렇게 여위어만 가는데

—같은 시, 끝연.

끝연에 이르면 한반도의 내적 모순은 신중심국가와 주변부국가(신식민지)의 모순관계에서로부터 빚어지는 민족·계급모순임이 선명하게 표출된다. 손을 빌려 쵸코렛을 받아먹으며 퀭한 눈에 눈물자국 때절은 아이처럼, 여위어만 가는 '조국', 외세와 야합한 국가독점관료세력 즉 박정희 정권과 그 매판정치체제를 상징하는, 무성해 가는 '국가'를 바라보는 시인의 마음은 착잡하다.

이처럼 1960년대 시인 김수영·신동엽·박지수·한무학은 박정희 정부의 반공법 앞에서 민족동질성 회복과 자주적 통일의지를 그들의 시 곳곳에서 주장한다. 이들의 시도는 묻혀진 부분이 있기는 하나, 그 업적은 1960년대를 일제 하 카프나 8·15 직후 무성했던 자주적 민족문학을 계승한 반외세문학의 복원기를 이루었다.

5. 참여적 분단문학의 확산기(1970~1979)

1970년대에 이르러 남북문제는 커다란 변화를 이루게 되는데, 우선 놀랄 만한 것은 1970년 8월 15일 박정권의 '평화통일 구상선언'이다. 이것은 "김일성 집단과 논의한다는 것은 언어도단"이라는 과거의 폭언과 비교할 때 실로 파격적이라 아니 할 수 없다. 이어 1972년 2월 20일 닉슨 미국 대통령이 중국을 방문한 후, 미·중공관계가 급속도로 개선되고, 2월 27일에는 '닉슨·주(周) 상해공동성명'에서 미국은 다시금 한국 정부의 한반도 긴장완화와 대화증진을 위한 노력을 지지한다고 밝혔다. 이같은 내외정세 속에서 1972년 '7·4 남북공동성명'이 서울과 평양에서 동시에 발표되었다. 이는 분단 26년 만에 처음으로 남북한이 국토통일의 목표와 통일의 거시적 방향설정에 합의를 본 일대 사건이었다. 그리하여 뜻깊은 조국통일 3대 원칙[13]이 결정되었다. 실로 남북간의 냉전상태를 정치적 화해로 전환시키는 역사적 계기가 만들어지는 듯하였으나, 박 정권은 7·4 공동성명 발표 백여 일 만에 남북대화체제에 적응하기 위한 개혁을 명문으로 유신독재체제를 구축하여 국민의 설레는 가슴에 찬물을 끼얹었다.

유신독재로 인한 자유권의 박탈뿐만 아니라, 외세에 종속이 심화되어 가는 사회구조 속에서 계급모순은 더욱 깊어만 갔다. 전태일 열사의 분신자살사건(1970.11)에서부터 분출되어 나오는 고통스런 외침과는 정반대로, 대중은 적십자 회담과 유신정권의 황금빛 미래에 속아 그저 달뜬 마음으로 살아가고 있었다. 문단에서는 이러한 문제를 직시하여 1974년 11월에 '자유실천문인협의회'라는 실천적 문인단체가 한국전쟁 이후 최초로 만들어졌음에도 불구하고 구태의연한 문인의식을 못 벗어난 소시민적인 구호를 표방하고 있었다.

13) 조국통일 3대 원칙—자주통일의 원칙·평화통일의 원칙·민족대단결의 원칙.

이같은 암흑기에 이병주의 소설 「지리산」(1972), 윤흥길의 「장마」(1973), 김원일의 「노을」(1977)은 분단문학에 새로운 결실을 보여준다. 그러나 이것들 역시 이념적 추구의 결핍성 내지 체험세대로서의 회고주의적 한계를 크게 벗어나지는 못했다. 이런 한계에도 불구하고 참여적인 시각에서 분단문학은 활성화되는데, 시에서는 양성우 · 김지하 · 황명걸 · 신경림 · 정희성 등의 노력으로 참여적 분단문학은 점차 확산되기 시작했다. 이 시대에 중요한 시집으로는 반인간적 폭력을 자행하는 군사정권에 대해서 반발한 최민의 『상실(喪失)』(민음사, 1975)이 있다. 초기 시에서 '나'의 문제를 집중적으로 파헤친 그는 1970년대에 들어서 분단된 사회현실에 치열한 관심을 보인다.

"일곱살 때 나는 / 가마니 속의 죽음을 보았다 지푸라기에 / 스며 있는 피머리 끝에서 / 잉잉대는 증오의 노래를 들었다"로 시작되는 그의 시 「첫 수업」은 어릴 적 아픔을 한없이 증폭되는 상징적인 압축 효과로, 죽음과 인생을 그리고 전쟁의 리얼리티를 보여준다. 그리고 「잔인한 꿈」, 「벽」 또한 분단으로 인한 비극적 상황을 이념적으로 조작된 시적 기교를 통하여 잘 전달하고 있다. 그러나 그의 시는 '나'의 시각에서 비극적 현실을 그대로 보여준다.

전쟁의 시대적 리얼리티가 개인적 서정에 함몰되는 최민이나, 당시 시의 유행에 반하여, 공동체의 소망을 담아낸 이는 비교적 늦게 등단한 문익환 목사이다.

벗들이여!
이런 꿈은 어떻겠오!
해뜨는 동해바다 쪽으로 거슬러 오르다가 오르다가
푸른 바다가 굽어보이는 산정에 다달아
국군의 피로 뒤범벅이 되었던 북녘 땅 한 삽
공산군의 살이 썩은 남녘 땅 한 삽씩 떠서
합장을 지내는 꿈.

그 무덤은 우리 5천만 겨레의 순례지가 되겠지.
그 앞에서 눈물을 글썽이다 보면
사팔뜨기가 된 우리 눈이 제대로 돌아
산이 산으로, 내가 내로, 하늘이 하늘로
나무가 나무로, 새가 새로, 짐승이 짐승으로
사람이 사람으로 제대로 보이는
어처구니 없는 꿈 말이외다.

—문익환, 「꿈을 비는 나무」, 3연

남과 북의 군사문제를 모두 묻어야 민족의 통일은 가까워진다고 시인은 역설한다. 그리고 이렇게 되어야 비로소 한쪽 이데올로기와 군사독재의 질곡에서 사팔뜨기가 된 우리는 사람을 사람으로 제대로 볼 수 있다고 말한다. 그런데 이같은 서정성의 이면에는 역사의식이 깔려 있다. 문익환 목사는 이 시를 쓸 즈음에 「민주회복과 민족통일」(『씨올의 소리』, 1978.7.8 합병호)이라는 글에서 "통일된 조국은 국민이 명실공히 주인이 되는 민주국가여야 한다. 이렇게 민주화와 통일은 뗄 수 없이 하나다. 시간적으로는 분명히 선민주이지만 내용적으로 또한 실질적으로 둘은 하나다"라고 하여, 민주화운동과 통일운동은 하나임을 발언하였다. 남북대화 중단과 연이은 긴급조치 발동이 억압적 상황을 조성하는 가운데 발표된 문 시인의 민중적 통일논의는 그의 시를 이해하는 데 몇 가지 실마리를 제공해준다. 즉 통일이 되면 "사람이 사람으로 제대로 보이는" 사회가 된다는 것은 인권유린이 없는 진정한 민주사회가 통일과 더불어 이루어진다는 그의 주장을 시적으로 변용한 것이다. 그렇다면 "어처구니없는 꿈"이란 것은 자학적 의미가 아님이 자명해진다. 그 말에는 두 가지 의미가 파악될 수 있다. 즉 어처구니없는 꿈이란 말은 '민중적 통일논의를 반대하고 단지 반공만이 국시라고 여기는 자에게는 통일=민주화라는 등식이 그야말로 잠꼬대요 터무니없는 꿈일 것이다'라고 반어적으로 비꼬는 말이 된다. 아울러 "어처구니없는 꿈"이란 시인 자신에게 그의 다른 시 「꿈길」에서처럼 33년 동안 익어 사랑하며 기다려온 "기막힌" 통일에의 염원을 역설하기도 한다.

그와 더불어, 통일문제를 많이 노래한 시인은 고은이다. 그는 1970년대에 펴낸 시집 『입산』과 『새벽길』 두 권의 시집을 통하여 통일에의 열망을 농도 짙게 노래하고 있다. 가장 자극적인 이미지를 써서 분단문제를 노래한 「성욕(性慾)」은 우리의 "역사를 찾고자 하는 본능적 욕구"를 성욕이라 하여 충격적인 이미지를 창출해낸다. 그리고 「지도놀이」에서는 화자가 아기와 지도를 보면서 이야기 투로 분단극복문제를 조심스레 펼쳐간다.

> 평양사람 서울에 못 온단다
> 서울사람 평양에 못 간단다
> 서로 그렇지
> 그러나 내일 모레나 언제나
> 꼭 오고가고 한 날 된다
> 되구말구
> 암 되구말구
>
> (…중략…)
>
> 그래 남북통일이 바로 그거란다 그거
> 악아 이렇게 작은 나라지만
> 중국보다 왜놈보다 월남보다
> 호주보다 태평양보다 작지만
> 통일되면 우리는 제일 힘있지
> 힘이란 싸움이 아니라 평화란다
> 악아 악아 너는 꼭 평양으로 시집가야지
>
> — 고은, 「지도놀이」에서

고은은 이 시에서 통일의 문제를 국토의 의미를 넘어 민족적 대동단결의 의미와도 연결시킨다. 그래서 "북간도란다 / 여기가 우리 조상 옛땅이란다 / 북간도 가서 논밭 일구어 살았지 / 거기서 독립운동했지"라 말함으로써 시 · 공간을 넘은 통일의 의지를 얘기한다. 그리고 그것이 아기에게 이야기하는 내용으로 되어 시는 민족의 긍정적 전망과도 자연스레 연결되는 수작으로 완결된다.

1970년대의 통일시는 이처럼 전보다는 구체적인 통일의지를 담고 있다. 구상의 연작시 「난중시초(亂中詩抄)」(『현대시학』, 1978~79 연재) 역시 1950년대에 그가 쓴 「초토의 시」보다 더 구체적이다. 김명인의 연작시 「동두천」은 기지촌의 일상을 분단상황과 연결시키고 있으며, 조태일의 연작시 「국토」는 한반도에 대한 사랑을 담고 있다.

이제까지의 분단시가 패배주의와 허무의식 그리고 나약함 또는 객관적 전망의 상징화로 만들어졌다면, 고은의 정서는 직설적이며 유격적이다. 더욱이 시에 나타난 정서가 그들의 삶과 다른 바 없기 때문에 "반세기 녹슬은 그 사실 / 어영차 끊어 내자"는 글은 살아 있는 목소리로 다가온다.

앞서 필자는 1970년대를 '참여적 분단문학의 확산기'라 명명하였지, 분단극복문학으로의 본격적인 고양기라 하지는 않았다. 더욱이 1970년대 후반기에는 인도차이나 적화(1975.4)와 세칭 '도끼만행사건'(1976.8) 그리고 1978년 봄부터 시작된 '팀 · 스피리트 훈련'으로 인해 남북간의 대화는 완전히 단절되었고, 그래서 문익환 · 고은과 같은 목소리는 광야의 외로운 외침이었고, 그만치 외롭게 울렸다.

6. 반외세 민족문학의 전성기(1980년대)

1980년대는 광주항쟁의 충격으로 인하여, 문학의 외형적인 측면은 문단적 구질서의 붕괴현상을 드러내고 있다. 1970년대 이전까지 한국문단을 유지시켰던 반공문인단체의 위계질서적 풍토는 작가지망생에게 국정교과서적인 미학을 강요하였는데, 1980년대에 이르면 지방문화의 활성화와 문학유파별 동인활동이 다양화되었고, 또한 계급운동이 분화 발전되며 분단극복지향의 작가와 특히 기층계급 출신의 작가가 대거 등장하게 된다. 이들의 의식을 전달하던 매체는 기존의 문학지가 아니라 기동성·운동성·선언성을 충족시킬 수 있었던 '부정기 간행물'과 '동인지'였다. 특히 주목되는 동인지는 전라남도의 『오월시』, 대전의 『삶의 문학』, 대구와 청주의 『분단시대』인바, 그 출신의 작가들은 생활 현장이 짙게 농축되어 있는 분단극복지향의 시를 발표하여 왔다. 1980년대 시문학의 또 다른 특징은 형태적 미학의 문제인데, 즉 자연스레 담시적(譚詩的) 분위기를 풍기는 것이다. 이것은 이전 시처럼 상징과 이미지로만 엮어진 시 형태로는 과잉된 서사적 충격을 다 묘사할 수 없기에 비롯된 것이다. 이처럼 역사의 진실을 이야깃거리로 담아내는 시작법은 1970년대 신경림·김지하·이시영에게서 보이더니, 이것은 1980년대 시의 한 특징을 이룬다.

한편, 1980년대에 이르러 현재까지 남한의 통일정책인 '민족화합 민주통일방안'(1982.1.22) 이후 남북대화는 소강상태에 머물고 있었다. 그런데 이 시기에 이산가족의 문제는 분단뿐만 아니라 전 세계에 큰 충격을 주었다. 분단의 피해로부터 이로부터 해방되고자 하는 갈구는 무엇보다도 가족관계 차원에서 가장 인간적인 문제로 제기된다. 1983년 'KBS이산가족찾기'에서 나타난 이산가족의 문제는, 이산가족의 아픔에 대한 사회적 관심을 한꺼번에 폭발시켰다. 그리고 1985년 남북이산가족 고향방문단 역시 그 아픔을 증폭시켰다.

이같은 이산가족의 문제는 8·15 직후 계속 있었던 일이었고, 월남 작가 구상·강인섭·이기형·전봉건·이인석, 특히 김규동에게서 그 아픔은 고통스레 나타난다.

꿈에 네가 왔더라

스물 네 살 때 훌쩍 떠난 네가
마흔 일곱 살 나그네 되어
네가 왔더라
살아 생전에 만나라도 보았으면
허구헌날 근심만 하던 네가 왔더라
너는 울기만 하더라
내 무릎에 머리를 묻고
한 마디 말도 없이
어린애처럼 그저 울기만 하더라
목놓아 울기만 하더라

—김규동, 「북에서 온 어머님 편지」에서

월남한 작가들에게 있어서 "고향생각은 단순한 향수가 아닌 집념"이라고 월남한 어느 소설가가 말했듯이, 위 시에서도 만남에의 '집념'은 눈물겹도록 절실하다. 그러나 월남 작가의 많은 작품이 혈연주의 내지 망향적 감상주의에 함몰되어 민족분단의 근본을 객관적 시점에서 보지 못하고, 오히려 감상적으로 희석화시킬 수 있음은 극복되어야 할 문제이다.

이산가족의 문제가 중요했던 이유는 그 아픔이 당사자 가족에게만 국한된 문제가 아니라 민족공동체가 동시에 안고 있는 인간적인 문제인 까닭이었다. 그리고 이산가족의 '핏줄 찾기'는 원초적 인간관계를 압축한 것으로, 이러한 모순을 극복하고자 하는 인간적 요구는 민족통일로 향한 공동체적 의지로 발휘될 수밖에 없었던 까닭이다. 1980년대에 오면 전후 태어나거나 혹은 남쪽에서 태어난 시인들에 의해 이산가족에 대한 시는 망향적 감상주의에서 벗어나고 있다. 곽재구의 「당숙모 하향기」, 김지하의 「최선생」이 그 예이다. 하지만 이것들은 세태묘사나 소재적 차원의 한계를 지닌다. 그래서 앞으로는 이산가족의 문제가 소재적 차원에서 그칠 것이 아니라, 김해윤(본명 김영환)의 「가족분단기」처럼 분단 이데올로기로 인해 갈라진 가족이 분단상을 묘사하는 시도라든지, 혹은 박완서의 『그 해 겨울은 따뜻했네』처럼 분단의식이 계층적·계급적 모순에까지 연관됨을 말해준다든지, 또는 분단의 원인과 함께 이산가족의 문제를 담아내는 긍정적인 시도가 있어야 할 것이다.

이산가족의 재회 같은 사건 이외에 분단모순으로 인한 어처구니없는 상황은 우리들 현실 곳곳에 내재해 있다. 특히 교육현장에서 그 문제를 지적한 김진경의 「교과서 속에서」, 곽재구의 「김소월을 가르치다 보면」, 조재도의 「아이들의 글속에는」, 고광헌의 「신중산층교실에서」, 정일근의 「바다가 보이는 교실」은 시인 자신의 현장체험의 질료에서 비롯된 시적 담론으로 뭉클한 감동이 더한다. 어떻게 보면 교육현장시는 소재주의 내지 감상주의에 머물 수 있는 함정도 있다. 그러나 교육현장이 바로 통일꾼이 자라나는 터전이라고 바로 직시할 때, 그 역동성으로 설득력과 파급력은 더할 것이다.

이러한 일상성의 시와 구별되게 좀더 명확한 정치성을 지니고 창작된 시들이 발표되고 있다. 광주항쟁은 우리에게 미국에 대한 인식과 한반도를 변혁시켜야 하는 주체에 대한 의식을 마련해주었다. 이러한 의식을 담아낸 시인은 김남주이다.

> 삼팔선은 삼팔선에만 있는 것이 아니다
> 낮게는 새벽 같이 일어나 일해도
> 일할수록 가난해지는 농부의
> 졸라맨 허리에도 있고 제 노동을 팔아
> 한 몫의 인간이고자 일어나면
> 결정적으로 꺾이고 마는 노동자의
> 구부러진 허리에도 있다
>
> —「삼팔선은 삼팔선에만 있는 것이 아니다」에서

삼팔선은 마침내 '우리 가슴에도 있다'는 그의 지적은 실천적 리얼리스트인 그의 삶으로 인해 더욱 진솔하게 전달된다. 또한 그의 시는 극도로 절제된 형식과 우리말의 가락을 지니고 있어 그 미학 또한 탁월하다.

그는 8·15 직후 반외세 민족문학의 세계관을 복원하여, 김수영과 신동엽의 장점을 계승한 가운데 시 한편 한편으로 반외세 민족문학을 이룩하는 민족문학의 디딤돌이다.

이외에 김낙중이라는 인물이 너무 강조되어 작품 전면에 낭만성이 표백되었으나 분단문제를 대중성 있는 문체로 표현하고 있는 최두석의 장시 『임진강』(1985), 신경림의 「열린굿 노래」 등은 높은 정치성을 지니고 창작된 문학이다. 1980년대 민족문학의 전범을 보인 것은 이산하의 『한라산』(1987)이다. 이것은 서사적 인식에 기반을 둔 명료한 서정성과 서사시의 기법을 확장시켰다는 높은 문학성을 지닌다. 그런데 『한라산』은 4·3의 동기에 대한 역사적 배경, 즉 고려시대 삼별초항쟁의 전통, 1863년 제주민란, 1901년 이재수의 난 등 민중항쟁의 축적된 역량의 전통, 그리고 4·3 이전에 보였던 제주도 인민위원회의 역동성이 전제되지 않은 채, 마치 4·3이 3·1 기념행사날 돌발적으로 발발한 것처럼 작품이 형상화되어 작품 내에 혁명의 급진성을 드러내고 있다. 또한 제주도라는 특수한 현장의 삶과 거리를 지니는 점이 단점으로 지적되기도 하지만, 그럼에도 불구하고 『한라산』은 김남주와 더불어 민족문학의 모범을 보여준다.

1980년대에 분단극복을 주제로 한 시를 보면, 일상성을 소재로 한 시는 단순히 개인적·가족적 감상주의에 머물고 있는 한계를 보이고, 높은 정치성에서 비롯된 시는 목소리 자체로만 남는 한계를 드러낸다. 그런데 통일의지를 지향하는 작품은 우선 목소리가 높아야 한다고 생각한다면 그것은 시의 자기 파괴일 뿐이다. 시는 먼저 일상성과 노동성에서 통일의지로 발전되는 표현의지가 밀도 있는 표현방식과 결합되어야 할 것이다. 그러므로 이제 일차적 과제는 낮은 차원에서 높은 차원으로, 즉 일상성에서 정치성으로 고양된 시인의 표현의지가 요구된다. 이같은 표현의지는 시인의 실천적 행동의지와 선진적 정치의식의 결합에서 비롯된다.

7. 통일문학사의 모색

통일이라는 민족적 대과제를 놓고 볼 때, 부정적 측면으로는, 첫째, 적어도 1988년까지 분단 44년에 걸친 통일논의가 늘 집권층에 의해 정책적 차원에서 창출·발표되었다는 사실이다. 둘째, 한반도의 분단은 외세에 의해서 규정되어졌으며 외세의 한반도정책은 통일지향적이 아니라 분단지향적이었다라는 사실이다. 반면에 긍정적인 면이 있다면, 첫째로, 참여적 통일논의는 정치체제의 논의보다 늘 한 시기를 앞서면서 제기되었고, 둘째로, 통일논의의 활성화와 사회의 민주화는 늘 정비례해 왔다는 점이다. 풀어 말하면 통일논의가 활기를 띠고 있음은 곧 민주화가 실천되고 있음을 말해 주는 것이며 이는 통일을 앞당기는 빠른 길이기도 하다.

통일지향의 문학은 끊어질 듯하면서도 굵디굵게 자라나는 한 줄기의 전통을 보여주고 있다. 여기서 필자는 몇 가지 제안을 하려 한다.

첫째, 통일을 주제로 쓰여진 시는 일상적인 내용에서 출발되어야 한다. 통일에 대한 문제는 관념적인 것이 아니라 우리의 일상성 속에 구체적으로 숨어 있다.

둘째, 시 형식의 실험이 활발했으면 한다. 1980년대 문학의 한 특질은 장르의 해체와 확산의 경향이다. 우리에게는 고대무가, 고려가요, 향가나 민요에서 보여지는 서사적 전통이 있다. 또한 식민지시대에 반제·반봉건을 효과적으로 선전하기 위하여 네다섯 명의 선동가가 낭송하도록 창작된, 박세영·백철 등이 쓴 '슈프레히·콜'의 시양식은 오늘날에도 다시 고려해 볼 만하다. 그리고 임화·박세영·이용악에게서 보여지는 이야기시 또는 단편서사시의 전통은 1970년대 후반기부터 서서히 되살아나 지금까지 이어져 오고 있다. 개인적 기록문학(김낙중의 보고서)을 장시의 그릇에 담은 최두석의 『임진강』은 대중적 문체에서 장점을 지닌다. 9연 복합구성의 연작시 형태인 도종환의 「삼대(三代)」 또한 새로운 시도를 보여준다. 노래시에서는 시를 노래로 바꾼 노래꾼들의 도움에 힘입어, 심산 김창숙의 「통일은 어느 때에」(1951)라는 시가 「통일은 진정 통일은」이란 노래로 불려지고 있다. 이처럼 노래라는 역동적 매체로 대중에게 다가가는 노래시 운동은 참으로 귀중한 것이다.

셋째로 '통일문학사'를 위해 준비해야 한다. 이를 위해, 분단 상대방의 작품에 대한 정부차원의 합법적인 허용이 이루어짐은 물론 작가들의 내왕이 이루어져야 할 것이다. 우리는 반쪽의 문학사라도 통일지향으로 새로이 정립해야 할 것이다. 다음으로 사할린과 중국, 그리고 일본을 비롯한 해외동포들의 문학이 대폭 수용·정리되어야 한다. 그리고 무엇보다도 북한문학에 대한 올바른 이해가 필요하다. 이를 위해서는 먼저 문학인들이 '반국적(半國的) 인식'을 벗어버려야 할 것이다.

해체 혹은 구비적 상상력

1980년대의 시

20년에서 10년 전의 역사를 시기별로 구분하고 평가하는 것은 쉬운 일이 아니다. 그런데 1980년대는 몇 가지 충격적인 사건에 있어, 그에 맞는 사회사적인 시기 구분을 하곤 한다. 그래서 그 구분에 맞추어 발표된 작품을 그 당시의 배경과 더불어 생각해 볼 수는 있다. 하지만 그런 자세는 평가의 잣대가 '작품'이 아니라 '역사적 사실'이 되기 쉽다. 따라서 문학사적인 평가를 할 때에는 좀더 신중한 자세가 필요할 것이다. 무엇보다도 문학사적인 굴곡이 사회사적인 변화와 동일하지 않을 때가 많기 때문이다. 문학의 변화는 사회의 변화에 앞서 갈 수도 있고, 그것에 한참 뒤져 나타날 수도 있고, 그것과 동시에 진행될 수도 있는 것이다. 1980년대 시문학사에서 적어도 민중시 계열에서는 시대의 변화와 문학의 변화가 거의 비슷한 시기에 이루어지고 있음을 볼 수 있다. 사회사적인 변화에 대해 이른바 민중시 계열은 민첩하게 반응했던 것이다. 그리고 나머지 시의 변화에서도 다소간의 영향이 없지 않았음을 간과할 수는 없을 것이다.

1980년대에 발표된 시를 평가할 때 우리는 중요한 기능을 했던 매체 혹은 시의 유형으로 나누어 설명할 수 있겠다. 첫째, 시인들의 작품을 자유롭게 발표할 수 있는 장을 열어주었던 80년대의 무크지와 동인지를 살펴보려 한다. 억압적인 시대는 오히려 대량의 시인을 배출하는 역설적인 효과를 낳았다.

둘째, 시대적인 문제 혹은 인간실존의 아픔을 해체적으로 언어에 담아냈던 시인들을 살펴보려 한다. 이들은 파격적인 실험을 행하면서 해체시나 도시시로 불리는, 이른바 '해체적(解體的) 상상력'을 보여주는 계보이다. 1980년대의 해체시는 황지우·박남철 등에 의해 쓰여진 전통시의 형태를 파괴한 일련의 전위적 실험시를 가리킨다. 언어에 대한 불신에서 전통시 형식의 파괴라는 해체의 충격을 보여준 이들은 1980년대 시에 중요한 단면을 보여준다.

셋째, 1980년대 가장 왕성한 발표량을 보였던 민중시 혹은 노동시 혹은 농민시를 '구비적 상상력'에 의한 계보로 보려 한다. 여기서 '구비적(口碑的) 상상력'이란, 쉽게 말해서 민요적인 상상력을 말한다. 정서적으로는 민중들의 생활상을 노래하면서, 표현으로는 반복법과 과장법이나 풍자성을 기본으로 하는 이야기시에 그 뿌리를 두고 있다. 이 구비적 상상력[1)]은 정서적으로는 민중들의 생활상을 시에 담아내려 했고, 표현에서는 산문적인 표현을 중요시했던 1980년대의 시적 흐름을 대표하는 하나의 특징을 말한다. 마지막으로, 흔히 어떤 계보에도 속하지 않는다는 이유로 잊혀지기 쉬운 작품들 가운데도 걸작이 있으면 계보에 구애치 않고 살펴보려 한다. 될 수 있는 한, 1980년대의 시기적 변화에 따른 발표작을 보면서, 동시에 전체적 조망을 놓치지 않으려는 것이 이 글의 목적이다.

---

1) 유종호는 1980년대 시의 주요한 흐름 중에 하나를 '구비적(口碑的) 상상력' 계열의 시로 보면서, "짐짓 예스러움과 촌스러움을 빌려 오늘의 상황을 빈정거리는" 구비적 상상력과 "무심코 간과한 일상경험을 새롭게 정의하고 재검토하여 의식화시켜" 주는 것을 사회적 상상력이라고 구분한다. 그러면서, 양자가 상호보충하여 시적 긴장과 탄력을 더해가기를 바란다고 한다(유종호, 「시와 구비적(口碑的) 상상력」(1984), 『사회역사적 상상력』, 민음사, 1995, 234면).

1. 무크지와 동인지

1 1980년대를 떠올리면, 그 벽두(劈頭)에 터졌던 광주항쟁을 떠올리지 않을 수 없다. 광주항쟁의 충격이 너무 컸기에 그에 대한 소설의 반응은 거의 침묵에 가까웠다고 해도 과언이 아닐 것이다. 당시, 정치적 격변과 이로 인한 파쇼 권력의 반달리즘(Vandalism)적 문화 탄압이라는 외압 아래에서, 전 시대의 문학적 성과를 바탕으로 하면서, 작가들은 광주항쟁이라는 충격을 내적(內的)으로 곰삭여 가야 했다.

먼저 신군부는 신문과 잡지를 폐간시켰다. 특히 1970년대 문학운동을 실질적으로 이끌어오던 문학계간지 『창작과비평』·『문학과지성』의 폐간은 하나의 문학적 공백을 만들었다. 1966년 겨울호로 첫선을 보인 한국 최초의 문학계간지 『창작과비평』은 통권 56호째인 1980년 여름호를 마지막으로 폐간되고 말았다. 그러나 그 얼마 후 정치적 압제의 틈새를 비집고 나온 자연발생적인 소집단문학운동은 뜻밖에 문학의 대중화에 기여하게 된다.

첫째, '무크지(Mook誌)운동'은 문학 대중화에 큰 기여를 했다. 무크지란, 당시 까다로운 검열에 맞서기 위해 기습적으로 출판해냈던 양식으로, 잡지(M-agazine)의 영문 'M'자와 책(b-ook)의 영문표기 뒷부분인 'ook'를 합성하여 만든 말이다. 즉, 외형상 단행본이지만, 내용은 잡지식의 연계성을 갖도록 하여 판매한 양식이었다. 정치적 상황에 대항하여, 무크지를 중심으로 이루어졌으며, 무크지가 지니는 유격적 성격과 맞물려 소설보다는 시에서 활발한 움직임이 있었던 시기였다. 무크지의 등장은 모든 분야에 걸쳐 폭발적이었다.[2) 『창작과비평』이 폐간되는 바로 같은 해 1980년 3월 25일 『실천

2) 문학 이외에 대표적인 무크지로는 『르뽀시대』·『시대정신』·『한국사회연구』·『제3세계연구』·『민중』·『노래』 등이 있다. 이외에도 이른바 '팜플렛'이라 하여 지하문서들이 대량 복사되어 대체매체의 구실을 하였다. 주요한 유인물 형태의 지하언론매체

문학』 제1권 무크지 창간호가 나온다. 『실천문학』은 5호(1984)까지 무크지로 내고, 1985년 봄호로 계간 창간호를 낸다. 창작과비평사는 그 뒤를 이어 『한국문학의 현단계』라는 이름으로 폐간 당한 『창작과비평』을 되살려냈다. 그리고 시는 앤솔러지 신작 시집의 형태로 『우리들의 그리움』(1981), 『꺼지지 않는 횃불로』(1982), 『마침내 시인이여』(1984)로 돌파구를 열어나간다. 이후 『시인(詩人)』(1983년 1호, 1984년 2호), 『민의』 등의 시전문지, 종합문예 무크지였던 『문학예술운동』(1987), 『사상문예운동』(1989), 『노동해방문학』(1989년 5월, 통권 2호) 등에서 주요한 시들이 발표되었고, 중요한 시인들이 이를 통해 등단했다. 무크지운동은 암흑기였던 당시에 대체매체로서 중요한 역할을 감당해냈다.

둘째, 동인지(同人紙) 역시 문학 대중화에 중요한 기여를 했다. 1980년대 '시의 시대'라 부를 수 있게 만든 가장 큰 원동력은 무크지와 더불어 동인지를 들 수 있겠다. 주목되는 주요한 동인지로는 먼저 1981년에 나온 김사인 · 황지우 · 김정환 등의 『시와 경제』(1981년 1호, 1983년 2권)와 곽재구 · 이영진 · 김진경 · 하종오 등의 『5월시』를 들 수 있다. 두 권의 동인지에 이어 이재무 · 이은봉 등의 『삶의 문학』, 도종환 · 배창환 등의 『분단시대』(1984년 1집, 1985년 2집, 1987년 3집, 1988년 4집), 안도현 · 고운기 등의 『시힘』, 김형수 · 백무산 등의 『민중시』 등이 있었다. 이들은 모두 구비적 상상력을 기반으로 하여, 정치적인 문제를 시에 담아낸 동인들이다. 이들은 1980년대 시에 거의 결정적인 역할을 한다. 가령, 『5월시』 동인은 민족문학의 재구성과 반외세 민족해방운동의 대중화에 영향을 끼친다. 『분단시대』의 도종환이나 『시힘』의 안도현은 현실의식을 기반으로 하여 시의 대중화에 끼친 영향은 지대하다. 또한 『시와 경제』의 김사인과 제2호(1983)를 통해 등단한 박노해는, 노동자계급의 단결과 민중해방운동에 관여하면서, 1989년도부터 나오기 시작한 『노동해방문학』에서 중요한 역할을 한다.

로는 『민주화의 길』 · 『공해연구』 등이 있었다.

이렇게 1980년대의 시를 평론가들은 참여문학 계열만을 중심에 두고 논하곤 한다. 한국의 연구자들뿐만 아니라, 한국 이외에 지역에서도 1980년대 한국시를 민중시와 노동시만을 놓고 논하는 연구자들이 적지 않다. 그래서 이러한 글을 보면, 1980년대 한국시는 마치 반체제문학 정신과 구비적 형식을 가진 시만이 존재한 것처럼 보인다. 가령, 사에구사 토시카츠 교수는 김준태(金準泰) 시인을 중심으로 해서, 김남주와 박노해를 예로 하여 "반체제문학과 노동자문학"[3]을 1980년대 시의 중심에 둔다. 변재수의 논의를 보면, 거친 표현일지 모르나 마치 한국 시가 1990년대 문학까지도 투쟁을 위한 앙가지망 문학[4]밖에 없는 것처럼 소개하고 있다. 1980년대에 대한 북한의 연구성과는 역시 반체제에 집중되어 있다. 이들은 「남조선민중문학의 다양한 발전」[5]이라는 제목으로 연구하고 있지만, 전통시나 해체적인 시에 대해서는 그 연구성과를 보여주지 않고 있다. 다만, 로동문학, 5월 광주항쟁문학, 반미문학. 이렇게 세 가지로 나누어 설명한다. 특이한 것은 반미문학의 성과가 높게 평가되고 있는 대목이다. 이렇게만 본다면, 1980년대 한국시에는 반체적이거나 노동자문학만이 존재할 뿐이다.

물론 그러한 계열의 성과는 눈부셨다. 그런데 우리는 1980년대 이후 1990년대의 시에 중요한 역할을 하는 시인들의 태동에도 주목해야 할 것이다. 아울러 테마와 형식이 '다양화'[6]되어 가고 있는 것도 주의 깊게 보아야 할 것이다. 예컨대, 높은 산 정상만을 볼 때, 우리는 산을 이루는 계곡의 흐름을 놓치게 된다. 높은 산은 깊은 계곡이 있어야 가능하듯이,

---

3) 三枝壽勝, 『韓國文學を味わう』, 國際交流基金アジアセンター, 1997, 136~137면.

4) 卞宰洙, 「アンが—ジュマン詩の現況とその課題」, 『南朝鮮の詩人群像』, 東京 : 三一書房, 1996.

5) 김원택, 『남조선민중문학의 발전과 특징』, 사회과학출판사, 1992.

6) 佐川亞紀의 『韓國現代詩小論集』(東京 : 土曜美術社出版社, 2000)은 1980년대 문학을 1990년대와 연계지어 '다양성'(「テーマと方法と多樣化」, 「各特徵と主な詩人」, 325~336면)을 중심에 두고 한국시를 소개하고 있다.

1980년대 시의 높은 산처럼 계곡에도 또 다른 시인과 독자들이 모여 있었다. 그것은 해체적인 계열의 흐름이었다. 입장이 다른 경우이지만 중요하게 보아야 할 동인은, 1980년대 전반기에 새로운 세대의 시 쓰기 전략으로, 자유로운 상상력의 세계를 언어로 꿈꾸고 표현했던 『시운동』 동인들이다. 동인으로서는 하재봉·안재찬·박덕규·남진우·이문재 그리고 후에 기형도가 참가하여, 시 언어의 자유로움을 펼쳐 보인다. 이들은 개인의 문학적 개성을 살리는 것을 중요하게 여겼다. 『시운동』 동인들과 같은 다수의 젊은 시인들이 현대 산업문명과의 대결을 주제로 삼고 이른바 해체시·도시시 등을 지향해나갔는데, 이들 가운데 1980년대 초의 이성복이나 황지우에 비견될 만큼 두드러진 존재가 부각되지 않았다. 하지만, 하나의 큰 흐름으로 그런 경향이 존재하는 것은 분명하고 그것은 경시할 수 없는 의의를 갖는 것이다. 다만, 이들은 상대적으로 해체시나 노동시의 경우처럼 지지 기반을 마련하는 데 필요한 새로운 세대의 평론가군을 확립하지 못한 상황에서 이론적 기반을 세우지 못해 중요한 문학적 영향력을 행사하지는 못했다. 그러나 1980년대 말에 목적론적인 문학운동이 기운을 잃고, 1990년대에 들어 다양하고 해체적인 문학이 오름새를 얻으면서, 『시운동』 출신들은 중요한 역할을 하게 된다. 가령, 류시화의 『외눈박이 물고기의 사랑』(1996) 등의 시집은 1990년에 가장 많이 읽힌 베스트셀러 시집이었다. 1990년대 문학사에서 빼놓을 수 없는 문학전문지인 『문학동네』(1994)는 남진우·이문재 등 '시운동' 출신의 기여가 적지 않다. 이렇게 『시운동』은 1990년대와 이어지는 문학적 일관성으로 볼 때, 매우 중요한 동인이다. 『시운동』과 관계했던 시인 중에 빼놓을 수 없는 이는 기형도이다.

> 그의 장례식은 거센 비바람으로 온통 번들거렸다.
> 죽은 그를 실은 차는 참을 수 없이 느릿느릿 나아갔다.
> 사람들은 장례식 행렬에 악착같이 매달렸고

백색의 차량 가득 검은 잎들은 나부꼈다.
나의 혀는 천천히 굳어갔다. 그의 어린 아들은
잎들의 포위를 견디다 못해 울음을 터뜨렸다.
그 해 여름 많은 사람들이 무더기로 없어졌고
놀란 자의 침묵 앞에 불쑥 불쑥 나타났다.
택시 운전사는 이따금 뒤를 돌아다본다.
나는 저 운전사를 믿지 못한다. 공포에 질려
나는 더듬거린다. 그는 죽은 사람이다.
그 때문에 얼마나 많은 장례식들이 숨죽여야 했던가
그렇다면 그는 누구인가, 내가 가는 곳은 어디인가
나는 더 이상 대답하지 않으면 안된다. 어디서
그 일이 터질지 아무도 모른다. 어디든지
가까운 지방으로 나는 가야 하는 것이다.
이곳을 처음 지나는 벌판과 황혼,
내 입 속에 악착같이 매달린 검은 잎이 나는 두렵다.

—기형도, 「입속의 검은 잎」, 3연

위 시에서 싱싱해야 할 나뭇잎들은 모두 "검은 잎"들이다. 때는 많은 사람들이 무더기로 없어지고, 망자의 혀가 거리에 흘러 넘쳤던 역사적인 '그 해 여름'이기도 했다. 그러나 '그 해 여름'은 민중시에서 말하는 특정 시기로만 지시되지 않는다. "내 입 속에 악착같이 매달린 검은 잎이 두렵다"고 했던 기형도의 시에는 죽음의 이미지가 압도적으로 흘러 넘친다. 그의 시에는 보통 낭만적인 상징으로 읊어지곤 하던 하늘·구름·포도원이니 하는 흔한 이미지가 죽음의 상징으로 나타난다. 그의 처절한 의식과 언어는 『시운동』 동인들의 지향점을 명확히 보여준 것이었다. "누가 기형도를 따라 다시 그 길을 갈까봐 두렵다" 했던 김현의 지적처럼 기형도의 시는 불길하다. 그러면서도 그의 시는 독자들에게 죽음 저편의 묵시적인 전망을 자극하고 있다. 실존의 부조리함과 삶의 비정성을 노래했던 그의 시 속에 "검은 잎"은 실존적인 죽음인 동시에 시대적인 죽음의 상징이다. 그의 시는 비극적인 1980년대 속에서 고뇌해야 했던 좌절된 영혼들에게 종언을 고하는 장송곡이기도 했다. 잊어야 할 시대의 장송곡이었다.

2 한국문학을 연구할 때 비슷한 시대를 비교하는 것도 의미가 있다고 생각한다. 비슷한 시대를 비교함에 따라 연구하고자 하는 시기의 특성이 보다 확실하게 드러날 수도 있을 것이다. 이런 시각에서, 우리는 1980년대 소집단운동을 새로운 눈으로 보아야 할 것이다. 비교컨대, 1980년 벽두에 있었던 광주항쟁의 충격 이후의 소집단문학운동은, 1919년 3·1 운동이 있은 뒤에 벌어졌던 소집단문학운동과 비교해 볼 수 있겠다. 물론 여러 잡지와 시집이 갑자기 쏟아져 나왔다는 면에서 보면, 1980년대를 해방기와도 비교할 수 있을지 모르겠다. 그런데, 출판 종수라는 면과 아울러, '좌절의식'에 출발한 '저항적 문학운동'이라는 역사적 성격에서 보면, 1980년대의 문학을 해방기보다는 1920년대의 문학과 비교하는 것이 좋을 것이다.

일제에 대한 투쟁과 사회사상을 고취시키면서 압수·정간 등의 수난을 겪었던 『개벽(開闢)』(1920.6.25~1935.10, 총72호), 당시 우울했던 현실을 허무주의적인 문학형식으로 표현했던 문예동인지 『폐허(廢墟)』(1920.7.25), 최초의 현대시 전문지인 『장미촌(薔薇村)』(1921.5.24), 낭만주의적 색채가 짙은 동인지 『백조(白潮)』와 이외에 『조선문단(朝鮮文壇)』(1924.10.1) 등이 당시에 쏟아져 나왔던 문예동인지나 잡지들이다. 3·1 운동이나 광주항쟁 이후에 약간의 자유가 생긴 '틈새'는 1920년대의 일제나 1980년대의 신군부의 기만적인 문화정책임에 틀림없다. 그렇다 하더라도, 퇴폐적이건 계몽적이건 두 시대의 문인들은 시대적인 질고를 작품에 담아내려 했다는 점에서 공통점을 가진다.

> 우리朝鮮은 荒凉한 廢墟의 朝鮮이요, 우리時代는 悲痛한 煩悶의 時代일다.('이다' 혹은 '일 것이다'-인용자) 이 말은 우리 青年의 心臟를 짜이는('찢는'-인용자) 듯한 압흔 소리다. 그러나 나는 이 말을 아니할 수 없다. 奄然한 事實이기 때문에. 소름

이 씻치는 무서운 소리나 이것을 疑심할 수 업고 否定할 수도 업다. 이 頹廢 속에는 우리들의 內的, 外的, 心的, 物的 모든 不足, 缺乏, 缺陷, 空虛, 不平, 不滿鬱憤, 한숨, 걱정, 근심, 슬픔, 압흠, 눈물, 滅亡과 死의 諸惡이 쌔여('쌓여'—인용자) 있다.[7]

1919년 3·1 운동 이후의, 1920년대 조선의 상황을 완전한 '황량한 폐허의 조선'으로 파악하는 이 글에서 우리는 어떤 희망도 찾아볼 수가 없다. 물론 『폐허』라는 잡지는, 형식상 구애받지 않고 시인의 주관적 감정을 토로하면서, 이후 서구 데카당스의 미학적 형식이었던 상징주의로 육박해 들어갔고, 한국 자유시에 지대한 영향을 미친다. 물론 윗 글을 쓴 오상순은 황량한 폐허에서, "다시 봄이 오고 어린 生命樹에" 꽃이 필 때, 그 때 그곳의 주인은 "가장 희생을 많이 한 사람"[8]이라고는 하지만, 이 글을 쓰게 된 동기에는 엄청난 시대적 좌절의식을 빼놓을 수 없을 것이다. 시대의 좌절의식은 두 시기의 시인들에게 엄청난 창작욕구를 자극시켰다. 위의 표현은 1980년대에 보였던 무크지나 동인지의 좌절된 의식과 그리 멀지 않다. 그들의 좌절의식은 부채의식으로 변하게 된다. 그리고 그 부채의식 때문에 발표의 장을 스스로 만들어내면서, 결국은 새로운 시의 시대를 개척해나갔던 것이다. 어쩌면 이들이야말로 당시의 상황을 정확히 판단했던 이들이었다. 1920년대 시인들의 자유로운 발표는 이전에 이광수·최남선의 이른바 '2인 문단시대'를 종식시켰으며, 1980년대 시인들에게는 작가로 데뷔하는 길이 좀더 넓게 열린 것이라 할 수 있겠다. 그러나 그 내용과 표현에 있어서는 두 시기가 조금 다른 편차를 보인다. 1920년대 시인들은 그 전반기에 즉각적인 반응을 보이지 못한다. 이에 비해 1980년대의 문인들은 초기부터 즉각적인 반응을 보이며, 부조리한 현실에 대항한다.

---

7) 오상순, 「시대고(時代苦)와 희생(犧牲)」, 『폐허』 창간호, 1920.7.25, 52면. 원문과 달리 읽기 쉽게 띄어쓰기를 하여 인용한다.
8) 오상순, 위의 글, 64면.

문학은 철저히 아래로부터의 문학이 되어야 한다. 문학은 단지 문단지식인에 의한 민중을 위한 문학에 멈춰서는 아니 되고 민중에 의한 민중의 문학이 되어야 하는 것이다. (…중략…) 민중의 문학은 결코 추상적인 구호의 차원에서 머물러서는 아니된다. 문단의 지식인과 문학적 현실에서 파악된 대중의 상호침투에 의해서 민중의 문학은 마련된다.[9)]

먼저 인용했던 『폐허』에 실렸던 글, 방향성 없는 지식인의 고뇌와는 완전히 다른 즉각적인 선언이다. 이제까지의 문학이 소시민인 지식인의 문학이었다면, 이제는 '민중에 의한 민중의 문학'이 되어야 한다는 것이다. 1920년대와는 달리, 1980년대의 문인들은 이렇게 그 초기부터 적극적으로 사회과학적인 인식을 받아들이면서, 문학작품의 공유화에 대한 논의를 열어놓았고, 동시에 당시의 정권에 직접적으로 응전했다.

1920년대를 크게 개괄하면, 자연주의와 낭만주의의 물결이 팽배했던 전반기와 좌우의 대립양상을 보였던 후반기로 나누어진다. 후반기에 프롤레타리아 계급문학운동이나 『조선혁명선언』의 신채호에 이은 망명문학(혹은 혁명문학)에서 찾아볼 수 있다. 이에 비해, 1980년대 시인들은 울분과 함께 즉각적인 대항의식을 보인다. 그리고 후반기에 민족해방문학론·민주주의민족문학론·노동해방문학론 등의 이론적 투쟁 혹은 '이론신앙'의 모양새를 보이는 것은 1920년대 후반기와 비견해 볼 수 있겠다. 1920년대 초반기에 시인들이 즉각적인 항전을 보이지 못했던 것은 그만치 일제시대의 탄압이 강압적이었다는 뜻도 될 수 있겠다.

이렇게 볼 때, 우리는 1920년대를 '동인지 시대'라고 불렀던 것처럼, 1980년대를 '동인지·무크지 시대'라고 명명할 수 있을 것이다. 그러나 그 성격은 앞서 말했듯이 전혀 다르다. 1920년대의 시는 소시민적 한계에서 데카당스에 이르는 면모를 보였다면, 1980년대는 그 폭이 보다 넓었고, 또한 목표지향성이 강했다고 볼 수 있겠다. 소집단문학운동에 참여했

---

9) 이재현, 「문학운동을 위하여」, 『문학과 예술의 실천논리』, 실천문학사, 1983, 93면.

던 시인들은 시대의 흐름을 빨리 포착했던 '광주의 아들'(고은)들이었다. 그러나, 1980년대의 경우 1990년대로 넘어가면서 이들이 시대변화를 빨리 포착하지 못했을 때, 『녹두꽃』(1992)처럼 과도기적인 잡지를 만들게도 된다. 아무튼 1980년대 초반의 무크지와 동인지의 소집단운동은, 1920년대 3·1 운동의 충격 이후 문학의 대중화를 열었던 문학 소집단운동처럼, 한국문학사에서 보기 드문 문학운동으로 기록될 것이다.

2. 해체시와 도시시

새로운 세대의 시 쓰기 전략으로 1980년대 전반기에 가장 충격적이고 화려하게 주목을 받은 이들은, 소위 해체시라는 불리는 작품 활동을 선보인 시인들이었다. '해체시(解體詩)'라는 단어는 전통적인 서양의 형이상학에 대해 중요한 비평을 가한 프랑스의 자크 데리다가 1960년대 후반부터 발표한 일련의 책들에서 쓴 단어이다. 데리다가 주도한 문학비평의 유파나 그 운동을 해체주의(Deconstruction)라고 부른다. 데리다는 모든 '중심의 사고'를 부정했다. 그는 일체의 결정적인 사고나 선택주의 사상을 파괴했다. 유일신앙, 유일진리, 절대불변이라는 이데올로기는 사실이 아니고, 단지 인간 중심주의가 만든 환상일 뿐이라고 지적한다. 또한 문학작품이란 단지 '텍스트의 연합'이며, 따라서 모든 창조는 사실상 재창조이고, 모든 글쓰기는 '다시 쓰기'일 뿐이라고 한다. 그러므로 모든 것은 사본(寫本)이고 원본(原本)은 없다. 그에게는 저자란 없고, 단지 '천을 꿰매는 재단사'만 있을 뿐이다.[10] 데리다는 말/글, 시간/공간, 남자/여자, 육체/정신 등과

10) 김형효, 『데리다의 해체철학』, 민음사, 1993.

이분법적 대립을 버리도록 제안한다. 위계화된 대립을 낳는 것은 중심, 곧 권위를 가지고 있는 현존에 대한 갈망일 뿐이라고 지적한다.[11] 해체주의에 의하면 작가가 쓰는 언어의 의미는 고정불변의 것이 아니기 때문에 일정한 주제가 없는 것이고, 독자 또한 열려진 해독자의 위치를 가지게 된다. 한국문학에서도 데리다의 이러한 개념을 받아들여 평론이 나오기 시작한 것은 김준오의 「도시시와 포스트모더니즘」(『현대시사상』, 1990년 가을호) 등의 논문을 통해 알려져 있다. 이후, 해체시란, 전통시의 형태를 파괴한 일련의 전위적 실험시를 가리키는 용어로 쓰이고 있다. 이후에 해체주의의 용어를 써서 김수영의 모더니즘적인 시, 아울러 '결말이 없는' 소설을 보여주는 손창섭의 1950년대 작품을 분석한 논문이 적지 않게 나왔다.

아무튼, 1980년대 해체시는, 광주사건이 일어나고, 너무 놀란 문인들의 작품이 아직 넓게 읽혀지기 전에, 당시의 음산한 분위기를 '해체'시키며 발표되었다. 그러나 이들의 전략은 단지 시에 대한 고정 관념을 타파하는 데에만 있는 것이 아니다. 이들은 시에 대한 독자들의 고정 관념을 파괴시키면서, 동시에 독자들에게 충격을 주고, 그 '충격 효과'를 통해 자신들의 시에 담긴 메시지의 징후를 독자들이 주목해 주고 간파해 주기를 바랬다. 물론 그 메시지 징후가 실존적인 경우도 있으나, 대부분은 정치적이다. 이들은 1980년대 정치적 현실을 야유하거나 풍자하고, 그로 인해 받는 삶의 고통을 암시하면서, 그런 현실 속에서 무기력하게 살아가는 시인 자신과 독자들을 반성하게 만든다.

여기서 우리는 황동규·정현종 등의 기성시인과 이성복·최승호 등의 활약을 볼 수 있다. 이들은 시적 대상으로서의 사회적 소재에 대한 관심보다 언어 자체의 본질과 그 기법에 관심을 기울여 온 시인들이다. 이들은 언어 자체를 대상화하는 지적인 추구작업을 진지하게 전개하기도 하고, 산업화의 과정 속에서 왜곡된 인간의 존재와 가치를 지적인 언어를

---

11) 마단 사럽 외, 임헌규 편역, 『데리다와 푸코 그리고 포스트모더니즘』, 인간사랑, 1991, 18~27면.

통해 묘사했다. 1970년대의 뛰어난 작품을 보여준 정현종은 1980년대에도 『떨어져도 튀는 공처럼』(1984), 『사랑할 시간이 많지 않다』(1989)를 통해 개성적인 면모를 보여준다.

말(言語)을
퍼내고
버리고
다시 퍼내도
시체가 보이지 않는다

시체들은 아주 깊이
가슴보다도 깊이
묻혀 있는 모양이다
—정현종, 「정들면 지옥이지 · 1」, 『떨어져도 튀는 공처럼』(1984)

정현종의 시를 쉽게 단순한 신선놀이로 독해할 수 있다. 위의 시를 이른바 언어 자체를 아무리 "퍼내고 퍼내도"(탐구하고 탐구해도) 그 깊이를 알 수 없다는 '언어의 시체'에 대한 시로 읽을 수 있다. 또한, 현실에 대한 절망으로도 읽을 수도 있다. 1985년 5월 광주사건 등의 비극을 상상할 수 있는 '시체'라는 단어, 그 아픈 현실, 그것은 너무도 비극적이고 너무 깊기에 언어로는 퍼낼 수 없다는 아픔으로도 느낄 수 있는 것이다. 아무튼, 언어의 죽음이든, 현실의 죽음이든, 시인이 언어로는 표현할 수 없는 어떤 '언어의 한계성'을 고백하고 있다. 그의 시는 상투적이지 않고, 이미지는 새롭게 생동한다. 그는 언어로 지시되는 관념을 거부하기 위해 오히려 이미지의 구체성을 추구한다. 그는 생태적인 문제를 지적하는 시를 보여주기도 하면서 동시에 1970년대 '사물의 꿈'에서 보여준 의식을 발전시켜, 1980년대 후반기에 이르면 물아일체(物我一體)에 이르는 '환경생태 시'의 세계를 보여준다. 이에 비해, 황지우는 또 다른 면모를 보여준다.

山
절망의 산,
대가리를밀어버
린, 민둥산, 벌거숭이산
분노의산, 사랑의산, 침묵의
산, 함성의산, 증인의산, 죽음의산,
부활의산, 영생하는산, 생의산, 희생의
산, 숨가쁜산, 치밀어오르는산, 갈망하는
산, 꿈꾸는산, 꿈의산, 그러나 현실의산, 피의산,
피투성이산, 종교적인산, 아아너무나너무나 폭발적인
산, 힘든산, 힘센산, 일어나는산, 눈뜬산, 눈뜨는산, 새벽
의산, 희망의산, 모두모두절정을이루는평등의산, 평등한산, 대
지의산, 우리를감싸주는, 격하게, 넉넉하게, 우리를 감싸주는어머니

황지우의 시 「무등」(『겨울-나무로부터 봄-나무에로』, 1985)은 그냥 지나치기 쉬운 소품처럼 보인다. 그런데 이 시에는 시인의 아픔이 짙게 배여 있다. 시를 보면서 독자는 산의 모양새를 만날 수도 있고, '죽음의산'이란 말처럼 한국의 전통적인 무덤 모양을 상상할 수도 있고, 혹은 '우리를 감싸주는어머니'라는 표현에 이르면 잉태할 것 같은 임신한 어머니의 불룩한 배를 연상할 수도 있다. 이렇게 우리는 하나의 정치적인 사건을 시에 담아내는 그의 독특한 방법을 만날 수 있다. 그는 지금까지 우리 시에서 별로 시도된 적이 없었던 낯선 소재와 표현 양식을 제시했다. 시의 소재로 신문기사나, 광고·벽보·사진·만화 같은 것을 채택하는가 하면, 언어의 표현 양식에서도 문맥의 유기적 상관성을 의도적으로 훼손시킨 이미지나 문장들을 나열하기도 하면서, 독자들이 시를 읽는 데 불쾌감을 느끼거나 그런 것들을 이해하기 위하여 새로운 독서의 방법이 필요함을 인식하게 만든다. 가령, 미술 작품을 형상하면서 "횡단 보도에는 신호등이 산산 조각되어 흩어져 있다/……/캔버스 밖 백색 벽 위에까지, 화급하게/지나간 듯한 정글 화 자국들이/수십, 수백, 수천의 무인들처럼/찍혀,

있다 마치, 그 길은 / 끝끝내 돌이킬 수 없는, 최후의 길이었다는 듯이"(「흔적Ⅲ1980(5.18 x 5.27cm)이영호 작」)라는 표현을 보면, 단순히 그림을 묘사한 소품 같아 보이지만, 시 제목인 "1980(5.18 x 5.27cm)"가 주는 역사적인 기호에 따라 시를 다시 읽게 되면, 어떤 충격을 받게 된다. "횡단 보도에는 신호등이 산산 조각되어 흩어져 있다"는 표현은 인간의 생명이 어떠한 경외심도 없이 깨져 흩어졌던 그 날을 떠올리게 한다. 그래서, "끝끝내 돌이킬 수 없는, 최후의 길"이라는 표현은 돌이킬 수 없는 살해를 저지른 가해자의 운명을 지적하고 있는 것이다. 그의 시는 이렇게도 다양한 시적 경향과 다양한 실험적 기법에도 불구하고, 현실 상황에 충격을 느끼게 하면서도, 시적 정서의 포괄성을 유지하고 있다. 그는 1970년대 시가 한때 빠져들었던 정서적 양극화를 극복하면서, 현실의 모든 문제를 폭 넓게 포괄하는 언어의 힘을 일상을 통해 보여준다.

다른 시인 최승호의 시는 또 다른, 치열한 현실의식을 보여준다. 그의 시에는 자기 존재의 의미를 잃어버리고 있는 현대인들의 모습이 자주 등장한다.

> 나는 죽어서는 기꺼이 썩어지겠다.
> 대지는 거름이 필요할테니까.
> 구름은 내 몇 됫박의 국물이 필요할테니까.
> 허지만 살아서는
> 내 앞에 가없이 펼쳐진 時間의 개펄을
> 발바닥으로 걸어나가야 한다.
> 대지는 나의 거름,
> 구름은 몇 됫박의 국물을 거름에 부어줄 테니까.
> 허지만 지금 나는 房,
> 모든 문짝이 굳게 닫힌 밤 기슭의
> 벽 속에 있다.
> 천장 위를 요란하게 뛰던 쥐들이
> 죽어서 썩는 건지 며칠째

천장에 테를 넓히며 얼룩이 지고
파리똥과 쥐오줌과 거미줄로
얼룩진 천장이 내 넋을 음울하게 한다.
상표가 화려한 桶조림,
국물에 잠겨 있는 桶 속의 송장덩어리,
웬만한 양념으로는 이미
이 맛은 변치 않는 삶은 송장맛이 아닐는지.

— 최승호, 「桶조림」, 『大雪注意報』(1983)

최승호의 시에는 비장한 현실이 있다. 그러나 그는 직접적으로 현실적 어법으로 담아내지 않는다. 고도의 물질 문명이 도시를 중심으로 살아가는 현대인에게 강요하는 타락한 삶의 조건과 욕망의 체계를, 그는 1980년대 초반부터 일관되게 주목한다. 그의 첫 시집 『대설주의보』(1983)를 보면 이미 개성적인 그의 창작방법이 드러나고 있다. 그가 보는 인간의 삶이란 단지 정치적으로 왜곡된 것 이전에, "상표가 화려한 桶조림 / 국물에 잠겨 있는 桶 속의 송장덩어리"인 것이다. 그러면서 그는 삶의 충동이 억압되어 있는 인간의 실존을 끈질기게 추구한다. 동세대의 시인인 이성복의 전통 서정시의 방향으로, 그리고 황지우가 일상적 선시(禪詩)의 방향으로 궤도 수정한 것과는 대조적으로, 최승호는 끈질기게 욕망의 문제와 씨름하면서 그 작업을 심화시켜 나갔다. 불교적인 허무의 세계관을 바탕으로 현대 사회가 제공하는 욕망의 속성을 독특한 상징을 이용하여 비판하는 그의 작업은, 1980년대 후반과 1990년대의 시 쓰기를 시작한 새로운 시인들에 의하여 새로운 방향으로 탐구되었다. 이들의 해체적 시도는 장정일의 『햄버거에 대한 명상』(1987) 등과도 이어진다.

1980년대의 해체주의적 시들은 모호성, 허무주의, 인문주의적 가치의 파괴위협이라는 단어 등으로 비난을 받았다. 그러나 목적주의적 형이상학의 토대를 끊임없이 흔들면서, 열린 다양화를 보여주고, 반권위주의적 반교주주의적인 태도를 보여준 해체주의적 시들은 한국시사에 중요한 모습을 보여준다 할 수 있겠다.

3. 구비적 상상력

세계를 주관적으로 파악하는 시야말로, 좌절과 패배, 분노와 슬픔 혹은 위안의 정서를 직접 표현하기에 가장 적합한 문학 장르이다. 1980년대를 '시의 시대'라고 성급하게 단정 내리기도 하는 데에는, 분명 시대에 저항하며 사회적인 의식과 구비적 상상력으로 작품을 발표했던 이들의 역할이 적지 않다. 시인 김규동 · 고은 · 신경림 · 문병란 · 이시영 · 송기원 등의 중진들이 이 계열에서 본을 보이고 있다. 그리고 오랜 동안 투옥생활을 했던 김지하의 시집 『타는 목마름으로』(1982)는 구비적 상상력으로 무장한 참여시 계열의 포문을 열었다. "왜 날 울리나 나는 새여 / 묶인 이 가슴"(「새」)과 같은 김지하의 울분은 1970년대와 1980년대의 집단적 울분을 이어주는 매개의 역할을 했다. 그런데 김지하의 공헌은 '구비적 상상력'을 민중적 상상력을 지닌 계열의 시인들에게 자극했던 것이다. 김지하의 구비적인 시편들은 1980년대에 대거 하나의 경향성으로 나타나게 된다.

이 시기에 구비적 상상력으로 시를 발표한 시인들은, 시와 현실 자체를 등가적으로 이해하면서 그 의식을 치열하게 드러냈다. 곽재구의 『사평역에서』(1983)는 이 시기의 구비적 상상력을 대표하는 수작이다.

> 막차는 좀처럼 오지 않았다
> 대합실 밖에는 송이눈이 쌓이고
> 흰 보라 수수꽃 눈시린 유리창마다
> 톱밥난로가 지펴지고 있었다
> 그믐처럼 몇은 졸고

몇은 감기에 쿨럭이고
그리웠던 순간들을 생각하며 나는
한줌의 톱밥을 불빛 속에 던져주었다
내면 깊숙이 할 말들은 가득해도
청색의 손바닥을 불빛 속에 적셔두고
모두들 아무 말도 하지 않았다
산다는 것이 때론 술에 취한 듯
한 두릅의 굴비 한 광주리의 사과를
만지작거리며 귀향하는 기분으로
침묵해야 한다는 것을
모두들 알고 있었다
오래 앓은 기침소리와
쓴 약 같은 입술담배 연기 속에서
싸륵싸륵 눈꽃은 쌓이고
그래 지금은 모두들
눈꽃의 화음에 귀를 적신다
자정 넘으면
낯설음도 뼈아픔도 다 설원인데
단풍잎 같은 몇 잎의 차창을 달고
밤열차는 또 어디로 흘러가는지
그리웠던 순간들을 호명하며 나는
한줌의 눈물을 불빛 속에 던져주었다

— 곽재구, 「사평역에서」 전문

1981년 『중앙일보』 신춘문예의 당선작인 이 작품은 1980년대를 지배했던 구비적 서정시의 대표적인 모습을 보여주고 있다. 독자는 눈 오는 날 외롭게 막차를 기다리는 시인과 시골 간이역을 상상하면서, 당시의 서글픈 정서에 동감하게 된다. 이 구비적 상상력은 민중적인 상상력과도 이어진다. 이것은 일상성을 회복해가고 있는 1980년대 시가 이념에 빠져들지 않고 현실에 대한 비판적 인식과 그 새로운 창조의 정신을 동시에 포괄할 수 있는 하나의 방법이었다. 이러한 시는 이른바 민중시가 이념지향적

이 될 때 경직된 이념을 날것으로 드러낼 때 생기는 문제를 모범적으로 극복한 예이다. 이러한 시는 당시 하나의 유행처럼 되어 버렸고, 이후 1980년대 후반기에 시작되는 시의 리얼리즘 논쟁에서 시의 형상화 문제에 자주 거론되었던 중요한 대상이었다.

구비적 상상력으로 무장하고 전투적인 정신으로 시를 발표한 시인 김남주를 빼놓을 수 없다.

> 총칼을 휘둘러 수천 시민을 살해한 놈은
> 청와대에 가서 대통령이 되고
> 주먹 휘둘러 옆엣 사람 뺨 때린 놈은
> 폭력배가 되어 감옥에 가고
>
> —「폭력배」 전문

> 학살의 수괴가 지금
> 옥좌(玉座)에 앉아 있다
>
> 학살에 반대하여 들고 일어선 민중들의 수괴도 지금
> 옥좌(獄座)에 앉아 있다
> 어느 자리가 더 편안한 자리이고
> 어느 자리가 더 떳떳한 자리이냐
>
> —「옥좌」 전문

그의 시는 분노를 서정화시키지 않고, 분노 자체를 폭발시키기에 독자들에겐 충격으로 다가왔다. 그의 시는 1980년대에 전투적인 시가 어디까지 갈 수 있는가를 보여준 극치였다. 하지만, 보다 구체적인 생활형상들과 결합되지 않고, 계급적 관점과 관점 자체를 직접적으로 제시했던 그의 선언적인 시는 아쉬움을 느끼게 한다. 물론, 그가 그렇게밖에 쓸 수 없었던 것은 짐승스런 시대에 대해 참을 수 없었던 그의 솔직함 때문이었을 것이다. 그의 시 중에 "사랑은 / 가을을 끝낸 들녘에 서서 / 사과 하나 둘로

쪼개 / 나눠가질 줄 안다"(「사랑은」)는 맑은 서정성을 보여주는 시도 있지만, 그에겐 그보다 투쟁 자체가 급했다. 정의에나 사랑에나 가리지 않고 인간미를 꿈꾸는 그의 "대책없는 순결성"12)은 당시 시인 지망생에게 하나의 모범으로 보였고, 유행이 되기도 했다.

구비적 상상력은 좀더 다양한 형식으로 펼쳐지게 된다. 정치적 관념을 앞세운 구비적 상상력은 연작시 · 서사시 · 대작시 등으로 나타나게 된다. 연작시나 장시의 출현은 단편성의 양식으로서의 시가 지니는 한계의 극복과 관련이 있다. 아무래도 짧은 한 두 편의 시로써 시대적인 요구를 전부 담을 수는 없었기 때문이다. 결국, 서사시 내지는 장시의 출현은 1980년대라는 시대적 조건과 맞물려 있는 것이라 할 수 있겠다. 1970년대 역시 형식적 실험을 보여주었던 김지하는 『대설 남』(1982 · 1984 · 1985)에서 그의 문학적 양식에 대한 실험을 다시 보여준다. 천박해진 산문의 언어와 감상에 빠진 시의 언어를 거부했던 그는 서정양식과 서사양식 사이의 긴장을 지탱할 수 있는 새로운 형태를 실험하였으나 크게 주목되지는 않았다. 민중적 서정주의를 민요의 정신 속에서 찾고 있는 신경림은 자신의 체험과 현장감각을 바탕으로 민중의 삶을 장시 『남한강』(1987)에서 총체적으로 담아내려 했다. 이 장시에서 나오는 시어들은 오래 쓰지 않아 잊혀졌던 민중적 언어를 복원한 것으로 민요조에 잘 살려져 있다. 이외에 고은의 장편서사시 『백두산』이나 연작 장시 『만인보』 역시 이 시기의 실험대작이다. 특히 연작시 『만인보』는 그 규모의 방대성과 시적 정신의 포괄성에서 단연 돋보이는 작품이다. 그렇다고 이러한 경향은 단지 민중시나 분단극복시 참여시 계열에서 일어난 형식실험이 아니다. 이성복의 시집 『남해 금산』도 발표 당시엔 연작시였는데, 이후 따로 따로 떨어져 한 권의 시집으로 묶어져 나왔다는 것을 보아도 알 수 있다.

구비적 상상력에 표현방식을 두면서, 민중적인 정서를 시의 전면에 내세

12) 염무웅, 「남주를 기다리며」, 『조국은 하나다』(김남주 시집), 남풍, 1988, 356면.

웠던 주요한 시집으로는, 강은교의 『소리집』(1982) · 『붉은 강』(1984), 고정희의 『초혼제』(1983) · 『이 시대의 아벨』(1983) · 『지리산의 봄』(1987), 김명수의 『월식』(1980) · 『하급반 교과서』(1983), 김정환의 『지울 수 없는 노래』(1982) · 『황색 예수전』(1983), 김준태의 『국밥과 희망』(1983), 김진경의 『갈문리의 아이들』(1984) · 『광화문을 지나며』(1986), 도종환의 『접시꽃 당신』(1986), 이시영의 『바람 속으로』(1986), 하종오의 『벼는 벼끼리 피는 피끼리』(1981) · 『사월에서 오월로』(1984) 등이 있다.

조금은 다른 입장이지만, 배타적인 논리를 내세우지 않고, 도시화된 현실 속에서 인간의 피폐성을 지적인 언어로 묘사하는 특이한 균형을 보여주는 시인들이 많았다. 김광규의 『아니다 그렇지 않다』(1983) · 『좀팽이처럼』(1988)은 이 계열을 대표하는 중요한 시집이다,

어미를 따라 잡힌
어린 게 한 마리

큰 게들이 새끼줄에 묶여
거품을 뿜으며 헛발질할 때
게장수의 구럭을 빠져나와
옆으로 옆으로 아스팔트를 기어간다
개펄에서 숨바꼭질하던 시절
바다의 자유는 어디 있을까
눈을 세워 사방을 두리번거린다
달려오는 군용 트럭에 깔려
길바닥에 터져 죽는다

먼지 속에 썩어가는 어린 게의 시체
아무도 보지 않는 찬란한 빛

— 김광규, 「어린 게의 죽음」, 『우리를 적시는 마지막 꿈』(1979)

이 시는 1979년 시집에 담겨 있지만, 김광규 시의 특징을 잘 보여주기

에 인용한다. 그의 시 속에는 피해자(게)와 가해자(군용트럭)의 이항대립이 보인다. 그러나, 그의 시에는 내적인 각성은 있으나, 가해자에 대한 투쟁의식이나 분노는 보이지 않는다. 그런 의미에서 그는 계몽주의자가 아니면서도, 현실에 대한 정직성으로 인해 독자들에게 상징적인 충격을 던져준다. '길바닥에 터져 죽는' 어린 게의 시체는 당대의 자화상일 수도 있고, 인간성을 상실한 현대의 인간실존 자체일 수도 있다. 이렇듯, 시인은 현장의 풍경을 포착해낼 뿐이고, 그 풍경은 읽는 독자는 스스로의 정서에 따라 다양한 울림으로 반응하게 되는 것이다. 김광규와 조금은 다르지만, 구비적 상상력을 기반으로 하면서, 개성적인 면모를 보였던 시집으로는 이하석의 『투명한 손』(1980)·『김씨의 옆얼굴』(1984), 이성복의 『뒹구는 돌은 언제 잠 깨는가』(1980)·『남해 금산』(1987) 등이 있다.

4. 노동시와 농민시

구비적 상상력으로 쓰여진 시들은 1980년대의 하나의 주도적인 조류였다. 특히, 1984년부터 1987년 사이는, 1980년대 초반기와 조금 다른 시대적인 여건을 보여준다. 당시 조금 자신감을 갖게 된 전두환 정권은 국민에게 조금의 출판자유를 허용했고, 이에 따라 노동문학의 실질적인 작품이 나오기 시작했다. 박노해의 시집 『노동의 새벽』(1984.9)과 자유실천문인협의회가 민족문학작가회의로 개편되는 시기(1984.10)로 상징되는 1984년 이후에 구비적 상상력을 갖춘 시들의 대량 발표된다. 1987년 6월 민주화운동 혹은 7·8·9월 노동자 대투쟁의 시기를 살펴볼 수 있겠다. 이 시기에 이르면 좀더 다양한 시도와 성과들이 이루어졌다. 민중 자신에 의한 창작, 집단 창작, 민족 형식, 민중 형식의 탐색, 시의 서사성의 강화, 지역

문학운동의 활성화, 그리고 다른 장르와의 결합 및 다양한 매체와의 결합 등이 이루어졌다. 하지만, 그 요란스러움에 비하여 문학적 빈곤의 시대였다고 말할 수 있겠다. 그렇다하더라도, 적어도 박노해의 『노동의 새벽』(1984)이란 시집은 당시 구비적 상상력의 실질적인 성과물이었고, 문학사적으로 기록될 만한 하나의 사건이었다는 사실을 부인하기는 힘들다.

민중문학론의 경우는 한마디로 기층민중의 글쓰기에 주력해 온 만큼 그 경험주의적 증거가 중요했다. 이때 박노해의 출현은 하나의 사건이었다.

> 없어, 선명하게
> 없어,
> 노동 속에 문드러져
> 너와 나 사람마다 다르다는
> 지문이 나오지를 않아
> 없어, 정형도 이형도 문형도
> 사라져 버렸어
> 임석경찰은 화를 내도
> 긴 노동 속에
> 물 건너간 수출품 속에 묻혀
> 지문도, 청춘도, 존재마저
> 사라져 버렸나봐
>
> — 박노해, 「지문을 부른다」에서

주민등록 갱신하러 동회에 갔다가 지문이 닳아 없어진 것을 보고 한탄하는 노동자의 독백을 박노해는 정직하게 그린다. 그는 너무도 쉬운 말로, 일상성 속에서 문제성을 깊이 그려냄으로써 당시에 큰 충격을 주었다. 그러면서도 농민적 정서는 거의 나타나지 않고, 도시적 정서만 그리고 있는 데에 대한 비판도 있었다. 노동자 시인의 등장은 1920년대 카프문학 이후 거의 최초로 등장한 것이다. 그러나 한국문학 전체의 전개과정에서 새로운 전환점을 마련했다고 당시에는 진단했던 평론이 많았다. 특히 1987년 김명인 등이 만든 무크지 『문학예술운동』을 통하여 제기한 문학의 주체에 대한 논의는 충격적이었다. 노동자 계급을 중심으로 하는 사회 전반의 변혁에 대하여 박노해의 등장은 문인들의 문학 활동과 사회참여가 어떠해야 할 것인가라는 문제와 연결되어 논해지기도 했다. 박노해와 함께 김남주의 『진혼가』(1984), 백무산의 『만국의 노동자여』(1988) 등이 주목을 받았다. 박노해와 백무산은 당시 한국사회의 주역으로 등장한 노동자계급의 삶과 생산과 투쟁, 그리고 무엇보다도 그 역사적 임무와 전망을 보여주고 있는 듯이 보였다.

노동자 시인과 함께 지식인 작가라는 개념을 해체시킨 농민시인도 빼놓을 수 없겠다. 김용택이나 고재종은 1980년대에 주목되어야 할 시인이다. 여기서는, 『섬진강』(1985)·『맑은 날』(1986)의 김용택의 시를 살펴보자.

> 사람덜이 그러능게 아녀
> 뭐니뭐니 혀도 말여 사람은
> 심성이 고와야 허고
> 밥 아깐지 알아야 혀
> 시방 이 밥이 그냥 밥이간디
> 우리덜 피땀이여 피땀
> 밥이 나라라고 나라
> 자고로 말여 제 땅 돌보지 않는 놈들허고
> 제 식구 미워하는 놈들
> 성헌 것 못 봤응게
> 아, 툭 터놓고 말혀서
> 쌀금이 왜 이렇게 똥금인지 우린 모르간디
>
> —김용택, 「마당은 비뚤어졌어도 장구는 바로 치자」

서정적 화자의 말을 시에 그대로 담아낸 작품이다. 잘못된 정부를 비판하는 내용을 세련된 표현이나 밀도 높은 상징적 표현으로 보여준다면 오히려 우스워지고 설득력이 없을 것이다. 그런 한편, 농민의 말을 그대로 담는다고 모두 시가 되는 것은 아니다. 이제까지 있어 왔던 민요 등의 구비적 전통에 기대면서도 개성적인 표현은 얼마든지 가능하고 순도 높은 서정성을 드러내는 것도 가능하다. 적당한 응축력과 긴장이 있어야 한다. 다행히 김용택의 시에는 "아, 툭 터놓고 말혀서 / 쌀금이 왜 이렇게 똥금인지 우린 모르간디"라는 한 구절 속에 거칠면서 생경하지만 그것 자체가 멋이 되어 흘러 넘치는 울림을 주고 있다. 구비적 상상력에 기대고 있는 김용택의 시에서 우리는 개성적인 현장의 소리를 들을 수 있다. 고재종의 농민시도 다양한 율격과 다양한 언어층위가 충돌하면서도 민요적인 맛과 현장의 아픔을 그대로 살리는 데 성공한 작품들이다.

노동시와 농민시의 이러한 구비적 상상력은, 1987년 이른바 '6월 항쟁' 이후에는 더욱 다양한 형태로 실험된다. '1987년 6월 항쟁' 이후 대통령 선거의 결과에 의해 민중운동은 정치적으로 좌절했지만, 그동안 쌓아온 저력으로 노동운동, 농민운동 등이 어느 정도 대중운동으로서 자리 잡아가면서, 문학 분야에서도 그 성과가 나타나던 시기였다.

집단 창작, 공동 창작의 문제도 이 시기에 구체적으로 제기되었다. 한때 문학의 전문성 문제에 대한 의문이 제기되었고, 여기에 맞춰 집단 창작, 공동 창작이 널리 성행되었다. 1980년대 노동문학은 특히 전반기에는 노동운동의 활성화와 저변화를 기하기 위한 노동가요와 구호가 일터와 투쟁의 현상에서 구전되거나 유인물로 배포되는 가운데 노동시로 발전하게 되었다. 노동시는 처음부터 운동의 선동효과를 높이기 위한 수단으로서 성립되었던 것이다. 아울러 이른바 공동 창작, 집단 창작 혹은 조직 창작의 문제가 1980년대 후반기에 중요하게 떠오른다. 이전 시대에 이미 공동 창작이 진행되어 왔던 1970년대 마당극을 비롯한 민요, 민담, 판소리처럼 그 자체가 종합예술적이고 적층(積層)문학양식이기에 논란이 야기되지 않았으나, 개인의 상상력을 표현하는 시가 공동 창작으로 되었을 때는 적지 않은 문제점이 지적되는 것이다. 『삶의 문학』 동인의 「옹매듭두 풀구유」를 시작으로, 전국적으로 창작단이 잇달아 구성되면서 농촌이나 노동자 그리고 민주화를 바라는 이념 지향적인 작품들이 쏟아져 나왔다. 그런데 이 중에 더러 수준작도 있었으나 '상투화된 사회과학적 지식이나 별로 깊이가 없는 개념적 도식'[13]으로 내용성이나 형상성 모두 부족한 경우가 많았다. 그렇다 하더라도 우리 현대문학사에서 이 시기만큼 집단 창작시라는 창작방식이 대량으로 실험된 것은 드문 경우였다.

5. 1980년대, 시의 다양한 실험장

1 지금까지 1980년대 시의 의미를 생각해 보았다. 이제는 위에서 언급하지 않았던 1980년대 시의 의미를 생각해 볼 차례이다.

첫째, 이 시기에 이르면 북한 시에 대한 연구가 이루어지기 시작했다는 것이다. 1980년대 중반부터 소장파 학자들은 임화나 박세영 등의 카프 계열의 시인들을 연구하기 시작했으며, 이후 해방공간의 문학활동을 중심으로 한 문학사 해석을 둘러싼 논쟁이 있었으며, 이어서 북한문학의 평가를 둘러싼 논쟁으로 이어졌다. 이러한 연구는 전 시기의 단절되어져 온 문학운동을 통일적으로 복원시켜내는 성과를 보였다. 1980년대 후반의 민주화과정에서 이루어진 정지용·김기림 등 월북문인들의 작품에 대한 해금조치[14]는 이데올로기의 선택과 연관하여 정치적인 규제의 대상이 되

13) 최유찬, 「집단창작과 예술성」(1990), 『한국문학의 관계론적 이해』, 실천문학사, 1998.

14) 이른바 '월북·재북 시인의 시'는 네 번의 과정을 통해 해금된다. 제1차 조치(1976년 3·13 조치)는 월북작가의 순수문학적인 작품은 논할 수 있다는 내용이었다. 제2차 조치(1987년 10·19 조치)는 그러한 문인의 순수시는 상업출판이 가능하다는 것이었고, 제3차 조치(1988년 3·31 조치) 때, 정지용·김기림의 작품이 전면 해금되었다. 이어 제4차 조치(1988년 7·19 조치)는 한설야·이기영·조영출·백인준·홍명희 등 5명을 뺀 전원의 해방 전까지의 작품을 해금한다는 내용이었다. 김윤식, 「해금시 99편 해설」(1988.9), 『80년대 우리 문학의 이해』, 서울대 출판부, 1989.

었던 문학의 금기지대를 제거하는 획기적인 계기가 되고 있다.

둘째, 이 시기에 이르면, 문학의 주체 논쟁이 백낙청의 민족문학론, 김명인의 민중적 민족문학론, 조정환의 민주주의 민족문학론 사이에서 활발하게 일어났고, 이러한 참여주의자에 대해 정과리 등은 민족문학론자들의 담론을 해체하기도 했다. 아무튼 다량의 시집이 출판되고 팔린 것을 생각해볼 때에, 1980년대의 문학사를 '시의 시대'라고 할 수 있겠으나, 1980년대 후반기에 이르면, 1920년대 말 카프(1925~35)의 시대에 비견할 만한 '논쟁의 시대'라고 부를 수 있겠다.[15] 이러한 문학 논쟁은 이후 시의 경우에는 1990년대 초반기에 '시의 리얼리즘 논쟁'으로 이어져 윤여탁 · 김형수 · 오성호 등의 논자들이 참여하게 된다.

셋째, 도시시나 해체시 혹은 민중시 계열이 아닌 일급의 시인들을 간과해서는 안될 것이다. 전통적인 정서를 시에서 보여주고 있는 시집도 주목해야 한다. 조정권의 「시편」(1982), 송수권의 『산문에 기대어』(1980), 이동순의 『개밥풀』(1980), 도종환의 『접시꽃 당신』(1986), 최두석의 『대꽃』(1984) 등은 주목되는 시집이다. 이들은 전통적인 서정미와 언어적 순수에 집착하면서도, 일상적 경험에 대한 접근을 게을리 하지 않는다. 그 결과 참여, 순수의 양분법적인 논리가 어느 정도 극복되고, 시의 세계와 현실세계의 간격이 상당히 좁혀지고 있다. 그러면, 1980년대 말에는 어떤 전환기를 거쳐 1990년대로 들어가게 되었을까.

결론적으로 우리는 ① 1980년대에서 무크지와 동인지와 갖고 있는 의미를 살펴보고, 1920년대와 1980년대의 소집단문학운동의 의미를 평가해 보았다. ② 해체시와 도시시 등 '해체적 상상력'에 기대고 있는 계열을 살펴보았다. 그리고, ③ 민중시 · 옥중시 · 노동시 · 농민시 등 '구비적 상상력'에 기대고 있는 계열과 그 성과를 생각해 보았다.

---

15) 최원식, 「80년대 문학운동의 비판적 점검」, 『민족문학사연구』 제8호, 1995년 하반기.

2 무엇보다도 필자는 이 글에서 1980년대의 시를 한국문학의 전체적인 흐름에서 보려 했다. 이제까지 발표된 1980년대 시에 대한 글들이 대부분 1980년대에만 한정하여 논하고 그에 따라 민중시 계열만 강조하게 되는 경향을 보았다. 격변기였기에 그에 대항했던 반체제 문학이 두드러져 보이는 것이 사실이다. 그러나 문학사적 흐름에서 볼 때, 우리는 적어도 세 가지 점을 주목하게 되었음을 이 논문에서 확인했다. 그것은 첫째, 1980년대 시는 1920년대와 비교해서 연구될 수 있음을 보았다. 그래서 구비적 전통 혹은 민중문학 계열의 시들은 1920년대의 카프문학과 어느 정도 유사성을 갖고 있으며, 이와 달리 해체적인 계열은 또 다른 영역에서 시 언어의 확장을 보여주고 있음을 보았다. 둘째 1980년대 시 연구에서 소외되곤 하는 <시운동> 동인들도 중요하게 연구되어야 한다. 그들은 1990년대 문학을 위한 씨앗 역할을 하기 때문이다. 셋째 다양성과 해체적 경향을 주류로 삼았던 1990년대로 가기 전에 이미 1980년대 시에 '다양성'이 존재하고 있음을 확인할 수 있었다.

1980년대에 이미 1990년대로 향하는 다양성이 보여지고 있었다는 것도 중요하다. 사에구사 토시카츠[三枝壽勝] 교수는, 1980년대 최고의 베스트셀러인 도종환의 『접시꽃 당신』(1986)을 서정윤의 『홀로서기』(1987)와 비교하면서, 두 가지를 강조하고 있다. 첫째는 도종환의 시집이 진보적인 출판사인 실천문학사에서 나왔다는 것, 그러면서도 둘째, 정치적 격변기였던 당시 박노해의 『노동의 새벽』(1984)과 전혀 다른 감상적인 작품이 팔렸다는 점에 사에구사 교수는 주목하고 있다. 그는 청년문화가 만들어낸 것은 "다양화를 보여준 것"16)이라고 지적하는데, 이러한 지적은 문학사를 연계성에서 볼 때 중요한 관찰이라고 생각된다. 1990년대에 보여진 시의 다양화는 이미 1980년대 후반기부터 그 단초가 보인다는 말이다.

1980년대에 여러 동인들이 있었으나, 1990년대에 들어가면서 각기 개

---

16) 三枝壽勝, 『韓國文學を味わう』, 國際交流基金アジアセンター, 1997, 142면.

별적인 작품 활동으로 들어간다. 1990년대로 접어들면서 정치문제는 더 이상 시인 자신과 사람들의 욕구를 생성시키는 원동력으로 작용하지 않는다. 구비적 계열의 민중적 정서로 시를 발표했던 시인들은 다른 방법을 고민하게 된다.[17] 새로운 시대를 맞이해서 구비적인 기법으로 시를 쓰기보다 좀더 새로운 목소리와 기법을 독자들은 바라고 있었다. 독자들의 바람대로 1980년대 후반에 다양성을 표방하는 시인들이 등장한다. 이들은 후기 산업사회가 강요한 삶의 조건들을 1980년대 시인들처럼 부정적이거나 비판적인 모습으로만 받아들이지 않는다. 물론 세기말적인 징후로 받아들여 그로테스크하거나 형이상학적인 이미지를 동원하여 죽음의 세계에 대한 강박관념을 표현한 기형도와 송찬호 같은 시인들도 있지만, 장정일과 김영승, 유하 같은 시인들은 후기 산업 사회가 제공하는 삶의 조건들 속에서 부정적인 모습과 더불어 매혹적인 문화 현상이나 제도의 속성을 재미있으면서도 진지하게 간파하려는 노력을 보여준다. 진지했던 시의 실험은, 유하 시인으로 대표되는 가벼운 키치양식 등으로 가볍고 다양하게 실험되면서 1990년대로 이어진다. 이후 1990년대의 주류는 구비적 계열에서 해체적 계열로 넘어가게 된다. 하지만, 1980년대의 한국시는, 정치에 대한 환멸을 해체적으로 담거나, 풍자하거나, 직설하거나, 해체하거나 실로 다양한 방법으로 분출했던, 의미 있는 '시의 시대'였다고 볼 수 있겠다.

---

17) 김응교, 「사막 앞에서 담담하게－1992년도 하반기 시단평」, 계간 『노둣돌』, 두리, 1992년 겨울호.

길 없는 길*

1992년도 하반기 시단평

흔히들 1990년대를 전망 없는 시대라고 한다. 아울러 1990년대에 들어서기가 무섭게 '시의 침체'라는 걱정 어린 소리가 끊이지 않고 떠돌고 있다. 아닌게 아니라 지난 1980년대 말은 시의 진정한 모습이 무언가 하고 심각하게 걱정할 수밖에 없는 시기였다. 1980년대의 왜곡된 현실 속에서 즉자적으로 현실에 뛰어들었던 많은 시인들이 1990년대에 들어 말수가 적어지자, 이른바 신서정이니 생명사상이니 정신주의니 포스트모더니즘이니 하는 경향을 표방한 시들이 양산되었다.

그러나 1990년대에 들어 과거의 모든 문제가 풀렸다고 생각하는 이는 없을 것이다. 오히려 1980년대보다 더 교묘한 방법으로 시대는 시인을 안개 속으로 헤매게 하지 않았는가.

바로 이러한 때 시단의 현주소를 더듬어보는 일은 꽤 버거운 일이다. 그러나 바로 이런 상황에서 문학적 시도를 점검해 보는 일은 꽤 의미 있는

---

* 이 글은 계간 『녹두꽃』(1992년 겨울호)에 발표되었던 것을 수정・보완한 것임.

일이기도 하다. 올바른 지적에 따라 새로운 극복의 방법을 예감할 수도 있을 테니까. 본론에 들어가기 전에 우리 시단의 현주소에 접근하기 위해 백무산의 「슬픔의 맞불」(『실천문학』, 1992년 가을호) 4연을 읽어보고자 한다.

오, 그것은 슬픔의 막다른 골목이었네
돌아올 수밖에 없는 길 없는 길이었네
그것은 슬픔의 맞불이었네
한 슬픔이 다른 슬픔을 꺼버리는
슬픔의 맞불이었네
돌아올 수밖에 없는
길 없는 길이었네
모든 시작처럼 그렇게 담담하게

1. 중견 시인들의 세 가지 음성

1990년대 들어 포스트모더니즘의 열기가 한참 휩쓸고 지나간 뒤 중견 시인들의 조용한 목소리가 다시 울리고 있다. 우리는 그 속에서 세 갈래의 다른 울림을 들을 수 있다.

최근 중견 시인들의 시적 경향 중 무시 못할, 그 첫 번째 음성은 자연에 대한 집요한 형상화가 아닌가 한다. 그것은 주로 자연에 대한 관조적 일체감이나 환경운동 차원을 뛰어넘는 자연긍정으로 나타나고 있는데, 그 대표적인 시인으로는, 다소 그 편차가 있지만 정현종·최승호·이하석·김명수·송수권 등을 떠올릴 수 있는데, 특히 이하석의 시 형상화 방식은 매우 독특하다.

봄여름가을겨울의상승과확장과뭉침과항거로겹친첩첩첩첩한푸름들

어떤 사람의, 싸운 흔적들의, 더러운 부패 속의, 검은 비닐 결의, 던져진 인간의, 버려진 숟가락이 힘겹게 하늘을 떠선…… 내 안으로 쏟아붓는다.

새석 오르는 산길이 일렁이는 햇빛으로 수줍다.

— 이하석, 「지리산」 전문

「지리산」을 비롯, 「명금폭포」·「함월산」·「남천강」·「대가천」(『문학과 사회』, 1992년 가을호) 등을 통해 시인 이하석은 자연과 합일되는 몰아의 경지를 표현해내고 있다. 그래서 "모든 밖이 나의 안이다"(「명금폭포」), 혹은 "메마른 세월이 내 안을 응시한다"(「남천강」), 혹은 그 많은 시적 대상들을 "내 안으로 손아붓는다"(「지리산」)라는 표현으로 흔들리는 실존 자체를 시적 대상과 동일시시켜 버린다. 그러나 이번 시편들은 '메마른 세월'들의 의미가 문면에 드러나 있지 않은 탓도 있겠지만 다루는 주제가 인생론적 가치라는 추상적 실체를 드러내고 있을 뿐이어서, 마치 언어의 무기력함을 은어 낚시를 하면서 깨닫는 과정(「대가천」)과 다를 바 없어 보인다.

두 번째 음성은, 1990년대 시의 특성 가운데 하나인데 시가 이전보다 내면화되는 현상이다. 즉 자신의 내부를 차분하게 관조하는 경향이 눈에 띄게 드러나고 있다는 것이다. 이것은 성실하게 자기를 응시하는 방법론일 텐데, 우리는 그 대표적으로 김명인의 시편을 들 수 있다. 그의 「너와집 한 채」(『문학과사회』, 1992년 가을호)는 기억에 남을 만하다.

길이 있다면, 어디 두천쯤에나 가서
강원남도 울진군 북면의
버려진 너와집이나 얻어 들겠네, 거기서
한 마장 다시 화전에 그슬린 말재를 넘어
눈 아래 골짜기에 들었다가 길을 잃겠네
저 비탈마다 온통 단풍 불붙을 때
너와집 썩은 나무 껍질에도 배어든 연기가 매워서
집이 없는 사람은 거기서도 눈물 짓겠네

—「너와집 한 채」, 1연에서

현실 속에는 길이 없다는 사실을 전제하고 '길이 있다면'으로 시작되는 이 시는 빈틈없이 짜여진 시적 형상화로 신선한 감동을 주고 있다. "흘러가는 세월을 좇아 / 너도 가는 거니, 마침내 ……마음아"(「마음의 서부」)라는 고백처럼 이 시에는 숲 속의 오솔길에서 "마침내 돌아서지 않겠네"(「너와집 한 채」)라는 고백을 낳는다. 이런 고백은 중년에 이르러 지나온 삶을 되돌아보는 시인의 내면 풍경을 과장 없이 드러낸 그의 세 번째 시집 『물 건너는 사람』(세계사, 1990)에서도 잘 드러난다. 그의 시편에는 전망이 없는 시대에 대한 도피적 징후가 숨겨 있기도 하다. 실존의 무게에 허덕이는 모습이 진중하거니와, 그의 이런 모습 속엔 미궁과 같은 세계의 어둠을 직시하지 않으려는 자세가 엿보여 다소 허무스럽다.

세 번째 음성은 1980년대와 다른 면모로 사회성을 담아내려는 중견 시인들의 노력이다. 민중시를 쓰는 중견 시인들이 발표한 몇 편의 시는 아직도 1980년대식의 편향성에 갇혀 있다. 이런 시 창작법이 1990년대에도 계속 힘을 발할 수 있을는지 우리는 냉철히 돌이켜봐야 할 것이다. 만약 그것이 시인들의 시적 연마가 부족한 까닭에서 비롯된 나태함이라면 엄중히 반성해야 한다고 여겨진다. 몇 편의 시는 새로운 화법을 보이는데, 그 중에 『노둣돌』(1992, 창간호)에 실린 김규동 선생의 시가 주목된다.

김규동의 「재판정의 파리」와 「무정한 도살자」에는 각기 지배계급에 대한 신랄한 야유와 풍자가 서려 있다.

어디서 날아왔는지
커다란 똥파리 한 마리가
윙 원을 그리더니
재판장의 콧등에 와 앉았다

거룩한 파리였다

— 김규동, 「재판정의 파리」에서

그의 날카로운 풍자는 풍자대상에 대해 정확한 목표의식을 가지면서 접근하고 있다. 재판장 콧등에 앉은 파리를 '거룩한'이라 표현한 데서 시적 긴장이 느껴지고 있다. 그러나 「무정한 살인자」의 경우에는 그 시의성이 다소 낡지 않았나 싶어, 풍자문학의 핵심인 공격대상이 흐려져 있다. 혹은 대상을 주관적으로 희화화하고 있는 것은 아닌지 하는 생각도 든다.

중견 시인들의 시에서 울려나오는 이러한 세 가지 음성은 당분간은 지속될 듯싶다. 그 음성은 파도처럼 큰 활력을 불어넣을 성싶지는 않지만, 우리 시단에 잘게 물결치는 중요한 물너울 중의 한 갈래이다.

2. 젊은 시인의 차분한 목소리

중견 시인들의 노력에 못지 않게 마음을 든든하게 해주는 것은 몇몇 신인들의 신선한 목소리다. 1992년 『세계의 문학』 가을호에 발표된 이진명・김기택과 김재석의 시편은 이채롭다.

이진명의 시집 『밤에 용서라는 말을 들었다』(민음사, 1992)는 파멸로 치닫는 도시인의 삶에 따뜻한 위로를 전해준다. 그녀의 시는 도시의 일몰시간, 고독과 절망이 거리를 가득 메우는 때에 어딘가 수도원이 있어 기도하는 성직자들이 있다는 것을 속삭인다. 그러나 그녀의 시편들은 때로 현실적인 매개가 결여되어 너무 관념적인 명상으로 흐르는 경향이 있고, 지독히도 자기 고백적이고 폐쇄적이다. 그런데 이번에 발표된 「자루 걸레질하는 여자」(『작가세계』, 1992년 가을호)는 그의 단점이 극복될 수 있는 여지를 보여주고 있다. 자기 고백적이면서도 그 시각이 작가의 밖을 향해 조금은 '열려 있다.' 그러나 어딘지 모르게 그의 시집에서 풍기던 탄탄한 긴장감이 풀린 듯한 안타까움도 느껴진다.

아울러 대상을 현미경으로 보듯 세밀하게 확대해서 의미를 부여하는 김기택의 「뱀」 같은 시편들은 기억할 만하다. 그는 평범한 대상에서 이미지의 힘을 최대치로 증폭해내곤 하는 이미지의 시인이다.

이번 『세계의 문학』에서 수작은 김재석의 시편이라 여겨진다.

먼 바다에서 애비가 그물질로 그리움을 퍼내는 동안
바람난 에미가 구레나룻 사내와 어울려
전세금을 말아먹어
삭월셋방으로 썰물처럼 밀려나고
매번 등록금을 내지 못한 사남매의 절망이
눅눅한 벽지의 푸른 곰팡이로 피어오르고,

돌아온 애비가 사방연속무늬로 꿈틀거리는
분노를 삭이지 못해
식칼로 에미의 허벅지를 찌르고
눈이 뒤집혀 짐승이 된, 석유통을 든 애비를
자식들이 비명을 지르며 개처럼 다루어
하느님 보시기에
나중 형편이 더욱더 나빠지고

—김재석, 「하느님 보시기에」 전문

이 시는 어촌마을의 서경적 묘사 위에 궁핍하게 살아가는 사람들의 모습을 꾸밈없이 그리고 있다. 특히 이 시의 맛은 넋두리 투로 이어지면서도, 간결하고도 독특한 가락에 있다. 이 시는 대중의 호흡을 시에 담아내는 데 성공했다고 여겨진다. 그의 다른 시 「탐진강」에서도 정확히 절제하고 맺어주는 말부림은 사뭇 감동적이다.

한편 『창작과비평』(1992년 가을호)에서는 신인 최병해의 「물길」·「운주사 불상」·「주먹」이 눈에 들었다. 유장한 가락에 민요적인 호흡을 싣고 있는 「물길」이나, '주먹'이란 단순한 상징을 사용하여 깔끔한 단형시를 이룬 「주먹」이란 시편과 더불어 「운주사 불상」은 시인의 빼어난 솜씨를 보여준다.

조선 팔도의 촌로들이 한자리에 모였고나
키가 들쑥날쑥 온몸은 둥글넓적
코를 잃어도 얼굴만은 그지없이 부드럽네
이끼를 적삼인 듯 두른 채, 어우러져
이 주막 저 주막 또 한잔
어깨춤이 절로 날 듯……

부처 같지 않아 정녕 부처님이신 역설이여
그 속에 날 업어 키운 할애비 냄새여

—최병해, 「운주사 불상」 전문

"모였고나", "부드럽네", "어우러져", "절로 날 듯" 등으로 리듬감과 여운을 주고 있는 이 시는 긴 행과 짧은 행의 조화 속에 불상의 부드러운 형상을 묘사하고 있다. 이 시는 긴 행과 짧은 행의 조화 속에 불상의 부드러운 형상을 묘사하고 있다. 그러다가, 마지막 행에 이르러 시인은 불상들의 이미지를 "날 업어 키운 할애비 냄새여"란 말로 집약시켜 그것을 민중의 총체적 상징으로 고양시키고 있다. 그런데 「물길」이나 「부엌칼을 갈며」에서 보이는 다소 상투적인 문구는 경계해야 하지 않을까 싶다.

빼놓을 수 없는 시편은 문부식의 시편들이다. 그의 시편은 이미 『월간중앙』(1989.1)에 10편 발표된 바 있거니와, 다소 복고풍적인 시틀에 진솔성을 담아 한편의 시를 꽃피운다. 지루할 만하면 끝맺곤 하는 긴 시도 있지만, 짧은 시로 이루어진 연작시 「꽃들」이나 「올해도 미류나무 잎사귀만 피었다 지고」에서는 진실을 향한 지고한 인간주의가 돋보인다.

감형장 받으러 간다 하니
축하하오 동지
한결같이 시찰구 마중을 나오시던
장기수 어른들이
받아온 종이조각 아래 적힌
이천사년 삼월 십오일 만기 날짜를

보시고는
죽일 놈들 허허허 웃어 버렸네
차라리 똥이나 닦지요
나도 따라 허허허
웃어 버렸네
올해도 미류나무 잎사귀만
피었다 지고

— 문부식, 「올해도 미류나무 잎사귀만 피었다 지고」 전문

허허허, 라는 그 웃음은 어떤 웃음인가. 실로 허탈하기까지 하면서도 삶에 대한 어떤 낙관이 흐르지 않는가. 이런 축축함을 문부식은 연을 단속해가면서 아주 쉽게 시화한다. 물론 그가 발표한 다른 시들은 다소 고루한 부분이 있다. 하지만 그의 시는 맑은 소주가 자극하는 '속 쓰린 진실성'을 느끼게 한다.

다만, 문부식의 시편에서 '식민지'나 '조선'이란 단어들이 시의 소재로 자연스레 녹아들지 못하고 도드라져 이질적인 느낌을 주는 경우가 많았다. 물론 우리가 회복해야 할 정치적 삶의 모습을 제시하는 것도 좋지만, 그 의미를 보다 넓고 깊은 울림으로 전하기 위해, 좀더 신선한 시적 표현에 애쓰는 것 또한 시인이 감당해야 할 사명이 아닐까 하는 바람을 제기해 본다.

3. 노동시

해방기 이후 거의 맥이 끊어지다시피 하다가 1980년대 들어 노동문학은 박노해 · 백무산 등의 빼어난 작가를 배출해 냈다. 그 뒤 1990년대 들

어 동구권 몰락과 함께 국내 진보세력의 침체로 말미암아 '겉으로는' 우리 노동문학이 퇴조해 가는 듯이 보였다. 그러나 노동대중들의 문예 창작욕구는 여전히 존재하며 그 문예적 성과 또한 만만치 않다는 사실은 각 지역별 노동문학회의 활기 있는 작업을 통해 확인할 수 있다. 이러한 때, 기성 시인들 외에 대구·마산·창원·성남·영등포, 인천의 지역노동자문학회와 청계노동조합과 모토로라 코리아 노조 등의 문학반에서 생산된 노동시를 상당한 양의 지면을 통해 골고루 소개하고 있는 『실천문학』(1992년 가을호)의 특집 「오늘의 노동시」는 꽤 시기성 있고 적절한 기획이었다고 판단된다.

물론 작품의 시적 형상화의 수준에 따라 다소의 편차가 존재하고는 있지만 그 진정성은 역시 높이 살 만하다. 그 중에 백무산·이원규, 특히 이상창의 시가 눈길을 끈다.

라면에 밥 말아 먹는 것도
이젠 질렸다
오늘이 월급날
두부김치나 제육볶음으로 해진 영양을 채워야겠다
월급날은 언제나 그랬듯이
철판 드는 것도 힘들지 않았고
프레스 밟는 것도 지겹지 않았다
시마이벨이 크게 울리자
우린 신혼 첫날밤 엿보듯
사무실을 기웃기웃했다
"아 월급 주는 날이지
수금이 안돼서 그러니
사흘만 기다려"
사장님이 그랬다
아니 씨부럴 사장놈이 그랬다
박씨는 방 두 개짜리 곗돈을
내일까지 부어야 하고

광철이 형 마누라 첫 아들 나서
퇴원 날짜가 모레라는데
사흘만 기다리라고 했다
길님이 만나러 간다고 조군이
공장 시멘트벽에
공구를 몇 개 던졌을 뿐
우리는 한숨만 뱉으며
동전 몇 개 더듬으며
무거운 발걸음 떼고 집으로 향했다
월급날 저녁 우리는
라면국물에 소주를 마시고
오지 않는 잠을 청해야 했다.

— 이상창, 「월급날」 전문

조금은 길지만, 이 시가 앞선 시대의 노동시와 관련을 가지면서도 질적 차별성을 지니고 있는 까닭에 전문을 인용했다. 행의 길이를 짧게 단속하여 호흡을 매듭지음으로써 쉽고 빨리 읽게 만들어 놓은 솜씨, 이런 효과는 독자로 하여금 시적 긴장을 느끼게 한다.

그의 시적 묘사는 다른 시에서도 상당히 산문적이고 치밀하다. "……스위치를 올렸다 / 잔업에 시달린 / 3톤 프레스 기아바퀴 / 기지개를 켜며 돌았다 / 공장장, 1,000개. 오전까지, 무불량 / 이것들을 떠올리며 / 딱딱한 철판에서 뗀다 / 오른발로 클러치 페달을 누른다 / 윗금형이 내려와 철판이 찍힌다 / 카운터기에 숫자 하나 올라간다 / 오른손으로 물건을 빼낸다 / 잡고 놓고 떼고 누르고 찍히고 올라가고 빼낸다……"(「프레스공의 일기 1」)는 식이다. 마치 만화나 비디오를 보는 듯한 현장감이 살아나고 있다. 이만치 그의 시에는 어떤 관념적 시어나 어떤 투쟁 구호도 없다. 다만 한 프레스공의 하루를 세밀하게 묘사해 내고 있다. 어떤 투쟁 구호도 없지만 시를 읽는 가운데 독자들은 자신들이 처한 입장을 객관적으로 다시금 바라보게 되고 그러한 거리에서 스스로 무엇을 해야 할지 자각할 수 있다.

이것이 바로 '삶의 정황'을 객관적으로 담아낸 시적 리얼리티가 아닐까.

마흔 살에 17평의 영구임대아파트에 입주한 노동자의 마음을 읊어낸 「노동자는 나이가 없다」라는 백무산의 시, "아 오늘이 월급 날이지 / 수금이 안돼서 그러니 / 사흘만 기다려줘"라는 말에 "동전 몇 개 더듬으며" 무거운 발걸음으로 돌아오는 노동자의 뒷모습을 그려낸 이상창의 「월급날」 같은 시들은 바로 이런 속성을 지니고 있는바, 이런 시들은 가장 보편적인 소재를 다루고 있어 어떤 전형적 상황과 맞추어지게 한다. 결국 공허한 투쟁 구호보다 삶의 내밀한 결속에서 투쟁에 필연성을 밝혀내는 작업은 여전히 중요하다는 사실을 확인하게 되는 셈이다.

이런 시각에서 볼 때, 『실천문학』에 실린 시 중에 몇 편의 시들은 앞선 시대의 노동시와 어떤 질적 차별성이 존재하는가를 잘 드러내고 있다. 1980년대식의 어떤 도식적인 틀을 그대로 차용한 시가 있는 반면에 새로운 개성으로, 자신만의 고유한 연장으로 시를 두드려 만든 좋은 작품을 만날 수 있어 좋았다.

4. 살림의 시

그간에 발표된 중견 시인들의 시편과 단행본 시집, 그리고 젊은 시인들의 새로운 목소리를 접하면서 전망 없는 시대에도 살림의 목소리가 끊임없이 울리고 있음을 확인할 수 있어 다행이었다. 그러나 국적불명의 포스트모더니즘 기법을 최고인 것처럼 선호하거나, 다른 한편에서는 1980년대식의 경색된 구호로 문학적 소임을 다했다고 오인하는 작품도 보았다. 이러할 때, 이번 기회를 통해서 김재석 · 문부식 · 이상창을 만날 수 있어 반가웠다. 첫째, 그들은 모방이나 반복이 아닌 자신들의 목소리로 시를 썼고, 둘째, 터무니없는 전망을 들어 우기거나, 반대로 공허한 상상력 속에서 헤매지 않고 차분하게 현실의 문제를 담아내고 있는 까닭이다. 즉 주관적이고 현학적 기교에만 빠져 있으면서 일상적인 삶의 깊이를 쉬운 말씨로 차분히 형상화해 내고 있다는 말이다. 많은 시인들이 마치 경쟁하듯이 유행의 기미를 드러내며 서두르고 있는 요즘 풍토에 그래도 자신의 정체성을 끝까지 지키며 동시에 시적 긴장성을 '유연하게' 유지하고 있는 이들의 시가 내심 반가웠다.

그러나 "돌아나올 수밖에 없는 / 길 없는 길이었네"라는 백무산의 말마따나 다시 현실 속으로 들어가는 길이 바로 시인들이 가야 할 길임을 바로 위의 젊은 시인들은 조금도 드러내고 있었다. 미궁에서 헤매는 시인이나 아직도 관성에서 벗어나지 못하는 시인 모두에게 '돌아 나올 수밖에 없는' 그 길로 돌아와 더욱 꿋꿋하게 걸어가는 자기 갱신의 노력이 돋보이기를 바란다.

日文 要約

魅惑的な想像力

作品を間にし、詩人と讀者はそれぞれ想像力作用を起こす。すでに作品の中では言語が自由にぶつかり合い想像力をかきたてている。たとえば、世界に調和できない作家は、浪漫主義的想像力を選んだりする。この場合、浪漫主義とは現實に對する理想化を特徴としている。作家自身の思いや想像が重視され、例えば遠く離れた想像の世界、神秘的で不可思議な分野などを詩の素材に選びもする。これに反して、リアリストたちは現實を直視し現實の問題を盛り込もうとする者たちである。リアリズム的な詩人は自己の主觀的な感情よりは複雜な生を規定する現實的な問題に對して反響し、一致させようという努力をする。浪漫主義者やリアリストたちとは多少異なるところにモダニストは位置している。

ルカーチ(Georg Lukacs)の言葉のように、モダニストが社会と関係のない個別的人間というならば、リアリストたちは社会から離すにも離す語ることのできない人間を常に念頭において作品化する。社会と関係のない個別的人間の態度をとるという点で、モダニストたちは浪漫主義者の一流派といえるかもしれない。しかし、社会と歴史を無視し個別性を選ぼうと、社会と歴史を重要視し客観的総体性を選ぼうと、作家とは、社会および歴史と全く関係のないものと見ることはできない。このように作家が社会について詩を書こうとするとき、触発される現象を筆者は「社會的想像力」と呼びたい。

想像力について筆者はバスラード(Gaston Bachelard)から多くのことを学んだ。彼にとって文学イメージとは想像力の表出それ自体である。バスラードの現象学は、イメージの響きとイメージを構成している単語に対する夢想を含む、読者の文学的想像力に対する研究である。彼にとって想像力とは、知覚作用によって受容されたイメージを変形させ、我々を自由に変化させる能力である。たとえば、ローソクの想像力がある道徳性の中心を表す。水が淨化に向かう力動的想像力を刺激するように、あるイメージや象徴は読者たちの想像力を刺激のだが、それは読者たちが生きていく実生活にある力動性を刺激するのである。

ところで詩人たちの社会的想像力を判断するということは、簡単な問題ではない。それは二、三重の、いや数えることのできない響きと単語の嚴密さを紐解く模索の道のりである。

シン・ドンヨプ(신동엽)とパク・トゥジン(박두진)そしてリ・チャン(리찬)、これら三詩人は筆者と長い間対話をしてきた者たちである。1,2,3部は各詩人の想像力もしくはその精神を題材にした文である。シン・ドンヨプは韓国の現代史を自ら生き、それを詩で證言した詩人である。パク・トゥジンは基督教という異国のコードを韓国の現代史に昇華させ、また自然と人間と宗教に対し常に想像する詩人であった。詩人リ・チャンはプロレタリア文学からモダニズム文学、また北朝鮮文壇で中心的位置を占めた詩人であった。このように韓国文学の重要な想像力である、民衆的想像力、宗教的想像力、現実的想像力を三人の詩人に見出すことが出來ると筆者は考える。

第4部は社会的想像力と関連した詩人論や作品論などを集めた。イ・サンフ

ァ(이상화)の悲観的浪漫主義とリアリズム志向性に対し、ムン・ビョンラン(문병란)の説話的な現実主義的想像力、キム・ジンギョン(김진경)の風刺詩と弱者のリアリズム、イ・ソンボク(이성복)の解体的想像力、イ・サンハ(이산하)の前衛的現実意識、チェ・スンホ(최승호)の瞑想的想像力、イム・ドンファク(임동확)の悲壮的、黙示的想像力、チョン・ヒョンジョン(정현종)の事物の想像力から裸足の想像力まで、またイ・ジンミョン(이진명)とムン・ブシッ(문부식)の想像力を簡単に扱った。第5部は韓国現代詩史の精神的な流れを汽車のイメージ、獨立軍歌、統一についての詩史、1980年代の詩の特徴などについて書いた文である。

ある魅惑の力によって導かれ書いてきた文を、やっと「韓国詩の社会的想像力」という題で発表することになった。詩人とは社会のみならず、自然や宗教に対してもそれなりの想像力を持って夢見、想像それ自体にたえまなく魅惑される存在ではなかろうか。そうしてみると想像力とはなんと魅惑的であること。

この本を日本で整理する際、多くの方々のお力添えがあった。6年という日本暮らしの間、研究者の姿勢について親身になって指導してくださった大村益夫(早稲田大学)先生に尊敬の意を表する。同時に大沢吉博(東京大学)先生、李成市(早稲田大学・古代東アジア史)先生方に対しても感謝申し上げる。またこの本は、早稲田大学語学教育研究所と韓国国際交流財團(Korea Foundation)の支援によってまとめることができた。

2002年 春、早稲田にて

金應教

Abstract

Fascinative Imagination

Korean Poetical Social Imagery

Kim, Eung-gyo

1. Background

Since The Meiji period, Japanese Literature has had a tradition of the autobiographical novel, whereas Korean Literature had stressed the aspects of patriotic and ethical attitudes. Since for a long time there has been a cultural history of Confucianism in Korea, it is natural that the center of Korean culture is an ethical attitude.

Therefore, Korean writers always have had to consider the special attitude toward the social situation, whether voluntarily or not. When writers had to decide upon their social perspective, it was difficult to choose just one perspective, not that there were usually numerous perspectives but frequently two dichotomous ones.

For example, writers who held in high regard the virtue of loyalty from the feudal age, had to choose just one attitude between anti-Japanese Literature(or progressive literature) and pro-Japanese Literature in colonial times(1910~1945), between literature critical of Western civilization and anti-communist literature in the liberation times and during the Korean War(1945～1953), and between avant-garde literature and pure literature in the military dictatorship period after the Korean War.

Even for certain aesthetic poets who were not so concerned about social problems, it was natural that there was a prevailing social attitude expressed by the poets and social images in their poem. Within this perspective, I have developed a concern about social attitudes of Korean poets and about the social imagery within their poems, i.e., how they portray the social problems and how they express social concern.

This book has been in the making for a long time. I first explored the topic when I studied as a Yonsei University student in 1984. There I had the good fortune to read the books of Gaston Bachlard and Gerog Lukacs who are inspiring mentors. I owe them an immense debt of gratitude.

2. Summary

This book has five chapters. The first charter contains two articles on an avant-guard poet named Sin, Dong-yeup(申東曄, 1930～1969) who participated in trying to rectify a historical problem. The second chapter contains three articles about Park, Du-zin(朴斗鎭, 1916～1998), who was a Christian poet. Chapter three has three articles on Ri Chan(李燦, 1910～1974) who is mostly famous as the 'Revolutionary Poet' of the Democratic People's Republic of Korea from the period of his literary activity and also from the volume of his works. Chapter four consists of articles on social imagery of contemporary Korean poets. Finally, the fifth chapter has articles about the history of Korean poetry from the vantage point of its social imagery. There are articles about the train image in Korean poems, the anatomy of words of songs from the independence military movement in the Colonial Age, a report on the poems regarding future unity of the Korean peninsula, a study on Korean poems in the 1980's, and a critique of poems written in the year 1992.

In order to clarify the content and style of my studies, I would like to summarize briefly the section on one Korean poet, Ri Chan(January 15, 1910~1974) who was established as a poet through "Sinsidan(新詩壇)" magazine(starting August, 1928). The definitive reason why he is famous and became a 'Revolutionary Poet' in the literary history in North Korea is because he published a masterpiece of the name, "In Praise of General Kim, Il-sung", which gave shape to the proletarian leader.

Ri Chan has written a variety of poetry. He searched for the purpose and way to live in the form of proletarian poems and modernistic poems in the 1930's. In the 1940's he wrote poems that praised the Emperor of Japan and World War II before the liberation, and extolled the construction of socialism after it. Although the direction of his poems changed externally, his basic lyricism and narrative form remained consistent.

Ri Chan wrote poems desperately under the colonial times of Japan before the liberation, but then republished them in a more positive form after drastic revision under the 'New Era' of the Democratic People's Republic of Korea. The revised poems are totally different from the original poems. By following this process of revision we see covertly the transition of literary circumstances in the Republic and the change of his own view of literature. According to some South Korean researchers, the revision of the poems of Ri Chan is a 'distortion' of truth for the justification of socialism. On the contrary, it appears in my view to be the 'absorption' of everything in the justification of socialism. His revised poems reveal the transformation of his ideology due to the social changes in the process of the construction of North Korea.

Because Ri Chan wrote the poem, "In Praise of General Kim, Il-sung", most researchers of South Korea have hardly studied his work in North Korea. As far as I know, I have not seen a study on poems of Ri Chan in North Korea, by a researcher of South Korea. The reality is that a study of literature in the Republic is kept at a respectful distance, or rather shunned, by most researchers because of the difficulty in obtaining materials or an interchange of personnel. However, whatever the social system may be, people of any ideology are still human beings, and as long as there are human beings, there must be literature. Regarding the question of how a man can or can not change in the passage of time and social circumstances, Ri Chan, the man and his works, are fruitful territory to explore for one type of answer.

3. Acknowledgements

From 1998 till now I have taught Korean Cultural Studies and Comparative Studies between Korean and Japanese Culture at Waseda University. I was fortunate to be able to participate in discussions of 'Waseda-Choson Cultural Studies(조선문화연구회)'. Throughout this time, I have no other way to express my thanks to Professor Oomura Masuo(大村益夫, Waseda University) and his wife. For the six years in Japan, without his teaching and assistance, completion of this book would have been possible.

My work on this book benefited greatly from the input of Professor Jeong, Heun-jong(정현종, poet, Yonsei University) and Professor Oosawa Yoshihiro(大澤吉博, Tokyo University). I have also been extremely fortunate to spend time with Pastor Kim, Jin-hong(김진홍) and spiritual mentor Professor Togo Katsuaki(東後勝明, Waseda University), my spiritural friend and English proofreader, Scott Bronner(Waseda University). These are just a few of the many who have helped me, so I ask understanding from those whose names are not mentioned. From 1998 to the present, my research has been generously supported by the Korea Foundation, the financial support of which has made this book possible. Last, but far from least, I greatly appreciate the generous encouragement of my wife Kim, Eun-Sil and my family.

April 12th, 2002

Submitted By Kim, Eung-gyo, Waseda University

찾아보기

작품

「2월의 노래」 378
『5월시』 415
「가시리」 30
「가을 절벽」 79
「가장 비통한 기욕」 235
「가장悲通한祈慾—間島移民을보고」 236
「渴望」 158
『갈문리의 아이들』 432
「갈보리의 노래 2」 93
『개밥풀』 438
「거러지」 238
「거리」 337
『거미와 성좌』 78, 97, 104
「거지행진곡」 335
『격정시대』 245
「경부선」 341
「경부철도가」 334
「고구마」 377
『고산식물』(1973) 84
『고슴도치의 마을』 301
「고향에 돌아와서」 151
「哭子詞」 247
『광복의 메아리』 348
『광화문을 지나며』 432
「교과서 속에서」 408
「구루마꾼」 238
「구운몽」 279
「국경의 밤」 157, 185, 186, 189
「국경일절」 157
「국군은 죽어서 말한다」 381
『국밥과 희망』 432
「국토」 405
「그 가을[その秋]」 50
『그 여름의 끝』 299
「그 입술에 파인 그늘」 42, 395
『그 해 겨울은 따뜻했네』 407
「그대는 북에서 나는 남에서」 378
『금강(錦江)』 36, 39, 40
「금강송가」 243
「기계 같던 사나이」 173, 149, 214
「기관구에서」 340, 377
「기도」 82
『기차에 대하여』 340, 344
「김소월을 가르치다 보면」 408
『김씨의 옆얼굴』 433
「김일성 장군의 노래」 165, 168, 171, 193, 194, 205, 212
『김지하 작품집(金芝河作品集)』 51
「깃발」 317
「까마귀의 죽음」 316
「꺼삐딴리」 392
「껍데기는 가라」 31, 32, 59, 101
「꽃들」 269, 447
「꾸바여! 꾸바여!」 220
「꿈을 비는 나무」 403
『나비와 광장』 341
「나의 침실(寢室)로」 228, 229, 231
「낙엽송」 69, 89
「난중시초(亂中詩抄)」 405
「남천강」 443

『남해 금산』 299, 433
「너와집 한 채」 443
『노동의 새벽』 433, 439
「노을」 402
『노자(老子)』 23
『녹두꽃』(1992) 422
「녹슨 경의선」 342
「논 이야기」 271
「눈 내리는 보성의 밤」 189
「눈물 섞인 노래」 376
「님의 침묵」 30
「다람쥐를 위하여」 266
『달맞이꽃에 대한 명상』 300
『닭벼슬이 소똥구녕에게』 276
「당숙모 하향기」 407
「대가천」 443
『대꽃』 438
「대망」 151, 152, 186
『대설 남』 431
『대설주의보』 301, 427
「도-교-에서」 234
「도령마루의 까마귀」 316
「도봉(道峰)」 117
『동국여지승람』 120
「동두천」 405
「동명왕편」 40
『동방(東方)』 205
『뒹구는 돌은 언제 잠 깨는가』 289, 299, 433
「들국화」(1940.1) 69
「레디메이드 인생」 271
「리별의 노래」 199
『리찬 시선집』 168, 196
『만국의 노동자여』 340, 435
『만인보』 431
「말세의 희탄」 229
『맑은 날』 435
『망양』(1940) 170, 182
『매장시편』 319
「명금폭포」 443
「묘지송」 69, 70, 77, 81
『무림일기』 276
「무정한 도살자」 444
『물 건너는 사람』 444
「물길」 446
「미해결의 장」 386
『밀림의 역사』 188
「바다가 보이는 교실」 408
『바람 속으로』 432
「바보 거북이」 266
「반딧불」 243
『밤에 용서라는 말을 들었다』 267, 445
「밤차」 337
『백두산』 209, 431
「백마고지」 380
『벼는 벼끼리 피는 피끼리』 432
『보병과 더불어』 386
「봄은 간다」 142
「봉선화」 356, 370
「북관천리」 153
「북만주로 가는 월이」 157, 337
「북방도」 157
「북방의 길」 338
「북에서 온 어머님 편지」 407
「북으로 북으로」 383
「분씨물어(糞氏物語)」 274
『분지』 293
『분향(焚香)』 161, 182
「불꽃」 380
『붉은 강』 432
「비력(悲歷)의 종언」 212
「빈촌의 밤」 235
「빨치산」 380
「빼앗긴 들에도 봄은 오는가」 240
『사도행전』(1973) 84
『사월에서 오월로』 432
「사이-통일호 1」 345
「사평역에서」 343, 428
「山脈을 간다」 132
『산문에 기대어』 438

「산아」 75
『살아 있는 날들의 비망록』 319
『살아남은 자의 슬픔』 265
「삼대(三代)」 410
「삼팔선은 삼팔선에만 있는 것이 아니다」 408
『새벽의 서(書)』 253
「서경별곡(西京別曲)」 30
「서러운 諧調」 249
「석탄이 되겠습니다」 266
「雪岳賦」 131
『섬진강』 435
『세속도시의 즐거움』 301
「소를 찌른다」 315
「소리내력」 274
『소리집』 432
「소묘」 157
「손무덤」 315
『수석열전』 84, 113
「순이삼촌」 316
「숨은 꽃」 265
「슬픔의 맞불」 442
『승리의 기록』(1947) 170
『시경(詩經)』 27
「시인공화국」 101
「시인정신론(詩人精神論)」 19, 20, 21
「시편」 438
『시힘』 415
「신중산층교실에서」 408
「신호탄」 383
「아내의 죽음을 듣고」 149
『아니다 그렇지 않다』 432
「아니오」 33, 50
「아리랑」 335
「아메리카」 376
「아버지」 316
「아이들의 글속에는」 408
「앵적가」 274
「야행열차」 338
「야행차속」 337
「揚子江」 145
「어머니의 웃음」 235
「어화」 157
「여자의 삶」 34, 35
「역천(逆天)」 247
「연합군 입성환영의 노래」 376
『연희고지』 385
「열도(熱禱)」 383
「열린굿 노래」 409
「열차를 기다려서」 342
「엿장수」 238
「오도」 78, 93
「오빠와 애인」 377
『오월은 푸르고나 민자네 세상』 276
「오적」 271, 273
「옥좌」 430
「올해도 미류나무 잎사귀만 피었다 지고」 269, 447, 448
「왕릉과 주둔군」 393
『외눈박이 물고기의 사랑』 417
「요한시집」 386
『용담유사(龍潭遺詞)』 349
『용비어천가』 313
『용사의 무덤』 385
「우리는 모멸로써 그것을 돌려 보낸다」 378
「우리들의 깃발을 내린 것이 아니다」 80
「우크라이나의 초막에서」 215
『운주사 가는 길』 319
「운주사 불상」 446, 447
「월급날」 450
『월식』 432
『응향(凝香)』 385
「이 나라의 처녀들아」 266
「이 성숙한 밤의 포옹」 386
『이 시대의 아벨』 432
「이러진 화원(花園)」 142
「이불을 꿰매면서」 315
「이야기하는 쟁기꾼의 대지(大地)」 25, 29
「이중의 사망」 229

「인형」 357
「일꾼의 노래」 149
「日蝕」 293
『임진강』 409, 410
「입속의 검은 잎」 418
「자루 걸레질하는 여자」 445
「장마」 402
「재판정의 파리」 444, 445
「쟁기꾼의 대지」 35
『전위시인집』 377
「전철」 284
「절정」 344
『접시꽃 당신』 432, 438, 439
「정든 유곽에서」 289
「조국과 함께」 378
「조소」 235
『좀팽이처럼』 432
「종로5가(鍾路五街)」 32, 52, 53
「주먹」 446
「죽음보다 압흐다」 43
「지구야 말다니」 149
「지도놀이」 404
「지리산」 402, 443
『지리산의 봄』 432
「지문을 부른다」 434
『지울 수 없는 노래』 432
「직녀에게」 252
『진혼가』 435
『진흙소를 타고』 301
「쪼·루이스에게」 377
「차중쾌주(車中快走)－함경도에서」 337
「처용가(處容歌)」 118, 122
'천체미학(天體美學)' 113
「淸談」 267
「청량세계」 243
『청록집』 73, 95
「청산도」 75
「청산별곡(靑山別曲)」 45
「초토의 시」 385
『초혼제』 432
『총검부』 385
「최선생」 407
「축연(祝宴)」 197
「치숙」 271
『타는 목마름으로』 428
「타향살이」 370
『태백산맥』 317
『태양의 노래』 197
「통일은 어느 때에」 411
『투명한 손』 433
「파인 그늘」 44
「팔일오에 부치는 노래」 377
『포옹무한』(1981) 84
「폭력배」 430
「暴風雨를 기다리는 마음」 237
「푸른 하늘 아래」 78, 95
「풍자냐 자살이냐」 273
『하급반 교과서』 432
「하나씩의 별」 339
「하느님 보시기에」 446
『하늘밥도둑』 327
「하이퐁의 밤」 220
「학」 96
『한꽃송이』 266
『한라산』 310, 409
「함월산」 443
「해」 73, 74, 75, 81, 115, 117, 124, 127
「해룡 이야기」 316
『해방』(1945) 170
『해방기념시집』 375
『햄버거에 대한 명상』 427
「향락의 봄동산」 272
「향현」 69
「혈서」 386
『홀로서기』 439
「화산도」 316
『화원』(1946) 170
「확인」 284
『황구의 비명』 293
『황색 예수전』 432

「황성옛터」 370
『횃불』 207, 375
「회색눈사람」 265
「휴전선」 387
「흥부전」 270, 279
「흰 장미와 백합꽃을 흔들며」 82

인명

가스통 바슐라르(Gaston Bachelard) 108
가와모토 코오지[川本皓嗣] 49
강만길 149
강순(姜舜) 55, 56, 64
강승한 202
강은교 52, 432
강인섭 342, 406
고경흠 375
고광헌 408
고운기 415
고은 404, 422, 428, 431
고재종 279, 435
고정희 52, 94, 432
골드만(Goldmann) 362
곽광수 109, 238, 239
곽재구 343, 407, 408, 415, 428, 429
괴테(Goeth) 233
구상 385, 405, 406
권환 140, 218, 271, 272
권터 아이히 320
기형도 417, 418
김경린 386
김광규 432
김광균 162
김규동 342, 386, 406, 407, 428, 444, 445
김기림 162, 375, 437
김기진 239
김남주 52, 319, 408, 416, 430, 435
김대행 358
김명수 293, 432, 442
김명인 405, 438, 443
김민기 357
김병민 200
김사량 171, 192
김사인 415
김상오 378
김상훈 218, 341, 377
김석범 316
김소운(金素雲) 50, 121
김소월 94
김송 380
김수영(金洙暎) 51, 52, 275, 393, 400, 423
김순기 379, 385
김안서 175
김열규 106
김영랑 279
김영삼 379
김영수(金永秀) 119
김영승 440
김영필 218
김완진(金完鎭) 119
김용직 221
김용택 435
김원일 402
김윤식(金允植) 51, 170, 196, 203, 349, 370, 437
김의환 349
김재석 446, 451
김재용 200, 201
김재홍 381
김정일 209, 218
김정환 94, 340, 344, 415, 432
김조규 162, 183, 204, 205
김준오 111, 423
김준태(金準泰) 252, 319, 416, 432
김지하 99, 271, 273, 279, 407, 428, 431
김진경 276, 408, 415, 432
김창걸 191
김창남 350
김창만 192, 207
김창숙 389, 411

김팔봉 41
김하명 218
김학렬 168, 219
김학준 392
김학철 245
김현 294, 320, 418
김현승(金顯承) 253
김현자(金賢子) 135
김형수 415, 438
까간 233
남정현 293
남진우 417
노드롭 프라이(N. Frye) 111
노자 27
노중선 373
노천명 97, 383, 397
데리다 422
도연명 389
도종환 410, 415, 432, 438, 439
뚜르게네프 22
로르카 43
루소(Rou sseau) 233
루카치 5, 40, 281
류만 218
류시화 417
류원 154
리용서 206, 209, 218
리찬(李燦) 168, 171, 192, 218, 336, 337
모윤숙 97, 381, 382, 397
문병란 52, 252, 428
문부식 266, 268, 269, 448, 451
문익환 52, 403
민병균 162, 165, 168, 201
바그너(wagner) 239
바슐라르(Goston Bachlard) 5, 108, 109, 110, 127, 130, 238
박계주 375
박남수 337
박남철 413
박노해 52, 315, 415, 416, 433, 434, 439, 448
박덕규 417
박동수 151
박두진 52, 69, 84, 122, 286
박명림 193, 205, 208
박목월(朴木月) 84, 94, 123, 286, 380
박봉우 387, 393
박산운 377
박석정(朴石丁) 148
박성수 349, 351
박세영 140, 144, 165, 188, 192, 197, 202, 218, 410
박아지 43, 140, 148
박영 168
박영준 380
박완서 407
박인환 97, 383, 386
박일문 265
박재삼 279
박종원 154
박종화 231
박지수 397, 399, 400
박창옥 208
박철희 99
박태원 375
박팔양 242
방연승 245
배인철 377
배창환 415
백기만 229, 248
백낙청 438
백무산 340, 415, 435, 442, 448
백석(白石) 162, 279, 316
백인준 202, 437
변재수(卞宰洙) 52, 61, 416
본 회퍼 94
브레히트 43
브왈로(J. Boileau) 40
블레이크(Blake) 233
비어즐리(Monroe C. Beardsley) 20

사에구사 토시카츠[三枝壽勝] 416, 439
서기원 386
서정윤 439
서정주 123, 326, 380, 397
선우휘 380
셸리(Shelley) 233
손창섭 386
송기원 52, 428
송수권 438, 442
송제홍 276
송지영 375
쉴러(Schiller) 233
슈타이거(E. Staiger) 28
신경림(申庚林) 51, 52, 218, 259, 279, 343, 409, 428, 431
신고송 171
신동문 393
신동엽(申東曄) 17, 18, 25, 101, 395, 399, 400
신범순 139, 168
신재효(申在孝) 120, 349, 365
신채호 28, 421
심호택 327
아리스토텔레스 233
안도현 415
안막 148, 165, 168, 171, 192, 242, 377, 378
안재찬 417
안함광 171, 192
양귀자 265
양성우 94
양운한 162, 376, 377
어번(W. M. Urban) 356
엄호석 209, 210
엘리엇 22, 43
엠페도클레스 125
여운형 193
염상섭 375
예이트 43
오상순 420
오성호 438
오오무라 마스오[大村益夫] 48, 51, 52, 202
오오사와 요시히로[大澤吉博] 49
오장환 338, 376, 378
오정애 206, 209, 218
오천석 43
와다 하루끼[和田春樹] 187, 188, 192, 207
워즈워드(Tory Wordsworth) 233
윔서트(W. K. Wimsatt) 20
유도순 43
유완희 149, 242
유종호 130, 413
유진오 375, 377, 378
유치환(柳致環) 253, 379, 383
유하 276, 285, 440
윤곤강 140, 272
윤동주 94, 122, 129, 130, 286
윤석중 335
윤세평 192
윤여탁 140, 438
윤홍길 402
이강훈 349
이경수 292
이광린 349
이광수 420
이근영 377
이기영 171, 192, 437
이기형 406
이동규 377
이동순 438
이문재 417
이병각 162, 271
이병기 375
이병주 402
이병철 377
이봉래 386
이북명 165, 168
이산하 310

이상경 154
이상범(李相範) 217
이상섭 251
이상창 450, 452
이상화(李相和) 227
이석훈(李石薰) 202
이선영 200
이성복 289, 423, 433
이성부(李盛夫) 51, 52, 343
이승만 209, 374
이승훈 127, 355
이시영 428, 432
이영순 379, 385
이영진 415
이용악 162, 183, 279, 316, 339, 340, 377, 410
이원규 449
이육사 344
이은봉 415
이인석 406
이인성 393
이재무 327, 415
이정구 157, 165, 168, 201, 202
이종석 207, 209
이진명 266, 267, 269, 445
이태준 202
이하석 433, 442, 443
이한직 380
이헌 43
이흡(李洽) 148
임동권 358, 361
임동확 319, 327, 345
임종국(林鍾國) 51
임학수 375
임헌영 153, 372
임형택 120
임화(林和) 140, 148, 159, 160, 218, 242, 272, 278, 337, 410
자크 데리다 422
장개석 272
장만영 162, 183
장서언 162, 183
장용학 386
장정일 427
장호강 385
전광용 392
전봉건 406
정순기 196
정약용 28
정일근 408
정지용 162, 375, 437
정진석 375
정현종 266, 269, 423, 424, 442
정호승 94
정화수(鄭華水) 169
정희성 52
조기천 208, 209
조능희 140
조동일(趙東一) 41, 101, 349, 350
조만식 193
조연현(趙演鉉) 108, 113, 124, 351
조영암 97, 379, 383, 398
조영출 437
조재도 408
조정권 438
조정래 317
조정환 438
조지훈 84, 97, 380, 386
조태일(趙泰一) 51, 405
조향 386
진중권 233
채만식 271
천승세 293
첼란 320
최남선 334, 350, 420
최동호 227
최두석 221, 409, 410, 438
최명익 171, 192
최병해 446
최승호 300, 423, 426, 442

최원식 438
최유찬 437
최윤 265
최재남 119
최재서(崔載瑞) 273
최제우 349
최철 119
최탁호 218
최하림 52, 322
캠벨(Joseph Campbell) 111
크로포트킨(P. kropotkin) 22
파르메니데스 107
파울 첼란 320
프레이저(Frazer) 111
프로메테우스 125
플라톤 107
하근찬 393
하재봉 417
하종오 52, 415, 432
한무학 397, 400
한설야 171, 192, 202, 437
한식 200
한용운 30
한재덕 171, 192
한효 171, 192
함형수 337
허준 375
현기영 316
호머 106
홍난파 356
홍명희 376, 437
홍문표 139, 163
홍희담 317
황금찬 286
황동규 423
황명걸 343
황순원 337
황지우 413, 415, 424, 425
황훈 338

사항

3·1 운동 37, 39
4·19 혁명 37, 39
6·25 37
가사류 334
갑오농민전쟁(혁명) 37, 39
『개벽(開闢)』 235, 419
견우직녀설화(牽牛織女說話) 255
계급문학운동 421
고상한 리얼리즘(사실주의) 201, 202
고소상징(高所象徵) 113
고소심상(高所心象) 113, 126, 129
골계화(滑稽化) 271
관동대진재(關東大震災) 235, 239
광주항쟁 261
구비적(口碑的) 상상력 7, 413, 428
구약성서 106
국민문학 164
국소적(局所的) 소재 31
국제주의 199
귀수성세계(歸數性世界) 26
귀수적(歸數的) 23
긍정적인 낙관주의 89
기독교 5
낭만성 146
낭만적 역동성 145, 146
낭만주의(浪漫主義) 4, 232, 233, 239
낭만주의의 원리 233
내재적 문학관 233
내포적 총체성 6, 164
냉소주의 270
『노동해방문학』 415
노동해방문학론 421
단편서사시 150
단편서사시론(1929.5) 41
『대한매일신보』 348, 350
데카당스 183
독립군가 347, 358, 362
『독립신문』 348, 350

『독립운동연감』 348
동굴 230
동지사(同志社) 148
동학 27
리얼리스트 4
망명문학 421
『매일신보』 373
멸공문학 97
모더니스트 4
모더니즘 160, 161, 164
모더니즘적 162
모성적(母性的) 이미지 47
무크지 시대 421
무크지(Mook誌)운동 414
묵시문학(默示文學) 91
문총구국대 380
『문학건설』 151
『문학과지성』 414
『문학예술운동』 415
『문화전선』 193, 205
물질적 상상력 5
미메시스(mimesis) 239
미풍(바람) 230
민담 270
민요 361
『민의』 415
민족주의시 229
민족해방문학론 421
민주주의민족문학론 421
『민중시』 415
민중연대성 325
반달리즘(Vandalism) 414
『백조(白潮)』 232, 239, 419
번역 48
변방의식 146
보천보(普天堡) 전투 187
부조리극(1950년대) 43
부활사상 82, 89
부활의 동굴 232
<북조선 예술총동맹> 192
<북조선예술총동맹> 171
분단문학 372
『분단시대』 406, 415
비관적 낭만주의 7, 196, 229, 234, 238, 251
비판적 낭만주의 229, 246, 250, 251
비판적 리얼리스트 251
비판적 리얼리즘 244
『사상문예운동』 415
사실주의 239
사회적 담론 18
사회적 상상력 4
『삶의 문학』 278, 406, 415
상징 다발 112
생명사상 441
서사시 36
서사시론 40, 41
서사적 서정성 313
서정단시 59
서정서사시 214
서정적 주인공 7
성서 127
세계주의 199
소집단문학운동 414
수령형상(화)문학 191, 194, 220
수사체계(rheoric system) 358
시극(詩劇) 42
『시와 경제』 415
시운동 417
『시운동』 417, 418, 439
시의 실천 372
『시인(詩人)』 415
시적 실천 7
식물성 126
『실천문학』 415
아나키즘 23
아이러니 270
애국주의 209, 210
역동성(力動性) 114, 133
역동적(力動的) 상상력 5, 109, 110, 116

역사적 비관주의 233
『예술조선』 341
오월시 동인 319
오작교(烏鵲橋) 256
운문성(韻文性) 55
원수성(原數性) 23, 33
원수성세계(原數性世界) 47
원형적 상상력 5
의도적 오역 49
이미지 다발 7, 112
『장미촌(薔薇村)』 419
전경인정신(全耕人精神) 27
『전시문학』 96
전형적(典型的) 55
전형적(典型的) 소재 31
정신주의 441
『제국신문』 350
『조광』 187
『조선문단(朝鮮文壇)』 419
<조선문학가동맹> 171
종군작가단 380
주체문예론 170
주체문학사론 172
질풍 노도 운동 239
차수성세계(次數性世界) 27
참여문학(參與文學) 51
『창작과비평』 414
천체심상(天體心象) 113
청록파 90
친일문학 73
친일시 382
친족적(親族的) 유사성(類似性) 40
칠월칠석(七月七夕) 255
침실 232
카프 148, 160, 165, 168, 178, 206, 400, 438
카프문학 439
코프(kopf)조선협의회 148
탈 30
토착어 28, 59
퇴폐적 낭만주의 232
파스큘라 239
파시스트 272
파시즘 272
판소리 270, 349
『폐허(廢墟)』 419, 420
포스트모더니즘 172, 441
풍자(諷刺) 270
풍자시 99, 275
『학지광』 161
해체시(解體詩) 413, 422
해체적(解體的) 상상력 413
해체주의(Deconstruction) 422
혁명문학 194
혁명적 낙관주의 245
혁명적 낭만주의자 245
현실적 낙관주의 82
『황성신문』 350
후쿠모토[福本] 주의 178